Cornelia Klößinger

Wie Eltern mit Körper- oder Sinnesbehinderungen erziehen

Cornelia Klößinger erwarb die Studienabschlüsse Lehramt an Hauptschulen, Lehramt an Förderschulen, die Zusatzqualifikation Sprachförderpädagogik und absolvierte das Zweite Staatsexamen für das Lehramt an Förderschulen. 2014 schloss sie ihre Dissertation ab, zu der dieses Buch vorliegt. Sie studierte an den Universitäten Erlangen-Nürnberg, Würzburg und promovierte in Marburg. Heute ist sie insbesondere in der schulischen Inklusion tätig.

Cornelia Klößinger

Wie Eltern mit Körper- oder Sinnesbehinderungen erziehen
Und was die Kinder dazu sagen

Tectum Verlag

Zusatzmaterial zu diesem Buch ist unter folgendem Link abrufbar:

https://portal.nomos.de/user/pages/05.download/qr/978-3-8288-3462-0/
Kloessinger_Cornelia_9783828834620_CD_Beilage.iso

Cornelia Klößinger

Wie Eltern mit Körper- oder Sinnesbehinderungen erziehen.
Und was die Kinder dazu sagen
© Tectum Verlag Marburg, 2015
Zugl. Diss. Philipps-Universität Marburg 2014
ISBN: 978-3-8288-3462-0

Umschlagabbildungen: shutterstock.com © Alex Oakenman (bearbeitet),
Cube29 (bearbeitet)
Druck und Bindung: CPI buchbücher.de, Birkach
Printed in Germany
Alle Rechte vorbehalten

Besuchen Sie uns im Internet
www.tectum-verlag.de

Bibliografische Informationen der Deutschen Nationalbibliothek
Die Deutsche Nationalbibliothek verzeichnet diese Publikation in der
Deutschen Nationalbibliografie; detaillierte bibliografische Angaben sind
im Internet über http://dnb.ddb.de abrufbar.

Meinem Mann, meinen Eltern, Groß- und Schwiegereltern,
Verwandten und Freunden

Dank

An dieser Stelle möchte ich allen Töchtern und Söhnen, ihren Herkunftsfamilien bzw. ihren Partnern und Kindern danken, deren Gast ich sein durfte und die mich teilhaben ließen an ihrem Aufwachsen und an ihren Erfahrungen. Ich danke allen meinen Interviewpartnern für ihre Offenheit. Sie haben diese Arbeit erst ermöglicht.

Inhalt

Inhalt IX
Einleitung 1

I Hinführung 3
I.1 Thematische Abgrenzung 3
I.2 Aufbau 4

II Theoretische und begriffliche Grundlagen 7
II.1 Leben mit einer Behinderung 7
    II.1.1 Verschiedene Perspektiven gegenüber Behinderung 8
        II.1.1.1 Der medizinische Erklärungsansatz 8
        II.1.1.2 Das sonderpädagogische Modell von Behinderung .. 11
        II.1.1.3 Das soziale Modell von Behinderung 12
    II.1.2 Menschen mit Behinderungen in Deutschland:
        Blitzlicht zum Status quo 14
        II.1.2.1 Das Allgemeine Gleichbehandlungsgesetz und die
        UN-Konvention 14
        II.1.2.2 Der Prozess der Stigmatisierung 16
        II.1.2.3 Hierarchien unterschiedlicher Behinderungen 17
        II.1.2.4 Die Dichotomie „normal" – „nicht normal" 18
        II.1.2.5 Beschulung 19
    II.1.3 Strategien zum Umgang mit Behinderungen 23
        II.1.3.1 Der Bezug vom sogenannten „Normalen" zum
        angenommen „Pathologischen" 24
        II.1.3.2 Disability Studies 25
    II.1.4 Erhöhte Anzahl Arbeitssuchender mit einer
        Schwerbehinderung 27
    II.1.5 Hintergrundinformationen zu besonderen Lebenslagen 27

	II.1.6	Umgang mit Behinderung in besonderen kulturellen Kontexten	30
II.2		Familien in der Gegenwart	31
	II.2.1	Ein möglicher Familienbegriff	32
	II.2.2	Wandel familiärer Funktionen	33
	II.2.3	Elternschaft in der Gegenwart	35
	II.2.4	Die Familie als privater Bereich	36
	II.2.5	Das Elternzeit- und Elterngeldgesetz	37
	II.2.6	Heranwachsen in Armut	38
	II.2.7	Pränatale Diagnostik und Idealbilder von Kindern	39
II.3		Elternschaft von Menschen, die „behindert" genannt werden	43
	II.3.1	Klischees in Bezug auf Eltern mit Behinderungen	44
	II.3.2	Exkurs: Ambivalente Einstellungen gegenüber Eltern mit Behinderungen in englischsprachigen Ländern	45
	II.3.3	Den Blickwinkel primär auf die Möglichkeiten gerichtet	47
	II.3.4	Väter mit Behinderungen	48
	II.3.5	Besondere Hilfsmittel für Eltern mit Behinderungen	48
	II.3.6	Persönliches Budget und Elternassistenz	49

III Forschungsdesign und Begründung der Methodenauswahl 55

	III.1	Wissenschaftstheoretische Verortung der eigenen Erhebungsinstrumente	55
	III.1.1	Quantitative versus qualitative Ausrichtung	55
	III.1.2	Qualitative Sozialforschung	57
	III.1.3	Das problemzentrierte Leitfadeninterview (PZI)	58
III.2		Forschungsdesign der vorliegenden Untersuchung	60
	III.2.1	Erstellung eines flexiblen Interviewleitfadens	60
	III.2.2	Kärtchen zu den Lebensphasen	61
	III.2.3	Finden von Interviewpartnern	62
	III.2.4	Vordruck „Einwilligung"	64
	III.2.5	Biografischer Kurzfragebogen	64
III.3		Durchführung der Datenerhebung	65
	III.3.1	Erprobung des Interviewleitfadens	65
	III.3.2	Forschungszeitraum	65
	III.3.3	Geografische und demografische Überlegungen zur Zielgruppe	65
	III.3.4	Memos	66
III.4		Aufbereitung und Darstellung der Daten	67
	III.4.1	Transkription	67

III.4.2	Anonymisierung	68
III.4.3	Kodierung und Kategorienbildung	69
III.4.4	Rückfragen und „Endabnahme" durch Interviewpartner	71
III.4.5	Interviewdarstellungen	72
III.4.6	Zuordnungssystem für die Aussagen der Interviewpartner	72

III.5 Auswertung: Forschungsergebnisse ... 73

III.5.1	Synthese und Kontrastierung im synoptischen Quervergleich	73
III.5.2	Erkenntnisgewinn schlagwortartig präsentiert	74

III.6 Fazit und Erfahrungen mit der gewählten Methodik ... 75

III.6.1	Tiefe, ganzheitliche Eindrücke	75
III.6.2	Interindividuelles Vokabular der Interviewpartner	75
III.6.3	Kurzer, kritischer Rückblick	76

IV Interviewdarstellungen ... 79

IV.1 Interviewdarstellung: Astrid Müller ... 79

IV.1.1	Vorinformationen	79
IV.1.2	Die Behinderungen	79
IV.1.3	Biografische Eckdaten	80
IV.1.3.1	Die Eltern von Astrid Müller	80
IV.1.3.2	Die Person Astrid Müller	80
IV.1.4	Menschliche Kontakte in und außerhalb der Familie	81
IV.1.4.1	Gemeinsame Aktivitäten der Familie	81
IV.1.4.2	Der Kontakt zu Gleichaltrigen	84
IV.1.4.3	Soziale Kontakte der Eltern	84
IV.1.4.4	Konflikte und Verhaltensweisen während Meinungsverschiedenheiten innerhalb der Familie	85
IV.1.5	Verhaltensweisen Dritter allgemein und belastende Erfahrungen	86
IV.1.5.1	Reaktionen von Menschen außerhalb der Kernfamilie	86
IV.1.5.2	Diskriminierungserfahrungen	87
IV.1.6	Technische, allgemeine und personelle Erleichterungen im Alltag	87
IV.1.6.1	Hilfsmittel und Umgangsweisen	87
IV.1.6.2	Personelle Hilfen	88
IV.1.6.3	Unterstützung von Seiten der Kinder	88
IV.1.7	Reflexionen des Interviewten	90
IV.1.7.1	Auseinandersetzung mit dem Thema „Behinderung"	90

IV.1.7.2 Eigenes Leben und Sichtweisen von Astrid Müller............ 91
IV.2 Interviewdarstellung: Clara Lange.. 92
    IV.2.1 Vorinformationen 92
    IV.2.2 Die Behinderungen 93
    IV.2.3 Biografische Eckdaten 94
        IV.2.3.1 Clara Langes Eltern... 94
        IV.2.3.2 Die Person Clara Lange 95
    IV.2.4 Menschliche Kontakte in und außerhalb der Familie............ 96
        IV.2.4.1 Gemeinsame Aktivitäten der Familie 96
        IV.2.4.2 Der Kontakt zu Gleichaltrigen 97
        IV.2.4.3 Soziale Kontakte der Eltern 99
        IV.2.4.4 Konflikte und Verhaltensweisen während
                Meinungsverschiedenheiten innerhalb der Familie 99
    IV.2.5 Verhaltensweisen Dritter allgemein und belastende
        Erfahrungen 101
        IV.2.5.1 Reaktionen von Menschen außerhalb der
                Kernfamilie 101
        IV.2.5.2 Diskriminierungserfahrungen 101
    IV.2.6 Technische, allgemeine und personelle Erleichterungen
        im Alltag... 102
        IV.2.6.1 Hilfsmittel und Umgangsweisen 102
        IV.2.6.2 Personelle Hilfen 103
        IV.2.6.3 Unterstützung von Seiten der Kinder 104
    IV.2.7 Reflexionen des Interviewten 105
        IV.2.7.1 Auseinandersetzung mit dem Thema „Behinderung" 105
        IV.2.7.2 Eigenes Leben und Sichtweisen von Clara Lange 108
IV.3 Interviewdarstellung: Pia Weiß 110
    IV.3.1 Vorinformationen 110
    IV.3.2 Die Behinderungen 110
    IV.3.3 Biografische Eckdaten 111
        IV.3.3.1 Die Eltern von Pia Weiß... 111
        IV.3.3.2 Die Person Pia Weiß 111
    IV.3.4 Menschliche Kontakte in und außerhalb der Familie......... 111
        IV.3.4.1 Gemeinsame Aktivitäten der Familie 111
        IV.3.4.2 Der Kontakt zu Gleichaltrigen 113
        IV.3.4.3 Soziale Kontakte der Eltern 114
        IV.3.4.4 Konflikte und Verhaltensweisen während
                Meinungsverschiedenheiten innerhalb der Familie 115

IV.3.5	Verhaltensweisen Dritter allgemein und belastende Erfahrungen 115
IV.3.5.1	Reaktionen von Menschen außerhalb der Kernfamilie ... 115
IV.3.5.2	Diskriminierungserfahrungen 116
IV.3.6	Technische, allgemeine und personelle Erleichterungen im Alltag 117
IV.3.6.1	Hilfsmittel und Umgangsweisen 117
IV.3.6.2	Personelle Hilfen 118
IV.3.6.3	Unterstützung von Seiten der Kinder 119
IV.3.7	Reflexionen des Interviewten 120
IV.3.7.1	Auseinandersetzung mit dem Thema „Behinderung" 120
IV.3.7.2	Eigenes Leben und Sichtweisen von Pia Weiß 122

IV.4 Interviewdarstellung: Lennart Apelt 124

IV.4.1	Vorinformationen 124
IV.4.2	Die Behinderungen 125
IV.4.3	Biografische Eckdaten 125
IV.4.3.1	Die Eltern von Lennart Apelt 125
IV.4.3.2	Die Person Lennart Apelt 126
IV.4.4	Menschliche Kontakte in und außerhalb der Familie 127
IV.4.4.1	Gemeinsame Aktivitäten der Familie 127
IV.4.4.2	Der Kontakt zu Gleichaltrigen 128
IV.4.4.3	Soziale Kontakte der Eltern 129
IV.4.4.4	Konflikte und Verhaltensweisen während Meinungsverschiedenheiten innerhalb der Familie 129
IV.4.5	Verhaltensweisen Dritter allgemein und belastende Erfahrungen 130
IV.4.5.1	Reaktionen von Menschen außerhalb der Kernfamilie ... 130
IV.4.5.2	Diskriminierungserfahrungen 131
IV.4.6	Technische, allgemeine und personelle Erleichterungen im Alltag 131
IV.4.6.1	Hilfsmittel und Umgangsweisen 131
IV.4.6.2	Personelle Hilfen 131
IV.4.6.3	Unterstützung von Seiten der Kinder 133
IV.4.7	Reflexionen des Interviewten 133
IV.4.7.1	Auseinandersetzung mit dem Thema „Behinderung" 133
IV.4.7.2	Eigenes Leben und Sichtweisen von Lennart Apelt 135

IV.5 Interviewdarstellung: Lia Döbel 136

IV.5.1	Vorinformationen 136

IV.5.2	Die Behinderungen	137
IV.5.3	Biografische Eckdaten	138
IV.5.3.1	Die Eltern von Frau Döbel	138
IV.5.3.2	Die Person Lia Döbel	139
IV.5.4	Menschliche Kontakte in und außerhalb der Familie	139
IV.5.4.1	Gemeinsame Aktivitäten der Familie	139
IV.5.4.2	Der Kontakt zu Gleichaltrigen	141
IV.5.4.3	Soziale Kontakte der Eltern	141
IV.5.4.4	Konflikte und Verhaltensweisen während Meinungsverschiedenheiten innerhalb der Familie	142
IV.5.5	Verhaltensweisen Dritter allgemein und belastende Erfahrungen	143
IV.5.5.1	Reaktionen von Menschen außerhalb der Familie	143
IV.5.5.2	Diskriminierungserfahrungen	143
IV.5.6	Technische, allgemeine und personelle Erleichterungen im Alltag	144
IV.5.6.1	Hilfsmittel und Umgangsweisen	144
IV.5.6.2	Personelle Hilfen	145
IV.5.6.3	Unterstützung von Seiten der Kinder	146
IV.5.7	Reflexionen des Interviewten	147
IV.5.7.1	Auseinandersetzung mit dem Thema „Behinderung"	147
IV.5.7.2	Eigenes Leben und Sichtweisen von Lia Döbel	149
IV.6	Interviewdarstellung: Jens Hoffmann	150
IV.6.1	Vorinformationen	150
IV.6.2	Die Behinderungen	150
IV.6.3	Biografische Eckdaten	151
IV.6.3.1	Die Eltern von Jens Hoffmann	151
IV.6.3.2	Die Person Jens Hoffmann	152
IV.6.4	Menschliche Kontakte in und außerhalb der Familie	152
IV.6.4.1	Gemeinsame Aktivitäten der Familie	152
IV.6.4.2	Der Kontakt zu Gleichaltrigen	153
IV.6.4.3	Soziale Kontakte der Eltern	154
IV.6.4.4	Konflikte und Verhaltensweisen während Meinungsverschiedenheiten innerhalb der Familie	155
IV.6.5	Verhaltensweisen Dritter allgemein und belastende Erfahrungen	155
IV.6.5.1	Reaktionen von Menschen außerhalb der Kernfamilie	155
IV.6.5.2	Diskriminierungserfahrungen	156

	IV.6.6	Technische, allgemeine und personelle Erleichterungen im Alltag 156
	IV.6.6.1	Hilfsmittel und Umgangsweisen 156
	IV.6.6.2	Personelle Hilfen 157
	IV.6.6.3	Unterstützung von Seiten der Kinder 158
	IV.6.7	Reflexionen des Interviewten 159
	IV.6.7.1	Auseinandersetzung mit den Behinderungen 159
	IV.6.7.2	Eigenes Leben und Sichtweisen von Jens Hoffmann 160
IV.7	Interviewdarstellung: Silke Holz 161
	IV.7.1	Vorinformationen 161
	IV.7.2	Die Behinderungen 161
	IV.7.3	Biografische Eckdaten 162
	IV.7.3.1	Die Eltern von Silke Holz 162
	IV.7.3.2	Die Person Silke Holz 163
	IV.7.4	Menschliche Kontakte in und außerhalb der Familie 163
	IV.7.4.1	Gemeinsame Aktivitäten der Familie 163
	IV.7.4.2	Der Kontakt zu Gleichaltrigen 164
	IV.7.4.3	Soziale Kontakte der Eltern 164
	IV.7.4.4	Konflikte und Verhaltensweisen während Meinungsverschiedenheiten innerhalb der Familie 165
	IV.7.5	Verhaltensweisen Dritter allgemein und belastende Erfahrungen 167
	IV.7.5.1	Reaktionen von Menschen außerhalb der Kernfamilie ... 167
	IV.7.5.2	Diskriminierungserfahrungen 167
	IV.7.6	Technische, allgemeine und personelle Erleichterungen im Alltag 168
	IV.7.6.1	Hilfsmittel und Umgangsweisen 168
	IV.7.6.2	Personelle Hilfen 168
	IV.7.6.3	Unterstützung von Seiten der Kinder 169
	IV.7.7	Reflexionen des Interviewten 170
	IV.7.7.1	Auseinandersetzung mit dem Thema „Behinderung" 170
	IV.7.7.2	Eigenes Leben und Sichtweisen von Silke Holz 170
IV.8	Interviewdarstellung: Andrea Riegel 172
	IV.8.1	Vorinformationen 172
	IV.8.2	Die Behinderungen 172
	IV.8.3	Biografische Eckdaten 172
	IV.8.3.1	Die Eltern von Andrea Riegel 172
	IV.8.3.2	Die Person Andrea Riegel 173

	IV.8.4	Menschliche Kontakte in und außerhalb der Familie 173
	IV.8.4.1	Gemeinsame Aktivitäten der Familie 173
	IV.8.4.2	Der Kontakt zu Gleichaltrigen 174
	IV.8.4.3	Soziale Kontakte der Eltern 175
	IV.8.4.4	Konflikte und Verhaltensweisen während Meinungsverschiedenheiten innerhalb der Familie 175
	IV.8.5	Verhaltensweisen Dritter allgemein und belastende Erfahrungen 176
	IV.8.5.1	Reaktionen von Menschen außerhalb der Kernfamilie ... 176
	IV.8.5.2	Diskriminierungserfahrungen 178
	IV.8.6	Technische, allgemeine und personelle Erleichterungen im Alltag 178
	IV.8.6.1	Hilfsmittel und Umgangsweisen 178
	IV.8.6.2	Personelle Hilfen 179
	IV.8.6.3	Unterstützung von Seiten des Kindes 179
	IV.8.7	Reflexionen des Interviewten 180
	IV.8.7.1	Auseinandersetzung mit dem Thema „Behinderung" 180
	IV.8.7.2	Eigenes Leben und Sichtweisen von Andrea Riegel 181
IV.9		Interviewdarstellung: Peter Rath 182
	IV.9.1	Vorinformationen 182
	IV.9.2	Die Behinderungen 182
	IV.9.3	Biografische Eckdaten 183
	IV.9.3.1	Die Eltern von Peter Rath 183
	IV.9.3.2	Die Person Peter Rath 184
	IV.9.4	Menschliche Kontakte in und außerhalb der Familie 184
	IV.9.4.1	Gemeinsame Aktivitäten der Familie 184
	IV.9.4.2	Der Kontakt zu Gleichaltrigen 186
	IV.9.4.3	Soziale Kontakte der Eltern 187
	IV.9.4.4	Konflikte und Verhaltensweisen während Meinungsverschiedenheiten innerhalb der Familie 188
	IV.9.5	Verhaltensweisen Dritter allgemein und belastende Erfahrungen 191
	IV.9.5.1	Reaktionen von Menschen außerhalb der Kernfamilie ... 191
	IV.9.5.2	Diskriminierungserfahrungen 192
	IV.9.6	Technische, allgemeine und personelle Erleichterungen im Alltag 193
	IV.9.6.1	Hilfsmittel und Umgangsweisen 193
	IV.9.6.2	Personelle Hilfen 193
	IV.9.6.3	Unterstützung von Seiten der Kinder 194

IV.9.7 Reflexionen des Interviewten 195
IV.9.7.1 Auseinandersetzung mit dem Thema „Behinderung" 195
IV.9.7.2 Eigenes Leben und Sichtweisen von Peter Rath 195
IV.10 Interviewdarstellung: Marina Thoma 197
    IV.10.1 Vorinformationen 197
    IV.10.2 Die Behinderungen 198
    IV.10.3 Biografische Eckdaten 198
        IV.10.3.1 Die Eltern von Marina Thoma 198
        IV.10.3.2 Die Person Marina Thoma 199
    IV.10.4 Menschliche Kontakte in und außerhalb der Familie 200
        IV.10.4.1 Gemeinsame Aktivitäten der Familie 200
        IV.10.4.2 Der Kontakt zu Gleichaltrigen 201
        IV.10.4.3 Soziale Kontakte der Eltern 202
        IV.10.4.4 Konflikte und Verhaltensweisen während Meinungsverschiedenheiten innerhalb der Familie 203
    IV.10.5 Verhaltensweisen Dritter allgemein und belastende Erfahrungen 204
        IV.10.5.1 Reaktionen von Menschen außerhalb der Kernfamilie ...204
        IV.10.5.2 Diskriminierungserfahrungen 205
    IV.10.6 Technische, allgemeine und personelle Erleichterungen im Alltag 206
        IV.10.6.1 Hilfsmittel und Umgangsweisen 206
        IV.10.6.2 Personelle Hilfen 206
        IV.10.6.3 Unterstützung von Seiten der Kinder 208
    IV.10.7 Reflexionen des Interviewten 209
        IV.10.7.1 Auseinandersetzung mit dem Thema „Behinderung" 209
        IV.10.7.2 Eigenes Leben und Sichtweisen von Marina Thoma 211
IV.11 Interviewdarstellung: Mario Kräft 212
    IV.11.1 Vorinformationen 212
    IV.11.2 Die Behinderungen 213
    IV.11.3 Biografische Eckdaten 213
        IV.11.3.1 Die Eltern von Mario Kräft 213
        IV.11.3.2 Die Person Mario Kräft 214
    IV.11.4 Menschliche Kontakte in und außerhalb der Familie 214
        IV.11.4.1 Gemeinsame Aktivitäten der Familie 214
        IV.11.4.2 Der Kontakt zu Gleichaltrigen 215
        IV.11.4.3 Soziale Kontakte der Eltern 216

IV.11.4.4 Konflikte und Verhaltensweisen während
 Meinungsverschiedenheiten innerhalb der Familie 216
IV.11.5 Verhaltensweisen Dritter allgemein und belastende
 Erfahrungen 217
 IV.11.5.1 Reaktionen von Menschen außerhalb der Kernfamilie ...217
 IV.11.5.2 Diskriminierungserfahrungen 217
IV.11.6 Technische, allgemeine und personelle Erleichterungen
 im Alltag 218
 IV.11.6.1 Hilfsmittel und Umgangsweisen 218
 IV.11.6.2 Personelle Hilfen 219
 IV.11.6.3 Unterstützung von Seiten des Kindes 219
IV.11.7 Reflexionen des Interviewten 220
 IV.11.7.1 Auseinandersetzung mit dem Thema „Behinderung" 220
 IV.11.7.2 Eigenes Leben und Sichtweisen von Mario Kräft 222
IV.12 Interviewdarstellung: Lydia Meyer 223
 IV.12.1 Vorinformationen 223
 IV.12.2 Die Behinderungen 223
 IV.12.3 Biografische Eckdaten 224
 IV.12.3.1 Die Eltern von Lydia Meyer 224
 IV.12.3.2 Die Person Lydia Meyer 225
 IV.12.4 Menschliche Kontakte in und außerhalb der Familie..........226
 IV.12.4.1 Gemeinsame Aktivitäten der Familie 226
 IV.12.4.2 Der Kontakt zu Gleichaltrigen 226
 IV.12.4.3 Soziale Kontakte der Eltern 228
 IV.12.4.4 Konflikte und Verhaltensweisen während
  Meinungsverschiedenheiten innerhalb der Familie 228
 IV.12.5 Verhaltensweisen Dritter allgemein und belastende
  Erfahrungen 229
 IV.12.5.1 Reaktionen von Menschen außerhalb der Kernfamilie ...229
 IV.12.5.2 Diskriminierungserfahrungen 230
 IV.12.6 Technische, allgemeine und personelle Erleichterungen
  im Alltag 230
 IV.12.6.1 Hilfsmittel und Umgangsweisen 230
 IV.12.6.2 Personelle Hilfen 231
 IV.12.6.3 Unterstützung von Seiten der Kinder 232
 IV.12.7 Reflexionen des Interviewten 233
 IV.12.7.1 Auseinandersetzung mit dem Thema „Behinderung" 233
 IV.12.7.2 Eigenes Leben und Sichtweisen von Lydia Meyer 235
IV.13 Interviewdarstellung: Sigrid Peters 236

IV.13.1 Vorinformationen 236
IV.13.2 Die Behinderungen 237
IV.13.3 Biografische Eckdaten 237
IV.13.3.1 Die Eltern von Sigrid Peters 237
IV.13.3.2 Die Person Sigrid Peters..237
IV.13.4 Menschliche Kontakte in und außerhalb der Familie..........238
IV.13.4.1 Gemeinsame Aktivitäten der Familie 238
IV.13.4.2 Der Kontakt zu Gleichaltrigen 239
IV.13.4.3 Soziale Kontakte der Eltern 239
IV.13.4.4 Konflikte und Verhaltensweisen während
  Meinungsverschiedenheiten innerhalb der Familie 240
IV.13.5 Verhaltensweisen Dritter allgemein und belastende
  Erfahrungen 241
IV.13.5.1 Reaktionen von Menschen außerhalb der Kernfamilie ... 241
IV.13.5.2 Diskriminierungserfahrungen..241
IV.13.6 Technische, allgemeine und personelle Erleichterungen
  im Alltag 243
IV.13.6.1 Hilfsmittel und Umgangsweisen 243
IV.13.6.2 Personelle Hilfen 243
IV.13.6.3 Unterstützung von Seiten des Kindes..............................245
IV.13.7 Reflexionen des Interviewten 245
IV.13.7.1 Auseinandersetzung mit dem Thema „Behinderung" 245
IV.13.7.2 Eigenes Leben und Sichtweisen von Sigrid Peters 246
IV.14 Interviewdarstellung: Annalena König 247
IV.14.1 Vorinformationen 247
IV.14.2 Die Behinderungen 248
IV.14.3 Biografische Eckdaten 248
IV.14.3.1 Die Eltern von Annalena König 248
IV.14.3.2 Die Person Annalena König...249
IV.14.4 Menschliche Kontakte in und außerhalb der Familie..........250
IV.14.4.1 Gemeinsame Aktivitäten der Familie 250
IV.14.4.2 Der Kontakt zu Gleichaltrigen 251
IV.14.4.3 Soziale Kontakte der Eltern 252
IV.14.4.4 Konflikte und Verhaltensweisen während
  Meinungsverschiedenheiten innerhalb der Familie 252
IV.14.5 Verhaltensweisen Dritter allgemein und belastende
  Erfahrungen 253
IV.14.5.1 Reaktionen von Menschen außerhalb der Kernfamilie ...253

IV.14.5.2 Diskriminierungserfahrungen 254
IV.14.6 Technische, allgemeine und personelle Erleichterungen
im Alltag 255
 IV.14.6.1 Hilfsmittel und Umgangsweisen 255
 IV.14.6.2 Personelle Hilfen 256
 IV.14.6.3 Unterstützung von Seiten des Kindes 257
IV.14.7 Reflexionen des Interviewten 258
 IV.14.7.1 Auseinandersetzung mit dem Thema „Behinderung" 258
 IV.14.7.2 Eigenes Leben und Sichtweisen von Annalena König 260
IV.15 Interviewdarstellung: Björn Schneider 261
 IV.15.1 Vorinformationen 261
 IV.15.2 Die Behinderungen 262
 IV.15.3 Biografische Eckdaten 262
  IV.15.3.1 Die Eltern von Björn Schneider 262
  IV.15.3.2 Die Person Björn Schneider 262
 IV.15.4 Menschliche Kontakte in und außerhalb der Familie..........263
  IV.15.4.1 Gemeinsame Aktivitäten der Familie 263
  IV.15.4.2 Der Kontakt zu Gleichaltrigen 264
  IV.15.4.3 Soziale Kontakte der Eltern 265
  IV.15.4.4 Konflikte und Verhaltensweisen während
  Meinungsverschiedenheiten innerhalb der Familie 265
 IV.15.5 Verhaltensweisen Dritter allgemein und belastende
 Erfahrungen 266
  IV.15.5.1 Reaktionen von Menschen außerhalb der Kernfamilie ...266
  IV.15.5.2 Diskriminierungserfahrungen 267
 IV.15.6 Technische, allgemeine und personelle Erleichterungen
im Alltag 268
  IV.15.6.1 Hilfsmittel und Umgangsweisen 268
  IV.15.6.2 Personelle Hilfen 269
  IV.15.6.3 Unterstützung von Seiten der Kinder 269
 IV.15.7 Reflexionen des Interviewten 270
  IV.15.7.1 Auseinandersetzung mit dem Thema „Behinderung" 270
  IV.15.7.2 Eigenes Leben und Sichtweisen von Björn Schneider......271
IV.16 Interviewdarstellung: Kevin Schneider 273
 IV.16.1 Vorinformationen 273
 IV.16.2 Die Behinderungen 273
 IV.16.3 Biografische Eckdaten 274
  IV.16.3.1 Die Eltern von Kevin Schneider 274

IV.16.3.2 Die Person Kevin Schneider 274
IV.16.4 Menschliche Kontakte in und außerhalb der Familie 275
IV.16.4.1 Gemeinsame Aktivitäten der Familie 275
IV.16.4.2 Der Kontakt zu Gleichaltrigen 276
IV.16.4.3 Soziale Kontakte der Eltern 277
IV.16.4.4 Konflikte und Verhaltensweisen während Meinungsverschiedenheiten innerhalb der Familie 277
IV.16.5 Verhaltensweisen Dritter allgemein und belastende Erfahrungen 279
IV.16.5.1 Reaktionen von Menschen außerhalb der Kernfamilie ... 279
IV.16.5.2 Diskriminierungserfahrungen 279
IV.16.6 Technische, allgemeine und personelle Erleichterungen im Alltag 280
IV.16.6.1 Hilfsmittel und Umgangsweisen 280
IV.16.6.2 Personelle Hilfen 281
IV.16.6.3 Unterstützung von Seiten der Kinder 282
IV.16.7 Reflexionen des Interviewten 283
IV.16.7.1 Auseinandersetzung mit dem Thema „Behinderung" 283
IV.16.7.2 Eigenes Leben und Sichtweisen von Kevin Schneider 285
IV.17 Interviewdarstellung: Fabian Dachmann 286
IV.17.1 Vorinformationen 286
IV.17.2 Die Behinderungen 287
IV.17.3 Biografische Eckdaten 287
IV.17.3.1 Die Eltern von Fabian Dachmann 287
IV.17.3.2 Die Person Fabian Dachmann 288
IV.17.4 Menschliche Kontakte in und außerhalb der Familie 290
IV.17.4.1 Gemeinsame Aktivitäten der Familie 290
IV.17.4.2 Der Kontakt zu Gleichaltrigen 291
IV.17.4.3 Soziale Kontakte der Eltern 292
IV.17.4.4 Konflikte und Verhaltensweisen während Meinungsverschiedenheiten innerhalb der Familie 293
IV.17.5 Verhaltensweisen Dritter allgemein und belastende Erfahrungen 295
IV.17.5.1 Reaktionen von Menschen außerhalb der Kernfamilie ... 295
IV.17.5.2 Diskriminierungserfahrungen 296
IV.17.6 Technische, allgemeine und personelle Erleichterungen im Alltag 297
IV.17.6.1 Hilfsmittel und Umgangsweisen 297
IV.17.6.2 Personelle Hilfen 298

IV.17.6.3 Unterstützung von Seiten des Kindes 299
IV.17.7 Reflexionen des Interviewten 300
IV.17.7.1 Auseinandersetzung mit dem Thema „Behinderung" 300
IV.17.7.2 Eigenes Leben und Sichtweisen von
Fabian Dachmann 302

V Synoptischer Quervergleich der Interviewdarstellungen – Darstellung des Erkenntnisgewinns 305

V.1 Familienformen und Geschwisterzahl 305
    V.1.1 Die familialen Lebensformen bzw. Geschwisterkinder der Herkunftsfamilien der Interviewpartner 305
    V.1.2 Fazit 307

V.2 Freizeitaktivitäten der Familien 307
    V.2.1 Das Spektrum der Freizeitgestaltung der Familien 307
        V.2.1.1 Vermeidung von Freizeitbeschäftigungen nahe der behinderungsbedingten Veränderungen? 308
        V.2.1.1.1 Elterliche Haltungen gegenüber Sportarten beim Nachwuchs 309
        V.2.1.2 Weitergabe von Kulturgut und eigens kreierte Freizeitbeschäftigungen 310
        V.2.1.3 Fazit 311
    V.2.2 Zuschreibungen und Modifikationen im Kontext familiären Freizeitverhaltens 312
        V.2.2.1 Von den Interviewpartnern in der familiären Freizeitgestaltung Vermisstes 313
        V.2.2.2 Veränderungen der Freizeitgestaltung infolge elterlicher Behinderung 314
        V.2.2.3 Fazit 315

V.3 Das soziale Umfeld außerhalb der Kernfamilie 316
    V.3.1 Soziale Kontakte der Töchter und Söhne 317
        V.3.1.1 Belastungsmomente im zwischenmenschlichen Bereich 317
        V.3.1.2 Als positiv erlebte Bekanntschaften und unterschiedliche emotionale Qualitäten sozialer Kontakte 320
        V.3.1.3 Fazit 322
    V.3.2 Soziale Kontakte der Eltern 323
        V.3.2.1 Freundeskreise 323
        V.3.2.1.1 Viele Freundschaften zu Personen mit und ohne Behinderungen 324
        V.3.2.1.2 Dominanz von Kontakten zu Menschen mit ähnlichen Behinderungen? 325

V.3.2.1.3 Vorwiegend nicht behinderte Freunde, Elternteile mit Hörbehinderungen in Gesellschaften und weitere soziale Kontakte 326

V.3.2.1.4 Teilfazit 328

V.3.2.2 Weitere Momente sozialer Interaktion 328

V.3.2.2.1 Nachbarschaft 329

V.3.2.2.2 Befreundete Arbeitskollegen und allgemeine Atmosphäre im beruflichen Umfeld 330

V.3.2.2.3 Innerfamiliäre Akzeptanz durch die Verwandtschaft 331

V.3.2.3 Kaum gelebte Freundschaften 332

V.3.2.3.1 Teilfazit 333

V.3.2.4 Fazit 334

V.4 Streit, Meinungsverschiedenheiten und Konfliktmanagement innerhalb der Familien 335

V.4.1 Verhaltensweisen in Konflikten innerhalb der Kernfamilie 335

V.4.1.1 Streitbezogene Agitationsstrukturen 336

V.4.1.2 Elternteile mit Hörbehinderungen während Auseinandersetzungen 338

V.4.1.3 Das „Ausnutzen" der Behinderung des Elternteils für eigene Vorteile 340

V.4.1.4 Geschwisterkonflikte 342

V.4.2 Streitursachen in Eltern-Kind- und in Eltern-Großeltern-Konstellationen 343

V.4.2.1 Sachthemen als Streitanlässe in den Kernfamilien 343

V.4.2.2 Metareflexion zu Streitanlässen 345

V.4.2.3 Belastendes Verhalten von Seiten der Großeltern 346

V.4.3 Fazit 348

V.5 Reaktionen von Menschen außerhalb der Kernfamilie 350

V.5.1 Begegnungen mit Fremden 350

V.5.1.1 Reaktionen in Geschäften und Institutionen 352

V.5.1.2 Unbefangenheit und vorurteilsbehaftete Reaktionen Fremder 355

V.5.1.3 Fazit 357

V.5.2 Diskriminierungserfahrungen 357

V.5.2.1 Kontexte diskriminierender Übergriffe 358

V.5.2.1.1 Teilfazit 360

V.5.2.2 Täter, die Herabwürdigendes ausagierten 361

V.5.2.3 Offensive Reaktionen 365

V.5.2.4 Fazit 367
V.6 Technische, allgemeine und personelle Erleichterungen im
Alltag 367
V.6.1 Technische Hilfen 367
V.6.1.1 PC-Nutzung als individuelle Geschmacksache 368
V.6.1.2 Variierender Einsatz von Hilfsmitteln und
Umgangsweisen 368
V.6.1.3 Selbstablehnung führt zur Nutzung weniger
Hilfsmittel 371
V.6.1.4 Fazit 372
V.6.2 Personelle Unterstützung 373
V.6.2.1 Von den Betreffenden als hilfreich erlebte personelle
Unterstützung 373
V.6.2.1.1 Unterstützung vom Partner 373
V.6.2.1.2 Vielfältige Hilfe aus der Nachbarschaft 374
V.6.2.1.3 Helfende Freunde von Elternteilen 375
V.6.2.1.4 Innerfamiliäre Unterstützung 376
V.6.2.1.5 Allgemeine und behinderungsspezifische
Dienstleistungen 378
V.6.2.2 Ablehnung personeller Hilfe 379
V.6.2.3 Begleiterscheinungen von Assistenznahme und
informeller Hilfe 381
V.6.2.3.1 Hilfeleistung als Ein-Personen-Unternehmung und
Alternativen 382
V.6.2.4 Die Wahrnehmung des personellen
Unterstützungsbedarfs von Seiten der Mutter
oder des Vaters 384
V.6.2.5 Fazit 385
V.6.3 Unterstützung der Elternteile von Seiten der
Interviewpartner 386
V.6.3.1 Nahezu keine Hilfen vom Nachwuchs für Mutter
und/oder Vater 386
V.6.3.1.1 Steigt mit dem Pflegebedarf der Elternteile der
Hilfsumfang der Kinder? 388
V.6.3.1.2 Fazit 389
V.6.3.2 Akzeptanz der Unterstützung für den Elternteil/die
Elternteile 390
V.6.3.2.1 Fazit 392
V.6.3.3 Überforderung beim Helfen im Kindes- bzw.
Jugendalter 392

V.6.3.4 Ambivalente Haltungen des Nachwuchses
gegenüber Hilfen für die Elternteile 394

V.6.3.5 Fazit 395

V.6.4 Elterliche Hilfen für den Nachwuchs 396

V.6.4.1 „Anschubhilfe" für die Töchter und Söhne von
Seiten der Elternteile mit Körper- und/oder
Sinnesbehinderung 396

V.6.4.2 Fazit 397

V.7 Reflexionen der Interviewpartner 398

V.7.1 Auseinandersetzung mit dem Thema „Behinderung" 398

V.7.1.1 Beeinträchtigungen als Konstrukt,
nicht einheitlich wahrgenommen 399

V.7.1.2 Tabuisierung contra Akzeptanz der Behinderung
in der jeweiligen Kernfamilie 401

V.7.1.2.1 Lebenslange Selbstablehnung und
Verleugnungsprozesse 402

V.7.1.2.2 Emotional variierende und konstruktive Haltungen
im Kontext der Behinderung von Mutter oder Vater 403

V.7.1.3 Mentale Integration der elterlichen Behinderung von
Seiten des Nachwuchses 405

V.7.1.3.1 Gewichtung der elterlichen Beeinträchtigung 405

V.7.1.3.2 Elterliche Behinderung als Variante der Normalität 407

V.7.1.3.3 Veränderte Wahrnehmung während bzw. nach der
Pubertät 407

V.7.1.4 Gefühle und Fragen im Kontext der elterlichen
Beeinträchtigung 409

V.7.1.4.1 Verstärkte Angst um den betreffenden Elternteil 409

V.7.1.4.2 Das Aufwachsen als Fähigkeitstraining 409

V.7.1.4.3 Der Umgang mit der „Vererbungsfrage" 410

V.7.1.4.4 Bedürfnis, Gleichaltrige aus Familien mit behinderten
Elternteilen zu treffen? 413

V.7.1.4.5 Positive Gesamtwahrnehmung ihres Aufwachsens
bei dem betreffenden Elternteil 413

V.7.1.4.6 Fazit 414

V.7.2 Eigenes Leben und Einstellungen der Interviewpartner ... 415

V.7.2.1 Berufswahl: von der elterlichen Behinderung
beeinflusst? 415

V.7.2.1.1 Beruf im sozialen Bereich 415

V.7.2.1.2 Berufliches Tätigkeitsfeld außerhalb
des sozialen Bereichs gefunden 416

V.7.2.1.3 Weggestrebt und doch in einem sozialen T
ätigkeitsbereich angelangt 417
V.7.2.1.4 Haltung der Eltern gegenüber der Berufswahl
des Interviewpartners 418
V.7.2.1.5 Fazit 419
V.7.2.2 Während Kindheit und Jugend Vermisstes 420
V.7.2.3 Bevorzugte Kommunikationssysteme bilingual
aufgewachsener Töchter und Söhne hörbehinderter
Elternteile 422
V.7.2.4 Positives Feedback für die Elternteile von Seiten des
Nachwuchses 423

**VI Zusammenfassende Darstellung des Erkenntnisgewinns dieser
Untersuchung** 427

VI.1 Gesamtresümee 427

VI.1.1 Die zentralen Ergebnisse meiner Studie als Kurzabriss 428

VI.1.2 Rückbezug der Erkenntnisse aus dem Kurzabriss
auf theoretische Elemente meiner Forschung 430

VI.2 Ausblick 431

VI.3 Schlussgedanken 432

VII Literaturverzeichnis 433

VIII Anhang 445

VIII.1 Einwilligungserklärung 445

VIII.2 Kurzfragebogen zu biografischen Eckdaten 446

1. Zu interviewende Person 446

2. Wohnorte der Familie mit dem Elternteil/den Elternteilen
in chronologischer Reihenfolge 446

3. Personen im damaligen Haushalt 447

4. Behinderungen von Familienmitgliedern 447

4.1 Mögliche Behinderungen der eigenen Mutter 447

4.2 Mögliche Behinderungen des eigenen Vaters 448

4.3 Mögliche eigene Behinderung 448

4.4 Behinderungen von Geschwisterkindern 449

5. Arbeitssuche/Berufe 449

5.1 Mutter 449

5.2 Vater 449

5.3 Meine Person 450

Einleitung

In der Gegenwart und der jüngsten Vergangenheit trifft man in Deutschland auf Personen, deren Erfahrungen unterschiedliche Umgangsweisen mit der Elternschaft von Frauen und Männern mit Körper- und Sinnesbehinderungen widerspiegeln.

Im Jahr 1977 gaben KLUGE und SPARTY ein Buch heraus, dessen Titel folgendermaßen lautete: „Sollen, können, dürfen Behinderte heiraten?" Es handelt sich um eine Aufsatzsammlung. In diesem Buch verknüpfen die Autoren medizinische Merkmale von Behinderungen mit ihren hypothetischen Annahmen zur Ehe und mitunter auch zur Elternschaft. Insgesamt wird eine skeptische Position bezogen. Töchter und Söhne von Elternteilen, die bei alltäglichen Verrichtungen selbst auf Assistenz angewiesen sind, sollten nach KLUGEs und SPARTYs Ansichten gar nicht erst gezeugt werden (KLUGE/SPARTY 1977): In dieser Veröffentlichung werden beispielsweise sehende Kinder blinder Eltern ausschließlich als Sehkraft ihrer Elternteile interpretiert. Der Autor des Artikels leitete in Österreich eine pädagogische Institution für Menschen mit Sehbehinderungen (BENESCH 1977, S. 156). Ein damaliger, habilitierter Facharzt für Hals-, Nasen- und Ohrenheilkunde nennt das Denken schwerhöriger Menschen pauschalisierend „*vereinfacht*" und unterstellt der Lautsprache schwerhöriger Personen in einer Art Universaldiagnose eine Performanz, die selbst die Familien der Betroffenen permanent negativ tangiere. Finden sich schwerhörige oder gehörlose Erwachsene selbst in der Elternrolle wieder, so wären die familiär-pädagogischen Resultate dieses Personenkreises den Ergebnissen derjenigen Mütter und Väter, bei denen keine Behinderung diagnostiziert wurde, unterlegen (KUMPF 1977, S. 108).

Ähnliche Erfahrungen machte die international sehr erfolgreiche Leistungssportlerin Marianne BUGGENHAGEN, als sie zusammen mit ihrem Mann einen Adoptionsantrag stellte. Dieser wurde mit folgender Begründung abgelehnt: „"Sie sitzen beide im Rollstuhl. Wir suchen für Kinder aber die bestmöglichen Familien. Da kommen Sie doch wohl nicht in Frage, oder? (...) Versuchen Sie es in der nächsten Instanz, aber finden Sie sich damit ab, dass Sie nicht die geringste Chance haben!"'" (BUGGENHAGEN 2010, S. 92).

Eine andere Perspektive, als KLUGE/SPARTY sie darstellten und BUGGENHAGEN sie erfahren hat, äußerte WAIDOSCH, deren Artikel in einer Aufsatzsammlung veröffentlicht vorliegt: „Am liebsten würde ich in Paris studieren. Eigentlich habe ich keine besondere Lebensgeschichte, außer dass meine Mutter zufälligerweise Polio (Kinderlähmung) hatte und deshalb im Rollstuhl sitzt" (WAIDOSCH 2001, S. 241).

Diese konträren Einschätzungen in Bezug auf Menschen mit Körper- und/oder Sinnesbehinderungen in der Elternrolle inspirierten mich zur weiteren wissenschaftlichen Beschäftigung mit dieser Thematik.

I Hinführung

I.1 Thematische Abgrenzung

HERMES schlägt in ihrer Untersuchung zur Elternschaft von Menschen mit Körper- oder Sinnesbehinderungen vor, die Lebenssituationen von deren Töchtern und Söhnen in einem weiteren Projekt zu erforschen (vgl. HERMES 2004, S. 91). Diese Herausforderung fand ich interessant. Ich habe sie mit dieser Studie aufgegriffen.

Zugleich erschien es mir sinnvoll, folgende grobe thematische Zuordnungen zu unterschiedlichen Themenkomplexen bestehen zu lassen: HERMES hatte sich mit Menschen mit Körper- und/oder Sinnesbehinderungen befasst (vgl. HERMES 2004). PRANGENBERG widmete seine Untersuchung den Lebenserfahrungen von Töchtern und Söhnen von Elternteilen mit Lernschwierigkeiten, die in unserer Gesellschaft auch „Menschen mit geistigen Behinderungen" genannt werden (vgl. PRANGENBERG 2003). Gesellschaftliche Einschätzungen gegenüber Elternteilen, die „geistig behindert" genannt werden, und die Perspektiven dieser Mütter und Väter sowie ihrer Töchter und Söhne zeigen immer wieder spezifische Wahrnehmungs- und Zuschreibungsprozesse (vgl. PIXA-KETTNER 1995, 2006, 2008, BARGFREDE/BLANKEN/PIXA-KETTNER 1996, PRANGENBERG 2003).

Ebenso treffen Familien mit einem oder beiden Elternteilen, bei denen sogenannte „psychische Besonderheiten" diagnostiziert wurden, zumindest teilweise auf veränderte Reaktionsmuster (vgl. BAER/DOMINGO/AMSLER 2003, BOCK/DERANDERS/ESTERER 1996, FINZEN 2001, MATTEJAT/LISOFSKY 2011, LYDEN 1999, LENZ 2005, LISOFSKY/SCHMITT-SCHÄFER 2006, BOCK/BUCK/ESTERER 2007).

Vor dem Hintergrund dieser teilweise divergierenden Ausgangslagen erachte ich es als sinnvoll, in meiner Arbeit die Lebenssituationen von Töchtern und Söhnen zu erforschen, wo bei einem oder beiden Elternteilen Körper- und/oder Sinnesbehinderungen vorliegen.

Die Erfahrungen von Familienmitgliedern, bei denen ein Elternteil mit einer sogenannten „geistigen Behinderung" bzw. mit psychischen Veränderungen lebt, finde ich wissenschaftlich auch interessant und wertvoll für die Forschung. Doch erscheint es mir ratsam, die zuletzt genannten Familien separat zu erforschen, um ihren jeweiligen Bedingungs- und Lebensweltkonstellationen gerecht zu werden. Somit grenze ich den Fokus meiner Untersuchung ein auf ältere Jugendliche und inzwischen erwachsene Töchter und Söhne von mindestens einem Elternteil, bei dem eine Körper- und/oder Sinnesbehinderung vorliegt. Betroffenenerfahrungen stehen im Zentrum. Somit ist meine Arbeit den Disability Studies, vgl. II.3.2, zuzuordnen.

I.2 Aufbau

Im ersten Teil der Studie widme ich mich zentralen Begriffen und allgemeinen Lebensbedingungen im Kontext von Behinderungen sowie familialen Aspekten und der Interdependenz beider eben genannter Komponenten.

Es schließt sich eine Betrachtung zur Methodik an. Hier liegt der Schwerpunkt bei den methodischen Möglichkeiten, die bei meinem Forschungsvorhaben Verwendung fanden. Ebenso werden kurz meine Entscheidungen in diesem Bereich angesprochen.

Das Kernstück meiner Studie bilden die Interviewdarstellungen. Für diese wurde das von mir erhobene qualitative Datenmaterial personenbezogen aufbereitet. Dem folgt der synoptische Quervergleich der Interviewdarstellungen. Es handelt sich um eine punktuelle strukturelle Gegenüberstellung von Einzelaussagen aus den Erfahrungswelten der Interviewpartner[1]. Hier und im Anschluss daran kann der Erkenntnisgewinn meiner Arbeit nach-

---

1   Um Leseflüssigkeit zu ermöglichen, habe ich mich entschieden, die männliche Form als Überbegriff für beide Geschlechter zu verwenden. Natürlich unterstütze ich Geschlechtergerechtigkeit.

gelesen werden. Mit einem Ausblick, dem Verzeichnis der von mir verwendeten Literatur, einem Einwilligungsformular und einem biografischen Blankofragebogen endet diese Studie. Diese von mir entworfenen Vordrucke habe ich beim Zusammentreffen mit den Interviewpartnern verwendet.

Im Anhang liegen die biografischen Fragebögen, Memos und die transkribierten Interviewtexte in Form von PDF-Dateien auf CD-ROM bei.

II Theoretische und begriffliche Grundlagen

Um die Lebenssituationen von Töchtern und Söhnen von Elternteilen mit Körper- und/oder Sinnesbehinderungen so weit wie möglich nachvollziehen zu können, sollen im Vorfeld allgemeine Kontextbedingungen fokussiert werden, im Rahmen derer sich die Biografien der Betroffenen eventuell ereignet haben könnten. Daher habe ich den ersten großen Teil meiner Studie in folgende drei zentrale Blöcke unterteilt: Reflexion divergierender Termini im Kontext von Behinderung, Familien allgemein und Elternschaft von Menschen, die „behindert" genannt werden.

Hierbei bildet die Situation in Deutschland immer wieder meinen Schwerpunkt, da Ethnomethodologie nicht in die engere Themenstellung meines Forschungsvorhabens fällt und ich meine Studie ebenfalls hierzulande durchführen werde. An einigen zentralen Punkten werde ich dennoch relevante Entwicklungen aus anderen Ländern und internationale Aspekte beleuchten. Dies dient dazu, den jeweiligen Ist-Stand Deutschlands grob im internationalen Kontext nachvollziehen zu können.

II.1 Leben mit einer Behinderung

In diesem Abschnitt gehe ich auf den Themenbereich „Behinderung in unserer Gesellschaft" ein. Dabei werden unterschiedliche Erklärungsansätze von Behinderung beleuchtet. Es wird gezeigt, wie diese Einstellungen und Vorstellungen die Rahmenbedingungen von Menschen mit Behinderungen beeinflussen. Die Ausgangsbedingungen, die sich für Personen mit Besonderheiten stellen, sind immer kultur- und zeitabhängig.

Von verschiedenen Behinderungsbegriffen ausgehend, widme ich mich danach divergierenden Verhaltensmustern gegenüber Betroffenen. Diese Betrachtungen münden in die Erforschung von Phänomenen im Kontext von Behinderungen, die von Personen mit Beeinträchtigungen selbst vorgenommen werden, die sogenannten Disability Studies. Abschließend werden kurz technische Veränderungen vorgestellt. Letztere kommen im Alltag einiger Elternteile mit Behinderungen vor.

II.1.1 Verschiedene Perspektiven gegenüber Behinderung

Möglichkeiten und Chancen, die sich für Menschen mit Behinderungen ergeben, sind nicht statisch, sondern hängen von gesellschaftlichen Überzeugungen ab: Bis zum 15. Jahrhundert galten gehörlose Menschen allgemein als der Bildung nicht zugänglich. Diese Ansicht war auch unter Didaktikern und Pädagogen weit verbreitet. Umfassende Lernerfolge einzelner gehörloser Personen waren zwar damals beschrieben worden, solche Berichte änderten jedoch kaum etwas an der früher häufig vertretenen Meinung, dass Personen ohne Hörvermögen an Bildungsinhalten und am Schulunterricht nicht teilhaben könnten (vgl. BUCHINGER 1996, S. 187).

Obiges Beispiel zeigt die Abhängigkeit derartiger Einschätzungen vom jeweiligen kulturellen und zeitlichen Kontext. Kontrastierend sei erwähnt, dass in der Bundesrepublik Deutschland gegenwärtig die Schulpflicht für Schüler mit Hörschädigungen gilt. Gesetzte Bildungsgrenzen können also verschoben werden.

Auch heute gibt es nicht nur einen möglichen Fokus auf das Phänomen „Behinderung". Es spielt somit eine wichtige Rolle, aus welchem Blickwinkel heraus Einschätzungen vorgenommen werden. Im Folgenden stelle ich zwei zentrale und inhaltlich unterschiedliche Perspektiven vor: den medizinischen Erklärungsansatz und das soziale Modell von Behinderung.

II.1.1.1 Der medizinische Erklärungsansatz

Unter medizinischer Prämisse wird Behinderung als Abweichung vom Normalzustand der Nichtbehinderten betrachtet. Diese Veränderungen gilt es mit Operationen, Therapien, Hilfsmitteln und Übungen entweder vollständig oder zumindest so weit wie möglich zu eliminieren. Gesellschaftliche Ausgrenzungen werden nicht in der Sozietät selbst, sondern in der Besonderheit des Individuums verortet. FUNKE-JOHANNSEN zieht folgende Schlussfolgerung: *„Von dem Krankheitsfolgenmodell lassen sich für Behinderte keine positiven Ziele wie Teilhabe, Gleichstellung und Selbstbestimmung ableiten"* (FUNKE-JOHANNSEN 2003, S. 76). Dass zum Beispiel Treppen Rollstuhlnutzern den Weg versperren, wird gemäß diesem Denkmodell als individuelles Schicksal betrachtet.

An dieser Stelle widme ich mich kurz den Klassifikationsbemühungen der Weltgesundheitsorganisation (WHO), da diese immer wieder in Begriffserklärungen im Kontext von Behinderung eingewoben werden. Den Reflexionen über die Raster der WHO folgen Explikationen von Behinderungsbegriffen unter medizinischer Prämisse.

Von der WHO werden – seit ihrer Gründung im Jahr 1946 – Krankheits- und Behinderungsklassifikationen fortgeschrieben. Die Wurzel dieser Einteilungen liegt bei Rastern für die Todesursachenerhebungen aus den Jahren 1893 und 1899. Eine solche Statistik war damals neu. Sie wurde international angewandt. Von der WHO werden diese Abgrenzungen in bestimmten Zeitintervallen überarbeitet, inhaltlich verändert und somit dem jeweiligen Zeitgeist angepasst. Bereits 1909 stand „ICD" nicht mehr ausschließlich für Todesursachen, sondern für *„International Classification of Causes of Sickness and Death"*. Von 1948 bis 1975 fand eine Wandlung statt, wodurch das erstgenannte „D" zur Abkürzung für „diseases" wurde. Die frühere Todesursachenstatistik veränderte sich zu einer Krankheiten-, Verletzungs- und Sterbeursachenklassifikation. Im Jahr 1990 lautete der englische Titelzusatz „… of Diseases and Related Health Problems" (vgl. HIRSCHBERG 2009, S. 34ff.). Behinderungen waren somit „Verwandte" von Krankheiten geworden. Diese Verknüpfung zieht folgendes Dilemma nach sich:

Einerseits definiert die WHO den Terminus „Gesundheit" mit positiven oder neutralen Begriffen: Es geht dabei um körperliches, geistiges und soziales Wohlbefinden. Diese Explikation erstreckt sich auf mehr als auf „nicht krank sein". Andererseits ist der ICD-10 aus dem Jahr 1992 ein medizinisches Krankheitsmodell immanent, bei dem eine Pathogenese zu Manifestationen führt. Ein hauptsächlich auf Krankheiten fokussiertes Raster erweist sich bei der Anwendung auf Behinderungen als problematisch, da nicht jede Behinderung als Krankheitsfolge entsteht. Und es stellt sich die Frage, ob bzw. inwiefern der positive Gesundheitsbegriff der WHO für Menschen mit Behinderungen gelten kann (vgl. HIRSCHBERG 2009, S. 44ff.). Des Weiteren wurde im Jahr 2001 von der WHO die „*International Classification of Functioning, Disability and Health*" (ICF) angenommen (vgl. WHO 2013a). Positiv ist hervorzuheben, dass an einem konstruktiven Begriff auf dem Hintergrund von Behinderungen gearbeitet wurde. Die ICF erwähnt Beeinträchtigungen nicht mehr ausschließlich als Manifestationen von Krankheiten. Sie ist eine „Klassifikation der Gesundheitsrisiken von Menschen im Kontext ihrer individuellen Lebenssituation und den Einflüssen der Umwelt. Die Interaktion zwischen Gesundheitsrisiken und Kontextfaktoren resultiert in Behinderungen." (WHO: ICF. ANHANG 5 2013b, S.1) Diese Abkehr vom reinen Krankheitsfolgenmodell stellt eine Weiterentwicklung der Mängel der „*International Classification of Impairments, Disabilities and Handicaps*" (ICIDH) aus dem Jahr 1980 dar (vgl. HIRSCHBERG 2009, S. 47ff.). Zugleich ist der Anspruch der ICF sehr hoch. Fraglich bleibt, ob die antizipierte Reichweite der ICF Klarheit bietet und Möglichkeiten für Menschen eröffnet oder ob Verwirrung aus ihr erwächst. Dies wird sich in der Zukunft zeigen. An dieser Stelle beende ich meine Retroperspektive zu den Klassifikationsbemühungen der WHO. Es folgen Explikationsbemühungen zum Behinderungsbegriff von CLOERKES und von KOBI.

Eine Beeinträchtigung unterteilt CLOERKES zum Beispiel in: „*1. Impairment (Schädigung): Störung auf der organischen Ebene (...). 2. Disability (Behinderung): Störung auf der personalen Ebene (Bedeutung für einen konkreten Menschen). 3. Handicap (Benachteiligung): Mögliche Konsequenzen auf der sozialen Ebene (...)*" (CLOERKES 2007, S. 5).

Hierbei betont CLOERKES, dass er die „*International Classification of Impairments, Disabilities and Handicaps*" (ICIDH) von 1980 zugrunde legt. Dass die nachfolgende Überarbeitung und Ausgestaltung, die sogenannte „*International Classification of Functioning, Disability and Health*" (ICF), weniger die Veränderungen im Individuum, sondern vor allem gesellschaftliche Benachteiligungen als einschränkend darstellt, nimmt CLOERKES zur Kenntnis. Zugleich begrüßt er, dass die „*International Classification of*

Impairments and Handicaps" (ICIDH-2) aus dem Jahr 1997 wieder defizitorientierter gehalten ist (vgl. CLOERKES 2007, S. 5ff.). Sein Verständnis von Behinderungen baut KOBI analog zu den englischen Schlagworten von CLOERKES auf, geht also ebenso individuumzentriert vor (vgl. KOBI 2003, S. 24f.). KOBI schaltet der Abfolge noch eine weitere Instanz vor, nämlich „*Disease or Disorder*", worunter er eine „*innere, verborgene, latente Krankheit oder Unstimmigkeit*" versteht (KOBI 2003, S. 24). Die Ursache für eine Behinderung befindet sich aus dieser Perspektive vorwiegend im Einzelnen.

Bei dem medizinischen Erklärungsmodell von Behinderung gelten Ärzte, Logopäden, Psychologen und Ergotherapeuten als primäre Kompetenzträger. Im Gegensatz zum sozialen Modell, das im Folgenden beschrieben wird, erkennt das medizinische Weltbild Personen mit Behinderungen nicht als Experten in eigener Sache an. Es besteht die Gefahr, dass Fremdbestimmung Selbstbestimmung zurückdrängt oder sogar unmöglich macht.

II.1.1.2 Das sonderpädagogische Modell von Behinderung

An der Nahtstelle zwischen dem medizinischen und dem sozialen Modell von Behinderung steht meines Erachtens das Menschenbild der Sonderpädagogiken: Die Besonderheiten der Betroffenen manifestieren sich hier nicht nur auf der biologischen Ebene. Vielmehr werden Menschen mit Behinderungen in diesem Verständnis als Individuen betrachtet, die in speziellen Einrichtungen pädagogisch und sozial sonderbehandelt werden müssen. Dies intendiert gemäß der sonderpädagogischen Sichtweise das Wesensmerkmal von Menschen mit Behinderungen gemäß folgender Perspektive: „Biologische Bedingungen und Schädigung bzw. Defekte werden als wesentlich angesehen, dennoch wird Behinderung als sozialer Gegenstand begriffen: Im Zentrum der Theorie steht die Tätigkeit, von der im Rahmen gesellschaftlicher Deutungs- und Zuschreibungsprozesse angenommen wird, dass behinderte Menschen sie nicht im erwarteten Umfang und der erwarteten Qualität ausüben können" (JANTZEN 1987, S. 30). Diese Wahrnehmung führte in Deutschland in den 60er und 70er Jahren zur Ausdifferenzierung eines quasi zehngliedrigen Förderschulsystems: Hierbei wurde für Schüler mit folgenden Merkmalen jeweils ein anderer Schultyp zuständig: Sehbehinderung, Blindheit, Schwerhörigkeit, Gehörlosigkeit, Sprachbehinderung, chronische Erkrankung, Körperbehinderung, Lernbehinderung, sogenannte geistige Behinderung und Individuen mit Verhaltensauffälligkeiten (vgl. LINDMEIER/LINDMEIER 2012, S. 20). Dem schließe ich Überlegungen zum sozialen Modell von Behinderungen an.

II.1.1.3 Das soziale Modell von Behinderung

JÜRGENS bringt die Probleme von Menschen mit Behinderungen folgendermaßen auf den Punkt: „*Die Umwelt, soweit sie von Menschen gestaltet werden kann, wird schon gedanklich ausgerichtet an der Norm einer Person, die auf zwei Beinen laufen, sehen, hören, geschriebenes (sic!) lesen und verstehen kann*" (JÜRGENS 1999, S. 1).

Das heißt, es liegen immer wieder keine Design- oder Organisationsvarianten vor, die von Menschen mit unterschiedlichsten Behinderungen unkompliziert genutzt werden können (vgl. HEIDEN 2006, S. 195ff., LEIDNER/NEUMANN/REBSTOCK 2007). Letzteres bestünde beispielsweise, wenn bei einer Tagung Rollstuhlnutzer mit entsprechenden Rampen und Fahrstühlen alle Räume wie Personen ohne Behinderung besuchen könnten, wenn Texte in leichter Sprache verfasst und zugleich in Gebärdensprache und in projizierter Schriftsprache für Gehörlose bzw. Schwerhörige visualisiert würden. Für blinde Gäste müsste das Informationsmaterial auch in Brailleschrift und in einer Hörversion auf CD, Kassette oder als Apps für Smartphones zur Verfügung stehen. Alle Zimmer sollten mit einem tastbaren Blindenleitsystem versehen sein, damit sich Menschen mit Sehbehinderungen selbstständig in den Räumlichkeiten bewegen können. Für alle Tagungsteilnehmer, die Ruhepausen benötigen, müsste ein entsprechender Raum ausgewiesen sein. Für Allergiker sollten alle verwendeten Nahrungsmittelzusätze transparent gemacht werden und es sollten problemlos Speisen mit veränderten Bestandteilen erhältlich sein. Wäre man sehr fortschrittlich, würde man bei der Gestaltung der barrierefreien Zugänglichkeit bedenken, dass es auch Personen gibt, die zugleich verschiedenen Behinderungsgruppen angehören – möglich wäre hier zum Beispiel ein gehörloser oder blinder Allergiker, eine Person mit Körper- und Sinnesbehinderung, ein Mensch mit psychischer Erkrankung und physischer Veränderung etc.

Das soziale Modell von Behinderung sieht Umweltstrukturen als primär beeinträchtigenden Aspekt: „*It emphasizes that people become disabled through encounters with disabling barriers, rather than through any necessary causal connection with their individual level of physical or cognitive functioning*" (PRIESTLEY 2003a, S. 3). Interessant an dieser Explikation ist meines Erachtens, dass die individuellen Merkmale Betroffener enthalten sind. Sie werden jedoch nicht als zentral beeinträchtigende Komponenten im jeweiligen Lebenslauf betrachtet (vgl. PRIESTLEY 2003a). Zugleich sieht PRIESTLEY gegenwärtige Tendenzen einer eugenisch intendierten Geburtenkontrolle. Das Lebensrecht erhalten folglich die Individuen, die den gesellschaftlichen Erwartungen möglichst gerecht werden (vgl. PRIESTLEY 2003a, S. 35ff.). Für Menschen mit Beeinträchtigungen, die bereits geboren wurden, ergibt sich aus dem sozialen Erklärungsansatz von Behinderungen Folgendes:

Therapien und Hilfsmittel werden nicht kategorisch abgelehnt. Behandlungen und Unterstützungen, die aus der Sicht der Verwender nützlich sind, werden von diesen in ihren Alltag integriert. Auf die Kritik von Betroffenen gestoßen sind dagegen ärztliche Bemühungen, die von medizinischer Seite mit Nachdruck durchgesetzt und von der Person selbst als wenig praktikabel empfunden werden. BOLL u. a. beschreiben die Situation einer Frau, deren Orthopäde sich für die Nutzung von Orthesen und Krücken ausspricht. Die Patientin wirft ein, dass sie auf diese Weise oft hinfalle, keine Treppen steigen und sich bei winterlichen Straßenverhältnissen nicht fortbewegen könne. Der Fachmann scheint zu fasziniert von seiner laufenden Patientin zu sein, um auf die geschilderten Probleme adäquat eingehen zu können. Die Autorinnen ermuntern Leserinnen mit Behinderungen dazu, in vergleichbaren Fragen selbst als Kompetente in eigener Sache zu entscheiden. Die Orientierung am Ideal der Nichtbehinderten hat – wie eben expliziert – für die Alltagsgestaltung der Person mit einer Behinderung nicht ausschließlich Vorteile (vgl. BOLL u. a. 2002, S. 55ff.).

II.1.2 Menschen mit Behinderungen in Deutschland: Blitzlicht zum Status quo

Die Möglichkeiten, die öffentlichen Verkehrsmittel zu nutzen, stellen sich beispielsweise für Rollstuhlnutzer sehr unterschiedlich dar: Positiv bilanzieren Betroffene, dass zum Beispiel in Bremen jeder Bus mit einem integrierten Lift ausgestattet ist (vgl. MÜRNER/SIERCK 2009, S. 45). Dies trifft jedoch nicht auf alle Verkehrsmittel in Deutschland zu: Zwar werden bei den Zügen bahnsteig- und nicht waggongebundene Hublifte eingesetzt, immer wieder waren diese allerdings nicht auffindbar oder wurden zeitgleich an verschiedenen Bahnsteigen benötigt. Die Folgen sind hier oft Verspätungen oder die Unmöglichkeit, eine gebuchte Fahrt überhaupt anzutreten. Personen, die auf einen Rollstuhl angewiesen oder blind sind und alleine verreisen, müssen sich bei der Bahn AG telefonisch ein bis drei Tage zuvor anmelden. Hierfür werden private Daten abgefragt und notiert. All dies wäre organisatorisch nicht zwingend nötig, würden Züge und Bahnsteige von vornherein auf die Bedürfnisse aller Reisenden zugeschnitten sein. Von flächendeckend treppenfreien Bahnhöfen und Zügen im Bundesgebiet würden auch Personen mit Kinderwagen, Fahrrädern oder Menschen im Seniorenalter profitieren (vgl. HENNINGER/STEINER 2003).

II.1.2.1 Das Allgemeine Gleichbehandlungsgesetz und die UN-Konvention

2006 ist in der Bundesrepublik Deutschland das sogenannte *„Allgemeine Gleichbehandlungsgesetz"* (AGG) – meistens als *„Antidiskriminierungsgesetz"* (SCHROEDTER 2007) bezeichnet – in Kraft getreten. Die darin zusammengefassten Paragrafen sollen verschiedenen gesellschaftlichen Minderheiten, die verstärkt Benachteiligungen ausgesetzt sind, zu ihren Rechten verhelfen. Zielgruppe der Gesetzesnovelle sind neben Menschen mit Behinderungen u. a. auch Personen mit anderen sexuellen Orientierungen und mit Migrationshintergrund. Ich möchte mich bei meiner kurzen Betrachtung im Folgenden auf Personen mit Körper- und/oder Sinnesbehinderungen beschränken.

SCHROEDTER resümiert, dass das AGG bis heute keinen wirksamen Schutz gegen die Diskriminierung von Menschen mit Behinderungen in der Bundesrepublik Deutschland darstelle. So büße das AGG konkrete Handlungsfähigkeit und Durchsetzungskraft ein, indem zum Beispiel die Vermietung von Wohnraum nicht als Massengeschäft definiert und hierfür die Gleichbehandlung nicht zwingend vorgeschrieben wird (vgl. SCHROEDTER 2007, S. 113). Zudem muss die Person, die glaubt, diskriminiert zu werden, dies beweisen (vgl. SCHROEDTER 2007, S. 115). Was auf den ersten Blick logisch und plausibel erscheint, ist in der Praxis oft sehr aufwendig, kompliziert und langwierig. Die Effektivierung der Antidiskriminierungsgesetzgebung steht noch aus.

Im Übereinkommen über die Rechte von Menschen mit Behinderungen der UN, das von Deutschland 2007 unterzeichnet und 2009 in der Bundesrepublik rechtskräftig wurde, wird beispielsweise empfohlen, dass Häuser, Verkehrsmittel und Informationssysteme für alle Personen zugänglich gestaltet werden (vgl. UN-Konvention, Artikel 9, S. 21 f.). Des Weiteren wird das *„Recht auf Leben"* aller Menschen, auch derer mit einer Behinderung, anerkannt. Um dies zu gewährleisten, sind alle entsprechenden Schritte einzuleiten und umzusetzen (vgl. BEAUFTRAGTER DER BUNDESREGIERUNG FÜR DIE BELANGE BEHINDERTER MENSCHEN 2009, Artikel 10, S. 23). Die volle Anerkennung im Bereich der Rechtsprechung sowie die Zugänglichkeit zu dieser beinhalten Artikel 12 und 13 der UN-Konvention (vgl. BEAUFTRAGTER DER BUNDESREGIERUNG FÜR DIE BELANGE BEHINDERTER MENSCHEN 2009, S. 23ff.). Zudem wird die Erwerbsarbeit in einem barrierefreien Arbeitsmarkt mit freier Wahl des Tätigkeitsfelds einschließlich Kollegen mit und ohne Behinderungen favorisiert (vgl. BEAUFTRAGTER DER BUNDESREGIERUNG FÜR DIE BELANGE BEHINDERTER MENSCHEN 2009, Artikel 27, S. 41ff.). Diesem sogenannten inklusiven Arbeitsplatz geht die inklusive Bildung auf allen Ebenen voraus oder ist gegebenenfalls begleitend: *„Persons with disabilities are not excluded from the general education system on the basis of disability, and that children with disabilities are not excluded from free and compulsory primary education, or from secondary education, on the basis of disability"* (BEAUFTRAGTER DER BUNDESREGIERUNG FÜR DIE BELANGE BEHINDERTER MENSCHEN 2009, Artikel 24 (2) a, S. 36).

Meines Erachtens fungiert die neue UN-Konvention als Ziel und als Leitlinie. Zugleich wird innerhalb dieser Arbeit immer wieder deutlich werden, dass die eben erwähnten Inhalte der UN-Konvention in Deutschland noch nicht vollständig umgesetzt sind. Dabei handelt es sich hierzulande um eine nicht kleine Gruppe, wenn man bedenkt, dass im Jahr 2010 gerundet 6,9 Millionen Menschen mit einem Schwerbehindertenausweis registriert waren (vgl. STATISTISCHES BUNDESAMT 2010, S. 234). Zugleich ist davon auszugehen, dass bei weiteren Personen Behinderungen und Krankheiten vorliegen, aufgrund derer ein Schwerbehindertenausweis beantragt werden könnte, die dies jedoch nicht tun.

II.1.2.2 Der Prozess der Stigmatisierung

Die oben exemplarisch genannten Situationen stellen keine Einzelfälle dar. Menschen mit Behinderungen werden immer wieder anders behandelt als Personen ohne Beeinträchtigungen. Der Frage, warum dies geschieht, wird anhand des „Stigma"-Begriffs nachgegangen.

Den Überlegungen soll eine kurze etymologische Betrachtung des Terminus „Stigma" vorausgehen. KLUGE nennt als semantischen Wortbezug: „,Mal, entehrendes Kennzeichen' (...). Entlehnt aus gr. stigma, eigentlich ,Stich, Punkt', zu gr. stizein ,stechen, einstechen'. Verb: stigmatisieren" (KLUGE 2002, S. 884). Hingegen stellt die Erklärung des DUDEN einen Bezug zur Verwendung des Begriffs in sozialen Kontexten her: *„auffälliges Krankheitszeichen, bleibende krankhafte Veränderung"* (Dudenredaktion, DUDEN. DAS FREMDWÖRTERBUCH 1990, S. 743).

Beide Herleitungen erwähnen nur am Rande, dass das Wort „Stigma" häufig eine negative, die Betroffenen belastende Verwendung findet. GOFFMAN beschreibt dieses Phänomen folgendermaßen: *„Heute wird der Terminus weitgehend in einer Annäherung an seinen ursprünglichen wörtlichen Sinn gebraucht, aber eher auf die Unehre selbst als auf deren körperliche Erscheinungsweise angewandt"* (GOFFMAN 1975, S. 9). Dabei unterscheidet der Autor drei Arten von Stigmata: *„Erstens gibt es Abscheulichkeiten des Körpers – die verschiedenen physischen Deformationen. Als nächstes gibt es individuelle Charakterfehler, wahrgenommen als Willensschwäche, beherrschende oder unnatürliche Leidenschaften, tückische und starre Meinungen und Unehrenhaftigkeit, welche alle hergeleitet werden aus einem bekannten Katalog, zum Beispiel von Geistesverwirrung, Gefängnishaft, Sucht, Alkoholismus, Homosexualität, Arbeitslosigkeit, Selbstmordversuchen und radikalem politischen Verhalten.*

Schließlich gibt es die phylogenetischen Stigmata von Rasse, Nation und Religion" (GOFFMAN 1975, S. 12 f.).

Obwohl GOFFMANs Ausführungen in ihrer ersten Auflage inzwischen 50 Jahre alt sind – die englische Erstveröffentlichung erschien 1963 (GOFFMAN 1963) –, haben sie inhaltlich im Großen und Ganzen nichts an Aktualität eingebüßt. Allenfalls die sprachlichen Ausdrucksformen gegenüber dem Anderssein haben sich gewandelt und bemühen sich überwiegend um ein Mehr an Diskretion und Höflichkeit.

Die Wahrnehmung einer Person geschieht, sobald ein Stigma visibel oder bekannt ist, häufig unter dieser spezifischen „Brille". Stigmata entstehen immer vor dem Hintergrund von Verhaltenserwartungen, die konkret an Menschen gerichtet werden. Vorurteile und Gedankenlosigkeit oder gar bewusste Geringschätzung beschneiden Lebenschancen und -qualität von Menschen mit Behinderungen (vgl. GOFFMAN 1975, S. 15f.).

II.1.2.3 Hierarchien unterschiedlicher Behinderungen

Interkulturell wird Personen mit verschiedenen Beeinträchtigungen ein unterschiedlicher Grad an Wertschätzung entgegengebracht. In der Kultur der Gogo in Tansania wird in einer Sage überliefert, dass *„Blinde Gott näher seien, da sie etwas Besonderes darstellen würden, nichts Böses tun könnten und ohne Augenlicht ihren Weg fänden"* (KREBS 1996, S. 65). Kontrastierend ist festzustellen, dass sich im heutigen Deutschland Gedankengut, wie es sich in der Sage der Gogo manifestiert, im Alltagsbewusstsein der Menschen oftmals nicht anzutreffen ist. Für die Rezeption von blinden Menschen im heutigen Deutschland möchte ich folgende Perspektiven anführen: GLOFKE-SCHULZ zitiert als blinde Diplompsychologin KAPLAN/KAPLAN, die sich nicht vorstellen können, dass sich blinde Kinder ohne außergewöhnliche Probleme entwickeln können (vgl. GLOFKE-SCHULZ 2007, S. 59). Selbst Psychologen in Deutschland scheint der Umgang mit zufriedenen Menschen, die blind sind, immer wieder Schwierigkeiten zu bereiten: *„Leidet jemand offensichtlich nicht unter seiner Behinderung und wagt gar zu behaupten, er komme gut mit ihr zurecht, wird er gern verdächtigt, er verdränge sein Leiden in neurotischer Wei-*

se, wolle es nicht wahrhaben, verleugne seinen uneingestandenen Schmerz etc." (GLOFKE-SCHULZ 2007, S. 59).

Anknüpfend an das oben erwähnte Kulturgut der Gogo in Tansania, möchte ich auf Folgendes verweisen: Die Situationen von Menschen mit Behinderungen in den sogenannten „Entwicklungsländern" dürfen meiner Meinung nach nicht pauschal idealisiert werden: Viele dauerhafte Beeinträchtigungen sind direkte Folgen von Armut. Zugleich sind Hilfsmittel und Bildung diesem Personenkreis oft nicht oder nur sehr eingeschränkt zugänglich (vgl. GITHAGUI 2010). Hier fungieren die Erfahrungen von GITHAGUI bzw. das Land Kenia als Beispiel, dessen Grundstruktur meines Erachtens auch auf andere Länder übertragen werden kann.

Trotz eindeutiger interkultureller Unterschiede beim Umgang mit Behinderungen lassen sich laut CHARLTON folgende kulturübergreifend konstante Wertungen ausmachen: *„There is a hierarchy of disability. (...) It breaks down like this: people with mental disabilities and those perceived as having mental disabilities have the most difficult lives, followed by people with hearing disabilities. People with physical and visual disabilities have greater political, social, and economic opportunities and support systems. (...) Also, people who are mentally ill are commonly abused and even hated because many people fear that ‚crazy people' will do something crazy (to them) (sic!)"* (CHARLTON 1998, S. 97). Während sich Gesellschaften vor allem vor Menschen mit psychischen oder geistigen Besonderheiten fürchten, scheint es für Außenstehende am einfachsten zu sein, körperliche Behinderungen und Veränderungen des Sehvermögens zu akzeptieren. Hier ist es nachvollziehbar, welche Beeinträchtigung zu welchen Verhaltensweisen führt. Oft ist bei den beiden letztgenannten Behinderungsgruppen die Kommunikation nicht eingeschränkt. Dies ermöglicht eine uneingeschränkte sprachliche Kontaktaufnahme mit Dritten. Unklarheiten lassen sich so rasch und effektiv klären. Behinderungsspezifisches kann somit transparent gemacht und nachvollzogen werden.

II.1.2.4 Die Dichotomie „normal" – „nicht normal"

Aus der Sicht RÖSNERs verhindert unsere Neigung zur Dichotomisierung eine natürliche Akzeptanz *„der Andersheit bei Menschen mit Behinderung"* (RÖSNER 2002, S. 223). Der Autor gibt zu bedenken, dass Ärzte während des 18. Jahrhunderts noch überzeugt waren, dass das von ihnen sogenannte „Pathologische" von anderen Gesetzmäßigkeiten determiniert werde als das Normale, Gesunde und Makellose (vgl. RÖSNER 2002, S. 224). Gibt es Gründe für diese Zweiteilung? FINZEN und ROHRMANN führen meines Erachtens überzeugende Ursachen dafür an:

FINZEN sieht die Ausgrenzung aller Individuen, die den Zusammenhalt, den Fortbestand und die Akzeptanz der gültigen Normen und Werte gefährden, als „Sicherungsmaßnahme" von Gesellschaften an (FINZEN 2001, S. 31). Er untermauert seine Hypothese mit der Tatsache, dass sowohl einfache als auch hoch entwickelte Gesellschaften das Phänomen der Stigmatisierung aufweisen. Bei spezifischen Sanktionsstrategien agieren Sozietäten mit Scham und mit Marginalisierung (vgl. FINZEN 2001, S. 31).

Aus historischer Perspektive zeichnet ROHRMANN nach, dass Gesellschaften auch in früheren Zeiten dazu neigten, Anderssein zu stigmatisieren: So kam es von der Dämonologisierung über die Biologisierung zur Pathologisierung (vgl. ROHRMANN 2011b). Noch heute zeigt sich unsere Gesellschaft dahin gehend unsicher, wie sie mit von Normen abweichenden Individuen umgehen soll. RÖSNER verweist auf das seit nahezu 30 Jahren präsente Normalisierungsprinzip, das die Teilhabe Betroffener an kulturell-gesellschaftlich üblichen Vollzügen intendiert (vgl. RÖSNER 2002, S. 225f.). ROHRMANN betont, dass die Grundlage für wirkliche Teilhabe von Menschen mit Behinderungen das Prinzip der De-Institutionalisierung darstellt. Das bedeutet, dass Personen mit Beeinträchtigungen dort leben und arbeiten, wo Frauen und Männer ohne Besonderheiten dies auch tun (vgl. ROHRMANN 2011b, S. 291ff.).

II.1.2.5 Beschulung

In Deutschland existiert gegenwärtig ein spezialisiertes Förderschulsystem. In diesem werden die Schüler weitgehend nach den vorliegenden Behinderungen zugeteilt: So besuchen blinde, sehbehinderte, gehörlose, schwerhörige, umfassend erkrankte, körperbehinderte und sogenannte „geistig behinderte" oder auch „praktisch bildbar" genannte Kinder und Jugendliche, die als „verhaltensauffällig" und/oder „lernbehindert" gelten, meist separate Bildungseinrichtungen. Diese befinden sich oft in einem anderen Gebäude und in einem anderen Stadt- oder Ortsteil als die sogenannten Regelschulen. Bei Letztgenannten handelt es sich um das öffentliche Angebot an Grund-, Haupt-, Real-, Mittel-, Gesamtschulen und Gymnasien, deren Schülerschaft sich aus Kindern und Jugendlichen rekrutiert, bei denen keine Behinderung vorliegt oder deren Beeinträchtigungen mit Hilfsmitteln so ausgeglichen werden können, dass der gewöhnliche Unterricht verfolgt werden kann. Die Mehrzahl der Schüler mit Behinderungen besucht in Deutschland gegenwärtig eine Förderschule. Eine vergleichsweise kleine Anzahl von Schülern mit Behinderung wird in Deutschland heute in Regelschulen im Rahmen bewilligter Maßnahmen unterrichtet. Eine generelle Entwicklung zur gemeinsamen Beschulung von Kindern und Jugendlichen mit und ohne Behinderungen sieht DEGENER nicht, wenn sie betont, dass in diesem Bereich ein Paradigmenwechsel ausgeblieben sei (vgl. DEGENER 2003, S. 23). ROHRMANN zeigt quasi eine umgekehrte Proportionalität auf: Je höher das Bildungsniveau einer Schulart, desto geringer ist der Anteil der Schüler mit sogenanntem „sonderpädagogischen Förderbedarf". In Realschulen und Gymnasien befinden sich die Zahlen der Lernenden mit Bedarfen im Bereich geistiger Entwicklung im Promillebereich (vgl. ROHRMANN 2011a, S. 170). Dass Unterricht an Regelschulen für Schüler konstruktiv möglich sein kann, bei denen schwerste Behinderungen vorliegen, zeigten FEUSER und MEYER bereits 1986 (vgl. auch HINZ/PETRUSCH/WAGNER 1992).

Im deutschsprachigen Raum gab es bereits lange vor dem Inkrafttreten der neuen UN-Konvention vereinzelt Praxiserfahrungen mit der Beschulung von Schülern mit Behinderungen in Regelschulklassen. Gerade im Kontext von Gehörlosigkeit wird oft auf den entsprechenden Förderschultyp verwiesen. Dass auch Schüler, die nicht oder kaum hören können, mit den notwendigen personellen und didaktisch-methodischen Ressourcen erfolgreich in Regelschulklassen integrierbar sind, beschrieb HOLLWEG in ihrem verschiedene Regionen zusammenfassenden Überblick bereits Ende des 20. Jahrhunderts (vgl. HOLLWEG 1999, S. 130ff.). Als besonders effektiv hatte es sich demzufolge erwiesen, wenn die Mitschüler auch Kenntnisse in Lautsprachunterstützenden Gebärden (LUG) erwarben (vgl. HOLLWEG 1999, S. 134f.). Ebenfalls berichtet die Autorin, dass das derartige Modifikationen ablehnende Lehrpersonal in der Sekundarstufe immer wieder nicht in der

Lage ist, zustehende Nachteilsausgleiche kompetent zu gewähren, oder das erfolgreiche Absolvieren eines Bildungsgangs unmöglich machen kann (vgl. HOLLWEG 1999, S. 137, JARMER 2011 und KÖBSELL 2012).

Folgende Erinnerungen halte ich für bemerkenswert, auch wenn die betreffende Person aus einem anderen europäischen Land stammt: In ihrer Autobiografie beschreibt die gehörlose Französin EMMANUELLE LABORIT ihre Ängste während ihrer Schulzeit. In einer Förderschule für Schüler mit Hörbehinderungen traf sie viele Kameraden mit ähnlichen Diagnosen. Die Lehrkräfte jedoch konnten alle hören. In ihrer Kindheit vermochte LABORIT sich weder in der Gebärdensprache noch in der Lautsprache umfassend zu verständigen. Somit blieb sie mit folgenden Ängsten alleine: *„Ich hatte Angst. Ich weiß jetzt, warum: Ich habe niemals gehörlose Erwachsene gesehen. Ich habe nichts gesehen als gehörlose Kinder in der Sondervorschulklasse, wo ich war. Folglich wurden gehörlose Kinder in meiner Vorstellung niemals groß. Wir würden alle sterben, so wie wir sind, ganz klein."*[2] (LABORIT 2003, S. 34f., Übersetzung: Cornelia Klößinger).

In ihrer Autobiografie berichtet EVELYN GLENNIE, die heute hauptberuflich als weltweit anerkannte Percussionistin tätig ist, von den Empfehlungen der Berufsberater. Diese Fachleute hatten scheinbar keine Idee, wie sie als gehörlose Frau den Beruf der Profimusikerin ausüben könnte. GLENNIE lebt in Großbritannien; es ist jedoch fraglich, ob deutsche Arbeitsberater andere Tipps gegeben hätten: *„... and I had mentioned to one of them my interest in becoming a professional musician. The response was immediate and daunting. I didn't have a hope, and a number of mundane alternatives were offered. I was so shocked by this unimaginative approach and the insensitive way in which it was expressed ..."* (GLENNIE/NORRIS 1990, S. 62). Die oben zitierte Schülerberatung fand an einer Schule für Kinder und Jugendliche mit Hörbehinderungen statt. Inzwischen ist GLENNIE u.a. mit dem London Symphony Orchestra aufgetreten und hat Stücke von Mozart, Vivaldi und Bach in ihrem Repertoire (vgl. GLENNIE/NORRIS 1990).

---

2   »J'avais peur. Je sais maintenant pourquoi: je n'avais jamais vu d'adultes sourds. Je n'avais vu que des enfants sourds, dans la classe spécialisée de la maternelle où j'étais. Donc, dans mon esprit, les enfants sourds ne grandissaient jamais. On allait tous mourir, comme ça, tout petits.«

Das Schulthema wird von mir nicht weiter vertieft, da dies den Rahmen meines Themas sprengen würde. Zugleich ergeben sich aus verschiedenen Aspekten Fragestellungen für weitere wissenschaftliche Arbeiten (vgl. zum internationalen, auf gesellschaftliche Schichten bezogenen Bildungschancenvergleich zwischen Deutschland und Kanada LINK 2011, zur Förderschulüberweisung KOTTMANN 2006 und zu nachschulischen Lebensverläufen von Absolventen der Schule für Erziehungshilfe BERNHARDT 2010). Mein bisheriger Abriss zur Schullandschaft bedeutet hinsichtlich meines Forschungsvorhabens, dass die betroffenen Elternteile je nach Zeitpunkt des Behinderungseintritts und Ausmaß dieser Beeinträchtigung Förder- oder Regelschulen besucht haben werden.

Dass Heranwachsende mit einer Behinderung einer qualitativ hochwertigen Bildung bedürfen, um ihre Talente entfalten zu können, beweist meines Erachtens der Lebensweg der Schriftstellerin HELEN KELLER. Der enge Kontakt zu ihrer Lehrerin Anne Sullivan ermöglichte KELLER, die gehörlos und blind war, ihre Umwelt wahrzunehmen, verschiedene Sprachen zu erlernen und ihre Eindrücke mitzuteilen (vgl. WAITE 1986).

Zusammenfassend kann festgehalten werden, dass es viele erfolgsversprechende Ansätze für mehr barrierefreie Teilhabe von Menschen mit Behinderungen in Deutschland gibt, deren Umsetzung aber Zeit in Anspruch nimmt und für die Gesamtgesellschaft keine angestrebte Notwendigkeit darstellt.

Für RADTKE ist das Normale dabei eine Setzung, eine Fiktion, die auch Menschen ohne Behinderungen nie vollständig erreichen können (vgl. RADTKE 2007, S. 53). Daraus ließe sich folgern, dass Personen mit und ohne Behinderungen gemeinsam ist, dass sie Idealen nie vollständig gerecht werden. Ein weiteres Beispiel dafür wäre die Tatsache, dass eine blinde Person mit akademischer Ausbildung über eine höhere Schriftsprachkompetenz verfügt als jemand ohne Behinderung mit einer handwerklichen Qualifikation. Die eben aufgezeigte Perspektive lässt die Dichotomie „normal" versus „nicht normal" im Einzelfall unscharf erscheinen. Der soziale Tatbestand von Behinderung wird hierdurch jedoch nicht automatisch aufgehoben.

II.1.3 Strategien zum Umgang mit Behinderungen

SCHRAMME unterscheidet folgende drei Arten, mit Beeinträchtigungen umzugehen, die vielen Theorien und Diskussionsbeiträgen zugrunde liegen: Bei der „Aufwertungsstrategie" wird von einer Abweichung der betroffenen Person von gesellschaftlichen Normvorstellungen ausgegangen. Die damit verbundenen negativen gesellschaftlichen Zuschreibungen werden in positive Attribuierungen transformiert. Ein Beispiel dafür ist die Behindertenbewegung Anfang der 80er Jahre: Der pejorative Begriff „Krüppel" wurde zur selbstbewussten und ehrbaren Selbstbeschreibung verwandt und somit aus seinem vormals negativen Zusammenhang gerissen (vgl. SCHRAMME 2003, S. 55).

Eine weitere Art des Umgangs mit Beeinträchtigungen stellt die „Differenzstrategie" dar. Dabei wird von einem Anderssein betroffener Personen ausgegangen. Statt der verbreiteten negativen Etikettierungen werden positive oder zumindest neutrale Wertungen vorgenommen. Als Leitspruch fungiert bei dieser Perspektive zum Beispiel: „Es ist normal, verschieden zu sein" (SCHRAMME 2003, S. 55f.). Hier werden Menschen mit sogenannten Behinderungen bewusst als Varietät des Normalen eingestuft.

Vertreter der „Gleichheitsstrategie" betonen, dass Einschränkungen vor allem auf eine hinsichtlich Besonderheiten unzureichend abgestimmte Umwelt und nicht auf Merkmale oder Eigenschaften von Menschen mit Behinderungen zurückzuführen sind (vgl. SCHRAMME 2003, S. 56f.). Hier wären bauliche Barrieren zu nennen, etwa Treppen und fehlende Aufzüge, oder kommunikative Einschränkungen wie zum Beispiel, dass Gehörlose keine Gebärdensprachdolmetscher vorfinden oder Menschen mit psychischen Besonderheiten keine flexiblen Arbeitszeiten erhalten, bei denen Pausen in Ruheräumen möglich sind.

Die letzte Einschätzung gegenüber Menschen, die von einer gesellschaftlichen Norm abweichen, möchte ich mit „Behinderung als soziales Konstrukt" überschreiben. Hier weiche ich von SCHRAMME ab, der diese Sichtweise als radikal einstuft, da er davon ausgeht, dass alles sogenannte Pathologische eindeutig diagnostisch abzugrenzen und im jeweiligen Individuum zu verorten sei (vgl. SCHRAMME 2003, S. 69ff.). Hier schließe ich mich BUGGENHAGEN an, die keine eindeutige Grenze zwischen „normal" und „nicht normal", zwischen „behindert" und „nicht behindert" ausmachen kann (vgl. BUGGENHAGEN 2010, S. 111ff.). Eine Gesellschaft konstruiert also, wie viel Abweichung von einer idealisierten Norm sie als Bandbreite des Normalen toleriert und wann sie mit der Zuschreibung von Morphemen beginnt, die die Unterschiedlichkeit zu anderen Individuen betonen.

II.1.3.1 Der Bezug vom sogenannten „Normalen" zum angenommen „Pathologischen"

Bei den an Mitmenschen wahrgenommenen Besonderheiten könnte auch von Barrieren in den Vorstellungswelten der Zuschreibenden ausgegangen werden: *„Was ich z. B. an einem anderen Menschen nicht verstehen kann, nehme ich wahr als seine Unverstehbarkeit. Meine Verstehensgrenze wird per Projektion auf den anderen zu dessen Begrenztheit. Meine Annahmen über diese (nun für wesensmäßig gehaltene) Begrenztheit des anderen, die im Grunde aber meine Grenzen charakterisieren, ihn wahrzunehmen, lassen mich nun so handeln, daß ich den anderen in Erziehungs-, Bildungs- und Unterrichtssysteme, in Förderungs- und Therapiezusammenhänge verbringe, die dieser meiner Annahme über seine Begrenztheit entsprechen. Das garantiert, daß der andere so bleibt, wie ich ihn mir denken kann. So erfüllt sich, was ich über seine Entwicklungsmöglichkeiten prognostiziert habe und das bestätigt mich (nicht den anderen), beweist meine ‚Normalität' und dessen ‚Pathologie'"* (FEUSER 1996, S. 19). Der Gegenüber wird nicht nur vor dem Hintergrund eines begrenzten Erfahrungshorizonts wahrgenommen, beschrieben und eingeordnet, sondern es kommt zu Verhaltensweisen, die das Individuum genauso fixieren, wie spezifische Annahmen über dieses es vorgeben.

TERVOOREN gibt in diesem Zusammenhang zu bedenken, dass „normal" und „nicht normal" wechselseitig aufeinander bezogen sind und die eine ohne die andere Komponente nicht existieren kann: Mit DERRIDAs Begriff der *„Differenz"* kommt TERVOOREN zu dem Schluss, dass nie ausschließlich die Peripherie oder das Zentrum charakterisiert werden dürfen, sondern dass die wechselseitige Bedingtheit beider für das Verstehen der zwei elliptischen Brennpunkte vonnöten sei (vgl. TERVOOREN 2003, S. 43).

II.1.3.2 Disability Studies

Die Disability Studies sind heute in vielen Ländern, wie zum Beispiel den USA, Japan, Australien und einigen Staaten der Europäischen Union anzutreffen. Diese Art zu forschen ist stark betroffenenorientiert, das heißt, viele Wissenschaftler leben selbst mit einer Behinderung. Oder es wird, wenn Nichtbehinderte Untersuchungen vornehmen, erwartet, dass sie Betroffenenerfahrungen ins Zentrum ihres Forschungsinteresses rücken (vgl. DEGENER 2003, S. 25).

Da bisher kein deutscher Ausdruck gefunden wurde, der dem Anglizismus „Disability Studies" inhaltlich und semantisch gerecht werden würde, verwendet man ihn im deutschsprachigen Raum weiterhin. Bei den Disability Studies handelt es sich nicht um ein geschlossenes Studienfach, sondern um eine interdisziplinäre wissenschaftliche Ausrichtung (DEGENER 2003, S. 24). Aus der Perspektive der Disability Studies wurde u. a. in den Geschichtswissenschaften, der Psychologie, dem juristischen Bereich, der Kunst und der Ethik, der Pädagogik und in den Sozialwissenschaften geschrieben.

Die Disability Studies haben ihren Ursprung in den internationalen „Selbstbestimmt-leben-Bewegungen", die in Berkley in den USA bereits seit den 60er Jahren und in Deutschland seit Ende der 70er bzw. Anfang der 80er Jahre des vergangenen Jahrhunderts präsent sind. Hier wurde Selbstbestimmung statt Entmündigung gefordert. Menschen mit Behinderungen sollten als Kompetente in eigener Sache gesehen und behandelt werden (vgl. BOOS-WAIDOSCH 1998, S. 45 ff.).

Von damals bis heute finden die Disability Studies ihren Einzug in die Universitäten. Hierfür möchte ich ein paar Beispiele geben, ohne Anspruch auf Vollständigkeit: WHEATLEY forschte über den Umgang mit Blindheit im Frankreich und England des Mittelalters (vgl. WHEATLEY, E. 2010), MILLETT-GALLANT reflektierte über die optische Darstellung von Amputation (vgl. MILLETT-GALLANT 2010), KÖBSELL bezog aus der Sicht befragter Betroffener Stellung zum gegenwärtigen Stand der schulischen Inklusion in Deutschland (vgl. KÖBSELL 2012) und GOODLEY riss weiterführende ethische Fragen, wie beispielsweise bezüglich Cochlea-Implantationen (CIs, implantierte Hörprothesen) bei Menschen an, die als geistig behindert gelten (vgl. GOODLEY 2011, S. 158 ff.).

DEGENER unterstreicht die politisch-soziale Ausrichtung der Disability Studies, indem sie darauf verweist, dass Menschen mit Behinderungen diskriminiert würden wie andere gesellschaftliche Minderheiten auch. Dabei betont sie, dass nicht das besondere Merkmal, also die Behinderung, Ursache von Benachteiligungen ist. Vielmehr würde durch den permanenten Verweis auf Beeinträchtigungen das Unvermögen der Umgebung verschleiert, größtmögliche Chancen zu bieten, mit diesen Besonderheiten umzugehen. Somit hält DEGENER Treppen für Rollstuhlfahrer als behindernder als die veränderten Bewegungsmöglichkeiten der Betroffenen selbst. Ähnlich verhält es sich aus ihrer Sicht mit den Informationsdefiziten von gehörlosen Personen: Mit Gebärden- und Schriftsprache wären hier Vereinsamungen zu eliminieren. Dasselbe gelte für Menschen mit Lernschwierigkeiten, für die komplizierte Sprachcodes nicht dechiffrierbar sind. Mit einfacher Sprache wäre auch hier Zugänglichkeit zu schaffen (vgl. DEGENER 2003, S. 23).

Die exemplarische Liste DEGENERs mit Behinderungen und Veränderungen für spezifische Barrierefreiheit ließe sich beliebig fortsetzen, beispielsweise mit dem Verzicht auf Lampen mit Stroboskop-Effekt aus Rücksicht auf Menschen mit Epilepsie. BLOCHBERGER nennt in diesem Zusammenhang die Selbstorganisation von Hilfen im Alltag für Menschen mit psychischen Besonderheiten – dabei soll in leichteren Phasen für schwierigere Zeiten vorausgeplant werden (vgl. BLOCHBERGER 2006, S. 25).

Die Disability Studies in Großbritannien gehen gemäß PRIESTLEY davon aus, dass Behinderung weder ein rein individuumzentriertes noch ein biologisches Merkmal ist. Vielmehr entsteht Behinderung aus komplexen, sich verzahnenden und interdependent wirksamen Einzelfaktoren, die in Gesellschaften präsent sind (vgl. PRIESTLEY 2003b, S. 25).

Meist legen die Disability Studies das soziale Erklärungsmodell von Behinderung zugrunde. Dabei erhoffen sich Aktive der Behindertenbewegung einen gesamtgesellschaftlichen Paradigmenwechsel gegenüber dem Phänomen Behinderung. Dieser ist bisher jedoch allenfalls partiell eingetreten (vgl. HERMES 2006, S. 22f.).

II.1.4 Erhöhte Anzahl Arbeitssuchender mit einer Schwerbehinderung

Erfolge einzelner Personen mit Behinderung dürfen nicht darüber hinwegtäuschen, dass viele Menschen, die als schwerbehindert gelten, auch in den letzten Jahren keine Möglichkeit hatten, am Erwerbsleben teilzunehmen, obwohl sie arbeiten wollten. Das heißt, dass Inhaber von Schwerbehindertenausweisen vergleichsweise häufiger als arbeitssuchend gemeldet sind: So befanden sich im Jahr 2009 unter den 3.423.283 in Deutschland verzeichneten Arbeitsuchenden 167.503 Personen, die als schwerbehindert galten (vgl. STATISTISCHES BUNDESAMT 2010, S. 95). Nicht erfasst sind dabei all diejenigen, die so weit aus dem Arbeitsmarkt ausgegrenzt sind, dass sie nicht einmal als Arbeitsuchende in Erscheinung treten, beispielsweise Personen, die sich in berufsvorbereitenden Projekten befinden oder die in einer Werkstatt für behinderte Menschen (WfbM) arbeiten. Diese Personen tauchen in der Statistik nicht als Arbeitsuchende auf. Gleiches gilt, wenn ein Elternteil existenzsichernd verdient. Dann hat der andere Elternteil die Möglichkeit, nach Misserfolgen bei der Jobsuche nicht mehr beim Arbeitsamt vorstellig zu werden, sondern sich ganztägig dem Haushalt bzw. der Erziehung des eigenen Nachwuchs zu widmen.

II.1.5 Hintergrundinformationen zu besonderen Lebenslagen

Meinem Forschungsvorhaben liegt eine Perspektive zugrunde, die auf dem sozialen Erklärungsansatz von Behinderung basiert. Betroffene und Angehörige werden jeweils als Experten in ihren eigenen Situationen betrachtet. HERMES sieht gesellschaftliche Reaktionen auf Menschen bzw. Eltern mit Behinderungen weitgehend unabhängig davon, welche Körper- bzw. Sinnesbehinderung im Einzelnen vorliegt (vgl. HERMES 2001, S. 4ff.). Dies bestätigt mich darin, nicht die Symptome der Elternteile mit Behinderungen zu charakterisieren, da diese als solche nicht im Mittelpunkt stehen sollen. Vielmehr werden die Einstellungen und Wertungen der Töchter/Söhne von Elternteilen mit Behinderungen ins Zentrum gerückt. Genaueres geht aus dem methodischen Teil dieser Arbeit hervor.

Im Bereich der Hörbehinderungen komme ich kurz auf unterschiedliche Entwicklungen von Techniken und Hilfen zu sprechen. Äußern sich meine Interviewpartner diesbezüglich, so sollen die Hintergründe klar sein. Mitte des vergangenen Jahrhunderts wurden Gebärdensprachen von Linguisten erforscht. Als Ergebnis wurde festgestellt, dass Gebärdensprachen Systeme darstellen, die lexisch, semantisch, syntaktisch und grammatikalisch dieselben Ausdrucksmöglichkeiten eröffnen wie gesprochene Sprachen (vgl. STOKOE 1993, BOYES BRAEM 1998). LANE machte darauf aufmerksam, dass viele gehörlose Menschen kaum Zugang zur gesprochenen Sprache haben und sich dagegen in Gebärdensprachsystemen umfassend ausdrücken könnten (vgl. LANE 1990). Es folgte in Amerika und Europa der Kampf um die Anerkennung der jeweiligen Gebärdensprachen. Die Verwendungen variieren: Es kann beispielsweise in der deutschen Gebärdensprache (DGS) und deren Grammatik gebärdet werden (vgl. EICHMANN/HANSEN/HESSMANN 2012). Andere begleiten die Artikulation in der deutschen Lautsprache mit dem DGS-Wortschatz (vgl. KESTNER/HOLLMANN 2011). Wird jedem Wort ein Äquivalent zugeordnet, handelt es sich um Lautsprachbegleitende Gebärden (LBG), werden nur zentrale Satzelemente manuell visualisiert, geschieht dies im Rahmen Lautsprachunterstützender Gebärden (LUG) (vgl. MAYER 2007). Den letzten beiden liegt die Grammatik des gesprochenen Deutsch zugrunde.

Seit den 90er Jahren des letzten Jahrhunderts wurden gehörlosen Personen Cochela-Implantate (CIs) eingepflanzt. Ich schätze, dass es sich hierbei in Deutschland um Tausende von ertaubten oder gehörlos geborenen Menschen handelt. Gerne würde ich mich auf Zahlenmaterial stützen, konnte jedoch keine herstellerübergreifende Statistik diesbezüglich ausfindig machen, auch keine implantationszentrumsbezogenen oder -übergreifenden Daten. Unter einem CI ist Folgendes zu verstehen: *„... is a device that restores useful hearing in severely to profoundly deaf people when the organ of hearing situated in the inner ear has not developed or is destroyed by disease or injury. It bypasses the inner ear and provides information to the hearing centers through stimulation of the hearing nerve"* (CLARK 2003, S. xxxi). Diese Apparate werden im Rahmen einer Operation hinter den Schädelknochen eingepflanzt. Die implantierten Teile funktionieren mit speziellen Hörgeräten, die hinter dem Ohr oder als Kästchen am Körper getragen werden (vgl. VONIER 2008, S. 32ff., CLARK 2003, SCHULZE-GATTERMANN 2002). Diese lassen sich wie klassische Hinter-dem-Ohr-Hörgeräte (HdO) mit sogenannten FM-Anlagen verbinden, die in geräuschreichen Umgebungen den Stör- vom Nutzschall filtern, soweit dies technisch gelingt (vgl. DEUTSCHE ARBEITSGEMEINSCHFAFT FÜR EVANGELISCHE GEHÖRLOSENSEELSORGE 2001, S. 53). Die Erfolge sind recht unterschiedlich: Während HEPP sein Implantat heute nicht mehr nutzt (vgl. HEPP 2005), da er seines Erachtens nicht davon profitiert, beschreibt BIDERMAN ihre Hörerfahrung mit der Innenohrprothese folgendermaßen: *„But now, I could hear the crack in people's voices were upset, and I could hear the radio blaring rudely in the car stopped next to me on the road. I could hear the sound of dry leaves scampering along the pavement, and the sound of the wind in the trees"* (BIDERMAN 1998, S. 19). BIDERMAN zeigt auch Grenzen auf: *„When I speak to people on the telephone (...) I have come out of deafness to a state where I am merely hard of hearing, not deaf. But, then, I will find myself with too many people talking all at once, in a place where there is too much noise, and I will feel once again very deaf. (...) And, when my battery runs down or I am swimming in the lake without my external hearing equipment, I hear absolutely nothing. I am deaf"* (BIDERMAN 1998, S. 154).

Im Rahmen ihrer qualitativen Befragung berichtet BECKER von einigen Personen in unterschiedlichen Lebenskontexten, die ein CI als Bereicherung empfinden (vgl. BECKER 2008). In ihrem Buch kommen auch zwei Menschen zu Wort, bei denen ein CI nicht die gewünschte Hörverbesserung gebracht hat: *„Ich höre viel mehr, aber nicht unbedingt besser. (...) Jetzt ist es so, ich höre diese ganzen Nebengeräusche, ich höre viel mehr und kann es nicht trennen"* (BECKER 2008, S. 117). Viele akustische Eindrücke bedeuten nicht automatisch ein Mehr an Sprachverstehen. Die Schalldiskriminierung von Einzelgeräuschen ist hier eine wichtige Teilleistung, durch die das Hören u. a. erst ermöglicht wird (vgl. DEUTSCHE ARBEITSGEMEINSCHAFT FÜR EVANGELISCHE GEHÖRLOSENSEELSORGE 2001, ARBEITSGEMEINSCHAFT FÜR EVANGELISCHE SCHWERHÖRIGENSEELSORGE 2000).

Eine qualitative Forschung zur Einstellung gehörloser bzw. hochgradig hörgeschädigter Elternteile gegenüber CIs bei den eigenen hörbehinderten Kindern hat VONIER vorgelegt: Während in den 90er Jahren die Implantationstechniken und das CI von der Gehörlosengemeinschaft weitgehend abgelehnt wurden, befürworten heute hörbehinderte Eltern von hörgeschädigten Kindern die Implantation durchaus. Dies wird mit einer Erleichterung beim

Artikulationstraining begründet. Zudem wird darauf verwiesen, dass Söhne und Töchter die Implantate bei Gleichaltrigen sehen und man ihnen diese Möglichkeit nicht vorenthalten möchte (vgl. VONIER 2008). Dabei wird die Gebärdensprache immer wieder miteinbezogen: *„Nur ich denke, es (die Gebärdensprache) (sic!) nutzt, wenn später das CI mal kaputt ist, oder wenn man zum Baden geht, dann kann man eben nicht mehr lautsprachlich kommunizieren, und dann finde ich es einfach sehr praktisch auch, wenn man die Gebärdensprache dazu hat und man wirklich zu jedem Zeitpunkt in jeder Sprache auch kommunizieren kann (...)"* (Aussage eines Elternteils, zitiert in: VONIER 2008, S. 120). Eine kleine Auswahl aus der Bibliografie der Fachzeitschrift für Gebärdensprache „Das Zeichen" verdeutlicht, dass Gebärdensprachen auch im Zeitalter der CIs von Bedeutung sind (vgl. VOSS/KESTNER 2013, GÁRATE 2012, SWILLER 2012).

Zusammenfassend kann festgestellt werden, dass heute in Deutschland gehörlose Personen anzutreffen sind, die ein CI ablehnen und die sich vorwiegend in der Gebärdensprache zu Hause fühlen. Bei anderen Individuen zeigte eine Cochlea-Implantation nicht den gewünschten Erfolg. Wieder andere Personen kombinieren das Hören per Implantat mit Gebärden oder kommunizieren ausschließlich lautsprachlich.

II.1.6 Umgang mit Behinderung in besonderen kulturellen Kontexten

Das erste hier angeführte Beispiel stammt aus der fiktionalen Literatur. Die besondere Gesellschaft des zweiten Beispiels hat historisch real existiert. Beide Lebenssituationen basieren auf Rahmenbedingungen, die alle bzw. eine Vielzahl der gesellschaftlichen Mitglieder benötigten.

In der Erzählung *„The Country of the Blind"* erschafft H. G. WELLS eine Gesellschaft, in der alle Mitglieder blind sind. Visuelle Eindrücke spielen dort keine Rolle. Ein sehender Reisender stößt auf die blinde Bevölkerung in diesem abgeschiedenen Land. Unverständliches wird damit erklärt, dass der Besucher ungewöhnliche Wölbungen im Gesicht hat. Das heißt, bei ihm sind die Augenhöhlen mit den Organen gefüllt, welche das Sehen ermöglichen. Bei den Bewohnern des Landes der Blinden befinden sich zwei Hohlräume an derselben Stelle. In der so skizzierten Gesellschaft werden die Bedürfnisse blinder Menschen umfassend berücksichtigt, da alle Menschen in dem Land darauf angewiesen sind (vgl. WELLS 1976, PARRINDER/WELLS 2007). H. G. WELLS beschreibt das Land aber trotzdem nicht als ideal. Menschliches Vormachtstreben, Unterdrückung und autoritäre politische Strukturen sind auch im Land der Blinden präsent. Dies lässt sich folgendermaßen interpretieren: Einerseits kann dies als damalige Gesellschaftskritik gegenüber dem Kolonialismus und der Unterdrückung der indigenen Völker gedeutet werden. H. G. WELLS wurde 1866 geboren und lebte, als der Imperialismus einen seiner geschichtlichen Höhepunkte erreichte. Andererseits könnte das Existieren schwieriger menschlicher Eigenschaften auch im sonst Blindheit integrierenden Umfeld als Hinweis darauf gewertet werden, dass sich gewisse Eigenschaften im Irdischen immer wieder zeigen (vgl. WELLS 1976, PARRINDER/WELLS 2007).

Ein anderes Beispiel kommt aus dem nicht fiktionalen Bereich und dokumentiert die inzwischen historische Wirklichkeit auf der Insel Martha's Vineyard. Vererbte Gehörlosigkeit war dort so weit verbreitet, dass es in jeder Familie mindestens eine Person gab, die nicht hören konnte. Die hörenden Menschen auf dem Eiland verfügten über gute Gebärdensprachkenntnisse. Die Kommunikation konnte über Sinnesgrenzen hinweg recht barrierefrei funktionieren (vgl. GROCE 2005).

Die besonderen gesellschaftlichen Konstellationen in der Erzählung von H. G. WELLS und in der Realität von Martha's Vineyard zeigen, dass Adaptionen an bestimmte Lebensvoraussetzungen umfassender stattfinden, wenn jeder bzw. ein großer Teil der Bevölkerung davon betroffen ist. Schlussfolgernd kann vermutet werden, dass es keine Treppen mehr gäbe, wenn alle Menschen auf einen Rollstuhl angewiesen wären.

II.2 Familien in der Gegenwart

Um Bedingungen, Chancen, Möglichkeiten und Belastungen, die Familien in Deutschland gegenwärtig vorfinden, einschätzen zu können, werden zuerst allgemeine Lebensbedingungen von Familien dargestellt. Nach einer Explikation möglicher Familienbegriffe berücksichtige ich verschiedene Familientypen, Merkmale von in Armut lebenden Familien, den Wandel historisch gewachsener

Familienstrukturen und -ideale sowie den juristisch-politischen Rahmen bei der Elternzeit und beim Elterngeld. Abschließend fokussiere ich kurz das kontrovers diskutierte Thema der pränatalen Diagnostik. Ein Exkurs in frühere Zeiten wird punktuell angestrebt, da heutige Traditionen und Einschätzungen ihre Wurzeln oft in früheren Epochen haben.

II.2.1 Ein möglicher Familienbegriff

In der Literatur gibt es keinen umfassend anerkannten Familienbegriff. NAVE-HERZ fasst den gegenwärtigen Stand der Sozialwissenschaften folgendermaßen zusammen: *„Während die De-Institutionalisierungsthese also stärker den Bedeutungsverlust von Ehe und Familie und damit auch den quantitativen Rückgang der ‚Normalfamilie' (Zwei-Eltern-Familie) betont, wird mit der Individualisierungsthese und vor allem von Beck die Aufgabe des begrifflichen Konstruktes ‚Familie' gefordert und die Pluralität von Familienformen herausgestellt (...)"* (NAVE-HERZ 2007, S. 13).

Die Familienstrukturen sind in den vergangenen 30 Jahren in Deutschland vielfältiger geworden. NAVE-HERZ unterscheidet 16 unterschiedliche Familientypen, die sich auch in rechtlicher Perspektive voneinander abgrenzen lassen:

1. Mutter- und Vaterfamilien mit leiblichen Kindern auf der Basis klassischer Eheschließung
2. Mutter- und Vaterfamilien mit leiblichen Kindern als nicht eheliche Lebensgemeinschaft
3. Mutterfamilien mit leiblichen Nachkommen
4. Elternfamilien mit adoptierten Kindern
5. Mutterfamilien mit adoptierten Heranwachsenden
6. Vaterfamilien mit adoptierten Kindern
7. Nicht eheliche Lebensgemeinschaften als Folge von Scheidung bzw. Trennung mit Kindern
8. Homosexuelle Paare mit Kindern infolge von Scheidung oder Trennung
9. Mutterfamilien infolge von Scheidung oder Trennung
10. Vaterfamilien infolge von Scheidung oder Trennung
11. Nicht eheliche Lebensgemeinschaften als Folge von Verwitwung
12. Homosexuelle Paare, aus Verwitwung hervorgegangen

13. Mutterfamilien als Resultat einer Verwitwung
14. Vaterfamilie nach einer Verwitwung
15. Elternfamilie durch Wiederheirat
16. Elternfamilie infolge eines Pflegschaftsverhältnisses
   (vgl. NAVE-HERZ 2007, S. 16ff.)

Ob sich ein Kind in einer bestimmten Familiensituation wohlfühlt oder nicht, hängt nicht alleine vom Familientyp ab. Vielmehr kulminiert eine Vielzahl von Einzelaspekten. Dies geschieht jeweils individuell.

II.2.2 Wandel familiärer Funktionen

In präindustrieller Zeit war die Gesellschaft in Deutschland vorwiegend agrarisch strukturiert. Das Leben war in Großfamilien statt in Kernfamilien organisiert. Zu Ersteren kamen oft noch Knechte und Mägde, die überwiegend nicht mit der bäuerlichen Familie verwandt waren. Sie lebten aber auch auf dem Hof. Wahlbiografien waren von Beginn der Neuzeit bis ins 19. Jahrhundert eine Seltenheit. Der Einzelne ordnete sich den Interessen der Großfamilie bzw. des Hofs unter. Bei Tod oder Krankheit zentraler Familienmitglieder bot die Haus- und Wirtschaftsgemeinschaft einen gewissen Schutz (vgl. BECK-GERNSHEIM 1994, S. 120). BECK-GERNSHEIM konstatiert im Sinne einer dialektischen Perspektive: *„Wie viele historische Dokumente bezeugen, waren auch damals die Familienmitglieder einander nicht nur in Zuneigung und Liebe verbunden, vielmehr gab es nicht selten Spannungen und Mißtrauen, auch Haß und Gewalt"* (BECK-GERNSHEIM 1994, S. 121).

In vorindustrieller Zeit waren die Biografien der Mitglieder der Familienverbände in einem höheren Maße vorgegeben, als das heute der Fall ist: Man wurde in eine Haus- und Hofgemeinschaft hineingeboren. Bei Heirat hatte das Familienoberhaupt mitentschieden. Einfluss und Macht einer Familie gegenüber einer ihr zugehörigen Person waren damals von größerer Reichweite als heute.

In der bäuerlichen Lebenswelt mussten die Frauen auch Arbeiten auf dem Feld verrichten. Es stimmt nicht, dass sich die einfachen Bäuerinnen ausschließlich der Kindererziehung widmeten. Auch in mittleren Gesellschaftsschichten waren nicht alleine die Mütter mit der Kindererziehung befasst: *„In Haushalten des tradi-*

tionalen Europa haben vor allem Dienstboten und ältere Geschwister für die Kindererziehung eine sehr große Rolle gespielt" (MITTERAUER 1989, S. 190). Dass in früheren Jahrhunderten die eigene Mutter die alleinige Bezugsperson eines Kindes darstellte, kann in das Reich der Mythen verwiesen werden.

Gegenwärtig nimmt die Zahl nicht ehelicher Lebensgemeinschaften zu. NAVE-HERZ geht für 2005 von mehr als einer Verdoppelung aus und nennt 2,4 Millionen als Anzahl solcher Wahlgemeinschaften (vgl. NAVE-HERZ 2007, S. 18). Jedoch leben in den alten Bundesländern sehr wenige Kinder in dieser Lebensform, da relativ viele Paare vor der Geburt eines Kindes heiraten. In den neuen Bundesländern leben vergleichsweise mehr Heranwachsende in den nicht ehelichen Lebensgemeinschaften ihrer Eltern (vgl. NAVE-HERZ 2007, S. 18f.). Neu sind nicht eheliche Lebensgemeinschaften und Patchwork-Familien nicht: *"So gab es schon immer Mütter- und auch Vater-Familien; die Adoptions-, Pflege- und Stieffamilien waren sogar in den vorigen Jahrhunderten verbreiteter als heute. Doch abgesehen von den Pflege- und Adoptionsfamilien stellten die anderen – vor allem in der vorindustriellen Zeit – keine eigenständigen Systeme dar, sondern waren eingebettet in andere Lebensformen (z. B. in einer großen Haushaltsfamilie), waren fast nur in den unteren Schichten zu finden und ihre Gründungsanlässe waren überwiegend andere als heute: Verwitwung und Nicht-Ehelichkeit statt – wie heutzutage – überwiegend Trennung und Scheidung"* (NAVE-HERZ 2007, S. 22f.).

Einen weiteren Aspekt des sozialen Wandels stellt die Tatsache dar, dass das Familienideal der 50er Jahre des 20. Jahrhunderts gegenwärtig zunehmend seltener vertreten ist. Damals sollte der Ehemann und Familienvater einer Berufstätigkeit – meist außer Haus – nachgehen, während der Frau Kindererziehung, Kochen und Haushalt als Aufgabenbereiche zufielen. Die Frau verfügte in der Regel nicht über ein eigenes Einkommen. Dies manifestierte ihre Abhängigkeit vom Ehemann.

Zweifellos hat sich die weibliche Lebensplanung seit Mitte des vergangenen Jahrhunderts gewandelt: Frauen verfügen heute in der Mehrzahl über eine qualifiziertere Schul- und Berufsbildung. Und viele möchten ihre Berufswünsche verwirklichen. Die alleinige Konzentration auf Heim und Haushalt wird von einem Großteil der Vertreterinnen des weiblichen Geschlechts nicht mehr angestrebt.

Reale Konstellationen der innerhäuslichen Arbeitsverteilung entsprechen sicher nicht immer dem Wunschdenken beider Geschlechter: *„Die Mithilfe der Ehemänner/Partner bzw. Väter bei der Hausarbeit und der Kinderbetreuung hat mancherorts zugenommen. Trotzdem wird in allen Ländern der überwiegende Teil der Hausarbeit weiterhin von Frauen verrichtet. Diese asymmetrische Entwicklung führt für viele Frauen zu einer deutlichen Mehrfachbelastung (...)"* (KASPER/SCHMIDT 2007, S. 245, vgl. auch CYBA 2000, S. 104f.). Im Vergleich zu früher haben Frauen mit der außerhäuslichen Erwerbstätigkeit einen neuen Bereich hinzugewonnen, sind aber nahezu unverändert für Haushalt und Familie zuständig. Während damals der Hof den zentralen Ort einer Familie darstellte, sind heute die Zeiten und Orte, die für Familienmitglieder bedeutsam sind, sehr unterschiedlich. Es bedarf somit einiges an Geschick, diese zu koordinieren (vgl. BECK-GERNSHEIM 1994, S. 124f.).

II.2.3 Elternschaft in der Gegenwart

Folgende drei unterschiedliche Organisationsformen von Mutterschaft werden von NAVE-HERZ unterschieden: Die erste Gruppe besteht aus Müttern, die nicht erwerbstätig sind und ihr Tätigkeitsfeld ausschließlich im eigenen privaten Haushalt finden: *„Unter den jüngeren Ganztagshausfrauen ist heute die Quote mit niedrigem Ausbildungsniveau und Frauen, die noch nie erwerbstätig waren, am stärksten"* (NAVE-HERZ 2009, S. 53). In der zweiten Kategorie finden sich Mütter, die in ihrer Erwerbstätigkeit wenig verdienen und sich zugleich um ihren Nachwuchs zu Hause kümmern. NAVE-HERZ sieht hier ein Fortbestehen von Strukturen aus dem Arbeitermilieu in früheren Zeiten. Zugleich sei die Arbeitsbelastung dieser Mütter immens (vgl. NAVE-HERZ 2009, S. 53). Der dritte Organisationstyp findet sich bei erwerbstätigen Müttern, die sich im Haushalt und/oder bei der Kindererziehung gegen Bezahlung unterstützen lassen (vgl. NAVE-HERZ 2009, S. 54).

Es wird evident, dass Mütter in der Gegenwart in sehr verschiedenen Lebenswelten anzutreffen sind. Zugleich werden Väter, die sich um ihre Babys kümmern, gesamtgesellschaftlich positiver wahrgenommen als in der Mitte des letzten Jahrhunderts (vgl. NAVE-HERZ 2009, S. 55 u. 58). PEUCKERT fasst zusammen, dass Väter mit hohem Bildungsniveau Haushaltstätigkeiten verrichten, wobei sich die übrigen Männer weniger an der Haushaltsführung und den entsprechenden Tätigkeiten beteiligen, außer sie wohnen alleine (vgl. PEUCKERT 2008, S. 252ff.). Nur bei den Reparaturen im Privathaushalt sind vor allem Männer aktiv (vgl. PEUCKERT 2008, S. 254ff., SCHELLER 2005, S. 218). Es handelt sich somit nicht um eine gleichmäßige Lastenverteilung im Sinne einer Geschlechtergerechtigkeit. Frauen haben im Vergleich zu früher mit der außerhäuslichen Erwerbstätigkeit einen neuen Bereich hinzugewonnen, sind aber nahezu unverändert für Haushalt und Familie zuständig.

II.2.4 Die Familie als privater Bereich

Die Familie wird heute als privater Raum betrachtet. Der Rahmen dafür wird vom Staat abgesteckt. Außer bei konkreten schwerwiegenden Problemen wird Nichteinmischung großgeschrieben. Die Organisation der Baby- und Kleinkindbetreuung fällt in den Zuständigkeitsbereich der einzelnen Familien: *„Eine Lösung des Vereinbarkeitsproblems von Kind und Beruf bzw. Eigeninteressen der Mütter bietet sich vornehmlich für diese einschlägig qualifizierten und damit privilegierten Frauen. Letztlich löst aber auch diese Gruppe strukturelle Konflikte auf der individuellen Ebene durch den Einsatz privater Ressourcen"* (PASQUALE 1998, S. 293). Die Autorin nennt die Mutterarbeit für den eigenen Nachwuchs einer Frau „*semiprofessionell*". Dies begründet sie damit, dass *„(d)ie Indikatoren klassischer Professionalität (Status, Prestige, Privilegien) (...) weitgehend unberücksichtigt"* bleiben (PASQUALE 1998, S. 292).

Die Äußerungen PASQUALEs zur Arbeit von Müttern können meines Erachtens auf Elternarbeit ausgeweitet werden, auch wenn sich bisher nur eine geringe Zahl von Männern umfassend in die Versorgungs- und Erziehungsarbeit einbringt. Ein hohes Engagement der Eltern in diesem Bereich – vor allem von den Müttern – wird gesellschaftlich erwartet. Zugleich wird es als selbstverständlich betrachtet und kaum wertgeschätzt (vgl. PASQUALE 1998, S. 293). So „navigieren" Elternteile ihren Nachwuchs durch ein umfassendes Freizeit- und Konsumangebot. Gemäß PASQUALE findet tendenziell auch eine Verschiebung hin zu einem kooperativen Erziehungsstil statt. Die Dominanz direktiver Vorgaben in der Beschäftigung mit den eigenen Kindern wird abgewertet.

Zeigt sich der Nachwuchs heute unentschieden oder ablehnend gegenüber einem elterlichen Vorschlag, sind zeitintensive Gespräche immer wieder die Folge in vielen Familien (vgl. PASQUALE 1998, S. 303).

Obwohl der Nachwuchs heute unterschiedlichsten Einflüssen ausgesetzt ist, werden die Probleme eines Kindes schnell unmittelbar dem Verhalten der Mutter zugeschrieben: Die Persönlichkeit des jeweiligen Mädchens oder Jungen tritt dabei oft genauso in den Hintergrund wie Interaktionen der Minderjährigen untereinander (vgl. PASQUALE 1998, S. 301). Ebenso beeinflussen sicher auch Großeltern oder Väter, selbst wenn sich Letztgenannte hauptsächlich ihrem Berufsleben widmen, Kinder und Jugendliche.

II.2.5 Das Elternzeit- und Elterngeldgesetz

2007 trat ein neues Gesetz in Kraft, das die Vereinbarkeit von Familie und Beruf steigern soll. Mit den Neuerungen seit 2011 bedeutet das konkret Folgendes: Ein Elternteil, der vor der Geburt eines Kindes erwerbstätig war und in der Folgezeit die Betreuung des Nachwuchses übernimmt, erhält zwischen 65 und 67 Prozent seines zuvor erwirtschafteten Nettogehalts. Maximal können gegenwärtig 1.800 Euro monatlich als Elterngeld bezogen werden. Es wurde zugrunde gelegt, dass sich Väter und Mütter bei der Familienpause abwechseln. In diesem Fall wird 14 Monate lang Elterngeld gezahlt. Auch alleinerziehende Elternteile können 14 Monate lang auf Elternzeit und Elterngeld zurückgreifen.

Verdienen beide Elternteile vor der Geburt des Kindes zusammen mindestens 500.000 Euro jährlich, besteht für sie kein Anspruch auf Elterngeld. Das sogenannte Minimum beträgt beim Elterngeld 300 Euro (vgl. BUNDESMINISTERIUM FÜR FAMILIE, SENIOREN, FRAUEN UND JUGEND 2012b). Innerhalb der aktuellen Rechtslage werden beide Geschlechter in ihrer Verantwortung für die Erziehung des Nachwuchses angesprochen, nicht wie in früheren Zeiten meist nur die Frau.

Erwerbstätige Elternteile werden besser gestellt als arbeitsuchende und geringverdienende Mütter und Väter sowie als Familien, die Unterstützungen zum Lebensunterhalt beziehen: *„Das Elterngeld wird beim Arbeitslosengeld II, bei der Sozialhilfe und beim Kinderzuschlag künftig vollständig als Einkommen angerech-*

net – dies betrifft auch den Mindestbetrag von 300 Euro" (BUNDESMINISTERIUM FÜR FAMILIE, SENIOREN, FRAUEN UND JUGEND 2012b).

Familien mit mehr als einem Kind oder Elternteile, die vor der Geburt des Babys einer Erwerbsarbeit nachgegangen sind und ab der Ankunft des Nachwuchses Arbeitslosengeld II, Sozialhilfe und Kinderzuschlag beziehen, können Erhöhungen ihres Elterngeldbetrags beantragen (vgl. BUNDESMINISTERIUM FÜR FAMILIE, SENIOREN, FRAUEN UND JUGEND 2012b). Es bleibt zu hoffen, dass die Berechtigten um diese Möglichkeit wissen und dass sie über die Zeit und die Sprachkompetenz verfügen, diese Modifikationen schriftlich anzufordern.

II.2.6 Heranwachsen in Armut

Die Bundesrepublik Deutschland zählt einerseits zu den reichsten Ländern der Welt, andererseits ist die Schere zwischen den Wohlhabenden und denen, die mit wenig auskommen müssen, sehr groß. Das bedeutet, dass auch Kinder in sogenannter „relativer Armut" leben (vgl. VOSS 2008, S. 29f.). Die Semantik des eben genannten Begriffs vergleicht die Personen innerhalb eines Landes: *„Der am häufigsten verwendete verhältnisbezogene Indikator ist die relative Einkommensarmut. Als arm gilt demnach, wessen Äquivalenzeinkommen weniger als einen gewissen Prozentsatz des Medianeinkommens der jeweiligen Gesellschaft beträgt. Die definitorische Grenze wird heute in Europa üblicherweise bei 60 % gesetzt"* (STIERLE 2010, S. 9, vgl. HOLZ 2011). Unter „Äquivalenzeinkommen" versteht STIERLE, dass rechnerisch berücksichtigt wird, wie viele Bewohner in einem Mehrpersonenhaushalt ein technisches Haushaltsgerät, wie zum Beispiel einen Kühlschrank, gemeinsam nutzen können. Den Terminus „Medianeinkommen" umreißt STIERLE als halbierte Grundmenge. Dieses Vorgehen stellt eine rechnerische Alternative zum arithmetischen Mittel dar (vgl. STIERLE 2010, S. 9ff.), um Verzerrungen durch extrem hohe Einkommen zu vermeiden.

In Deutschland galten 2008 circa 2,6 Millionen Kinder als arm (vgl. VOSS 2008, S. 23). Die Erfahrungen beschreibt VOSS nach vielen Besuchen und Gesprächen mit Mitgliedern betroffener Familien folgendermaßen: *„Sein Kind am Schuljahresanfang nicht* *mit dem nötigen Material versorgen zu können, weil das Geld nicht reicht, oder einen hungrigen Teenager mit 3,42 Euro Regelsatz pro Tag satt zu bekommen, bedeutet Verzicht auf viele Dinge, die für die Mehrheit von uns selbstverständlich sind. Und es bedeutet Erklärungsnot"* (VOSS 2008, S. 23).

Die sogenannten „Bemessungsgrenzen" für Familien, die finanzielle Unterstützung zum Lebensunterhalt bekommen, werden im Laufe der Jahre in Deutschland immer wieder neu berechnet. Hierbei bleibt meines Erachtens eines stets ähnlich: dass den betroffenen Müttern, Vätern und Kindern sehr wenig Geld zur Verfügung steht, um ihren Lebensunterhalt zu bestreiten. Wie bereits im Zitat oben angedeutet, beeinträchtigt Armut auch die soziale Teilhabe: Diese Kinder können kein Fahrrad ihr Eigen nennen, das Geld für den Freibad-Eintritt fehlt; vielen ihrer Eltern ist es nicht möglich, eine Kindergeburtstagsfeier auszurichten (vgl. VOSS 2008, S. 70).

Wie die Familienstrukturen, in denen wir heute leben, historisch entstanden sind, darauf komme ich im Folgenden kurz zu sprechen. Im Zentrum werden dabei ausschließlich Veränderungen stehen, deren Auswirkungen sich bis in die Gegenwart und in die jüngste Vergangenheit von Familien erstrecken.

II.2.7 Pränatale Diagnostik und Idealbilder von Kindern

Heute sind kinderreiche Familien in der Bundesrepublik seltener geworden als vor 100 Jahren. Kinder wachsen in der Mehrzahl als Einzelkinder oder mit einem einzigen Geschwisterkind auf. Dabei sind die gesellschaftlichen Erwartungen an die Elternschaft gestiegen: Der Nachwuchs soll nicht nur sauber und satt, sondern darüber hinaus optimal erzogen werden und viele Anregungen für seine Persönlichkeitsentwicklung erhalten.

Eltern, die ihren Kindern so viele wertvolle Erfahrungen wie nur möglich zukommen lassen möchten, sind bereits von der Werbewirtschaft als potenzielle Konsumenten entdeckt worden (vgl. UNVERZAGT/HURRELMANN 2005, S. 56f.). Die Kehrseite ist die rapide zunehmende Verschuldung Minderjähriger. Hinzu kommen Kinder und Jugendliche aus weniger vermögenden Elternhäusern, die den zunehmenden Sozialabbau in unserer Gesellschaft hautnah spüren (vgl. UNVERZAGT/HURRELMANN 2005, S. 51).

Weit verbreitet ist die Auffassung, dass es dem Nachwuchs an nichts mangeln soll. Neben den Wunsch nach optimaler Schulbildung, Ausbildung und materieller Ausstattung tritt der Traum von einem Leben ohne Leiden. Bedenkt man, dass Menschen an schwierigen Erfahrungen wachsen, so ist es nicht sinnvoll, ein Leben mit ausschließlich Angenehmem, Positivem und Unkompliziertem anzustreben.

Aus einer dichotomischen Perspektive heraus wird immer wieder angenommen, dass Leben mit Behinderung automatisch mit Leid, Schmerzen und Unglück gleichzusetzen sei, während Menschen ohne Behinderungen als Inkarnationen von Freude, Glück und Unbeschwertheit gelten.

Pränatale Diagnostik soll immer wieder gesunden, nicht behinderten Nachwuchs garantieren. Dabei stellen Untersuchungen und Tests für werdende Mütter nicht nur ein freiwilliges Angebot dar. Vielmehr werden schwangere Frauen von medizinischem Fachpersonal geradezu gedrängt, Embryos und Föten hinsichtlich möglicher negativer Auffälligkeiten prüfen zu lassen. Es ist ein schmaler Grat zwischen einem Wissen, das der Mutter und dem Vater Erleichterung bringt, und einer systematischen selektiven Abtreibung.

Dabei werden Plazenta-Biopsien, Ultraschall-, Fruchtwasser- oder auch genetische Untersuchungen vorgenommen (vgl. BOLL 2001, S. 72ff.). Hinzu kommen die ethischen Fragen im Kontext künstlicher Befruchtungen. Um die Erfolgsquote zu erhöhen, werden mehr Embryonen erzeugt, als benötigt werden. Qualitätskontrollen, soweit diese möglich sind, lassen Vermutungen zu, bei welchen Embryos Beeinträchtigungen auftreten könnten (vgl. DEUTSCHER ETHIKRAT 2011). Werdende Eltern sind dem Druck einer Gesellschaft ausgesetzt, in der bereits Babys weitgehend makellos sein sollen.

Gemäß dem DEUTSCHEN ETHIKRAT haben Ungeborene allgemein ein Recht auf Leben, Würde und die Abwesenheit von Diskriminierung (vgl. DEUTSCHER ETHIKRAT 2011, S. 34, KIND/BRAGA/STUDER 2010). Allerdings gilt dies für werdendes Leben ohne zu erwartende Behinderung in umfassenderer Weise als für Embryonen und Föten mit prognostizierten Beeinträchtigungen, wie aus der aktuellen deutschen Rechtslage hervorgeht:

Im Strafgesetzbuch (StGB) wird in § 218a wird folgender Gesetzestext aufgeführt: *„Straflosigkeit des Schwangerschaftsabbruchs*

(1) Der Tatbestand des § 218 ist nicht verwirklicht, wenn
1. *die Schwangere den Schwangerschaftsabbruch verlangt und dem Arzt durch eine Bescheinigung nach § 219 Abs. 2 Satz 2 nachgewiesen hat, daß sie sich mindestens drei Tage vor dem Eingriff hat beraten lassen,*
2. *der Schwangerschaftsabbruch von einem Arzt vorgenommen wird und*
3. *seit der Empfängnis nicht mehr als zwölf Wochen vergangen sind."*
(JURISTISCHER INFORMATIONSDIENST 2012, vgl. BUNDESMINISTERIUM FÜR FAMILIE, SENIOREN, FRAUEN UND JUGEND 2012a)

Mit dem Verweis auf obigen Gesetzestext wurde bereits werdendes Leben mit zu erwartender Behinderung als für die Mutter nicht zumutbare Notlage betrachtet, die auch nach der zeitlichen Frist die Straffreiheit eines Schwangerschaftsabbruchs und bei Unterbleiben immer wieder auch Schadensersatz beinhaltete (vgl. JURISTISCHER INFORMATIONSDIENST zu § 218a StGB Rechtsprechungsübersichten 2012).

Implizierte eugenische Indikationen lösen auch Befremden aus: BOLL als Mutter zweier Söhne, die zugleich eine Frau mit Spina-bifida-Diagnose ist, sieht in der modernen pränatalen Diagnostik eine Fortsetzung der eugenischen Bestrebungen während der nationalsozialistischen Herrschaft in Deutschland (vgl. BOLL 2001, S. 75). BOLL äußert ihr Befremden: *„Ein Kind, ein Mensch ist keine Ware, die geprüft wird, ob sich der Preis lohnt; ob sich der Mensch lohnt. Bei Waren wird der Ausschuss aussortiert. Bei Menschen kann es keinen Ausschuss geben"* (BOLL 2001, S. 72). Einige dieser futuristisch anmutenden Gedanken sind bereits Realität: Im juristischen Jargon wird für ein unerwünschtes Baby mit einer Behinderung der Anglizismus „wrongful life" verwendet. Der Begriff ist zentral für Anspruchsklagen. Bei diesen geht es um nicht erfolgten Schwangerschaftsabbruch (vgl. BAUMANN-HÖLZLE 2010, S. 107ff.).

Den vorausgehenden Reflexionen des angeblichen „wrongful life" stelle ich die Biografien von SAAL gegenüber: *„Es hat sich gelohnt, Mutter"* (SAAL 2011) und *„Warum sollte ich jemand anderes sein wollen?"* (SAAL 1994) SAAL lebte von 1935 bis 2010 und verweist in seinen Publikationen auf viele gemäß seinen Einschätzungen erfüllte und glückliche Momente (vgl. SAAL 1994, 2011). Inhaltlich äußerte sich HELEN KELLER im Alter von neun Jahren in einem Brief ähnlich. Sie war nach einer Krankheit im frühen Kindesalter gehörlos und blind. Nachdem sich KELLER in ihren Zeilen betroffen über den Tod eines kleines Mädchens gezeigt hatte, umschrieb sie ihr eigenes alltägliches Glücksempfinden folgendermaßen: *„It is very pleasant to live here in our beautiful world. I cannot see the lovely things with my eyes, but my mind can see them all, and so I am joyfull all the day long"* (KELLER 1905, S. 146). Die eben angeführten Beispiele zeigen, dass das Erleben von Glück und das Vorliegen einer Behinderung zusammenfallen können. Jedoch unterstreicht das Schicksal von JÜRGEN KNOP, dass die Organisation des Institutionsalltags in einer Spezialeinrichtung für Menschen mit Behinderung nicht per se als bereichernd erfahren werden muss (vgl. KNOP 1988, 1981, 2005).

Dass Abtreibung nicht von allen Frauen mit Behinderungen kategorisch abgelehnt wird, verdeutlicht der folgende Absatz: BOLL u. a. sprechen sich für eine Selbstbestimmung der Frau im Hinblick auf Fortsetzung oder Abbruch einer Schwangerschaft aus. Zugleich kritisieren sie die Selektivität. Bei sich ankündigenden Behinderungen werde auf Abort geradezu gedrängt (vgl. BOLL u. a. 2002, S. 64ff.). Somit bestätigen die Autorinnen derartigen juristischen Diskussionen um das Abtreibungsrecht eine Nähe zu nationalsozialistischen Denkweisen, auch wenn diese Vertreter des Rechtswesens behaupten, nicht von der Minderwertigkeit des Lebens mit Behinderung auszugehen. Angeblich sollen den Müttern und Familien Belastungen erspart werden (vgl. BOLL u. a. 2002, S. 81 f.).

Die Autorinnen des Buches, die selbst mit Behinderungen leben, kommentieren die eben explizierten Haltungen folgendermaßen: *„Die Unterdrückung, Diskriminierung und Aussonderung Behinderter mit der Behinderung selbst zu erklären, grenzt schon an Zynismus"* (BOLL u. a. 2002, S. 86). Hier wird der Unterschied vom sozialen Erklärungsmodell zum medizinischen Modell deutlich. Beide Denkansätze wurden zu Beginn dieser Arbeit genauer expliziert. Wie bereits dargelegt, hat die pränatale Diagnostik viele äußerst fragwürdige Aspekte mit sich gebracht. Vorgeburtliche Untersuchungen können aber auch lebenserhaltend eingesetzt werden:

So kann es sehr hilfreich sein, bereits vor der Geburt zu wissen, ob bei einem Embryo Osteogenesis Imperfecta vorliegt oder nicht, da eine vaginale Geburt für Kinder mit Glasknochen ein hohes Risiko darstellt. In diesem Fall können durch eine Entbindung per Kaiserschnitt Gefahren für das Kind vermieden werden (vgl. HERMES 2001, S. 66f.). Auch in der Gestosebehandlung können elterliche Gentests lebenserhaltend eingesetzt werden. Das Antiphospholipid-Syndrom und das Fehlen von Anticardiolipin-Antikörpern lassen sich mit Heparin bzw. mit Immunglobulinen behandeln. Bei der beschriebenen Vorgehensweise sind frühzeitige Abgänge und Plazentainsuffizienzen drastisch reduzierbar (vgl. KUSE 2002, S. 12ff.).

Pränatale Diagnostik kann – wie eben aufgezeigt – nicht nur zur Verhinderung, sondern ebenso zur Entfaltung von Leben, auch mit Behinderungen, eingesetzt werden.

II.3 Elternschaft von Menschen, die „behindert" genannt werden

Mütter und Väter mit einer Behinderung dürften sich einerseits in Grundkonstellationen wiederfinden, wie ich sie in den Abschnitten zu heutigen Familienformen und zu Menschen mit Behinderungen allgemein angesprochen habe. Andererseits finden Elternteile, die „behindert" genannt werden, besondere Bedingungen vor. Diesen widmet sich der folgende Abschnitt: Hier befasse ich mich mit Klischees, die immer wieder im Zusammenhang mit der Elternschaft von Personen mit Körper- oder Sinnesbehinderungen genannt werden. Es schließt sich ein Exkurs zu Einzelaspekten an, die sich in englischsprachigen Ländern im Umgang mit Müttern und Vätern mit Behinderungen anders präsentieren als in Deutschland. Auch Spezifika der Vaterrolle mit physischen Einschränkungen beziehe ich ein. Einen weiteren zentralen Punkt stellen Hilfsmittel für besondere Bedarfe von Elternteilen mit Körper- oder Sinnesbehinderungen dar. Diese Ausführungen schließen mit Gedanken zur Elternassistenz.

II.3.1 Klischees in Bezug auf Eltern mit Behinderungen

Ein zentrales Klischee stellt die Forderung dar, dass sich Menschen mit Behinderungen asexuell verhalten mögen (vgl. DEGENER 1998, S. 53f.). Die erwachsene Person mit einer Beeinträchtigung wird somit oft nicht in ihrer jeweiligen Geschlechtlichkeit, sondern eher als Neutrum betrachtet. Dabei werden Menschen mit Behinderungen nicht als potenzielle Eltern eingestuft. BOLL u. a. konstatieren in diesem Zusammenhang aus vorwiegend weiblicher Perspektive: *„Uns wird unterstellt, daß wir den Wunsch nach einem Kind kaum besitzen, geschweige denn realisieren können. Wenn Krüppelfrauen relativ wenig Probleme haben, einen Schwangerschaftsabbruch durchführen zu können; wenn es uns leicht gemacht wird, uns sterilisieren zu lassen (...)"* (BOLL u. a. 2002, S. 117).

Darauffolgend formulieren die Autorinnen die gesellschaftliche Angst, dass der Nachwuchs von Menschen mit Behinderungen wiederum beeinträchtigt sein könnte. Einerseits wird erwartet, dass Eltern ihre Babys und Kinder ohne Hilfen von außen großziehen (vgl. BOLL u. a. 2002, S. 118f.). Andrerseits werden öffentliche Tagesstätten, Tagesmütter, Kinderkrippen, betreuende Großeltern oder das Kindermädchen von Familien, die sich diese Betreuungsformen leisten können, unabhängig vom Vorliegen einer elterlichen Behinderung gesellschaftlich toleriert bzw. begrüßt.

Ein weiteres Klischee gegenüber Elternteilen mit Körper- oder Sinnesbehinderungen stellt die Vermutung dar, der Nachwuchs würde die Hilfe bzw. die Pflege für die Eltern sicherstellen. SANDFORT konstatiert: *„Wenn ich es genau betrachte, schicke ich meine Tochter nie ‚'n Bier holen' (...). Wenn ich es genau betrachte, übertreibe ich es schon. In meinem Kopf lebe ich bereits gegen das Vorurteil, meine Kinder würden zur Abdeckung meines Pflegebedarfs missbraucht"* (SANDFORT 2001, S. 157). Das siebenjährige Kind des Autors war bereits beim Einkaufen darauf angesprochen worden, ob es den Vater umfassend unterstützen würde. Das eben angeführte Beispiel hat sich in Deutschland ereignet. Vergleichbares findet sich in der angloamerikanischen Literatur bei WATES (vgl. WATES 1997, S. 46).

Oftmals wird unterstellt, dass Kinder grundsätzlich unter der Behinderung der Eltern bzw. eines Elternteils leiden. LAMBECK zitiert eine Sozialarbeiterin: *„„Wie wollen sie (sic!) denn im Rollstuhl einen Kinderwagen schieben und wie wird es werden, wenn das Kind in den Kindergarten kommt und wenn dann alle Kinder gucken?'"*

(LAMBECK 2001, S. 49, vgl. CAMPION 1990, S. 4ff., WATES 1997, S. 7 u. 29)

II.3.2 Exkurs: Ambivalente Einstellungen gegenüber Eltern mit Behinderungen in englischsprachigen Ländern

Zur Situation in den USA und in Kanada fand ich drei Werke, die in den 90er Jahren des vorherigen Jahrhunderts erschienen sind und die aus der Sicht von Elternteilen mit Körper- und/oder Sinnesbehinderungen verfasst wurden: Es handelt sich um CAMPION 1990, ROGERS/MATSUMURA 1991 und WATES 1997. Aufgrund der geringen Anzahl der Bücher kann man nicht von einem Trend sprechen. Gegenwärtig fand ich weder Neuauflagen dieser teilweise über 20 Jahre alten Titel noch Vergleichbares mit einem derart intensiven und oft multiperspektivischen Impetus betroffener Elternteile, bei denen eine Körper- und/oder Sinnesbehinderung vorliegt. Daher gebe ich im Folgenden kurze Einblicke in diese spezielle Literatur:

Beispielsweise führt CAMPION folgende gesellschaftliche Klischees gegenüber Eltern mit Behinderungen an:

„*- Disabled people don't have normal intelligence (sic!)*
- All disabled women have to have Caesareans
- Disabled people are dependent
- A disabled person is an ill person
- The child is at risk
- A disabled person cannot be a proper parent" (CAMPION 1990, S. 66).

Diese Klischees überschreibt CAMPION mit dem Terminus „*Misconceptions*". Dies unterstreicht, dass Eltern mit Behinderungen auch in englischsprachigen Ländern auf Skepsis stoßen. Das eben zitierte Buch wurde in Großbritannien, den USA und Kanada veröffentlicht.

Wenngleich es zu weit führen würde, den Umgang verschiedener Industrienationen mit Elternteilen, die „behindert" genannt werden, vertiefend zu reflektieren, möchte ich dennoch einen kurzen interkulturellen Vergleich vornehmen. Dies soll transparent machen, dass grundsätzlich mehrere Verhaltensmöglichkeiten gegenüber Eltern mit Körper- oder Sinnesbehinderungen existieren.

Dabei variieren die Haltungen gegenüber Elternschaft von Personen mit Beeinträchtigungen intrakulturell bzw. innerhalb eines Landes.

Neben den oben erwähnten Unsicherheiten manifestierte sich vor circa 20 Jahren in englischsprachigen Ländern – hier vorneweg in Kanada – eine selbstverständlichere Inklusion der Elternschaft von Menschen mit Körper- oder Sinnesbehinderungen. Teilweise wird sie als Varietät vieler denkbarer Normalitäten eingeschätzt. Diese These wird zum Beispiel mit der Tatsache untermauert, dass einzelne Bücher zum Thema „Schwangerschaft und Behinderung" auf dem gewöhnlichen Buchmarkt erhältlich sind (z. B. ROGERS/MATSUMURA 1991, CAMPION 1990, WATES 1997). Schriften, die sich mit dem Thema „Elternschaft von Personen mit Körper- oder Sinnesbehinderungen" befassen, werden in Deutschland erst seit der letzten Jahrhundertwende herausgegeben, vor allem von spezifischen Initiativen für ein selbstbestimmtes Leben (vgl. HERMES 2001). Die englischsprachige Literatur dazu wurde – wie obigem Zitat entnommen werden kann – bereits zehn Jahre zuvor verlegt.

In den erwähnten englischsprachigen Ratgebern für Eltern mit Behinderungen werden Forschungsergebnisse zu den genauen Auswirkungen einer Schwangerschaft auf Beeinträchtigungen wie Spina bifida, Diabetes mellitus, Multiple Sklerose, Osteogenesis imperfecta usw. aufgelistet (vgl. CAMPION 1990). Diese Erkenntnisse sind aus umfangreichen Studien hervorgegangen, die auf der Befragung betroffener Frauen basieren. Vergleichbare Daten sind in Deutschland bisher kaum erhoben worden. Das Vorhandensein dieses Zahlenmaterials in Teilen des Commonwealth spiegelt meines Erachtens wider, dass dort Menschen mit Körper- oder Sinnesbehinderungen häufiger die Elternschaft zugetraut wird als gegenwärtig in Deutschland.

Im Rahmen eines multiperspektivischen Fokus auf divergierende Verhaltensweisen gegenüber Eltern mit Behinderungen muss auch erwähnt werden, dass es in manchen Staaten der USA zum Beispiel schwierig ist, finanzielle Hilfen für Assistenzen zu erhalten – auch wenn mit dem amerikanischen Antidiskriminierungsgesetz Treppenstufen vor Restaurants auf Klagen hin beseitigt werden müssen (vgl. BLOOM 1998, S. 55f.). Von der zum Teil offeneren Einstellung gegenüber Menschen mit Behinderungen profitieren dort vor allem die Menschen, die entweder selbst einer

Erwerbsarbeit nachgehen können und gut verdienen oder denen andere – meist private – finanzielle Ressourcen zur Verfügung stehen. Diese Gedanken habe ich angeführt, um evident zu machen, dass das partiell umfassendere Verständnis gegenüber Elternschaft von Menschen mit Behinderungen nicht bedeutet, dass es in englischsprachigen Ländern in diesem Bereich heute keine Probleme mehr gibt. Auf die Herausstellung von Gemeinsamkeiten und Unterschieden dieser Entwicklungen zwischen Kanada sowie den einzelnen Staaten der USA, Großbritannien, Australien usw. verzichte ich. Der Exkurs würde zu weit führen. Vorschläge zur und Realität von Elternassistenz in Deutschland werde ich im Verlauf dieser Arbeit noch ansprechen.

II.3.3 Den Blickwinkel primär auf die Möglichkeiten gerichtet

ROGERS/MATSUMURA stellen im Hinblick auf Mütter mit Behinderungen fest: *„Many women said that when their children were first born, they felt overwhelmed by the new responsibility. (...) years after giving birth, all the women said that they were glad to be mothers, that they would make the same choice again, and that they would encourage other disabled women to have children"* (ROGERS/MATSUMURA 1991, S. 355). Hier wurden Elternteile mit Behinderungen als „Experten in eigener Sache" angesehen.

CAMPION spannt den Bogen von Klischees gegenüber Eltern mit Körper- oder Sinnesbehinderungen hin zu positiven Bildern von dieser Bevölkerungsgruppe und ihrem Nachwuchs, indem er die angenommenen negativen Auswirkungen einer elterlichen Beeinträchtigung auf Kinder relativiert: *„Surely what matters is the quality of the time that you spend together and what you do, rather than what you don't do. (...) your disability can have a positive or a negative effect, depending on how you share it as a family"* (CAMPION 1990, S. 4). Die Perspektive richtet sich hier auf die Möglichkeiten von Eltern mit Körper- oder Sinnesbehinderungen, Elternschaft zu leben. Die Sichtweise erinnert an ANTONOVSKYs Salutogenese-Konzept: Hier spielt die Handhabbarkeit eine zentrale Rolle. Darunter versteht der Autor „das Ausmaß, in dem man wahrnimmt, daß man geeignete Ressourcen zur Verfügung hat, um den Anforderungen zu begegnen" (ANTONOVSKY 1997, S. 35).

CAMPION erwähnt auch, dass es grundsätzlich nicht nur ein Muster gelebter Elternschaft gebe, sondern mehrere (vgl. CAMPION 1990, S. 4). Das heißt, dass Eltern mit und ohne Behinderung in ihren Elternkompetenzen nicht mehr hierarchisch als „besser" oder „schlechter", sondern als gleichwertig verstanden werden.

Den deutschen Sprachraum betreffend gibt HERMES zu bedenken, dass Eltern ohne Behinderungen ebenfalls Grenzen gesetzt sind und sie ihrem Nachwuchs nicht alles Antizipierbare bieten können (vgl. HERMES 2001, S. 110).

II.3.4 Väter mit Behinderungen

Im heutigen Deutschland bildet der Umstand, dass Männer sich umfassend für den Haushalt und die Betreuung der eigenen Kinder entscheiden, immer noch eine Ausnahme. Diese Personen stehen den gesellschaftlichen Erwartungen entgegen, wonach ein Mann nach Möglichkeit einer Erwerbstätigkeit nachgehen sollte. KELLER stellt fest, dass es fast keine Literatur zum Thema „Väter mit Behinderungen" gab, bevor er selbst seine Diplomarbeit diesem Bereich widmete. Er hält es für spätbehinderte Väter, die sich einst an den Idealen von Leistungsfähigkeit, Sportlichkeit und geringer Emotionalität orientiert haben, für besonders schwer, die Rolle des Hausmanns und Erziehers einzunehmen (vgl. KELLER 2005, S. 68). Der Autor, der selbst mit einer Behinderung lebt und zugleich mit Hausarbeit und Kindern befasst ist, gewinnt seiner Rolle auch weitreichende positive Aspekte ab: *„Vor allem Kindern kann das Miterleben des positiven Verarbeitungsprozesses ihres Vaters hilfreich sein, um im späteren Leben mit Verlusten, Trauer und vor allem Gefühlen konstruktiv umgehen zu können"* (KELLER 2005, S. 40). Dies scheint mir sehr wegweisend zu sein, da jedes Menschenleben mit Erfreulichem und Belastendem konfrontiert ist.

II.3.5 Besondere Hilfsmittel für Eltern mit Behinderungen

Der gewöhnliche Hilfsmittelmarkt deckt lediglich manche Bedarfe eines Menschen mit Behinderung ab: Es werden zum Beispiel Gesellschaftsspiele mit tastbaren Zusatzflächen angeboten, sodass diese von sehenden und blinden Personen gespielt werden können. Ebenso sind Renn- und Sportrollstühle im festen Sortiment spezifischer Händler. Schwierig ist es nach wie vor für Eltern mit Behinderungen, an barrierefreie Baby- und Kleinkindmöbel zu gelangen. Der Fachhandel für die Kleinsten bezieht die Bedürfnisse von Eltern mit Behinderungen nicht ein. Spezielle Vertriebe für Hilfsmittel für Menschen mit Behinderungen sind nicht auf eine mögliche Elternschaft ihrer Klientel ausgerichtet.

Dieses doppelte Fehlen von Elternteilen mit Behinderungen in den Verkaufskonzepten hat dazu geführt, dass betroffene Mütter und Väter selbst ideell und handwerklich tätig wurden: Die Palette reicht von selbstgebauten Tragegurten für Säuglinge (vgl. HERMES 2001, S. 140f.) bis hin zu Gitterbetten aus den USA, die mit einem bei Bedarf nach außen klappbaren Türchen versehen sind (vgl. ROGERS/MATSUMURA 1991, S. 357f.). Auffällig ist, dass solche Innovationen für Eltern mit Behinderungen in Amerika schon vor etwa zehn Jahren verbreitet waren.

Im Jahr 2003 wurde in Deutschland ein Ideenwettbewerb für barrierefreie Kinder- und Babymöbel ausgeschrieben (vgl. BUNDESVERBAND BEHINDERTER UND CHRONISCH KRANKER ELTERN e. V. 2004). Das Vorgeschlagene wurde auch praktisch designt und umgesetzt. Dabei sind u. a. ein Kinderwagen, der an einen Rollstuhl koppelbar ist, sowie Kinderhochsitze mit speziellen Klappmechanismen, die auch für kleinwüchsige Eltern nutzbar sind, entstanden. Des Weiteren wurde eine faltbare Babytragetasche vorgestellt, die zu einem mobilen Wickeltisch umgebaut werden kann. Unterfahrbare Wickelkommoden für Rollstuhlnutzer wurden ebenso gezeigt wie Tragegurte für blinde sowie sehbehinderte Väter und Mütter. So entstand eine Vielzahl von Möbeln, die dabei helfen, Barrieren für Eltern mit Behinderungen abzubauen. Somit wurde ein Grundstein gelegt, die Bedarfe von Müttern und Vätern mit Körper- und/oder Sinnesbehinderungen einzubeziehen (vgl. BUNDESVERBAND BEHINDERTER UND CHRONISCH KRANKER ELTERN e. V. 2004, S. 31, 33, 36, 40f.).

II.3.6   Persönliches Budget und Elternassistenz

Seit 2008 besteht in Deutschland ein Rechtsanspruch auf ein sogenanntes „Persönliches Budget", wenn ein Mensch mit einer Behinderung oder Erkrankung dies wünscht und ein Rechtsanspruch auf Eingliederungshilfe nach SGB XII besteht (§ 57 SGB XII) (vgl. TRENDEL 2008). Persönliche Budgets müssen vom Berechtigten beantragt werden: „*Dies bedeutet, dass für den leistungsberechtigten behinderten oder von Behinderung bedrohten Menschen eine Wahlmöglichkeit besteht. Er kann sich entscheiden, ob er die Hilfen in der bisher üblichen Weise erhalten möchte (Sachleistung) oder sie in Form eines monatlichen Geldbetrages bzw. Gutscheines als Persönliches Budget erhalten will*" (TRENDEL 2008, S. 16f.). Die Mittel von Persönlichen Budgets können bei verschiedenen Dienstleistungsunternehmen eingelöst werden. Das heißt, ein Budgetnehmer, dem Gelder für Mobilität zur Verfügung gestellt werden, kann selbst entscheiden, ob er einen Fahrdienst für Menschen mit Behinderungen oder ein Taxi nutzen möchte (vgl. TRENDEL 2008 S. 18, BARTZ 2006). Dieser Grad der Selbstbestimmung soll auch Menschen in stationären Einrichtungen zugestanden werden (vgl. HANSEN 2006, S. 17). Bei einer bedarfsgerechten, vom Nutzer gestalteten Verwendung eines Persönlichen Budgets ist es auch möglich, dass Personen, die aus einer stationären Einrichtung ausgezogen sind, um in den eigenen vier Wänden zu leben, die frühere Institution besuchen. Auf diese Weise können soziale Kontakte gepflegt werden (vgl. MEYER 2011, S. 350 f.). MEYER unterstreicht, dass das Persönliche Budget individuell an unterschiedlichste Bedürfnisse im Arbeits-, Wohn- und Freizeitbereich angepasst werden könne (vgl. MEYER 2011, S. 241 ff.).

Die oben genannten Beispiele beziehen sich auf eine konstruktive Gestaltung des Persönlichen Budgets für Einzelpersonen. Zugleich gibt es auch Beispiele für eine weniger gelungene Umsetzung im Kontext von Persönlichem Budget: Hier ist die Ablehnung von Anträgen zu nennen. Betroffene wurden wiederholt auf den Anbieter verwiesen, der das geringste Entgelt verlangte; Bewilligungszeiträume erstreckten sich über Monate hinweg. FREVERT weist darauf hin, dass Budgetnehmer nach einer behördlichen Ablehnung der Weiterführung oder Veränderung des Persönlichen Budgets bei Fortbestehen der Bedarfe in finanzielle Notlagen gerieten: „*Mahngebühren für die Sozialversicherung fallen schnell an und das Finanzamt muss feststellen, dass der Kreditrahmen des Lohnkontos bereits ausgeschöpft wurde. Somit werden auch noch Überziehungszinsen von der Bank erhoben. Wiederholt erlebte ich auch Insolvenzverfahren*" (FREVERT 2006, S. 96 f.).

Es bleibt meines Erachtens zu vermuten, dass derartige negative Erfahrungen mit dem Persönlichen Budget abschreckende Wirkung haben. An das Persönliche Budget haben nicht nur betroffene Personen, sondern viele Akteure unterschiedlicher Gesellschaftsbereiche Erwartungen: *„(n)eoliberale Marktstrategien, Finanzminister, Stadtkämmerer, die Sozialpolitik, die soziale Fachlichkeit, Selbsthilfe- und Betroffenenorganisationen (...)"* (HANSEN 2006, S. 17). Neben den Chancen erwähnt HANSEN auch mögliche Gefahren, die sich mit dem Persönlichen Budget unter Umständen ergeben: *„Sozialpolitisch gewollte, neue Handlungs- und Gestaltungsspielräume können vor Ort uminterpretiert werden, wenn fiskalische Aspekte in den Vordergrund treten"* (HANSEN 2006, S. 18). Diese Realität sowohl von gelungener als auch misslungener Umsetzung Persönlicher Budgets oder gar der behördlicher Ablehnung bei vorliegenden Bedarfen sieht auch das FORUM SELBSTBESTIMMMTER ASSISTENZ BEHINDERTER MENSCHEN e. V. (FORSEA) (vgl. FORUM SELBSTBESTIMMTER ASSISTENZ BEHINDERTER MENSCHEN e. V. 2012).

Die bisherige Reflexion zu möglichen Vor- und Nachteilen der gegenwärtigen Praktifizierung eines Persönlichen Budgets bezog sich auf Individuen. Im Mittelpunkt dieser Arbeit stehen jedoch Familien. Es stellt sich die Frage, ob und inwiefern Familien mit Elternteilen mit Behinderungen gegenwärtig von Persönlichen Budgets profitieren können. Gemäß meinen Einschätzungen stellt sich die oben dargelegte Ambivalenz gelungener und belastender Umsetzungen des Persönlichen Budgets für Bedarfe von Müttern bzw. Vätern als Einzelpersonen genauso dar wie für Singles, was die Pflege-, Wohn- und Arbeitswelt betrifft.

Darüber hinaus benötigen einige Elternteile mit Beeinträchtigungen auch Unterstützung bei der Versorgung ihres minderjährigen Nachwuchses. Derartige Dienstleistungen werden „Elternassistenz" genannt (vgl. BUNDESVERBAND BEHINDERTER UND CHRONISCH KRANKER ELTERN e. V. 2012). Jedoch besteht in Deutschland gegenwärtig kein genereller Rechtsanspruch auf Elternassistenz für Mütter und Väter mit Behinderungen, die gesunden Nachwuchs großziehen. Der BUNDESVERBAND BEHINDERTER UND CHRONISCH KRANKER ELTERN e. V. bemängelt in seiner Stellungnahme zum Stand der Umsetzung der UN-Behindertenkonvention in Deutschland 2012, dass es bis heute keine Eindeutigkeit hinsichtlich eines Rechts auf Elternassistenz gebe: Ein solches könne aus Artikel 23 der UN-Konvention abgeleitet werden. Problematisch sei auch die Frage der Zuständigkeit: Handele es sich hierbei um Eingliederungshilfen für Behinderte (§§ 53–60 SGB XII) oder um Hilfen zur Erziehung (§§ 27–35 SGB VIII)?[3] Zugleich ist festgestellt worden, dass bisher unter „behinderten Eltern" nicht behinderte Mütter und Väter mit behinderten Kindern verstanden wurden. Elternteile mit Beeinträchtigungen kämen nicht vor (vgl. BUNDESVERBAND BEHINDERTER UND CHRONISCH KRANKER ELTERN e. V. 2012). HERMES fordert in diesem Zusammenhang klare Rechte, die die Betroffenen sich zudem nicht „erbetteln" müssten (vgl. HERMES 2001, S. 260).

Auf seinen Internetseiten verweist der BUNDESVERBAND BEHINDERTER UND CHRONISCH KRANKER ELTERN e. V. (bbe e. V.) auf eine Mutter mit einer Körperbehinderung, die ein Persönliches Budget zur Versorgung und Erziehung ihrer zwei Kinder erhalten hat: Erst drei Jahre nach der Beantragung im Jahr 2006 wurden der Mutter die benötigten Mittel gewährt. In der Zeit vor der Bewilligung hatte sich die Frau bereits an den Petitionsausschuss des Landes Nordrhein-Westfalen gewandt, der ihre Bedarfslage bestätigte (vgl. BUNDESVERBAND BEHINDERTER UND CHRONSICH KRANKER ELTERN e. V. 2012). Drei Jahre erscheinen mir vor dem Hintergrund der Entwicklung von Kindern als sehr lange Wartezeit. Überdies war die Beantragung mit erheblichen zusätzlichen Mühen verbunden, die die Antragstellerin neben der Bewältigung des Alltags ohne bedarfsdeckende Elternassistenzleistungen im Vorfeld auf sich nehmen musste. Hier schließe ich mich dem BUNDESVERBAND BEHINDERTER UND CHRONISCH KRANKER ELTERN e. V. an, der die oben fokussierte Bewilligung begrüßt und zugleich auf eine beschleunigte Umsetzung in naher Zukunft hofft (vgl. BUNDESVERBAND BEHINDERTER UND CHRONISCH KRANKER ELTERN e. V. 2012).

Zudem wird virulent, dass sich mit Assistenzaufgaben betraute Ehepartner oft in schwierigen, multimodalen Rollenanforderungen wiederfinden und Partnerschaften davon nicht selten negativ beeinträchtigt werden. Bei helfenden Personen aus der engeren oder weitläufigen Verwandtschaft erleben die Unterstüt-

---

3   Bundesministerium der Justiz/juris GmbH (Hrsg.) 2013: Gesetze im Internet.

zungsempfänger häufig, dass sie nur bedingt Mitsprache haben, wie Tätigkeiten genau ausgeführt werden. Nicht selten gehen mit informellen Hilfeleistungen auch Dankbarkeitserwartungen einher. Es wird als unangenehm erlebt, wenn Ämter und Behörden Einfluss auf das eigene Familienleben nehmen: *„Auch die Angst vor ungewollter Einmischung von Seiten der Sozialbehörde in die Familienangelegenheiten kann dazu führen, dass kein Antrag auf personelle Unterstützung gestellt wird (...)"* (HERMES 2004, S. 151). Fremdbestimmung, Einblicke in die Privatsphäre einer Familie oder gar die Fremdplatzierung des eigenen Nachwuchses sind Angst auslösende Vorstellungen, die Elternteile mit einer Körper- oder Sinnesbehinderung davon abhalten, Anträge auf finanzielle Unterstützungen zu stellen.

Auch heute sind behinderungsbedingte Geldleistungen, zum Beispiel zur Anschaffung eines rollstuhlgerechten PKWs, häufig an die Ausübung einer Erwerbsarbeit geknüpft. Es gibt jedoch Einzelfälle, in denen Elternteile finanzielle Unterstützung erhalten haben, obwohl diese ihnen nicht eindeutig zugestanden hat (vgl. FORUM SELBSTBESTIMMTER ASSISTENZ BEHINDERTER MENSCHEN e. V. 2012, BUNDESVERBAND BEHINDERTER UND CHRONISCH KRANKER ELTERN e. V. 2012). Folgendes Beispiel hat sich bereits Ende des letzten Jahrhunderts ereignet, doch scheint es mir nichts an Aktualität eingebüßt zu haben: *„Als nächstes pilgerten wir zum Sozialamt, um zu erfahren, welche Hilfen uns zustanden. (...) Behinderte Eltern mit drei Kindern gibt es laut Bundessozialhilfe-Gesetz gar nicht. Dazu kam, daß wir finanziell über dem Sozialhilfesatz lagen. Finanziell konnten wir also nicht auf die Hilfe des Sozialamtes zählen. Jedoch nach eingehender Prüfung (...) wurde (sic!) uns eine Haushaltshilfe und ein Geschirrspüler gewährt"* (KAHLE 1996, S. 52). Hier sind Betroffene vom Ermessensspielraum der Behörden abhängig.

III Forschungsdesign und Begründung der Methodenauswahl

Im folgenden Kapitel wird aufgezeigt, für welche Methodik ich mich im Kontext meiner wissenschaftlichen Studie entschieden habe. Andere methodische Möglichkeiten werden nur am Rande angesprochen, da dies sonst den Rahmen dieser Arbeit sprengen würde.

Meinen methodischen Überlegungen stelle ich den theoretischen Hintergrund voran, danach befasse ich mich mit den Planungen und Vorbereitungen meines Forschungsvorhabens. Dem schließen sich Prämissen während der Durchführung meiner wissenschaftlichen Datensammlung an. Diese münden in Beachtenswertes bei der Datenaufbereitung. Den letzten großen Punkt stellen die gewählten Darstellungsformen meiner Forschungsergebnisse in Lang- und Kurzversion dar. Das Kapitel schließt mit einem kurzen Rückblick auf meine Erfahrungen mit der verwendeten Methodik.

III.1 Wissenschaftstheoretische Verortung der eigenen Erhebungsinstrumente

III.1.1 Quantitative versus qualitative Ausrichtung

In diesem Unterpunkt geht es nicht darum, nach allgemeingültigen methodischen Vor- und Nachteilen zu suchen – dies wäre meines Erachtens auch nicht möglich, da eine Forschungsmethodik immer nur vor dem Hintergrund eines konkreten Forschungsvorhabens zu beurteilen ist. Das heißt, es stellt sich die Frage, ob die gewählte Methodik zum Forschungsinteresse, zum Thema und zu den antizipierten Erhebungs-, Aufbereitungs- und Darstellungsinstrumenten passt.

Grob lassen sich qualitative und quantitative Erhebungsmethoden voneinander abgrenzen. Beide Termini sollen zunächst kurz expliziert werden: Unter „quantitativ" versteht FLICK Folgendes: „*Leitgedanken der Forschung(-splanung) sind dabei die klare Isolierung von Ursachen und Wirkungen, die saubere Operationalisierung von theoretischen Zusammenhängen, die Meßbarkeit und die Quantifizierung von Phänomenen, die Formulierung von Untersuchungsanordnungen, die es erlauben, ihre Ergebnisse zu verallgemeinern und allgemeingültige Gesetze aufzustellen*" (FLICK 2000, S. 10 f.). In diesem Zusammenhang erwähnt der Forscher, dass auch die Sozialwissenschaften immer wieder auf quantitative Methodik zurückgreifen. Oft sind diese standardisiert und als Vorbild fungieren hierbei die Naturwissenschaften (vgl. FLICK 2000, S. 10).

Bei bestimmten Forschungsvorhaben können quantitative Umfragen zweifellos zu nützlichen Ergebnissen führen. Meines Erachtens stoßen sie jedoch immer wieder an Grenzen, wenn neue Erkenntnisse über das Erleben oder die Handlungsmotive von Menschen gewonnen werden sollen oder wenn es gilt, Strukturen herauszuarbeiten, die zuvor noch nirgendwo detailliert aufgezeichnet wurden.

Die qualitative Forschung lässt sich gemäß MAYRING folgendermaßen umreißen: „*(...) die Forderung stärkerer Subjektbezogenheit der Forschung, die Betonung der Deskription und der Interpretation der Forschungssubjekte, die Forderung, die Subjekte auch in ihrer natürlichen, alltäglichen Umgebung (statt im Labor) zu untersuchen, und schließlich die Auffassung von der Generalisierung der Ergebnisse als Verallgemeinerungsprozess*" (MAYRING 2002, S. 19).

Die von mir gewählte Thematik beinhaltet das subjektive Erleben von Töchtern und Söhnen von Elternteilen mit Körper- und/oder Sinnesbehinderungen. Neue wissenschaftliche Erkenntnisse erwarte ich von den individuellen Wertungen der betreffenden Individuen (vgl. III.1.2). Flexibilität, Prozesshaftigkeit und Offenheit gegenüber dem Erlebten erscheinen mir von zentraler Wichtigkeit bei meinem Vorgehen. Schlussfolgernd bedeutet das: Meine Forschung ist einer qualitativen Forschungsrichtung zuzuordnen.

Das qualitative Vorgehen hat längst Eingang in die sozialwissenschaftliche Arbeitsweise gefunden: Der zentrale Bereich, der für meine Forschungsthematik relevant ist, nennt sich „Qualitative Sozialforschung". Diesem ist der nächste Unterpunkt gewidmet.

III.1.2 Qualitative Sozialforschung

Im Bereich der soziologischen Methodologie vertrat BLUMER mit dem sogenannten „Symbolischen Interaktionismus" eine eindeutig qualitative Ausrichtung. Damit wandte sich der Wissenschaftler immer wieder gegen den damaligen Zeitgeist (vgl. BLUMER 1998). In BLUMERs Explikationen des Symbolischen Interaktionismus – das sei schon einmal vorweggenommen – spielen die jeweiligen Bedeutungen für den Menschen eine zentrale Rolle. Dies formulierte BLUMER in den folgenden drei Prämissen:

„... *human beings act towards things on the basis of the meanings that the things have for them.*"

„... *the meaning of such things is derived from, or arises out of, the social interaction that one has with one's fellows.*"

„... *these meanings are handled in, and modified through, an interpretative process used by the person in dealing with the things he encounters.*"
(BLUMER 1998, S. 2)

Das heißt, gegenüber der dinglichen Welt und in der Interaktion mit anderen Menschen stellen Bedeutungszuschreibungen einen wesentlichen Orientierungspunkt dar. Wie in der dritten Prämisse formuliert, werden im Symbolischen Interaktionismus nach BLUMER Bedeutungen nicht als statisch, sondern als sich verändernden Größen betrachtet.

Konkret für meinen Forschungsgegenstand lässt sich Folgendes aus BLUMERs Vorannahmen herauslesen: Töchter und Söhne von Elternteilen mit Behinderungen haben Dingen und Handlungen Bedeutungen zugeschrieben, welche von den Betroffenen umgedeutet werden können. Hieraus leite ich ab, dass meine Interviewpartner als Experten ihrer eigenen Lebenssituationen fungieren. Das heißt, ohne die – sich teilweise wandelnden – Bedeutungshierarchien der Betroffenen und deren Interdependenzen zu kennen, ist es im Vorfeld meines Forschungsvorhabens nicht möglich, in quantitativer Weise Hypothesen zu bilden, die später verifiziert oder falsifiziert werden – dieses Vorgehen wäre der Fra-

gestellung meiner Studie nicht angemessen (vgl. BLUMER 1998, S. 3 ff.).
Im Mittelpunkt meiner Forschung steht also die Perspektive der Interviewpartner. Gleichzeitig ist meine Studie methodisch in der Grounded Theory verwurzelt, die das Qualitative als Bindeglied zwischen Alltagserfahrungen und wissenschaftlicher Theoriebildung betrachtet (vgl. STRAUSS/CORBIN 1996).

Auf dem Hintergrund dieser Vorüberlegungen entwickelte ich Erkenntnisse aus den Erfahrungen der Interviewpartner heraus. Dieses Forschungsdesign steht in der Tradition des problemzentrierten Leitfadeninterviews nach WITZEL (vgl. WITZEL 2000, S. 1 f., GLASER/STRAUSS 2010), das ich im folgenden Unterpunkt vorstelle, wobei ich zugleich darlege, auf welche der Methodenbausteine ich mich in meiner Forschung schwerpunktmäßig stützen werde.

III.1.3 Das problemzentrierte Leitfadeninterview (PZI)

Im Zentrum meines Forschungsvorhabens steht das sogenannte problemzentrierte Leitfadeninterview nach WITZEL (vgl. WITZEL 1982). Hierbei handelt es sich um ein qualitatives Vorgehen. Als Terminus für die von ihm vorgeschlagene Methodenkombination verwendet WITZEL allerdings nicht den Begriff „qualitatives Interview", da dieser ihm zu unkonkret und zu undifferenziert erscheint (vgl. WITZEL 1982, S. 67). Gleich vorwegnehmen möchte ich, dass diese Forschungsmethodik nicht nur im Kontext von Behinderungen, sondern allgemein verwendet werden kann: *„Problemzentrierung kennzeichnet dabei zunächst den Ausgangspunkt einer vom Forscher wahrgenommenen gesellschaftlichen Problemstellung (...)"* (WITZEL 1982, S. 67).

Das problemzentrierte Leitfadeninterview im Sinne WITZELs verwendet keine bis dato unbekannten methodischen Bausteine – stattdessen handelt es sich um *„eine I n t e g r a t i o n* (Hervorhebung im Original) *von Methodenelementen, die den Kriterien Gegenstandsorientierung, Prozeßorientierung und Problemzentrierung genügen und sich so einander ergänzen, daß man zu entscheidbaren Ergebnissen kommen kann"* (WITZEL 1982, S. 74).

Unter den eben zitierten Fachbegriffen versteht WITZEL Folgendes:

a) Problemzentrierung: Hiermit eröffnet sich die Möglichkeit, von einem Interviewpartner Beweggründe für dessen Einschätzungen, Handlungen und Bewertungen zu erfahren. Diese Konzentration auf ein gesellschaftliches Problem hilft, Interviewfragen an den zu erhebenden Informationen auszurichten und somit nicht beliebig zu formulieren (vgl. WITZEL 1982, S. 70).

b) Gegenstandsorientierung: Hierbei lehnt WITZEL es ab, eine detaillierte Methodik bereits im Vorfeld der Forschung mit vielen Einzelheiten zu erstellen und diese quasi in den Forschungssituationen „abzuarbeiten". Bei einem solchen Vorgehen gehen die Zusammenhänge sozialer Rahmensituationen verloren. Daher greift WITZEL auf BLUMERs Symbolischen Interaktionismus (vgl. III.1.2) zurück: Für beide fungieren Forschungsmethoden nur als Hilfsmittel. Die Auswahl aus unterschiedlichen „Methodenbaukästen" muss sich unbedingt am zu erforschenden Gegenstand ausrichten, nicht umgekehrt (vgl. WITZEL 1982, S. 70).

c) Prozessorientierung: Hier legt WITZEL, wieder mit Verweis auf BLUMER (vgl. auch III.1.2), Offenheit zugrunde: Beim Eindringen des Forschers in das jeweilige Problemfeld soll der Umgang mit Einschätzungen grundsätzlich flexibel gestaltet werden: offen für Veränderungen während aller Etappen des Forschungsprozesses. Dabei werden Forschungsgegenstand und Methodenauswahl reflektierend verzahnt, wobei Revisionen jederzeit möglich sind (vgl. Witzel 1982, S. 71). Im Sinne der Prozessorientierung wendet sich WITZEL ebenso wie GLASER/STRAUSS einer heuristischen Forschungsperspektive zu (vgl. WITZEL 2000, S. 1 f., GLASER/STRAUSS 2010). Im Mittelpunkt steht dabei das Gespräch zwischen dem Interviewer und dem Interviewten, das möglichst auf der Basis gegenseitigen Vertrauens gründen sollte. Thematisches Vorwissen dient in diesem Zusammenhang der thematischen Exploration und dem Eruieren geeigneter Fragen. Der Interviewer soll dabei stets offenbleiben für ungewöhnliche Sichtweisen seines Gegenübers:

„Bezogen auf das PZI ist der Erkenntnisgewinn sowohl im Erhebungs- als auch im Auswertungsprozess vielmehr als induktiv-deduktives Wechselverhältnis zu organisieren. Das unvermeidbare und damit offenzulegende Vorwissen dient in

der Erhebungsphase als heuristisch-analytischer Rahmen für Frageideen (...). Gleichzeitig wird das Offenheitsprinzip realisiert, indem die spezifischen Relevanzsetzungen der untersuchten Subjekte insbesondere durch Narrationen angeregt werden" (WITZEL 2000, S. 2).

Für die Auswertung meiner Interviewdarstellungen wurde ein Vorgehen nach WITZEL angewandt, bei dem das Datenmaterial auf Gemeinsamkeiten und Unterschiede hin geprüft wird. Wichtig ist ihm dabei auch, ob es sich um geringfügigere oder um immense Verschiedenheiten handelt (vgl. WITZEL 2000, S. 6). Diese Reflexionen habe ich im synoptischen Quervergleich meiner Studie dargestellt. Zudem soll beim problemzentrierten Interview vermieden werden, dass präexistierende Theorie- und Deutungselemente den Interviewpartnern quasi aufoktroyiert werden (vgl. WITZEL 2000, S. 2). Überdies ermöglicht der stärkere Themenbezug im Vergleich zu rein narrativen Gesprächen, dass ein roter Faden in die insgesamt offenen, flexiblen Interviews eingewoben werden kann (vgl. WITZEL 2000).

Aus WITZELs Methodenvorschlägen habe ich folgende zentrale Bausteine für mein Forschungsvorhaben ausgewählt: Kurzfragebogen, Leitfaden und Tonaufnahme des Interviews (vgl. WITZEL 2000, S. 6ff.). Die Funktionen dieser Einzelelemente innerhalb meiner Studie werden im Folgenden expliziert.

III.2 Forschungsdesign der vorliegenden Untersuchung
III.2.1 Erstellung eines flexiblen Interviewleitfadens

Für die angewandte Methodik wurde ein sogenannter Interviewleitfaden benötigt. Dieser war nur zu meiner Orientierung bestimmt und lag während der Durchführung der Interviews neben mir. Es handelte es sich um einen „flexiblen" Interviewleitfaden, der mich bei weniger erzählungsfreudigen Zeitgenossen zu weiteren, thematisch sinnvollen Interviewfragen inspirieren sollte. Des Weiteren bestand der Zweck des Interviewleitfadens darin, mir bei gesprächigen Personen einen Überblick darüber zu verschaffen, welche Themenfelder der Befragte schon angesprochen hat und welche nicht.

Der Interviewleitfaden war grob nach verschiedenen Themenfeldern strukturiert, die sich im Hinblick auf die Gespräche mit den erwachsenen Töchtern und Söhnen von Elternteilen mit Behinderungen als interessant erweisen könnten. In die Gestaltung meines Interviewleitfadens hatte ich das Wissen aus der Literatur, insbesondere aus Erfahrungsberichten – siehe Teil II der Studie – einfließen lassen. Meine Ausführungen dort zu Beschulungsmustern, zu einer erhöhten Anzahl Arbeitssuchender, zu CI und/oder DGS, Assistenz, Stigmatisierung[4] u. Ä. werde ich als Raster verwenden: Die Ausschnitte aus der wissenschaftlichen Diskussion sollen einerseits helfen, die Begriffe, die Interviewpartner verwenden, grob mit Inhalten zu füllen. Andererseits ist es mir sehr wichtig, Offenheit gegenüber möglichen unterschiedlichen Wegen und Entscheidungen der zu Befragenden walten zu lassen. Damit der Interviewleitfaden „praxistauglich" wurde, habe ich die thematischen Felder sowohl mit schlagwortartigen Überschriften versehen als auch darunter mögliche Teilaspekte für Nachfragen mit Spiegelstrichen etwas ausführlicher umrissen.

Der flexible Interviewleitfaden diente vor allem dazu, dass die Gespräche mit den „Experten aus Erfahrung"[5] nicht gänzlich an meinem Forschungsinteresse vorbeigehen. Als Gegenpol war mir wiederum wichtig, dass dem Interviewleitfaden nicht mehr Bedeutung zukam als die einer Inspirationshilfe für meine spontanen Frageformulierungen während der Interaktion, die offen sein mussten für die individuellen Erfahrungen der Interviewpartner.

III.2.2 Kärtchen zu den Lebensphasen

Für meine Interviews hatte ich Kärtchen vorbereitet, auf denen jeweils einer der folgenden Begriffe stand: „Baby- und Kleinkind", „Kindergartenalter", „Einschulung", „älteres Grundschulkind", „Jugendalter", „junger Erwachsener" und „heute". Die etwa DIN-A-7-großen Karten waren aus verschiedenfarbigen Kartonpapieren ausgeschnitten worden. Zugleich hatte ich große Schrift in Fettdruck gewählt, damit die Aufschriften noch aus kurzer Distanz und gegebenenfalls auch von Interviewpartnern mit einer Sehbehinderung

---

4 II.1.2.5, II.1.4, II.1.5, II.3.6 und II.1.2.2
5 Vgl. II.3.3: ROGERS/MATSUMURA

lesbar waren – de facto war schließlich keiner der Interviewpartner selbst blind.

Die Kärtchen legte ich vor dem Interview stets auf einen Tisch oder einen Sofasessel. Dazu erklärte ich, dass jeder natürlich nur das von sich mitteilt, was er äußern möchte, und dass ich die Karten auflege, damit man sich während des Erzählens stets bewusst sei, welche Lebensphasen es überhaupt gebe. Dies wurde von allen Interviewpartnern positiv aufgenommen – einige von ihnen zeigten während des Gesprächs immer wieder gestikulierend auf einzelne Begriffskärtchen.

Zu diesen Kärtchen entschloss ich mich, weil manche Erzählinhalte einzelne Interviewpartner emotional „aufwühlen" könnten bzw. könnten mitteilungsfreudige Charaktere viele Einzelheiten zu Erlebnissen äußern. Wird der Fokus intensiv auf Details gerichtet, kann es vorkommen, dass der Überblick über alle Lebensphasen in den Hintergrund gerät. Die Kärtchen würden die Erzählenden auf unaufdringliche Weise daran erinnern, dass ihnen die Möglichkeit offensteht, andere Erfahrungen ebenfalls einzubringen.

III.2.3 Finden von Interviewpartnern

Für die Durchführung der Interviews war es notwendig, infrage kommende Personen ausfindig zu machen. Da mein Forschungsvorhaben qualitativ ausgerichtet ist, suchte ich ein möglichst breites Spektrum unterschiedlicher biografischer Erfahrungen: Die potenziellen Interviewpartner sollten bei mindestens einem Elternteil mit einer der folgenden Körper- und/oder Sinnesbehinderungen aufgewachsen sein, wobei eines oder mehrere folgender Merkmale zutrafen: Früh- bzw. Spätbehinderung, weitgehend konstante Beeinträchtigung und progrediente Behinderung bzw. aus Krankheit resultierendes Handicap. Zudem intendierte ich eine grobe Ausgewogenheit hinsichtlich Elternteilen mit Seh-, Hör- und körperlicher Behinderung sowie bezüglich des unterschiedlichen Einsatzes von Hilfsmitteln, einschließlich deren Ablehnung.

Die Töchter und Söhne sollten zum Zeitpunkt des Interviewtermins mindestens 16 Jahre oder älter sein. Darüber hinaus strebte ich bei der Auswahl der Gesprächspartner ein maximales Spektrum bezüglich folgender Merkmale an: aufgewachsen in

Groß- oder Kleinfamilie, bei Mutter und Vater oder bei einem alleinerziehenden Elternteil, leichtere oder schwerere Behinderung der Elternteile, Mütter und/oder Väter mit und ohne Erwerbstätigkeit, variierende Geschwisterzahl versus Einzelkinder, genetisch weitergegebene Behinderung kontra nicht vererbbare Beeinträchtigung eines Elternteils, Herkunftsfamilien mit und ohne persönliche Assistenz, eine einzige Körper- bzw. Sinnesbehinderung oder eine Mehrfachbehinderung von Mutter und/oder Vater, Teilnehmende, die ihre Kindheit in ländlichen oder in städtischen Umgebungen verbrachten.

Zudem war es mir wichtig, Repräsentanten beider Geschlechter zu meinen Interviewpartnern zählen zu können. Zuerst meldeten sich bei mir überwiegend weibliche Gesprächspartner. Um meinem Forschungsdesign an diesem Punkt treu zu bleiben und mich andrerseits an die Möglichkeiten anzupassen, wollte ich eine Zahl von mindestens einem Drittel männlicher Interviewpartner erreichen. Dies ist mir gelungen: Unter meinen 17 Interviewpartnern befanden sich sieben Männer.

Ein weiteres Anliegen war es – selbst wenn hier nicht der Schwerpunkt meiner Studie liegt –, auch Interviewpartner zu gewinnen, die zwischen 1949 und 1990 in der DDR lebten: Mit Marina Thoma und Peter Rath habe ich zwei Gesprächspartner mit diesem biografischen Background gefunden. Meines Erachtens bereichern die Erfahrungen der beiden die Untersuchung kontrastierend gegenüber den Lebenssituationen der in der Bundesrepublik Deutschland aufgewachsenen Interviewpartner.

Um in persönlichen Kontakt zu geeigneten Gesprächspartnerinnen und -partnern zu treten, wandte ich mich an die Interessenvertretung „Selbstbestimmt Leben in Deutschland e. V.", an verschiedene Beratungsstellen für Menschen mit Behinderungen, an unterschiedliche Selbsthilfeinitiativen und an Pfarrer der evangelischen und der katholischen Kirche, die schwerpunktmäßig mit schwerhörigen und/oder gehörlosen bzw. mit sehbehinderten, blinden oder taubblinden Gemeindegliedern arbeiten. Eine Arbeitsgemeinschaft für (erwachsene) Kinder gehörloser Eltern, die meistens „CODA" genannt werden, was für „Children of Deaf Adults" steht (vgl. PETER/RAITH-KAUDELKA/SCHEITHAUER 2010, S. 14f.), habe ich ebenfalls kontaktiert. Diese Recherche fand vorwiegend im Internet statt – hier wurden mir immer wieder infrage kommende Interviewpartner über Kontaktadressen auf den

Websites der verschiedenen Interessenvertretungen vermittelt. Einzelne Personen waren mir bereits zuvor entfernt privat bekannt – auch an diese richtete ich meine Anfrage. Die Termine mit den Gesprächspartnern wurden per E-Mail verabredet. Alle Interviewpartner waren in keiner Form von mir beruflich oder privat abhängig – dies ist meiner Meinung nach eine Grundvoraussetzung für offene Gespräche.

III.2.4 Vordruck „Einwilligung"

Alle Personen, mit denen ich ein Interview geführt habe, haben die schriftliche Einwilligung unterschrieben. Hiermit gaben die Betreffenden ihr Einverständnis für die anonymisierte Veröffentlichung ihrer Daten. Um einen möglichst umfassenden Einblick in mein Forschungsvorhaben zu gewähren, habe ich mich dazu entschlossen, den Vordruck der Einwilligungserklärung für meine Gesprächspartner im Anhang meiner Studie als Blankoformular einzufügen.

Zwei Interviewpartner waren zum Zeitpunkt des Gesprächs noch nicht volljährig. Hier befand sich aber jeweils ein Elternteil während meines Interviews im Wohnraum der Familie. Die unterschriebenen Einwilligungsformulare sind bei mir hinterlegt.

III.2.5 Biografischer Kurzfragebogen

Jedem Interview stellte ich einen biografischen Kurzfragebogen voran. Mit diesem Erhebungsinstrument fragte ich den jeweiligen Interviewpartner nach biografischen, geografischen und situativen Eckdaten sowie nach den Behinderungen der Eltern, des Gesprächspartners selbst und weiterer Familienmitglieder. Das von mir entworfene Formular enthält auch Fragen zu Geschwisterkonstellationen und Umzügen. Die Blankoversion befindet sich im Anhang.

Die Funktion des biografischen Kurzfragebogens bestand darin, den Rahmen zu eruieren, in dem das jeweilige Erleben des Gesprächspartners stattfand bzw. stattfindet. Dies sollte verhindern, dass der Redefluss während der Interviews unterbrochen werden musste, um Geschwisterkonstellationen oder Ähnliches zu klären.

Die biografischen Kurzfragebögen haben sich meines Erachtens als äußerst hilfreich erwiesen, wenn es galt, komplexere biografische Details – beispielsweise mehrere Umzüge – nachzuvollziehen.

Die Originale der biografischen Kurzfragebögen enthalten die echten Namen der Interviewpartner und ihrer Familien sowie die authentischen Straßen-, Städtenamen usw. Die 17 biografischen Kurzfragebögen wurden in anonymisierter Form in eine PDF-Datei umgewandelt. Sie liegen den offiziell abgegebenen Exemplaren meiner Forschung auf CD-ROM bei.

III.3 Durchführung der Datenerhebung
III.3.1 Erprobung des Interviewleitfadens
Im Mittelpunkt meiner Erhebung steht ein flexibler Interviewleitfaden. Nachdem dieser entworfen wurde, sollte er zuerst in der Realität eines Interviews seinen Einsatz finden. Danach wollte ich abwägen, ob Veränderungen notwendig sind. Der im Vorfeld ausgearbeitete Interviewleitfaden hat sich bei meinem Probeinterview bewährt, sodass ich dieses Interview in meinen Auswertungsprozess einbezogen habe.

III.3.2 Forschungszeitraum
Der Forschungszeitraum hat sich teilweise prozessorientiert herauskristallisiert. Da bereits die reine Fahrzeit zu den Interviewpartnern in den verschiedenen Bundesländern bis zu drei oder fünf Stunden in Anspruch nahm, wählte ich schwerpunktmäßig meinen Sommerurlaub als Zeitraum für die Datenerhebung. Die 17 Interviews wurden zwischen dem 11.07.2008 und dem 20.09.2008 durchgeführt und aufgezeichnet. Alle Gespräche habe ich persönlich geführt.

III.3.3 Geografische und demografische Überlegungen zur Zielgruppe
Als Forschungsschwerpunkt habe ich hauptsächlich Datenmaterial aus der Bundesrepublik Deutschland verwendet. Die Familie einer Interviewpartnerin weist einen Migrationshintergrund

auf. Eine weitere Interviewpartnerin hat einen einjährigen Auslandsaufenthalt absolviert. Dazu kommt zweimal das Aufwachsen in der DDR.

Meines Erachtens sind auch Kinder ernst zu nehmende Gesprächspartner, mit denen man richtungsweisende Forschungsergebnisse gewinnen kann. Zunächst war ich daher offen für eine Erhebung ausschließlich mit Kindern. Hierbei wäre es möglich gewesen, Kinder ähnlichen Alters zu befragen. Doch es erscheint mir meinem Forschungsgegenstand nicht angemessen, Personen im Kindes-, Jugend- und Erwachsenenalter willkürlich zu mischen. Erwachsene Töchter und Söhne haben verschiedene Phasen des Heranwachsens bereits erlebt, wodurch sich ihnen ein größerer „lebensgeschichtlicher Hintergrund" zum Abwägen und Resümieren eröffnet als beispielsweise Zehnjährigen. Dennoch sollten die potenziellen Interviewpartner unterschiedlich alt sein. Der Tatsache, dass sich unter ihnen keine Söhne und Töchter im Alter zwischen 60 und 80 Jahren befanden, lag hingegen keine Vorüberlegung zugrunde.

III.3.4 Memos

In der Fachliteratur zur Forschungsmethodik wird der Begriff „Memo" immer wieder mit divergierenden inhaltlichen Semantiken verwendet. Um den Rahmen nicht zu sprengen, möchte ich im Folgenden nur die Funktionen ansprechen, die Memos bei meiner Untersuchung zukamen:

Direkt nach einem Interview notierte ich – oftmals bei der Rückreise im Zug – meine ersten Eindrücke in Bezug auf die Stimmungen während des Austausches und hinsichtlich der Räumlichkeiten.

Im nächsten Arbeitsschritt wurden die Memos abgetippt und anonymisiert. Die erfundenen Initialen der betreffenden Personen wurden durchgehend einheitlich wie in den Interviewtexten und den Interviewdarstellungen verwendet. Das Abtippen der handschriftlichen Memos habe ich an eine vertrauenswürdige Person delegiert. Alle Prozesse der Anonymisierung habe ich selbst durchgeführt.

Die Memos leisteten mir im Verlauf von Darstellung und Auswertung meiner Forschung wertvolle Dienste dabei, einzelne

Interviewpartner und die Räume, in denen ich ihnen begegnet war, auch nach einiger Zeit sicher auseinanderzuhalten.

III.4 Aufbereitung und Darstellung der Daten
III.4.1 Transkription

Alle Interviews wurden aufgezeichnet und vollständig transkribiert (vgl. MAYRING 2002, S. 89ff.). Um hierbei die Lesbarkeit zu verbessern, wurde Dialektales weitgehend in die deutsche Hochsprache übertragen.

Diese Vorentscheidung habe ich getroffen, um die Konzentration des Rezipienten auf den Inhalt der transkribierten Interviews zu erleichtern. Umgangssprachliche Ausdrücke oder von der sprechenden Person nicht zu Ende geführte Sätze wurden so geglättet.

Nonverbale Äußerungen wie Lachen, Nachdenken, Traurigkeit oder Ähnliches habe ich in Klammern in die Transkriptionstexte geschrieben, um die Authentizität der Gesprächssituation an diesem Punkt zu erhalten. Derartige spontane emotionale Reaktionen sind immer wieder aufschlussreich im Hinblick darauf, wie die sprechende Person zu dem von ihr angerissenen Teilthema steht.

Im Rahmen der Transkription wurde mit den paraverbalen Äußerungen – hierunter fallen beispielsweise „hm" und „ähm" – folgendermaßen verfahren: An zentralen Stellen der Gesprächsaufzeichnungen habe ich sie transkribiert. Dabei sollten sich paraverbale Äußerungen, wenn sie sich häuften, nicht alle transkribiert werden, damit diese die verbalen Inhalte des Artikulierten nicht zu sehr verstellen.

Nahezu alle aufgezeichneten Sätze konnten direkt im Vorgang der Transkription in die Schriftsprache übertragen werden. Sehr wenige Stellen waren wegen Störgeräuschen bei der Aufnahme nicht mehr zugänglich. Diese wurden wie inhaltliche Unklarheiten gehandhabt und in die Rückfragen an die Interviewpartner aufgenommen, auf die ich noch zurückkommen werde.

Beim Prozess der Transkription war die Wahrung der Vertraulichkeit gegenüber den immer wieder sehr privaten Aussagen der Interviewpartner von zentraler Bedeutung. Die unbedingt notwendige Verschwiegenheit gegenüber den Inhalten und gegenüber den realen Namen der Interviewten wurde bei der Delegation der

Transkriptionen in die Anleitung für die Transkribierenden aufgenommen (vgl. III.4.2). Die transkribierten Interviewaufzeichnungen liegen auf CD-ROM in einer Textversion vor.

Waren einzelne Stellen im Transkript gemäß der Sprecheraussage nicht nachvollziehbar, so habe ich mich zu Rückfragen direkt bei den Interviewpartnern entschlossen. Hierbei war es mir wichtig, die mehrdeutige Textpassage nicht in eine Bestätigungsfrage zu verkleiden, sondern möglichst als offene oder zumindest halb offene Frageform in der Nachforschung zu präsentieren. Diese Nachfragepraxis sollte reflektierte, bewusste Antworten zur Folge haben. Die zusätzlichen Fragen wurden an das jeweilige Interviewtranskript in chronologischer Reihenfolge angehängt.

III.4.2 Anonymisierung

Die wirklichen Namen und Adressen der Interviewpartner sind mir bekannt. Die im Rahmen der Ergebnispräsentation verwendeten Vor- und Nachnamen wurden zum Zwecke der Anonymisierung verändert. Um die Lesbarkeit des Textes zu erleichtern, wurde vollständigen Vor- und Nachnamen gegenüber abgekürzten Initialen der Vorzug gegeben. Anonymisiert wurden nicht nur die Namen der Interviewpartner, sondern ebenso die Namen anderer in den Interviews genannter Personen.

Unter meinen Gesprächspartnern befanden sich zwei Geschwisterpaare. Hier wurde bei der Anonymisierung jeweils derselbe Nachname während der Kindheit gewählt: Das betrifft die erfundenen Namen von Jens Hoffmann und Silke Holz, geborene Hoffmann, und die Brüder Björn und Kevin Schneider.

Die Anonymisierung umfasst auch Orts- und Städtenamen: Die Wohnorte und die während der Gespräche genannten geografischen Bezeichnungen wurden im transkribierten Text nicht mehr benannt, sondern auf ihre Größe reduziert – das bedeutet konkret, dass ich von „der Großstadt" bzw. „dem Dorf" oder „dem Nachbardorf" spreche. Die Größe der Städte habe ich gemäß der Legende des Alexander Weltatlasses (KNIPPERT u. a. 2002) zugeordnet. Große Bundesländer wurden im Einverständnis mit den Interviewpartnern nicht anonymisiert. Bei Stadtstaaten habe ich grundsätzlich verschleiert, um welchen es sich handelt. Die Interviewpartner sollten nicht erkannt werden, vor allem dann nicht, wenn Elternteile seltener auftretende Behinderungsformen aufweisen.

Abschließend sei darauf hingewiesen, dass alle weiteren individuellen Merkmale, wie beispielsweise Hobbys, Vorlieben und Berufe der Elternteile, Geburtsjahre und Geschwisterzahlen, authentisch übernommen wurden. Bei allen Altersangaben von Interviewpartnern und angesprochenen Verwandten wurde der Zeitpunkt meiner persönlichen Begegnung mit diesen – also im Jahr 2008 – zugrunde gelegt.

Von einem Interviewpartner war ich im Nachhinein gebeten worden, eine während des Interviews offen angesprochene Entscheidung aus dem transkribierten Text wieder herauszunehmen. Diesem Wunsch bin ich nachgekommen. Die Intention hierbei war die Gewährung von Anonymität gegenüber der Verwandtschaft. Meines Erachtens tangierte diese Veränderung alle weiteren Aussagen des Interviewpartners nicht zentral. Zugleich belegt diese Bitte meiner Meinung nach die Tatsache, dass bei allen Interviews Offenheit und eine vertrauliche Atmosphäre dominierten, die Einblicke in die Lebenswirklichkeiten der Interviewpartner ermöglichten. Die Person, die mit der angesprochenen Bitte an mich herangetreten war, zeigte sich mit der Endfassung ihrer Interviewdarstellung und ihres Interviewtextes vollständig zufrieden.

III.4.3 Kodierung und Kategorienbildung

Die Interviewtexte habe ich für folgenden Bearbeitungsschritt komplett ausgedruckt. Ähnliche Themen wurden mit derselben Farbe am Rand gekennzeichnet. Wozu sich die Interviewpartner jeweils äußerten, wurde mit einem Begriff bzw. einem Satzfetzen handschriftlich vermerkt. Während den transkribierten Interviewtexten die teilweise zufällige Chronologie des jeweiligen Gesprächsverlaufs zugrunde liegt, werden beim Kodieren Gesprächssegmente zu ähnlichen Sinneinheiten zusammengefasst bzw. zuerst Teilthemen ausfindig gemacht und gekennzeichnet, um danach als Rohmaterial für die Interviewdarstellungen zu fungieren.

Die anfangs willkürlich zugeordneten Farben behielt ich sowohl innerhalb eines Interviewtranskripts als auch interviewübergreifend konsequent bei. Hatte sich ein Interviewpartner zu einem Unterpunkt an keiner Stelle geäußert, so fand hier keine

Farbkodierung statt. Generell handelt es sich beim Kodieren sowie bei der Kategorienbildung nicht um starre Zuordnungen – im Gegenteil: Vielmehr habe ich einzelne Textpassagen mit vielfältigen Aussagen mehreren Teilthemen zugeordnet, ehe ich mich festgelegt habe. Immer wieder standen bei diesen Zuordnungsmöglichkeiten Auseinandersetzungsprozesse – auch getragen von Nachfragen bei den Interviewpartnern – im Zentrum meines Vorgehens. Das Kodieren der ausgedruckten Transkripte mündete in die Kategorienbildung. Ziel war es, aus dem Textmaterial heraus Teilthemen zu benennen und schlagwortartig zu formulieren, denen inhaltlich ähnliche Textsegmente – soweit enthalten – aus den unterschiedlichen Interviews subsumiert werden können. Es war mir hierbei wichtig, die Kategorienbildung prozessorientiert zu organisieren und einmal gefundene Kategorien immer wieder gemäß den Interviewsegmenten zu verändern.

Die Kategorienbildung mündete in die Teilüberschriften, wie sie von mir interviewübergreifend in allen 17 Interviewdarstellungen zugrunde gelegt wurden. Äußerte sich ein Interviewpartner zu einem Teilthema nicht oder kaum, so habe ich dies unter der jeweiligen Unterüberschrift vermerkt. Hierbei ist keinesfalls eine Vereinheitlichung oder gar Bewertung von Lebensumständen intendiert, sondern durch den Prozess der Kategorienbildung werden verschiedene Lebens- und Handlungskonstellationen in Ähnlichkeit und Unterschiedlichkeit erst für die Rezeption zugänglich gemacht. Dies scheint mir von zentraler Bedeutung zu sein, da die Interviewtranskripte doch recht umfangreich sind. Zudem kann ein synoptischer Quervergleich mit der chronologischen Gesprächsreihenfolge meiner Meinung nach nicht vorgenommen werden, da man Einzelaussagen ohne den Prozess von Kodierung und Kategorienbildung kaum wiederfinden würde. Im Nachhinein haben für mich beide Präsentationsformen ihre Vor- und Nachteile: Zum Nachzeichnen der persönlichen Gesprächssituation sind die Interviewtranskripte optimal. Um einen Überblick zu erhalten, beispielsweise darüber, ob überhaupt bzw. welche Freizeitgestaltungen in welchen Familien wann und in welcher Struktur gelebt wurden, eignet sich meiner Einschätzung nach für die Datenerhebung erst ein bearbeiteter Text, der die Prozesse der Kodierung und der Kategorienbildung bereits durchlaufen hat.

III.4.4 Rückfragen und „Endabnahme" durch Interviewpartner

Beim Datenaufbereitungsprozess und während meiner Arbeit an den Interviewdarstellungen haben sich immer wieder Fragen bezüglich der Äußerungen der Interviewpartner ergeben. Hier sah ich mich vor der Entscheidung, die Transkripte bzw. die Interviewdarstellungen als literarische Texte zu betrachten und zu interpretieren oder die Interviewten weiterhin als Experten ihrer eigenen Lebenserfahrungen einzubeziehen. Die erstgenannte Variante schien meinem Forschungsgegenstand nicht angemessen zu sein. Also entschloss ich mich, unklare Stellen, die für das Verständnis der weiteren Aussagen eines Interviewpartners zentral wirkten, mit dieser Person gemeinsam zu klären. Das heißt, ich habe die Passage nochmals umformuliert und hierbei Bestätigungsfragen vermieden. Die unklare Sequenz wurde von mir möglichst in eine offene Frageform („Wie haben Sie ... erlebt?") oder in eine Entweder-oder-Frage verkleidet. Das eben beschriebene Vorgehen sollte beim Dechiffrieren vormals unklarer Aussagen Authentizität sicherstellen.

Die Rückfragen wurden hauptsächlich per E-Mail gestellt und beantwortet. Einer der Interviewpartner wählte einen Brief per Post für seine Antwort. Wiederum eine Rückfrage fand mittels Fernsprecher statt und wurde vollständig verschriftlicht. Zwei Interviewpartner erwähnten, dass sie keine Zeit für Fragen hätten, da sie beruflich zu diesem Zeitpunkt sehr ausgelastet seien. Dies habe ich respektiert.

Letztlich konnten alle Rückfragen und Antworten in terminlicher Reihenfolge unter den eigentlichen Interviewtext eingefügt werden. Auch diese klärenden Kommunikationen im Nachhinein wurden in die Zeilenzählung aufgenommen und konnten somit in den Interviewdarstellungen und auch im synoptischen Quervergleich bei Bedarf zitiert werden. Die fertiggestellten Interviewtexte und Interviewdarstellungen habe ich meinen Gesprächspartnern zur „Endabnahme" zugemailt. Auf diese Weise erhielten sie die Möglichkeit, diese Texte nach Fehlern durchzugehen und gegebenenfalls Veränderungen einzuleiten.

III.4.5 Interviewdarstellungen

Die kodierten und kategorisierten Transkriptsegmente werden in den 17 Interviewdarstellungen präsentiert. Sie stellen das Kernstück meiner Studie dar. Den Interviewdarstellungen liegen nicht mehr die Abläufe der jeweiligen Interviews zugrunde, sondern sie basieren auf den aus der Gesamtheit der Interviewtranskripte herausgefilterten Kategorien (vgl. III.4.3).

Beim Verfassen der Interviewdarstellungen war es mir wichtig, zentrale Äußerungen der Interviewpartner wörtlich zu zitieren. Dies geschieht dort mit der Zeilenangabe aus dem transkribierten Interviewtext. Hinzu kommen zusammenfassende, verweisende und verknüpfende Textpassagen, die ich formuliert habe. Hierbei war es mir sehr wichtig, die Aussagen der Interviewpartner weiterhin aus dem Lebensbezug der Personen sprechen zu lassen, wie sie artikuliert worden waren: Das heißt, dass hier Bewertungen aus dem jeweils immanenten Sinnsystem der Interviewpartner dargestellt werden. Die Textsorte „Interviewdarstellung" ist meines Erachtens hilfreich, um aus der Fülle des Datenmaterials Einzelaussagen und auch sich verändernde Einschätzungen der Interviewpartner zu präsentieren.

Da die Interviewdarstellungen ausgewähltes kodiertes und kategorisiertes Transkriptmaterial enthalten, stellte sich hier für mich stets die Frage, ob ich den Äußerungen, den Einschätzungen und dem Erlebten der Interviewpartner gerecht wurde. Auch ich bin – wie alle Interviewpartner – ein Mensch mit Vorerfahrungen, mit Sympathien, Antipathien und mit Fehlern. Diese Tatsachen gilt es zu akzeptieren und darauf zu achten, dass sie in den Interviewdarstellungen nicht die Oberhand gewinnen. Um dies zu vermeiden, habe ich die „Endabnahme" (vgl. III.4.4) dazwischengeschaltet.

III.4.6 Zuordnungssystem für die Aussagen der Interviewpartner

Werden Äußerungen der Gesprächspartner zitiert, so greife ich auf die Zeilenzahlen der Interviewtexte zurück. Diese enthalten die aufbereiteten Transkripte. Bei jedem Interviewten erfolgte die Nummerierung der Zeilen fortlaufend – auch über Seitenumbrüche hinweg. Daher kann mit dem anonymisierten Kunstnamen des

Interviewpartners und einer Zeilenzahl aus dessen Interviewtext exakt zitiert werden.

Auch im synoptischen Quervergleich meiner Studie werden Aussagen der Interviewpartner zitiert. Dabei verfahre ich folgendermaßen: Ich zitiere immer aus den Interviewtexten, nicht aus den Interviewdarstellungen. Dies handhabe ich einheitlich so, da die Interviewtexte die ursprünglichste Fassung der Interviews in schriftlicher Form darstellen.

In den Interviewdarstellungen habe ich den Kunstnamen des jeweiligen Interviewpartners zusätzlich in die Kopfzeile jeder Seite aufgenommen. Dies war zunächst nur für die Arbeitsphase vorgesehen und hat in einem Maß für Überblick gesorgt, dass ich dies auch in der Endfassung beibehalten habe. Daher war es nicht notwendig, hier vor jede zitierte Stelle nochmals den Kunstnamen zu schreiben.

Im synoptischen Quervergleich nehme ich immer wieder Bezug auf Aussagen verschiedener Interviewpartner. Um hier Klarheit zu schaffen, schreibe ich stets ihre vollen Kunstnamen zu den zitierten Zeilenangaben. Nur so kann eine eindeutige Zuordnung gewährleistet werden. Kurz hatte ich überlegt, die Kunstnamen der Interviewpartner im synoptischen Quervergleich mit Initialen abzukürzen – dies wäre platzsparender gewesen. Doch habe ich diese Idee wieder verworfen, da Lesern die Zuordnung erst mal nur mit einer Legende möglich gewesen wäre, was die Zugänglichkeit zu den Interviewaussagen erschwert hätte.

Auf die Initialen der Kunstnamen habe ich nur im fortlaufenden Interviewtext zurückgegriffen, nachdem der jeweilige anonymisierte Name bereits in der Überschrift vollständig erschienen ist. Dies ermöglichte es, meine Initialen und jene der Interviewpartner vor die einzelnen Äußerungen zu schreiben, ohne hierbei jeweils bis zu eine halbe Textzeile zu füllen, was das Ausschreiben der Vor- und Nachnamen nach sich gezogen hätte.

III.5 Auswertung: Forschungsergebnisse
III.5.1 Synthese und Kontrastierung im synoptischen Quervergleich

Für den synoptischen Quervergleich habe ich mein Datenmaterial nochmals Aspekt für Aspekt quergelesen. Danach habe ich die Lebenserfahrungen, die am stärksten divergierten, als solche dargestellt. Hierbei wurden ausgewählte Einzelerfahrungen präsentiert. Um Redundanz zu vermeiden, habe ich die strukturelle Gegenüberstellung recht kurz gehalten.

Möchte ein Rezipient Näheres zu einem kurz fokussierten Detail nachlesen, ist dies einfach möglich: Den zentralen Gedanken wurden die anonymisierten Kunstnamen der Interviewpartner und die jeweiligen Zeilenverweise zum Nachlesen in den Interviewtexten bzw. den Interviewdarstellungen beigefügt. Aus diesem Grund tauchen im synoptischen Quervergleich viele Zeilenverweise auf, weshalb ich hier mit Fußnoten gearbeitet habe – so wird der Blick auf meine Argumentationsgänge nicht durch Querverweise in Klammern eingeschränkt.

Von zentraler Bedeutung ist hierbei, dass es sich nicht um eine quantitative Auswertung handelt, welche meinem Forschungsgegenstand nicht gerecht würde (vgl. III.1.1). Beim Verfassen des synoptischen Quervergleichs galt es, ein Abrutschen in die quantitative Wahrnehmung zu vermeiden. Daher habe ich mir während meines Arbeitsprozesses immer wieder folgende Antwort CORBINs auf folgende Studentenfrage vor Augen gehalten: *„What is the focus of analysis, if not numbers? Answer. (…) Therefore, researchers collect data from places and/or persons and/or things where they expect potential variations in that concept will be maximized. (…) Remember, the primary purpose of doing qualitative research is discovery, not hypothesis testing."* (CORBIN/STRAUSS 2008, S. 316 f.).

Wie das Zitat oben besagt, konzentrierte ich mich beim Verfassen des synoptischen Quervergleichs auf unterschiedliche Lebenserfahrungen und auf neue, überraschende Sicht- und Handlungsweisen der Interviewpartner und ihrer Familien. Dabei standen die Strukturen und Einschätzungen der Gesprächspartner im Vordergrund: Situatives, Kausales und Teleologisches im Kontext der jeweiligen Lebensumstände wurden von mir herausgearbeitet.

III.5.2 Erkenntnisgewinn schlagwortartig präsentiert

Im Anschluss an den synoptischen Quervergleich habe ich versucht, die zentralen Ergebnisse meiner Forschungsaktivitäten möglichst kurz aufzuführen. Dieser Abriss fasst Inhaltliches aus den Interviewdarstellungen und aus dem synoptischen Quervergleich zusammen.

Dieses kurze Fazit zum Erkenntnisgewinn bildet den Gegenpol zu den Langformen der Interviewdarstellungen und den Argumentationen im synoptischen Quervergleich. Hat man viele Einzelheiten gelesen oder sich gar in den Einzelheiten verloren, so kann die schlagwortartige Darstellung meiner Forschungsergebnisse zu Orientierung verhelfen. Da bei der Formulierung des Erkenntnisgewinns ausschließlich bereits belegte Aussagen aus dem synoptischen Quervergleich und aus den Interviewdarstellungen verwendet wurden, habe ich in dieser Kurzdarstellung von Belegstellenangaben abgesehen.

III.6 Fazit und Erfahrungen mit der gewählten Methodik
III.6.1 Tiefe, ganzheitliche Eindrücke

Alle 17 Interviews habe ich selbst durchgeführt. Lese ich heute eine kleine Textpassage aus einem Interviewtext, so kann ich in wenigen Sekunden zuordnen, aus welchem Gespräch diese stammt. Zugleich erscheinen Bilder in meinem Kopf, in welchem Gebäude und in welchem Raum das jeweilige Interview stattgefunden hat, welche weiteren Personen mir dort begegnet sind und welche zentralen Punkte mit welchen Formulierungen und in welcher Stimmungslage angesprochen wurden. An diesem Punkt habe ich folgende Aussage CORBINs bei meiner Forschung selbst erfahren: *„Essentially, working with already collected data is no different from doing secondary analysis on one's own or someone else's – perhaps long since collected. (...) The major difference, perhaps, is that with personally collected materials a researcher has some familiarity with the materials"* (CORBIN/STRAUSS 2008, S. 317).

III.6.2 Interindividuelles Vokabular der Interviewpartner

In diesem Zusammenhang möchte ich auf eine Erfahrung zurückkommen, die ich im Rahmen der Interviews gemacht habe: Verschiedene Gesprächspartner nutzten unterschiedliche Bezeichnungen für dieselben Hilfsmittel bzw. für ähnliche Behinderungen: Lydia Meyer[6] bezeichnete eine Gehhilfe als „Krücke", während es

---

6   LYDIA MEYER Zeilen 127–130

Herrn Rath[7] wichtig war, dass diese „Unterarmgehstütze" genannt wird.

Auch war es für Silke Holz[8] und Astrid Müller[9] Usus, den Begriff „taub" aktiv zu verwenden. Dieses Wort schien für sie synonym mit der Umschreibung „kann nicht hören" zu sein. Einen explizit negativen oder gar herabsetzenden Beigeschmack hatte diese Formulierung meines Erachtens bei Silke Holz und Astrid Müller nicht. Für Marina Thoma[10] war es dagegen von Bedeutung, dass auf den Terminus „taub" verzichtet wird und stattdessen das Adjektiv „gehörlos" Verwendung findet. Dies erklärte die Interviewpartnerin damit, dass sie „taub" als überkommenen Begriff betrachte, der – wie das Wort „Krüppel" auch – heute nicht mehr in seriösem Kontext verwendet werden könne. Beide Bezeichnungen wurden in den 1950er Jahren noch häufiger in der Öffentlichkeit genutzt.

Letztlich hielten sich die sprachlichen und semantischen Unterschiede der Interviewpartner in einem höflichen und respektvollen Rahmen: Das heißt, verschiedene Wahrnehmungen und Formulierungsgewohnheiten beinhalteten keine menschenverachtenden Komponenten. Vor diesem Hintergrund habe ich mich dafür entschieden, das Persönliche und Individuelle des Sprachgebrauchs in den Interviewtexten und in den Zitaten so zu belassen, wie die Interviewten es geäußert haben.

III.6.3 Kurzer, kritischer Rückblick

Inzwischen sind alle Schritte meines Forschungsvorhabens durchgeführt sowie dokumentiert und ich habe meine Studie fertiggestellt. An diesem Punkt möchte ich kurz resümierend auf die von mir gewählte Methodik blicken:

Insbesondere bei den Interviewdarstellungen und im synoptischen Quervergleich zeigten sich Aussagen, die im Vorfeld so nicht hätten antizipiert werden können. Insofern habe ich den Eindruck gewonnen, dass das qualitative, problemzentrierte

---

7   PETER RATH Zeilen 1218–1220
8   SILKE HOLZ Zeilen 349–351
9   ASTRID MÜLLER Zeilen 622–623
10 MARINA THOMA Zeilen 235–237

Interview meinem Forschungsgegenstand adäquat war. Mit im Vorfeld überlegten Hypothesen, mit quantitativer Methodik und der dort gängigen Verifikation bzw. Falsifikation hätten meine Forschungsergebnisse sicher nicht in dieser strukturell aussagekräftigen Form eruiert werden können, wie diese sich u. a. direkt im Anschluss in den Interviewdarstellungen zeigt.

IV Interviewdarstellungen

IV.1 Interviewdarstellung: Astrid Müller
IV.1.1 Vorinformationen

Frau Müller ist zum Interviewtermin 42 Jahre alt. Sie kommt aus Hessen und ist mir entfernt bekannt. Sie ist mit zwei blinden Elternteilen aufgewachsen. Da die Interviewpartnerin gemäß ihrer Einschätzung bei sich zu Hause mit ihren eigenen Kindern keine Ruhe findet, kommt sie zum Interview in ein evangelisches Gemeindehaus an den Ort, an dem sie im Jahr des Interviews auch arbeitet. Frau Müller erzählt offen von angenehmen und schwierigen Dingen, ist abwechselnd fröhlich und besorgt. Ihren Eltern bin ich nie begegnet.

IV.1.2 Die Behinderungen

Astrid Müllers Mutter ist blind, seitdem sie auf die Welt gekommen ist. Ursache ist ein medizinischer Fehler bei der Geburt. Die Mutter verfügt über einen kleinen Sehrest, der ihr zum Beispiel das Erkennen von Umrissen ermöglicht und sie hell und dunkel unterscheiden lässt. Die Sehbehinderung der Mutter ist nicht fortschreitend. Seitdem bei ihr in den 1980er Jahren das Karpaltunnelsyndrom diagnostiziert wurde, kann sie infolge von Sensibilitätsstörungen in den Fingern und Armen keine Handarbeiten mehr ausführen. Die zuletzt genannte Beeinträchtigung ist ebenfalls nicht fortschreitend. Seit einer Operation Mitte der 80er Jahre treten bei der Mutter keine Schmerzen mehr infolge des Karpaltunnelsyndroms auf.

Der Vater der Interviewpartnerin ist mit fünf oder sechs Jahren erblindet. Der Grund für die Erblindung konnte von medizinischer Seite nicht geklärt werden. Der Sehrest, der dem Vater die Wahrnehmung des Hell-Dunkel-Kontrastes ermöglicht, nimmt fortschreitend ab. Astrid Müller selbst, ihr Gatte, ihre Kinder und ihre Schwester sind nicht behindert. Kein Großelternteil der Interviewpartnerin hat eine Behinderung.

IV.1.3 Biografische Eckdaten
IV.1.3.1 Die Eltern von Astrid Müller

Frau Müllers Mutter hat keine Berufsausbildung erworben – der Grund hierfür ist der Interviewpartnerin unbekannt. Die Mutter war bei der Blindenarbeitshilfe berufstätig. Bereits 1954 hatte sie dort eine Arbeit gefunden, bei der sie an zwei Tagen pro Woche Waren verpackte und Wäscheklammern fertigte. Um 1965 war sie mit Heimarbeit ungefähr 20 Stunden pro Woche beschäftigt. Dabei hat sie ebenfalls Wäscheklammern gefertigt und Wischmopps hergestellt. Als Hobbys der Mutter führt Astrid Müller das Hören von Hörbüchern, Wandern, Reisen und früher das Stricken an.

Astrid Müllers Vater hat nach dem Besuch der Regelvolksschule von 1949 bis 1952 eine Ausbildung zum Bürstenmacher absolviert und war von da an bis Ende 1994, als er in Rente ging, in diesem Bereich tätig. In dem Betrieb, in dem er gearbeitet hatte, waren damals ungefähr 50 Personen mit und ohne Behinderungen beschäftigt. Der Vater der Interviewpartnerin war nie arbeitslos. Frau Müller nennt Schach, Hörbücher, Wandern, Reisen und früher Sport – Schwimmen und Rollball, das Ähnlichkeiten zu Torball aufweist – als seine Hobbys. Beide Ballspiele sind Mannschaftssportarten, die entweder von blinden oder von sehenden Mitspielern mit Augenbinden gespielt werden.

Astrid Müllers Schwester wurde 1963 geboren.

IV.1.3.2 Die Person Astrid Müller

Nach dem Realschulabschluss hat Frau Müller von 1984 bis 1987 eine Ausbildung zur Krankenschwester absolviert und seit 1988 in diesem Beruf gearbeitet. Eine Vollzeitstelle hatte die Interviewpartnerin nur inne, als sie noch kinderlos war. Im Jahr 1996 begann sie eine Zusatzausbildung zur Pflegedienstleiterin, die sie 1998 abschloss. Gegenwärtig arbeitet sie als stellvertretende Pflegedienstleitung im Umfang von 20 Wochenstunden. Während ihrer bisherigen beruflichen Laufbahn war Astrid Müller insgesamt vier Monate lang arbeitslos. Als eigene Hobbys nennt die Interviewpartnerin Lesen, Gartenarbeit und das Reisen, wobei sie für Letzteres gegenwärtig wenig Zeit hat.

An ihrem ersten Wohnort lebte Astrid Müller mit ihren Eltern und der Schwester und ab 1967 mit der Großmutter mütterlicherseits im Landkreis der Großstadt. 1985 zog Frau Müller aus ihrem Elternhaus aus und wohnte mit einer Freundin zusammen. In ihrer dritten Wohnung lebte sie von 1986 bis 1987 allein in der Großstadt nahe ihrem Elternhaus.

Ihre vierte Wohnung auf dem Land im selben Bundesgebiet teilte die Interviewpartnerin mit ihrer Tochter und ihrer Freundin von 1988 bis 1991. Die Oma, mit der Astrid Müller und ihre Herkunftsfamilie im Haus gewohnt hatten, verstarb 1991. Im selben Jahr zog die Interviewpartnerin mit ihrem Mann zusammen, den sie zwischenzeitlich geheiratet hat – das Paar hatte damals ein Kind. 1992 wurde der zweite Sohn geboren. Die Zeit zwischen 1993 und 1995 verbrachte die Interviewpartnerin mit ihrer Familie in einem anderen Bundesland. Danach lebte Frau Müller bis 1996 mit ihrem Mann und den zwei Kindern am siebten Wohnort nahe der Großstadt, bei der ihre Eltern ansässig waren. Seit 1996 wohnt Astrid Müller mit ihrem Ehemann und den inzwischen vier Kindern circa 25 Kilometer von ihrem Elternhaus entfernt auf dem Land.

IV.1.4 Menschliche Kontakte in und außerhalb der Familie
IV.1.4.1 Gemeinsame Aktivitäten der Familie

Urlaube mit ihrer Herkunftsfamilie hätten Frau Müller immer Freude bereitet, fasst sie zusammen. Die Eltern sind oft verreist, im Wechsel in die Berge und an die Ostsee. Meist bevorzugten sie Ferienanlagen für blinde Menschen, da sie diese bereits kannten und ihnen die Orientierung dort weniger Anstrengung bereitete. Frau Müller beschreibt die Möglichkeiten, mit ihren Eltern und ihrer Schwester auf diese Weise Urlaub zu machen, folgendermaßen:

„*Wir* (Astrid Müller und ihre Schwester, Anm. d. Verf.) *konnten uns dann relativ frei bewegen und auch ... mussten nicht zu bestimmten Zeiten da und da sein ...*" (Zeilen 607–608)

Die Interviewpartnerin erwähnt, dass ihre Eltern seit dem Tod der Großmutter noch häufiger verreisten, meist schlössen sie sich Gruppen des Blindenbundes oder der Kirche an (Zeilen 614–618). In der Regel handelt es sich dabei um die evangelische Kirche, vereinzelt sind die Eltern aber auch schon mit der katholischen Kirche weggefahren (Zeilen 718–719).

Astrid Müller erzählt, dass ihre Eltern stets viele Tätigkeiten für die Kernfamilie übernommen hätten: So habe ihr Vater Kaputtes repariert, zum Beispiel ein Tischbein, oder Ausbesserungsarbeiten an Einrichtungsgegenständen vorgenommen (Zeilen 95–96). Die Mutter fügte kleinere Nähte, die aufgegangen waren, wieder zusammen oder nähte Knöpfe an (Zeilen 98–100).

Generell fühlte sich jede der beiden Töchter mehr zu einem der beiden Elternteile hingezogen:

„*... ich glaub, ich war schon auch eher Mutter-orientierter als Vater-orientiert. Meine Schwester war eher Vater-orientierter als Mutter-orientiert.*" (Zeilen 402–403)

Zwischen den Schwestern spielte Frau Müller zufolge früher oft das Thema eine Rolle, ob eine der beiden von den Eltern bevorzugt würde:

„*... es ist diese schwesterliche Eifersucht, also dass man das Gefühl hat, man wird nicht so ernst genommen oder man wird weniger geliebt oder ... ja, man darf das nicht und die darf das. Also ... aber ich denk, das hat nichts mit der Behinderung zu tun ...*" (Zeilen 385–388)

Frau Müller bezeichnet den Kontakt zu ihrer Schwester heute einerseits als distanziert, unterstreicht aber andererseits, dass sie sich gegenseitig unterstützen würden, falls dies nötig wäre (Zeilen 129–133).

Mehrfach bedauert die Interviewpartnerin, dass ihre Herkunftsfamilie fast nie gemeinsamen Aktivitäten nachgegangen ist, bei denen die Familie zusammen am Tisch saß:

„*... diese Familienbindung fehlt mir. Also, wir waren oft so einzeln. Also, meine Eltern haben was gemacht und wir Kinder* *haben was gemacht, und dieses gemeinsame Tun ... also wir sind zwar alle in Urlaub gefahren und solche Sachen, aber dieses ‚am Tisch sitzen und miteinander spielen und vorlesen gegenseitig' (...) hab ich schon oft vermisst."* (Zeilen 545–550)

Gemeinsames Anhören von Hörbüchern, das Ausleihen von Kinderliteratur als Hörspiel oder Lesungen wären möglich gewesen, dies wurde aber in Astrid Müllers Herkunftsfamilie nicht praktiziert (Zeilen 562–571). Die Interviewpartnerin gibt aber auch zu bedenken, dass sie und ihre Schwester diesen Wunsch nicht eindeutig geäußert hätten (Zeilen 573–574). Ihr zufolge geschah die Anpassung in ihrer Familie früher recht einseitig:

„... wir mussten uns viel auf die Erwachsenen einstellen, aber die Erwachsenen haben sich wenig auf uns Kinder eingerichtet ..." (Zeilen 576–577)

Ebenso verfügte Astrid Müllers Herkunftsfamilie, als sie und ihre Schwester klein waren, nicht über Versionen geeigneter Brett- oder Kartenspiele, die sowohl kindgerecht als auch für blinde und sehende Nutzer gleichermaßen geeignet waren (Zeilen 553–555, 723):

„... und sie haben sie ja jetzt auch und spielen das mit den Enkelkindern." (Zeilen 556–557)

Im Hinblick auf die Zukunft zeigt sich Astrid Müller beim Gedanken an den Tod eines Elternteils besorgt und überlegt, ob der verbleibende Elternteil weiter allein in seinem jetzigen Haus, in einer Einrichtung oder gar im Haus ihrer gegenwärtigen Kernfamilie leben sollte:

„Aber das hat nicht was mit der Behinderung zu tun, sondern das hat was damit zu tun, dass ich mir nicht unbedingt 'nen Elternteil ins Haus holen will, also blind oder nicht, das wäre egal. Also, das wäre nicht anders, wenn meine Schwiegereltern jetzt anklopfen würden ..." (Zeilen 643–646)

Astrid Müller erklärt sich dies damit, dass beide Generationen jeweils lange für sich allein gelebt haben, und stellt sich das gemeinsame Leben unter einem Dach als unvereinbar vor (Zeilen 646–650).

IV.1.4.2 Der Kontakt zu Gleichaltrigen

Im Zusammenhang mit Fragen anderer Kinder und Jugendlicher zur Blindheit ihrer Eltern kommen Frau Müller keine belastenden Erlebnisse in den Sinn:

„*Also, ich kann mich nicht dran erinnern, dass es für mich irgendwie 'ne unangenehme Situation war. Also, ich hab mich nie dafür geschämt.*" (Zeilen 56–57)

Dabei favorisiert sie kurze Erklärungen, wie zum Beispiel folgende: „*… ‚Was haben deine Eltern?' – ‚Die sind blind.' Fertig.*" (Zeile 64)

Die Interviewpartnerin findet, dass diese kurzen und genauen Antworten zu weniger Nachfragen führen würden (Zeilen 73–74). Hinzu komme, dass erst Teenager sich über die Auswirkungen des Blindseins im alltäglichen Leben Gedanken machten und Kinder meist noch nicht, wie Frau Müller zusammenfasst (Zeilen 65–70). Die Jugendlichen hätten eher eine natürliche Neugier gegenüber der Blindheit der Eltern gezeigt:

„*Es war aber niemand mit 'ner ablehnenden Haltung dabei, also, ich hab keine Freunde verloren, weil meine Eltern blind sind, oder dass irgendwelche Freundschaften nicht zustande gekommen sind oder sich aufgelöst haben aufgrund der Blindheit meiner Eltern, also das nicht.*" (Zeilen 496–500)

Frau Müller kann sich nicht daran erinnern, dass sie jemals wegen der Behinderung ihrer Eltern gehänselt wurde und erklärt sich das damit, dass Blindheit nicht so auffällig sei wie eine Körperbehinderung, sofern man die blinde Person nicht darum bitte, Schwarzschrift vorzulesen, oder sie nach dem optischen Erscheinungsbild von Gegenständen frage (Zeilen 484–488).

IV.1.4.3 Soziale Kontakte der Eltern

Die Eltern der Interviewpartnerin verfügen damals wie heute über einen großen und zufriedenstellenden Freundeskreis, dem sowohl sehende als auch blinde Personen angehören (Zeilen 367–369). Insgesamt spielt letztgenannte Gruppe aus Frau Müllers Sicht eine besondere Rolle bei ihren Eltern:

"Vorrangig Blinde, aber auch Blinde und ‚Taubstumme‘, aber weniger körperbeeinträchtigte Menschen, also, waren auch mal dabei, aber nicht vorrangig." (Zeilen 622–623)

"Freunde waren im Allgemeinen wichtig (für die Eltern, Anm. d. Verf.). *Natürlich sind Menschen mit gleichen Behinderungen zum Austausch wichtiger!"* (Zeilen 871–872)

Astrid Müller unterstreicht, dass sie den Kontakt ihrer Eltern zu den Nachbarn in der anderen Doppelhaushälfte ebenfalls als sehr positiv einschätzt:
"Und auch die Nachbarn, die unheimlich viel machen und schon ewig in dem Haus wohnen, was mein Vater vermietet ..." (Zeilen 370–372)

Während sie einer Erwerbsarbeit nachgingen, verfügten beide Elternteile über zwischenmenschliche Kontakte am Arbeitsplatz (Zeilen 724–727).

IV.1.4.4 Konflikte und Verhaltensweisen während Meinungsverschiedenheiten innerhalb der Familie

Astrid Müller erinnert sich an Generationenkonflikte, als ihre Eltern mit der Oma unter einem Dach gewohnt haben:
"Aber meine Großmutter war auch sehr übergriffig. Sie hat auch vieles gemacht, was sie (die Mutter, Anm. d. Verf.) *eigentlich hätte selber machen können, und hat sehr bestimmt. Also, sie war schon so 'n kleiner Admiral."* (Zeilen 124–127)

"... also sich über meine Mutter in der Position gestellt hat, was Haushaltsführung betraf oder auch Erziehung. Also, sie hat überall reingeredet, und ich denke, meine Mutter konnte sich ab dem Zeitpunkt nicht mehr gut entwickeln." (Zeilen 115–117)

Frau Müller denkt, dass es ihrer Mutter damals mit der Großmutter im selben Haus nicht gut gegangen sei, man dies in dieser Zeit aber weniger thematisiert habe. Astrid Müller sind hörbare Konflikte zwischen ihrer Mutter und ihrer Oma aufgefallen, seitdem sie

selbst zwölf Jahre alt war. Diese blieben konstant bis zum Tod der Großmutter (Zeilen 111–112, 824–832).
Die Interviewte ist sich sicher, dass sie die Blindheit ihrer Eltern im Streit zu ihren Gunsten ausgenutzt hat, ihr fallen aber keine konkreten Einzelheiten mehr ein:

> *„Wenn ich mich geärgert hab, dann hab ich, was weiß ich, mich auch in irgend 'ner Form dafür gerächt, also beim Führen vielleicht mal 'n Stein übersehen (...) oder nicht rechtzeitig Bescheid gesagt, dass der Briefkasten jetzt kommt ..."* (Zeilen 164–167)

Die Interviewpartnerin vermutet, ihren Eltern im Streit auch mal Grimassen geschnitten oder Gemeines über sie gesagt zu haben, als diese das nicht mitbekamen, was sie heute als normal betrachtet:

> *„Ich bin mir ziemlich sicher, dass ich das ausgenutzt hab, ja. Also, was hat ein Kind sonst für Mittel? (belustigt)."* (Zeilen 170–172)

Mit ihrer Schwester hatte Astrid Müller immer wieder Auseinandersetzungen, bei denen Heimlichkeiten gegenüber den Eltern eingesetzt wurden, um auf die Schwester Druck auszuüben:

> *„‚Und wenn du das und das nicht für mich machst, dann sag ich, dass du die Tapete angemalt hast', also solche Geschichten, weil die Mutter hat's oder der Vater hat es ja nicht gesehen. Aber wenn's die Schwester dann verpetzt hat ... gelitten."* (Zeilen 175–178)

IV.1.5   Verhaltensweisen Dritter allgemein und belastende Erfahrungen
IV.1.5.1   Reaktionen von Menschen außerhalb der Kernfamilie

Für einige Mitmenschen schien es keine alltägliche Erfahrung zu sein, blinden Menschen beim Essen zuzusehen:

> *„... manchmal, wenn wir essen gegangen sind zum Beispiel, dann ist da mal 'ne unangenehme Situation ... dass ich dachte: ‚Oh, die gucken', oder, ne (?), wie meine Eltern dann essen. Also, da hab ich dann schon manchmal gedacht ... also so das erste Mal das Gefühl von Unangenehmheit gehabt."* (Zeilen 78–81)

Intensivere Reaktionen Dritter im Restaurant fallen Frau Müller nicht ein (Zeilen 737–739). Zu den Nachbarn haben die Eltern der Interviewpartnerin, wie sie selbst aussagt, gute Kontakte:
„*Also, meine Eltern waren mit die Ersten, die in dem Wohngebiet gebaut haben, und alle haben sich drumrumgesellt, es war einfach akzeptiert worden, eher also hilfsbereit und zuwendend.*" (Zeilen 502–504)

Die Lehrer ihrer Töchter suchten Astrid Müllers Eltern nicht so oft auf, erinnert sich die Interviewpartnerin (Zeilen 504–505). Die meisten Lehrkräfte wussten von der Blindheit ihrer Mutter und ihres Vaters (Zeilen 743–746). Frau Müller erwähnt, dass ihren Eltern in Geschäften, in denen man sie kennt, Unterstützung angeboten wird (Zeilen 740–742).

IV.1.5.2 Diskriminierungserfahrungen
Ob ihre Eltern früher diskriminiert wurden oder nicht, vermag Frau Müller nicht zu sagen, da sie sich nie zu diesem Thema geäußert hätten:
„*Das ... also, ich weiß nicht, wie das früher in den Jahren war oder als meine Eltern jetzt Kind waren, ob das immer so getragen wurde. Kann ich nicht sagen, das weiß ich nicht. Also, sie haben nie was darüber erzählt.*" (Zeilen 479–482)

IV.1.6 Technische, allgemeine und personelle Erleichterungen im Alltag
IV.1.6.1 Hilfsmittel und Umgangsweisen
Die Eltern der Interviewpartnerin nutzen seit circa 1955 Hörbücher (Zeilen 564, 755). Bücher in Blindenschrift las die Mutter früher, der Vater nicht (Zeilen 805–806). Des Weiteren gab es bereits während Astrid Müllers Kindheit und Jugend im Elternhaus ein Schachspiel mit einem Tastfeld, das die Eltern gerne spielten (Zeilen 553–556, 756–760).

In den letzten zehn Jahren verwendeten beide Elternteile Scanner mit Sprachausgabe (Zeile 749). Frau Müller erzählt, dass ihr Vater sich heute gern die Zeitung elektronisch vorlesen lasse.

Er läuft außer Haus mit einem Langstock, die Mutter nicht. Wie bereits unter IV.1.4.1 erwähnt, haben die Eltern für den Gebrauch mit den Enkelkindern inzwischen Spiele angeschafft, die für Kinder und zugleich für sehbehinderte Nutzer geeignet sind.

IV.1.6.2 Personelle Hilfen

Astrid Müller berichtet von ambivalenten Hilfen durch die im Elternhaus lebende Großmutter (vgl. IV.1.4.4).

Freunde des Vaters übernahmen den Schriftverkehr in der Zeit, bevor Astrid Müllers Schwester und sie selbst derartige Arbeiten leisten konnten (Zeilen 193–196). Astrid Müller beschreibt ein Netz der Unterstützung, in dem sich ihre Eltern stets befanden:

> *„Also, mein Vater hat 'n Doppelhaus gebaut und die eine Haushälfte ist vermietet, alles solche Sachen. Das zu verwalten praktisch, das hat dann 'ne Freundin von meinen Eltern gemacht 'ne Zeit lang. Solche Dinge halt. Oder der Bruder von meiner Mutter hat dann mal was gemacht oder irgendein Schwager von meinem Vater ..."* (Zeilen 196–200)

Die oben beschriebene Unterstützung funktioniert heute nicht mehr in dieser Form, da Freunde der Eltern verstorben sind. Seit ungefähr 1994, schätzt die Interviewpartnerin, übernimmt sie den Schriftverkehr ihrer Eltern vollständig, abgesehen von Grußkarten, die die Nachbarn für die Eltern schreiben würden. Frau Müller resümiert, dass sie diese Arbeit heute als machbar erlebe. Ihre Schwester könne nicht einspringen, da sie zu weit entfernt wohne (Zeilen 856–870). Auf Führhunde haben die Eltern bisher nie zurückgegriffen (Zeilen 802–803).

IV.1.6.3 Unterstützung von Seiten der Kinder

Die Interviewpartnerin betont, dass sie zu einer hohen Verantwortungsbereitschaft erzogen worden sei:

> *„Also, wenn wir Sachen gesagt haben, dann mussten wir die auch erledigen, oder wir mussten Sachen immer wieder wegräumen. Wir konnten nicht die Spielsachen einfach so liegenlassen ..."* (Zeilen 212–214)

Astrid Müller berichtet, dass sie und ihre Schwester im Alltag für ihre Eltern Bücher auf Kassetten gesprochen hätten, da es damals noch keine elektronischen Vorlesegeräte gab (Zeilen 224–227). Damals war die Interviewpartnerin gemäß eigenen Aussagen ungefähr elf, zwölf Jahre alt. Daneben mussten sie und ihre Schwester die Mutter und den Vater führen, seitdem sie ungefähr drei Jahre alt waren (Zeilen 237–239, 772–773).

Lehnten es Astrid Müller oder ihre Schwester einmal ab, diese Tätigkeiten für ihre Eltern zu übernehmen, boten diese an, mehr Pausen zu machen oder die Arbeiten anders über die Tage zu verteilen, stellten die Hilfen durch die Kinder aber nicht grundsätzlich infrage, wie die Interviewpartnerin resümiert (Zeilen 259–268).

Da Frau Müllers Schwester drei Jahre älter ist, hatte sie im Kindesalter mehr Verpflichtungen gegenüber den Eltern als die Interviewpartnerin selbst. Auf diesen Unterschied reagierte Frau Müller, wie sie selbst einwirft, mit Eifersucht (Zeilen 253–257):

„In meinen Augen war das eine Bevorzugung! Es geht dabei um Wertigkeit." (Zeile 839)

Die Interviewpartnerin fasst zusammen, dass ihr die Hilfen für ihre Eltern oft unangenehm waren. Zugleich hielt sie es für vertretbar, dass diese Unterstützungen von ihr und ihrer Schwester eingefordert wurden:

„... vorgelesen, was weiß ich, irgendwelche Abschlussberichte vom Blindenbund und (lacht amüsiert), also, das fand ich schon ziemlich lästig und anstrengend auch. Oder wenn man irgendwelche Schriftsachen machen musste oder Abrechnungen machen musste und man hatte eigentlich keine Lust dazu (...). Aber ansonsten war das schon okay." (Zeilen 227–233)

„Also, im Nachhinein denk ich, das war gar nicht schlecht, dass wir das so gemacht haben, wie es gelaufen ist. Und ich glaub, 's war auch noch alles in so 'nem Rahmen des Machbaren. Also, ich hab nicht das Gefühl, dass wir mit irgendwas wirklich überfordert waren." (Zeilen 274–278)

Inwiefern Astrid Müller mit den Diensten für ihre Eltern Positives in ihrer eigenen Entwicklung verbindet, kann unter IV.1.7.1 nachgelesen werden. Frau Müller betont, dass sie und ihre Schwester nicht die Gesamtheit an Hilfen für die Eltern schultern mussten, sondern dass die Großmutter und Freunde der Eltern auch einen Großteil übernommen hätten (vgl. IV.1.6.2).

Sobald Astrid Müller als zweite der beiden Schwestern frisch aus dem Elternhaus gezogen war, trieb sie ihr schlechtes Gewissen zweimal pro Woche zurück zu Mutter und Vater, obwohl diese das nicht eingefordert hatten (Zeilen 319–325, 333–335). Die Interviewpartnerin betont, dass sie und ihr Ehemann ihren Eltern heute gern helfen würden. Letztere aber müssten berücksichtigen, dass Erstere selbst eine große Familie und viele Verpflichtungen hätten (Zeilen 303–308).

IV.1.7 Reflexionen des Interviewten
IV.1.7.1 Auseinandersetzung mit dem Thema „Behinderung"

Weder mit den Eltern noch mit ihrer Schwester hat sich Astrid Müller je über die Blindheit von Mutter und Vater ausgetauscht:
> *„Es war für uns so natürlich, also, weil es halt, wie gesagt, ja von Anfang an da war."* (Zeilen 142–143)

Die Interviewpartnerin nimmt an, dass ihr die Behinderungen ihrer Eltern im Kindergartenalter aufgefallen sind, womöglich auf die Fragen Gleichaltriger hin, wobei sich Frau Müller hieran nicht mehr genau erinnern kann (Zeilen 49–53). Flecken auf der Kleidung der Eltern waren ihr vor allem als Teenager peinlich (Zeilen 81–87). Als belastend empfand die Interviewpartnerin das Mehr an Verantwortungsgefühl, das ihr infolge der Behinderungen ihrer Eltern abverlangt wurde, was ihre Kindheit und Jugend beeinträchtigt habe (Zeilen 3–12).

Einen Gewinn aus ihrem Aufwachsen mit blinden Eltern sieht Astrid Müller darin, dass sie gelernt habe, flexibel Lösungen zu unterschiedlichsten Problemen zu finden:
> *„… also, ich kann erst mal relativ viel, weil ich es machen musste, von Wohnung renovieren bis was weiß ich, kann mich organisieren, wenn das Auto kaputt ist, und ich hab auch keine Angst vor Aufgaben …"* (Zeilen 285–288)

Folgendes Verhalten ihrer Großmutter lehnt die Interviewpartnerin ab: Die Oma schickte Astrid Müllers Mutter zuerst in eine Regelgrundschule und ließ ihre Tochter am Nachmittag Lesebuchtex-

te auswendig lernen, um die starke Sehbehinderung zu vertuschen. Letztere fiel auf, als die Schülerin das Buch verkehrt herum hielt (Zeilen 418–425):
> „Ich bin schon schockiert, dass meine Oma über diesen Weg versucht hat, die Behinderung meiner Mutter in der Schule zu verheimlichen. Wenn auch zum Schutz, Angst oder ähnlichen Motiven." (Zeilen 873–875)

Ab der zweiten Klasse besuchte Frau Müllers Mutter dann eine Förderschule für blinde Kinder (Zeilen 429–433)[11].

Die Interviewpartnerin beschreibt ihre beiden Elternteile als sehr selbstbewusst (Zeilen 448–449, 461–465). Hierin sieht Frau Müller den Grund, dass sie sich ihre Eltern nie ohne deren Behinderungen vorgestellt hat:
> „Also, ich hab nie darüber nachgedacht als Kind, wie wäre es, wenn die nicht blind wären." (Zeilen 472–473)

Zusammenfassend empfindet Astrid Müller, dass die Blindheit ihrer Eltern ungefähr 20 bis 30 Prozent des Raumes eingenommen habe, das Leben an sich 70 bis 80 Prozent (Zeilen 508–510).

IV.1.7.2 Eigenes Leben und Sichtweisen von Astrid Müller
Astrid Müller musste ihre Hausaufgaben weitgehend in eigener Regie erledigen, da ihre Eltern ihr eher wenig helfen konnten, wobei diese sie so weit unterstützten, wie ihnen das möglich war:
> „... Diktat zu üben, war das schon schwierig. Also, sie konnten ja nicht nachgucken, ob man Fehler gemacht hat oder nicht ..." (Zeilen 34–35)

> „Dann hab ich halt, was weiß ich, wenn's darum ging, geschichtliche Sachen aufzuarbeiten oder Referate zu halten, das hab ich oft mit meiner Mutter dann besprochen." (Zeilen 399–401)

Die Interviewpartnerin berichtet, dass sie neben dem Beruf der Krankenschwester auch eine Tätigkeit als Erzieherin in Erwägung gezogen habe. Ihre Eltern hätten beidem zustimmend gegenüber-

---

11 Vgl. II.1.2.5: den Kapitelanfang

gestanden (Zeilen 511–514, 520–522). Das entscheidende Argument für den erstgenannten Beruf war in den Augen der Interviewten, dass sie hier schon während der Ausbildung ihren Unterhalt selbst verdienen und somit außerhalb des Elternhauses wohnen konnte (Zeilen 515–516). Als ich genauer fragte, erwähnt Frau Müller, dass ihre Berufswahl unabhängig von der Behinderung ihrer Eltern stattgefunden habe (Zeilen 528–530).

Zugleich erinnert die Interviewpartnerin sich an den begrenzten finanziellen Spielraum, über den ihre Eltern während ihrer Kindheit und Jugendzeit verfügten:

„Aber sonst, dass ich jetzt irgendwie was vermisse, eigentlich nicht, also materielle Dinge. Klar, sicherlich, ich hätte gern dieses oder jenes gehabt, aber das ging einfach nicht, weil, als Bürstenmacher verdient man auch nicht so die Masse an Geld." (Zeilen 586–589)

Auf meine Nachfrage nimmt Astrid Müller an, dass sie früher Markensachen getragen hätte, wenn ihrem Vater mehr Geld zur Verfügung gestanden hätte (Zeilen 777–780). Die Interviewpartnerin kannte schon immer Kinder von anderen Eltern mit Behinderungen und nennt diese Bekanntschaften „nichts Besonderes" (Zeilen 781–786). Ihren heutigen Kontakt zu ihren Eltern beschreibt sie als positiv:

„Ich hab eigentlich 'n recht gutes Verhältnis zu meinen Eltern." (Zeile 301)

IV.2 Interviewdarstellung: Clara Lange
IV.2.1 Vorinformationen

Frau Lange wohnt in einer Großstadt in Hessen und ist zum Zeitpunkt des Interviews 19 Jahre alt. Über die Mutter, die mir privat bekannt ist, kam der Kontakt zustande. Clara Langes Vater ist blind, ihre Mutter sehbehindert. Letztgenannte war über lange Zeit alleinerziehend.

Das Interview fand im Wohnzimmer des Hauses statt, in dem die Patchworkfamilie (vgl. IV.2.3.1) von Clara Langes Mutter lebt. Die Interviewpartnerin bewohnt dort mehrere Zimmer des Dachgeschosses.

Im Vorfeld kannte ich die Interviewte bereits flüchtig vom Sehen. Ihr Vater ist mir bei Familienfesten zweimal kurz begegnet. Sie war sofort zu einem Interview bereit. Frau Lange räusperte sich während des Interviews häufig und trank einen heißen Tee. Beides ist auf eine Erkältung zurückzuführen.

Während des gesamten Interviews war Frau Lange hochkonzentriert und strukturierte ihre Antworten sehr bewusst. Sie wirkte im Großen und Ganzen selbstsicher. Als die Interviewpartnerin jedoch auf die Scheidung ihrer Eltern einging, wurden ihre Augen feucht. Sie antwortete stets freundlich und mit großer Auskunftsbereitschaft.

IV.2.2 Die Behinderungen

Der Vater der Interviewpartnerin wurde ohne Behinderung geboren und trug während seiner Kindheit und frühen Jugend eine leichte Korrekturbrille. Ein Unfall auf einer Baustelle und eine körperliche Auseinandersetzung zwischen Heranwachsenden führten zu einer starken Sehbehinderung und in der Folge zu vollständiger Erblindung. Beide Ereignisse traten ein, als der Vater circa 16 Jahre alt war. Genauere Angaben kann Frau Lange hierzu nicht machen.

Die Mutter der Interviewpartnerin ist von Geburt an sehbehindert. Es handelt sich um eine sogenannte Übersichtigkeit: Sie nimmt Farben verändert wahr und kann Kleingedrucktes ohne Sehhilfen nicht entziffern. Die Blindheit des Vaters und die Sehbehinderung der Mutter haben sich seit Clara Langes Geburt nicht verändert.

1988 wurde bei Frau Langes Mutter des Weiteren eine fortschreitende innere Erkrankung, eine Endometriose, diagnostiziert. Sie erstreckt sich auf den Bauchraum, Kopf und Lunge und zog bisher elf Operationen nach sich. Zwischen 1988 und 2003 zeigte sich die Endometriose in Form von Entzündungen, Fieber und Beeinträchtigungen des Immunsystems. Gegenwärtig tritt diese Erkrankung nicht mehr direkt auf, vielmehr spürt die Mutter Schmerzen von Verwachsungen im Bauchraum, eine Spätfolge zurückliegender Entzündungen. Die Endometriose ist keine Folge des veränderten Sehvermögens.

Die Interviewpartnerin und ihr Freund sind nicht behindert. Beim Kind von Clara Langes Halbschwester wurde Rheuma diagnostiziert.

IV.2.3 Biografische Eckdaten
IV.2.3.1 Clara Langes Eltern

Die Eltern der Interviewpartnerin heirateten 1988, die Ehe wurde 1993 geschieden. Keines der Elternteile nahm damals den sogenannten „Erziehungsurlaub" in Anspruch. Clara Lange ist das einzige gemeinsame Kind ihrer Eltern.

Frau Langes Mutter wurde 1967 geboren und ist Sozialpädagogin. Sie war nie arbeitslos. Von 1992 bis 2000 war sie auf einer Vollzeitstelle im Bereich der Pflegekindervermittlung tätig. Seit 2000 gilt die Mutter infolge ihrer Endometriose als erwerbsgemindert und arbeitet auf 400-Euro-Basis. Zwischen den Jahren 2000 und 2003 konnte sie keiner Erwerbstätigkeit nachgehen, da akute Krankheitsschübe der Endometriose auftraten. Von 2003 bis Ende 2008 lag das berufliche Tätigkeitsfeld der Mutter im Bereich des betreuten Wohnens für Menschen mit Körperbehinderungen, ab April 2009 arbeitet sie in der Jugendsozialarbeit. Seit 2005 tritt die Mutter außerdem ehrenamtlich als Jugendschöffin auf. Als deren Hobbys führt die Interviewpartnerin Lesen und Telefonieren an.

Von 1993 bis 1997 war die Mutter der Interviewten alleinerziehend, seit 1997 ist sie mit ihrem zweiten Gatten verheiratet, mit dem sie bis heute in einer Patchworkfamilie lebt: Neben Clara Lange wohnen drei Pflegekinder in dem Haus, das in einem Vorort der Großstadt steht: Bea, zwölf Jahre, Lena, sieben, und der dreijährige Niclas. Bea kam im Jahr 2000 in die Familie von Clara Langes Mutter, Lena und Niclas stießen beide 2007 dazu.

Frau Langes Vater kam 1962 auf die Welt. Da es in Rumänien keine Schulen für sehbehinderte und blinde Schüler gab, besuchte er mit seiner starken Sehbehinderung während seiner Jugend weiterhin die Regelschule. 1978 zog er von Rumänien nach Deutschland. Der Vater der Interviewpartnerin absolvierte von 1987 bis 1993 ein Studium der Sozialen Arbeit. Von 1993 bis 1996 hat er bei einem Café-Projekt mitgewirkt. Seit 1996 ist der Vater im Rahmen einer Teilzeitstelle im betreuten Wohnen für Menschen mit Körperbehinderungen tätig. Clara Lange zählt als seine Hobbys das Kartenspielen und Torball auf (vgl. 1.3.1).

Der Vater der Interviewpartnerin hat noch eine andere Tochter, die 1985 geboren wurde. Mit dieser und deren Mutter lebte er nie zusammen. Seit 2003 ist diese Halbschwester der Interviewten selbst Mutter. Clara Lange telefoniert gegenwärtig mehrmals jährlich mit ihrer Halbschwester, trifft sie jedoch selten, da sie in einem anderen Bundesland wohnt.

Von 1994 bis 2002 wohnte Clara Langes Vater allein im selben Stadtteil wie ihre Mutter. Seit seiner Heirat im Jahr 2002 lebt er mit seiner neuen Ehefrau und deren beiden Teenagern zusammen, welche diese mit in die Patchworkfamilie brachte, 2003 kam der gemeinsame Sohn dazu. Das gegenwärtige Domizil des Vaters liegt zehn Minuten Fußweg vom heutigen Zuhause der Mutter der Interviewpartnerin entfernt und in derselben Großstadt.

IV.2.3.2 Die Person Clara Lange

Die Interviewpartnerin lebte bisher mit ihrer Herkunfts- bzw. mit ihren Patchworkfamilien in fünf verschiedenen Teilen derselben Großstadt: Von 1989 bis 1990 wohnte sie mit beiden Elternteilen in der ersten Wohnung, die schnell zu klein wurde, von 1990 bis 1992 mit beiden in einem neuen Zuhause. In den Jahren 1992 bis 1997 lebte sie im wöchentlichen Wechsel bei ihrer Mutter und ihrem Vater. Zwischen 1997 und 2006 wohnte sie mit ihrer Mutter sowie deren neuem Ehemann und seit 2000 mit Bea gemeinsam in einem Haus. Als der Wohnraum hier ebenfalls eng wurde, wechselte die Patchworkfamilie in ein größeres Domizil, das sie bis heute mit den zwei weiteren Pflegekindern bewohnt. Hierbei steht Clara Lange eine separate Dachwohnung zur Verfügung.

Mit ihren Halbgeschwistern wohnte die Interviewpartnerin nie zusammen. Seitdem Frau Lange nicht mehr abwechselnd bei einem der beiden Elternteile lebt, besucht sie ihren Vater zwei- bis dreimal pro Woche.

Zurzeit besucht die Interviewpartnerin die zwölfte Klasse eines Gymnasiums und möchte Grundschullehrerin werden. Ihr Freund ist 22 Jahre alt. Seit September 2006 sind beide ein Paar. Er lebt bei seinen Eltern in derselben Großstadt und besucht oft die

Familie von Clara Langes Mutter. Seine Familie ist afghanischer Herkunft, er selbst ist in Deutschland geboren und aufgewachsen.

IV.2.4 Menschliche Kontakte in und außerhalb der Familie
IV.2.4.1 Gemeinsame Aktivitäten der Familie

Beim Gedanken an ihre Eltern kommt Frau Lange zuerst deren Scheidung in den Sinn:

> „... hat mich auf jeden Fall intensiv geprägt, dass meine Eltern sich scheiden lassen haben und, ja, halt, wo wohne ich ... und halt Sorgerechtsstreit und ich wollt' halt bei beiden bleiben." (Zeilen 3–5)

Seit der Trennung ihrer Eltern stehen bei Clara Lange Unternehmungen mit einem Elternteil im Vordergrund, wobei sie im Alter von acht bis zwölf Jahren Weihnachten immer gemeinsam mit Vater und Mutter unter einem Weihnachtsbaum gefeiert habe. Ihre Eltern hätten sich hier nicht gestritten (Zeilen 967–972).

Die Interviewpartnerin berichtet, dass ihr Vater sich viel mit ihr beschäftigt habe, als sie klein war. Entweder hat er ihr Punktschriftbücher vorgelesen oder Abenteuer erfunden, worauf Clara Lange besonderen Wert legte:

> „... dann hat er mir aus 'm Kopf 'ne Geschichte erzählt." (Zeilen 75–76)

Teilweise haben die beiden auch eigene Spiele kreiert:

> „... ich hab ihn einfach an die Hand genommen und hab gesagt: ‚Papa, wir spielen jetzt Verlaufen', sind in irgendwelchen Straßen lang gelaufen und, ja, haben dann versucht, zurückzufinden ..." (Zeilen 331–334)

Eine Malstunde gab es auch immer wieder mit dem blinden Vater:

> „... weil ich gesagt hab immer: ‚Papa, du malst mir jetzt einen Hund', und er hat dann halt versucht so, aus Erinnerungen und mit so 'nem bisschen ... so zu malen, 'nen Hund, und dann hab ich immer gelacht und hab gesagt ‚Das sieht aus wie ein Pferd und das ist ja gar kein Hund!' ..." (Zeilen 336–340)

Da ihre Mutter dem Spielen weniger zugetan war, standen mit ihr eher sportliche Aktivitäten im Vordergrund:
> „Aber mit meiner Mutter bin ich auch gerne, denk ich mal, dann so ins Schwimmbad gegangen und so was." (Zeilen 346–348)

Im schulischen Bereich hat sich Clara Lange von beiden Elternteilen gut unterstützt gefühlt:
> „Ja, mit meiner Mutter habe ich Deutsch geübt, zum Beispiel Aufsätze geschrieben, da meine Mutter hier gut ist. Meine Mutter kann Mathe nicht so gut. Englisch können meine beiden Eltern nicht so gut. Mit meinem Vater habe ich immer Mathe gemacht. Das ist sein Fach. Bis zur zehnten Klasse kann er den ganzen Stoff. Man braucht nur die Aufgabe einmal vorzulesen und dann weiß er, wie das geht, und sagt es einem." (Zeilen 860–866)

Ihren kleinen Halbbruder sieht Frau Lange häufig, wenn sie ihren Vater besucht (Zeilen 723–726, 719–720):
> „Ja, ich gehe zum Beispiel, wie heute, mit ihm (dem Halbbruder, Anm. d. Verf.) zum Osterfeuer hier in unserem Wohnviertel oder zum Spielplatz." (Zeilen 718–719)

Die Interviewpartnerin beschäftigt sich stets auch mit den Kindern, die im Haus ihrer Mutter leben:
> „Ja, ich war und bin oft mit den Pflegekindern einkaufen oder spiele mit ihnen Brettspiele." (Zeilen 714–715)

IV.2.4.2 Der Kontakt zu Gleichaltrigen
Frau Lange hat positive Erfahrungen im Umgang mit dem Nachwuchs anderer Familien gemacht:
> „... in der Grundschule und im Kindergarten haben eigentlich alle Kinder das akzeptiert und niemand hat eigentlich was Böses gesagt oder irgendwie gemacht, getan. Ich war ganz normal befreundet, hatte viele Freunde im Kindergarten ..." (Zeilen 32–35)

Im Kindergarten fielen den anderen Kleinen die infolge der Blindheit verfärbten Augen des Vaters auf. Clara Lange weiß nicht, ob diese Kinder erkannten, dass der Vater der Interviewten blind war:
„*... da haben dann die anderen Kinder immer gesagt: ,Dein Papa, der Clown, der kommt und holt dich wieder ab.' (lacht)*" (Zeilen 15–16)

„*... die fanden das immer ganz toll; der hat ganz bunte Augen (lacht), das fanden die eigentlich eher so lustig.*" (Zeilen 26–27)

Die Interviewpartnerin erinnert sich nicht mehr an konkrete Situationen, bei denen die Behinderung ihrer Mutter eine Rolle gespielt hat. So vermutet sie:
„*Vielleicht hat mal 'ne Freundin mich angesprochen: ,Ja, ich hab deine Mutter neulich in der Bahn gegrüßt und die hat (lachend) mich gar nicht zurückgegrüßt, ich glaub, die mag mich nicht', aber da hab ich gesagt: ,Nee, die sieht nicht so gut.'*" (Zeilen 46–49)

Während der Pubertät war es Frau Lange sehr unangenehm, Gleichaltrigen von den Behinderungen ihrer Eltern zu erzählen. Manchmal tat sie dies erst, nachdem sie neue Freunde bereits ein Jahr kannte. Auf meine Nachfrage berichtet die Interviewte, dass sie nicht auffallen und erklären wollte, in welcher Form ihre Eltern alltägliche Verrichtungen erledigen (Zeilen 397–408, 531–538). Insbesondere strebte Clara Lange mit ihrem Verhalten Folgendes an:
„*... und dann hab ich mich halt immer auch so unnormal gefühlt und irgendwie so, ich weiß nicht, das waren so Fragen, weiß ich nicht, die wollte ich nicht hören.*" (Zeilen 542–544)

Im Nachhinein wertet die Interviewte diesen Umgang mit der Behinderung ihrer Eltern bei Freunden als alterstypische Begleiterscheinung:
„*... ich wollt irgendwie, ja, so alles ... dass alles normal ist; aber ich denk mal, das ist auch normal in der Pubertät, dass man sich da so ziemlich anstellt mit irgendwelchen Dingen.*" (Zeilen 406–408)

IV.2.4.3 Soziale Kontakte der Eltern

Frau Lange erwähnt die großen Freundeskreise ihrer beiden Elternteile. Sowohl ihr Vater als auch ihre Mutter sind mit Menschen mit und ohne Behinderungen befreundet. Bei den Beeinträchtigungen der Bekannten beider Eltern handelt es sich sowohl um Seh- als auch um andere Behinderungen.

Beide Elternteile haben ihre Freunde während ihrer Ausbildungen und an ihren Arbeitsplätzen kennengelernt. Zudem hat der Vater bis heute Kontakte zu Menschen, deren Vorfahren in Rumänien lebten (Zeilen 732–747).

IV.2.4.4 Konflikte und Verhaltensweisen während Meinungsverschiedenheiten innerhalb der Familie

Heute wie früher lässt sich Frau Langes Vater im Streit nicht von einem einmal bezogenen Standpunkt abbringen. Das führt gemäß Frau Lange gegenwärtig dazu, dass ein Telefongespräch mit ihm von seiner Seite her ein schnelles Ende finden kann. Frau Lange berichtet, dass sie als Kind von ihrem Vater während eines Streits in ihr Zimmer geschickt wurde und dort bleiben sollte, bis sie nicht mehr tobte (Zeilen 753–759).

Ihre Mutter beschreibt die Interviewpartnerin als nachgiebiger:

„*Meine Mutter war schon auch konsequent, aber wenn ich bei meiner Mutter gebettelt habe und so, dann hat mal meine Mutter gesiegt und mal habe ich gesiegt.*" (Zeilen 763–765)

Auseinandersetzungen mit ihrer Mutter sehen gemäß Clara Lange heute folgendermaßen aus:

„*Ja, ab und an streiten wir uns. Wir zicken uns dann an. Und später einigen wir uns wieder. Während dem Streit gehen wir uns aus dem Weg. Das läuft ganz leise ab. Wir schreien uns nicht an.*" (Zeilen 1003–1005)

Die Interviewpartnerin hat – wie sie unterstreicht – nur bei kleineren Dingen die elterlichen Behinderungen zu ihren Gunsten ausgenutzt:

> „... dass ich mir einfach als Kind die Haare abgeschnitten hab und gedacht hab: ‚Mein Vater sieht's ja eh nicht.' (lacht) Also ... eher so Kleinigkeiten." (Zeilen 102–104)

Neben dem bereits erwähnten Sorgerechtsstreit und Meinungsverschiedenheiten beider Elternteile untereinander betont Frau Lange, dass sie die Behinderungen ihrer Eltern nie bei größeren Streitigkeiten ausgenutzt habe:
> „Was ich nicht gemacht habe, war zum Beispiel heimlich aus dem Haus schleichen oder so. Nein, das habe ich nie gemacht."
> (Zeilen 1065–1066)

> „... also zu denen ich ziemlichen Respekt hatt', und da hätt' ich jetzt irgendwie nicht so das (...) mit meinem Gewissen vereinbaren können, das jetzt so als Ausgangspunkt zu sehen."
> (Zeilen 108–111)

Mit Bea, der Pflegetochter ihrer Mutter, stritt sich Frau Lange gemäß eigenen Angaben bis vor zwei Jahren:
> „Damals teilte ich mir mit ihr das untere Bad. Bea hatte einfach Kleidung und Schminksachen von mir genommen. Sie hatte meinen Pullover angehabt und hat gesagt, es wäre ihrer. Ich habe Bea angemeckert und nach einiger Zeit hat sie den Pullover dann ausgezogen und hat ihn mir zurückgegeben. Bea war dann ein bisschen beleidigt." (Zeilen 1080–1085, vgl. Zeilen 776–778)

Die Interviewpartnerin erklärt, dass sie heute keine Meinungsverschiedenheiten mehr mit Bea habe, da ihnen inzwischen getrennte Badezimmer zur Verfügung stünden. Zudem führt Clara Lange diese Entwicklung darauf zurück, dass sie selbst nun zu den Erwachsenen zähle (Zeilen 1079–1080, 1087–1088). Die anderen, kleineren Pflegekinder ihrer Mutter weist sie gemäß eigenen Aussagen beispielsweise auf Verletzungsgefahren hin, Streit entstünde wegen des großen Altersabstands nicht (Zeilen 773–776).

IV.2.5 Verhaltensweisen Dritter allgemein und belastende Erfahrungen

IV.2.5.1 Reaktionen von Menschen außerhalb der Kernfamilie

Die Interviewpartnerin hat unangenehme Passantenblicke erlebt:

> „... ich würd' schon sagen, dass sie geguckt haben, wenn ich irgendwie mit meinem Papa an der Hand und ... ‚Papa, hier, das ist da' ..." (Zeilen 382–383)

Auf meine Nachfrage antwortet Clara Lange, dass sie nie aktiv reagiert habe, wenn Passanten ihr und ihrem Vater nachgeschaut haben:

> „Nein, gemacht habe ich nie was, in keinem Alter. Als ich ein Kind war, hatte ich ein neutrales Gefühl, wenn jemand meinem Vater nachgeschaut hat. Im Jugendalter habe ich mich geschämt, wenn Leute uns nachgeschaut haben. Gemacht habe ich trotzdem nichts. Heute schäme ich mich nicht mehr. Heute ist es mir einfach egal, nichts Besonderes." (Zeilen 1008–1012)

Die Interviewpartnerin hat vor allem positiv eingestellte Dritte erlebt:

> „... also, die Menschen waren hauptsächlich eigentlich immer ziemlich hilfsbereit, würd' ich sagen." (Zeilen 391–393)

Zum Beispiel berichtet Frau Lange, dass die Nachbarn ihres Vaters handwerkliche Renovierungsarbeiten in dessen Wohnung verrichtet hätten (Zeilen 388–391).

IV.2.5.2 Diskriminierungserfahrungen

Zuerst resümiert die Interviewpartnerin, dass ihr keine Diskriminierungen ihrer Eltern infolge von deren Behinderungen bekannt seien (Zeilen 487–491). Im Gesprächsverlauf erinnert sie sich aber an folgende Erlebnisse in Zugrestaurants:

> „Andere Gäste fühlten sich von dem Führhund meines Vaters belästigt, und das Zugpersonal hat dann einen Kompromiss gefunden und wir wurden in die erste Klasse gebracht; da ist es üblich, dass das Essen an den Platz serviert wird, und wir konnten dann dort essen. Das kam öfters im Zug vor, so zwei- bis dreimal, schätze ich, als ich ungefähr sechs Jahre alt war." (Zeilen 796–801)

Die weiteren Gäste der Zugrestaurants hatten während dieser Vorfälle keine Stellung bezogen. Auf meine Nachfrage erläutert Frau Lange, dass obige Lösung für sie und ihren Vater keinen Aufpreis zur Folge gehabt hätte. Sie nimmt an, dass die Mitreisenden, die nicht mit dem Führhund ihres Vaters in einem Raum speisen wollten, die Regel, dass Hunden der Zutritt zum Speisewagen verwehrt wird, ohne Ausnahme durchsetzen wollten (Zeilen 1019–1028).

Zugleich unterstreicht die Interviewpartnerin, dass für Blindenführhunde oftmals andere Regeln gelten als für Vierbeiner ohne diese besondere Aufgabe, beispielsweise auch in Geldinstituten (Zeilen 793–794).

IV.2.6 Technische, allgemeine und personelle Erleichterungen im Alltag
IV.2.6.1 Hilfsmittel und Umgangsweisen

Die Mutter der Interviewpartnerin trägt eine starke Brille und nutzt eine Lupe für das Lesen von Kleingedrucktem (Zeilen 650–652). Zwischen 2000 und 2009 verfügte sie über einen gewöhnlichen Computer, der für sie aber nicht uneingeschränkt nutzbar war. In dieser Zeit war der Arbeitsplatz der Mutter mit einem PC mit Großbildschirm ausgestattet. Im Jahr 2009 hat sich die Mutter auch zu Hause einen Computer mit Großbildschirm angeschafft, den sie barrierefrei bedienen kann.

Wann und wo ihr Vater seine blindentechnische Grundbildung, beispielsweise den Umgang mit dem weißen Stock oder das Ertasten der Punktschrift, erlernt hat, ist Clara Lange nicht bekannt. Sie betont, dass ihr Vater sich diese Fähigkeiten bereits angeeignet hatte, solange sie zurückdenken kann – dasselbe stellt sie bezüglich eines Langstocks fest, mit dem er sich außer Haus bewegt. Für das Erkennen von Geldscheinen verwendet ihr Vater kein Gerät, sondern er fragt die Kassierer (Zeilen 592–593, 910–912).

Wie bereits unter IV.2.4.1 erwähnt, standen der Familie einige Kinderbücher in Brailleschrift zur Verfügung. In Clara Langes Erinnerung handelte es sich um zwei bis drei Stück (Zeile 85). Sie berichtet von selbst hergestellten Spielen für blinde und sehende Personen, indem tastbare Aufkleber auf Spielkarten angebracht wurden (Zeilen 805–807). Nachdem die Augäpfel des Vaters aus medizinischen Gründen entfernt werden mussten, trägt er seit

2004 Glasaugen, an die sich die Interviewpartnerin gut gewöhnt habe (Zeilen 787-788, 1038-1043).

Während ihrer Kindheit verwendete Clara Langes Vater eine Punktschriftschreibmaschine (Zeilen 80-82). In seinem Zuhause stand ihm nie eine Software für die barrierefreie Internetnutzung zur Verfügung. Einen PC mit Sprachausgabe, Braillezeile und Scanner, wie er Voraussetzung für elektronische Vorleseprogramme ist, nutzt er seit 1998 privat (Zeilen 824-826, 871-872).

Die Interviewpartnerin erwähnt, dass ihr Vater ungern mit Punktschrift umgehe, obwohl er die entsprechenden Fähigkeiten erworben habe (Zeilen 1055-1056). Ob sein Arbeitsplatz mit einem für ihn nutzbaren Internetzugang ausgestattet wurde, ist Frau Lange nicht bekannt (Zeilen 1056-1058).

IV.2.6.2 Personelle Hilfen

Bei kurzfristigen Krankenhausaufenthalten ihrer Mutter war stets eine Freundin von dieser bei Clara Lange. Diese Person mochte die Interviewpartnerin sehr gern (Zeilen 143-157).

Infolge ihres veränderten Sehvermögens durfte Frau Langes Mutter nie selbst ein Auto lenken. Während ihrer Berufstätigkeit konnte sie von 1992 bis 2000 auf eine Assistenz zurückgreifen, die sie in einem Dienstwagen an die gewünschten Orte brachte. In den Zeiten ohne den Fahrer griff die Mutter auf öffentliche Verkehrsmittel zurück, mit denen sie auch privat unterwegs ist. Gemäß den Angaben der Interviewpartnerin gelangte ihre Mutter bisher an jeden Ort, an den sie wollte (Zeilen 930-933).

Frau Langes Vater hat an seinem Arbeitsplatz eine Assistenz, die für zwei Drittel seiner Gesamtarbeitszeit bereitsteht. Darüber, welche Teiltätigkeiten diese für den Vater übernimmt, ist die Interviewpartnerin nicht informiert (Zeilen 1097-1100).

Frau Lange erzählt, dass früher ihre Großeltern väterlicherseits gekommen sind, um in der Wohnung ihres Vaters einen Großputz durchzuführen. Dies begründet sie damit, dass es für eine blinde Person komplizierter sei, derartige Reinigungsaktionen durchzuführen (Zeilen 424-430, 924-926).

Die Nachbarn von Frau Langes Vater unterstützten ihn auch bei praktischen, handwerklichen Arbeiten:

> „... da hatten wir supernette Nachbarn, (...) die haben auf jeden Fall im Haushalt geholfen, wenn irgendein neuer Boden zu verlegen war." (Zeilen 389–391)

Zwischen 1990 und 1992 verbrachte Clara Lange stets Teile von Werktagen bei einer Tagesmutter, wo es ihr gemäß eigenen Aussagen gefallen hat (Zeile 705).

Die Interviewpartnerin denkt, dass ihre Eltern immer die nötige Unterstützung hatten. Mehr wäre für deren Selbstständigkeit nicht förderlich gewesen, meint sie. Daneben gibt sie zu bedenken, dass ihr weitere Personen, die ihren Elternteilen nahekamen, generell nicht recht gewesen wären:

> „... also, ich hab echt versucht, jeden neuen Lebenspartner zu vertreiben, und war immer total unnett zu denen, also richtig schlimm, und hab die auch echt gehasst ..." (Zeilen 458–460)

Der Vater ließ sich von 1989 bis 2001 von seinem ersten und von 2002 bis 2006 von seinem zweiten Blindenhund außerhalb des eigenen Wohnraums führen. Nach dem plötzlichen Tod des zweiten Blindenhunds schaffte er sich keinen weiteren an, sondern einen gewöhnlichen Wachhund (Zeilen 853–857, 1089–1091).

IV.2.6.3 Unterstützung von Seiten der Kinder

Clara Langes Mutter benötigte beispielsweise Informationen zur Farbigkeit:

> „... (die Mutter, Anm. d. Verf.) kam manchmal zu mir an: ‚Ja, ist das Kleidungsstück rot oder ist es jetzt grün?'" (Zeilen 57–58)

Ihrem Vater musste die Interviewpartnerin Kuverts vorlesen und mit ihm gemeinsam Briefe nach ihrer Wichtigkeit sortieren:

> „... aber für meinen Vater halt so Kleinigkeiten wie Post durchgucken, schon in 'nem Alter, wo ich einfach grad angefangen hab zu lesen ..." (Zeilen 240–242)

Beim Ordnen der Post griff ihr Vater nie auf elektronische Sprachausgabe zurück. Solange Clara Lange jede zweite Woche bei ihm wohnte, fühlte sie sich in das Vorlesen der Post stark einbezogen (Zeilen 1134-1142).

Weiterhin berichtet die Interviewpartnerin, dass sie ihren Vater vom Kleinkindalter bis zur Gegenwart dabei unterstütze, verlegte Gegenstände wiederzufinden (Zeilen 873-874). Ebenfalls erzählt sie, dass er das Finden von Tiefkühlgemüse im Supermarkt mit einem Suchspiel verbunden habe, als sie zwischen drei und fünf Jahren alt war (Zeilen 249-253, 748-750).

Während des Heranwachsens hatte Frau Lange unterschiedliche Gefühle gegenüber den von ihr erwarteten Hilfen für ihren Vater:

„Bis ich fünf Jahre alt war, hatte ich Spaß dabei, als ich dann in der Grundschule Freunde hatte, die ich treffen wollte, hat es mich genervt." (Zeilen 887-888)

Zwischen diesen Hilfen und den Bedürfnissen der Interviewpartnerin konnte in der Regel ein Ausgleich gefunden werden:

„... konnten wir das schon so ganz gut unter einen Hut bringen, dass sie gesagt haben: ‚Ja, komm, wir gehen morgen einkaufen, heute triffst du dich mit deiner Freundin', oder so." (Zeilen 271-273)

Frau Lange erzählt, dass es ihr im Kindesalter Freude bereitet hätte, in die Unterstützung ihres Vaters einbezogen zu werden:

„... also, ich kam mir damals irgendwie wichtiger vor für meine Eltern, als wenn, ich glaube, sie mir alles geben ... machen hätten tun können." (Zeilen 467-469)

IV.2.7 Reflexionen des Interviewten
IV.2.7.1 Auseinandersetzung mit dem Thema „Behinderung"

Die Interviewpartnerin konnte die Blindheit ihres Vaters gut als gegeben hinnehmen. Dies erklärt sie sich folgendermaßen:

„... die Blindheit von meinem Vater, die war ja schon immer da, und ich denke, man kann was, was schon immer da war, viel besser akzeptieren als was, was jetzt plötzlich in ein Leben von jemandem tritt ..." (Zeilen 321-324)

Clara Lange stuft die Sehbehinderung ihrer Mutter als weniger schwerwiegend ein als deren Endometriose. Die Blindheit des Vaters wird, da sie eine Folge äußerer Gewalteinwirkung ist, nicht vererbt werden. Bei der inneren Erkrankung der Mutter liegt eine genetische Weitergabe hingegen im Bereich des Möglichen. Hierüber hat sich die Interviewpartnerin wiederholt mit ihrer Mutter ausgetauscht. Gegenwärtig ist die Vererbbarkeit für Clara Lange kein zentrales Thema:

> *„... ja, hatte ich irgendwie Angst, dass ich das auch kriege und auch so viele Operationen irgendwie machen muss, aber ich glaube, ich war nie so geprägt von der Angst ..."* (Zeilen 562–564)

Mit beiden Elternteilen führte die Tochter Gespräche, bis ihr Wissensdurst in Bezug auf die elterlichen Behinderungen gesättigt war:

> *„... wollte man das wissen, wie das alles gekommen ist, besonders im jungen Alter, aber irgendwann... man wusste dann halt schon alles und dann war es eher nicht mehr so 'n Thema."* (Zeilen 206–209)

Clara Lange stellt fest, dass sie seit ihrer Kindheit bis in die Gegenwart mehr Angst um ihre Eltern hat, als sie dies von Gleichaltrigen annimmt, bei denen kein Elternteil eine Behinderung hat (Zeilen 893–896).

Im Hinblick auf ihre Mutter sei sie, insbesondere im Zusammenhang mit deren zahlreichen Krankenhausaufenthalten, überdurchschnittlich besorgt (Zeilen 1124–1128). In Bezug auf die Situation ihres Vaters zeigen sich Clara Langes Ängste wie folgt:

> *„... dass mein Vater vielleicht eines Tages über die Straße geht und die Ampel ist nicht mehr grün und wird rot, und irgendeiner fährt ihn um oder so ..."* (Zeilen 571–573)

Abgesehen von den häufigen Krankenhausaufenthalten der Mutter fällt der Interviewpartnerin nichts Erhebliches ein, worauf sie infolge der Behinderung ihrer Eltern hätte verzichten müssen. Dann erwähnt sie, dass sie Kinobesuche weniger begeisterten, wenn ihr Vater den Film nicht allzu spannend fand:

> *„... auch wenn mein Vater dann eingeschlafen ist (lacht) und alles ziemlich langweilig fand. Das fand ich ein bisschen doof*

dann, ja, wenn alle auf meinen Vater gucken, weil er neben mir sitzt und schnarcht." (Zeilen 354–357)

Als Kind hatte Clara Lange einen Unfall, der gemäß ihrer Einschätzung in keinem besonderen Zusammenhang mit der Blindheit ihres Vaters stand:

> *„Es war so, dass ich mit meinem Vater Taxi gefahren bin, und mein Vater hat bezahlt und ich bin schon aus der Hintertür ausgestiegen. Da kam ein anderes Auto und ist mir über die Spitze meines Schuhs gefahren. Mir waren meine Schuhe zu groß, und das Auto ist nur über den Schuh und nicht über den Fuß gefahren. Das hätte auch bei einem sehenden Vater passieren können. Ich bin ja genau während dem Zahlen hinten ausgestiegen. Das hätte auch ein sehender Vater nicht gesehen, während er das Geld hingezählt hätte."* (Zeilen 837–844)

Clara Lange versuchte immer wieder, sich in die Wahrnehmungswelt ihres Vaters hineinzuversetzen. Damals war sie gemäß eigenen Angaben acht Jahre alt (Zeile 889–892). Hierbei gingen der Interviewpartnerin beispielsweise folgende Gedanken durch den Kopf:

> *„… und glaubt er, dass ich hübsch bin, glaubt er, dass ich hässlich bin, oder so …"* (Zeile 485)

Die Interviewpartnerin war entfernt mit dem Kind einer Rollstuhlnutzerin bekannt, sie fühlte sich zu diesem aber nicht besonders hingezogen (Zeilen 547–548, 934–939).

Clara Lange sieht in ihrem Aufwachsen bei Eltern mit Behinderungen Vorteile gegenüber Gleichaltrigen mit nicht behinderten Eltern:

> *„… einfach in allen Hinsichten verwöhnter, da die Eltern halt echt fast alles für sie gemacht haben, und dass sie halt einfach weniger selbst… so Eigenständigkeit gehabt haben."* (Zeilen 522–524)

Zusammenfassend unterstreicht die Frau Lange, dass sie sich durch das Helfen positiv entwickelt habe:

> *„… aber ich finde das … fand das gar nicht so schlecht, weil dadurch hatte man auch eher so 'ne … so Selbstständigkeit bekommen im frühen Alter."* (Zeilen 247–248)

Als persönliches Fazit fasst die Interviewte zusammen, dass es wichtig sei, die Behinderung der Eltern zu akzeptieren. Dem fügt sie hinzu:

„... *man muss auf jeden Fall die Person mit seinen Charakteren sehen und nicht irgendwie auf die Behinderung beschränken, finde ich.*" (Zeilen 585–587)

IV.2.7.2 Eigenes Leben und Sichtweisen von Clara Lange

Als schwierig erlebte die Interviewpartnerin den wöchentlichen Wohnortwechsel zwischen beiden Elternteilen:

„... *und dann war das, was ich haben wollte, immer bei der andern Person ...*" (Zeilen 310–311)

Frau Lange unterstreicht, dass sie die Scheidung ihrer Eltern als schwerwiegender erlebt habe als deren Behinderungen (Zeilen 319–327). Mit der Ankunft des ersten Pflegekindes im Haushalt ihrer Mutter war für die Interviewte eine Umstellung in ihrer bisherigen Rolle als einziges Kind der Familie verbunden:

„... *es war erst mal so total kompliziert, weil 'n Pflegekind ist vielleicht nicht so einfach oder hat andere Erfahrungen im Leben gemacht, dass es jetzt alles andere als einfach gewesen wäre, ich hab schon 'n bisschen drunter gelitten ...*" (Zeilen 133–136)

Die Interviewpartnerin betont, dass ihre Mutter insbesondere am Anfang viel Zeit für Bea aufgewandt habe (Zeilen 701–702). Ein weiterer Aspekt hierzu kann unter IV.2.4.4 nachgelesen werden.

Frau Lange und ihr Vater unterstützten sich gegenseitig:

„... *auch wenn ich viel für meinen Vater gemacht hab, hat er mir eigentlich doppelt so viel für ... für mich gemacht.*" (Zeilen 280–281)

Als die Interviewpartnerin noch sehr zurückhaltend war, hat ihr Vater ihr geholfen, Verabredungen mit Gleichaltrigen und deren Eltern zu managen. Dabei gewährte er direkte Hilfen beim Telefonieren, indem er einen Teil des Gesprächs übernahm und Clara Lange anleitete, das Telefonat fortzuführen (Zeilen 282–286, 903–906). Beim Erlernen weiterer lebenspraktischer Fähigkeiten erhielt sie ebenfalls Unterstützung von ihrem Vater:

„... aber auf jeden Fall so Bahn fahren, und mein Vater hat halt ziemlich gute örtliche Orientierung so, dass er mir erklären konnte so: ,Dann musste da lang laufen und hier lang laufen', also, er war auf jeden Fall schon 'ne große Hilfe für mich." (Zeilen 288–291)

Frau Lange resümiert, dass sie solche Tipps fürs Unterwegssein mit der Bahn von ihrem Vater bereits im Alter von drei Jahren erhalten habe und auch heute noch bekomme (Zeilen 900–902).

Heute sieht Clara Lange es als erzieherische Notwendigkeit, nicht allen kindlichen Begierden nachzugeben:

„... denk' ich mal, dass es eigentlich ganz gut ist, wenn Kinder nicht alles bekommen ..." (Zeilen 510–511)

So blieb der Interviewpartnerin nach eigenen Aussagen ein Autoteppich verwehrt (Zeilen 506–509)

In Bezug auf Urlaube oder den Führerschein vertraten beide Elternteile unterschiedliche Sichtweisen:

„Meine Mutter wollte mir immer alles bieten und zahlen, und mein Vater ... eher so: ,Nee, du verwöhnst sie.'" (Zeilen 190–191)

Frau Lange bewertet auch ihr Aufwachsen mit Hunden positiv, da sie sich bei den Vierbeinern unabhängig von ihrer eigenen Stimmung wohlgefühlt und sich gern mit ihnen beschäftigt habe (Zeilen 849–851). Von diesen lebt heute einer bei ihrer Mutter und einer bei ihrem Vater (Zeilen 853–857, 907–909). Blindenführhunde durften gemäß der Interviewpartnerin nur Zärtlichkeiten von ihr empfangen, wenn sie nicht mit ihrer Arbeit beschäftigt waren (Zeilen 913–917).

Frau Lange verfügte in ihrer Verwandtschaft über mehrere Vorbilder:

„Also, meine Mutter hab ich immer als Vorbild gesehen, weil ich sie immer als eigentlich starke Frau so interpretiert hab und, ja, mein' Vater hab ich halt auch immer so als (...) nett und halbwegs gerecht und, ja ... eigentlich eher mein Vorbild war immer für mich mein Opa (väterlicherseits, Anm. d. Verf.), denk ich ma', weil er einfach so nett war ..." (Zeilen 170–175)

IV.3 Interviewdarstellung: Pia Weiß
IV.3.1 Vorinformationen

Pia Weiß wohnt im Zentrum einer hessischen Großstadt und ist mit Vater, Bruder und einer blinden Mutter im angrenzenden Dorf aufgewachsen. Zum Zeitpunkt des Interviews ist sie 21 Jahre alt. Ihre Mutter ist über eine Online-Zeitung, welche sich vor allem an blinde Nutzer richtet, auf mein Forschungsvorhaben aufmerksam geworden. Um welche Zeitung es sich handelte, ist Frau Weiß nicht mehr bekannt. Ihre Mutter kommt aus Griechenland. Die Interviewpartnerin spricht fließend und akzentfrei deutsch. Die Muttersprache ihrer griechischen Verwandten versteht Pia Weiß teilweise und kann sich selbst ein wenig in dieser Sprache verständigen.

Frau Weiß empfängt mich sehr offen und erzählt gern. Sie hat Tee gekocht. Das Gespräch findet in der Küche der Wohnung statt. Insgesamt wirkt die Interviewpartnerin ausgeglichen und lebensfroh. Während des Interviews wechselt ihre Stimmung zwischen ernsthaft-nachdenklich, humorvoll und peinlichem Berührtsein.

Bei der Wohnung von Frau Weiß handelt es sich um eine Wohngemeinschaft, deren übrige Mitglieder zum Zeitpunkt des Interviews nicht anwesend sind. Den Eltern der Interviewpartnerin bin ich nicht begegnet. Frau Weiß berichtet, dass sie ihrer Mutter von dem Interviewtermin erzählt habe und diese ihn positiv betrachte.

IV.3.2 Die Behinderungen

Pia Weiß' Mutter ist nach einer Medikamentenunverträglichkeit im Mutterleib seit ihrer Geburt blind. Beim Ertasten von Wegen mit dem Langstock bzw. beim Erlesen von Punktschrift hat die Mutter keine taktilen Schwierigkeiten, da sie über einen geschulten Tastsinn verfügt (siehe biografischer Kurzfragebogen PIA WEISS, Zeilen 644–647, 486, 745–746). Vater, Bruder und Pia Weiß selbst sind nicht behindert.

IV.3.3 Biografische Eckdaten
IV.3.3.1 Die Eltern von Pia Weiß
Die Mutter der Interviewpartnerin arbeitet seit 1998 als Sozialarbeiterin. Im März 2009 wechselte sie vom Projekt „Web for all" zum Blindenbund, wo sie als Fundraiserin gegenwärtig als Vollzeitkraft tätig ist. Pia Weiß war 15 Monate alt, als ihre Mutter nach der Erziehungspause wieder zu arbeiten begann. Als deren Hobbys gibt Pia Weiß Lesen, Spazierengehen, Reisen und „den Hund" an.

Als Krankenpfleger auf einer Intensivstation studierte der Vater der Interviewpartnerin von 2002 bis 2006 nebenberuflich Pflegewissenschaften. Seit 2006 ist er Pflegedienstleiter in einem Altersheim. Frau Weiß nennt Fahrradfahren, Reisen und Gärtnern als seine Lieblingsfreizeitbeschäftigungen.

IV.3.3.2 Die Person Pia Weiß
Ihre Kindheit und Jugend verbrachte Pia Weiß in einem Dorf, das 12.000 Einwohner zählte. Ab dem Alter von zehn Jahren ging sie in der nächstgelegenen Großstadt zur Schule. Am früheren Schulort wohnt die Interviewpartnerin heute noch. Sie wuchs zusammen mit ihrem viereinhalb Jahre jüngeren Bruder bei ihren Eltern auf. Mit 19 Jahren zog Frau Weiß aus dem Elternhaus aus. Ihr heutiger Wohnort liegt neun Kilometer von ihrem Elternhaus entfernt.

Zum Zeitpunkt des Interviews geht Frau Weiß stundenweise einer Honorartätigkeit auf 400-Euro-Basis in einem Amt nach. Diese übt sie ohne abgeschlossene Berufsausbildung aus. Zugleich studiert die Interviewpartnerin Soziale Arbeit. Ihre Hobbys sind Reisen, Treffen mit Freunden, Lesen und Ausgehen.

IV.3.4 Menschliche Kontakte in und außerhalb der Familie
IV.3.4.1 Gemeinsame Aktivitäten der Familie
In der Familie war der Vater vorwiegend für den außerhäuslichen Bereich zuständig, während die Mutter sich vor allem um Haus und Kinder kümmerte:

> „Also, ja, mit meinem Vater, wir sind früher ... haben wir viele Fahrradtouren gemacht, die halt eben mein Vater und vielleicht mein Bruder und ich zusammen gemacht haben, da

war meine Mutter nie dabei, also, Tandem hatten wir nicht ..." (Zeilen 39–42)

Die Hausaufgabenhilfe der Mutter bestand darin, Pia Weiß zur selbstständigen Erledigung der Aufgaben anzuleiten. Die Dienste ihrer Mutter zog die Interviewpartnerin denen ihres Vaters vor:
„Und wenn ich halt Fragen hatte, war halt, als wir noch jünger waren, meine Mutter zu Hause. Und später, als meine Mutter dann wieder gearbeitet hat, hab ich auch wenn ... dann meine Mutter auf der Arbeit angerufen, wenn ich 'ne Frage hatte, und eher weniger meinen Vater, so was." (Zeilen 47–51)

„Ich konnte immer besser mit meiner Mutter lernen, mein Vater wurde so schnell sauer, wenn ich etwas nicht wusste, er ist ungeduldiger und perfektionistischer." (Zeilen 825–827)

Frau Weiß bezeichnet sich selbst als „Mama-Kind" (Zeilen 9–10). Die emotionale Bindung zur blinden Mutter sei stets enger als zum nicht behinderten Vater gewesen. Dies sei auch heute noch so:
„... also, auch heute noch ist meine Mutter eigentlich meine beste Freundin ..." (Zeilen 22–23)

Wenn die Mutter etwas infolge ihrer Behinderung anders ausgeführt hat, als dies üblich ist, und das zum Unmut von Familienmitgliedern führte, wurde dies offen artikuliert:
„Also, es gab Abendessen, wo mein Bruder oder mein Vater dann direkt gesagt haben: ‚Das sieht ja kacke aus, das sieht ja aus wie schon mal gegessen!', was halt nicht sonderlich nett war ..." (Zeilen 461–463)

Pia Weiß berichtet, dass ihre Mutter die geschilderten Reaktionen sehr getroffen hätten. Sie betont, dass es sie selbst nicht störe, wenn Essen weniger ästhetisch zubereitet sei. Zudem unterstreicht sie, dass das Essen bei ihrer Mutter auch dann sehr gut geschmeckt habe, wenn es nicht schön aussah.

Während Pia Weiß heranwuchs, besuchte ihre Familie in der Regel einmal jährlich die Großmutter mütterlicherseits (Zeilen 693–694).

IV.3.4.2 Der Kontakt zu Gleichaltrigen

Die Interviewpartnerin war stets gut in soziale Gruppen integriert. Frau Weiß bemerkt, dass es ihr im Kindes- und noch mehr im Jugendalter wichtig gewesen sei, möglichst viele Bekannte zu haben, während es ihr heute vorwiegend auf die Qualität der Kontakte ankomme:

> „... hatte ich so Kindergarten, mittleres Alter bis zur Jugend, eigentlich noch die komplette Jugend über immer sehr viele Freunde ..." (Zeilen 165–166)

Als kleines Kind hat Pia Weiß auch negative Erfahrungen wegen der Blindheit ihrer Mutter gemacht:
> „Und zwar im Kindergarten haben mich irgendwann mal andere Kinder gehänselt deswegen, weil, meine Mutter hat mich in den Kindergarten gebracht ..." (Zeilen 56–58)

Die genauen Formulierungen der Kinder von damals sind Frau Weiß heute nicht mehr präsent. Sie unterstreicht jedoch, dass die Äußerungen eindeutig die Blindheit ihrer Mutter betrafen (Zeilen 68–74, 894–897). Sie hatte den Vorfall mit beiden Elternteilen genau durchgesprochen. Dabei sei ihr bewusst geworden, dass ihre Mutter alle Alltagstätigkeiten im Haushalt und in der Kindererziehung erledigte wie andere, sehende Mütter. In der Folgezeit lernte Pia Weiß zunehmend, souverän mit schwierigen Verhaltensweisen Dritter umzugehen:
> „... also, das ist dann so von peinlich berührt in so 'nen Stolz übergegangen ..." (Zeilen 80–81)

Gemäß eigenen Aussagen gewöhnte sich die Interviewte zunehmend daran, anderen Kindern Auskünfte hinsichtlich der Blindheit ihrer Mutter zu erteilen, wenn diese das wünschten. Der Anfang dieser Entwicklung war noch von Unsicherheiten geprägt:
> „... so als Schulkind war's immer noch so 'n bisschen komisch, da drüber zu reden." (Zeilen 171–172)

Heute erzählt die Interviewpartnerin Bekannten nicht mehr im Vorfeld von der Blindheit der Mutter. Sie müsse verwunderte Reaktionen nicht unbedingt vermeiden, sagt sie. Dies begründet sie damit, dass die Behinderung ihrer Mutter für sie zum Alltag ge-

höre und dass sie mittlerweile besser mit irritierten Zeitgenossen umgehen könne.
Pia Weiß berichtet, dass niemand auf die Vorankündigungen zur Blindheit ihrer Mutter vollständig ablehnend reagiert habe:
„... *also, es war nie so, dass jemand gesagt hat: ‚Nee, dann will ich nicht mitkommen!', oder so was.*" (Zeilen 187–189)

IV.3.4.3 Soziale Kontakte der Eltern

Die Herkunftsfamilie der Interviewpartnerin verfügte stets über einen großen Freundeskreis:

„*Also, meine Mutter ging auf 'n Blindeninternat als Kind; bis zum Abitur war sie immer auf Blindenschulen, und aus dieser Zeit kennt sie sehr, sehr viele Leute ...* " (Zeilen 613–615)[12]

Ebenso waren die Eltern gut in das direkte Wohnumfeld integriert:
„... *also, meine Eltern haben zu allen Nachbarn 'n gutes Verhältnis, das ist ... ja, also, das ist völlig okay.*" (Zeilen 275–276)

Die Mutter habe sowohl Freunde mit als auch ohne Behinderungen. Die Freunde des Vaters haben laut Pia Weiß eher keine Beeinträchtigungen (Zeilen 838–843).

Beim Austausch von Neuigkeiten unter den Dorfbewohnern vermutet die Interviewte nicht zwangsläufig ihre blinde Mutter als Gesprächsthema:

„... *'n bisschen zu reden übereinander oder so was, also, das ist so Dorfgeplänkel, aber ich weiß auch nicht, ob's jetzt um die Behinderung geht oder ob's allgemein um irgendwas geht, denen fällt ja immer was ein (lacht).*" (Zeilen 277–280)

---

12 Vgl. II.1.2.5: den Kapitelanfang

IV.3.4.4 Konflikte und Verhaltensweisen während Meinungsverschiedenheiten innerhalb der Familie

Die Eltern der Interviewpartnerin verhalten sich in Streitsituationen unterschiedlich:

„... *meine Mutter war eher die Temperamentvolle, die darauf eingestiegen ist.*" (Zeilen 109-110)

„*Also, mein Vater geht, wie ich ja auch schon gesagt hab, geht Konflikten immer aus'm Weg, aber nicht nur, weil er das nicht möchte, sondern auch, weil er nicht damit umgehen kann.*" (Zeilen 474-477)

Obwohl sich Frau Weiß zu ihrer Mutter mehr hingezogen fühlt als zu ihrem Vater (vgl. IV.3.4.1), streitet sie sich mit ihr intensiver:

„*Wir haben mehr Zeit gemeinsam verbracht, deswegen führte das öfter zu Streit, außerdem, weil wir uns manchmal sehr ähnlich sind.*" (Zeilen 801-802)

Heute kommt es in den Augen von Frau Weiß seltener zu solchen Auseinandersetzungen, da sie und ihre Mutter nicht mehr unter einem Dach wohnen und die Zeit ihrer Pubertät überwunden ist (Zeilen 828-832).

IV.3.5 Verhaltensweisen Dritter allgemein und belastende Erfahrungen
IV.3.5.1 Reaktionen von Menschen außerhalb der Kernfamilie

Ist Pia Weiß mit ihrer Mutter unterwegs, reagieren Fremde oft befangen auf deren Blindheit. Als Kind erlebte sie dies als sehr unangenehm. Inzwischen hat sich Frau Weiß Strategien zugelegt, die ihr in derartigen Situationen Kraft geben:

„... *drehen sich alle Leute um, alle finden's interessant, alle glotzen.*" (Zeilen 283-284)

„... *und teilweise* (haben die Leute, Anm. d. Verf.) *auch mit dem Finger drauf gezeigt ...*" (Zeilen 306-307)

Als Kind lief Pia Weiß eine gewisse Zeit in der Öffentlichkeit hinter der Mutter her, um belastenden Blicken zu entgehen:

„*Das hat sie* (die Mutter, Anm. d. Verf.) *schon verletzt. Und das war auch nichts, was ich damit erreichen wollte, also, das hat mir dann auch immer leidgetan.*" (Zeilen 318–320)

„*Heute glotz ich halt einfach zurück, also, mittlerweile stört mich das nicht mehr.*" (Zeilen 288–289)

Bestand bereits kommunikativer Kontakt, so erlebte die Interviewpartnerin oft positive, angenehme Neugier:
„*... weil jedem, dem ich's erzähle oder der das irgendwie mitkriegt ... der ist auch total interessiert daran ...*" (Zeilen 654–655)

Eine Biologielehrerin hielt eine von der Mutter verfasste schriftliche Entschuldigung für eine Fälschung, da es für Menschen, die von Geburt an blind sind, besonders schwierig ist, eine gewöhnliche Unterschrift zu leisten – oft werden dabei Buchstaben übereinander geschrieben oder das Schriftbild wirkt verzerrt, mitunter wie von einem Kind notiert. Nachdem Frau Weiß auf die Blindheit ihrer Mutter hingewiesen hatte, schien die Lehrkraft von dem Vorfall peinlich berührt zu sein:
„*Und dann war sie sehr perplex, hat sich hundertmal entschuldigt ...*" (Zeilen 264–265)

Bei den Lehrenden gab es weitere, nicht unangenehme Reaktionen:
„*Also, ich hatte 'nen Mathelehrer, der fand unsern Blindenführhund total toll ...*" (Zeilen 268–269)

Die Lehrkräfte, deren Sprechstunde die Eltern nicht besucht hatten, waren nach Aussagen von Frau Weiß nicht über die Blindheit der Mutter informiert (Zeilen 818–822).

IV.3.5.2 Diskriminierungserfahrungen

Die Interviewpartnerin gibt an, dass sie nicht so genau wisse, was ihre Mutter in jungen Jahren erlebt hat. Abgesehen von belästigenden Passantenblicken in der Öffentlichkeit und den verletzenden Sprüchen während ihrer eigenen Kindergartenzeit erinnert sich Pia Weiß nicht an Diskriminierungen:

„So jetzt ganz direkt, also, erinner ich mich nicht, dass jetzt irgendjemand sie (die Mutter, Anm. d. Verf.) *beschimpft hätte oder so ..."* (Zeilen 707–708)

Einschränkend erwähnt die Interviewte im Rahmen derselben Aussage, dass sie sich nicht vorstellen könne, dass gegenüber ihrer Mutter keine belastenden Verhaltensweisen durch Dritte vorgekommen seien. Diese Einschätzung erläutert sie folgendermaßen:
„Ich glaube, dass sich in den Köpfen der Menschen, und somit auch in meinem, das Bild des ‚diskriminierten Behinderten' so festgefahren hat, dass man sich nicht vorstellen kann, dass es sie nicht gibt. Vielleicht deswegen." (Zeilen 726–728)

IV.3.6 Technische, allgemeine und personelle Erleichterungen im Alltag
IV.3.6.1 Hilfsmittel und Umgangsweisen
Frau Weiß' Mutter nutzte von Kindesbeinen an einen Langstock. Einige Wege bewältigt die Mutter außer Haus selbstständig:
„Ja, dass meine Mama eben mich auch zum Kindergarten bringen konnte und auch ... und wenn's nur im Reformhaus war, aber da konnte sie auch alleine einkaufen gehen und durch ... komplett durchs Dorf alleine mit ihrem Stock ..." (Zeilen 95–97)

Hinzu kommen diverse kleinere Hilfsmittel:
„Dann gibt's so 'n Gerät, was zum Beispiel beim Wäschesortieren, bevor man wäscht ... da drückt man auf so 'n Knopf und dann sagt es einem, was für 'ne Farbe das jeweilige Kleidungsstück hat ..." (Zeilen 492–494)

Ein weiteres technisches Hilfsmittel gibt Auskunft über die künstliche Beleuchtung in der Wohnung:
„Dann gibt's 'n Gerät, was 'nen bestimmten hohen oder tiefen Piepton macht, was anzeigt, ob das Licht an oder aus ist." (Zeilen 499–500)

Weiterhin zeigt eine kleine Vorrichtung aus Plastik anhand verschiedener Markierungen, um welchen Geldschein es sich handelt. Die auf den Banknoten befindlichen Tastsymbole sind so schwer zu erfühlen, dass dies den meisten blinden Personen – auch Frau Weiß' Mutter – nicht gelingt. Neben den beschriebenen Hilfsmitteln nutzt die Mutter, seitdem Pia Weiß acht Jahre alt ist, ein elektronisches Vorlesegerät mit Sprachausgabe, was sie gegenüber dem Ertasten von Texten bevorzugt:

> „… also, dieses Vorlesegerät am Computer, da gibt's ja noch so 'ne passende Braillezeile zu, falls man mal nichts hören will, sondern sich selber vorlesen möchte, die benutzt sie aber nicht so oft." (Zeilen 489–492)

> „Man kann Braillezeile und Lesegerät gemeinsam oder jeweils einzeln nutzen. Meine Mutter nimmt immer beides zusammen, weil das die genauste Art ist zu arbeiten, findet sie." (Zeilen 903–905)

Den für blinde Menschen zugänglichen PC erhielt die Mutter, als Pia Weiß zehn Jahre alt war, zwei Jahre später wurde die Braillezeile bewilligt und angeschafft (Zeilen 729–736). In der Folgezeit verfügte die Mutter lückenlos über Computer, Vorlesegerät und Braillezeile. Sie kauft zum Beispiel Drogerieartikel per Internetversandhandel ein, da ihr das Suchen in den Geschäften zu beschwerlich ist (Zeilen 853–854). Die meisten technischen Hilfen wurden vom monatlichen Blindengeld bezahlt (Zeilen 515–516). In ihrer Freizeit nutzt Pia Weiß' Mutter vorwiegend Hörbücher, aber auch Brailleschrift-Editionen (Zeilen 761–762).

IV.3.6.2 Personelle Hilfen

Im beruflichen Umfeld nutzt die Mutter der Interviewten Assistenz:

> „… und wenn sie da auf Dienstreisen fährt, kommt meistens ein Assistent mit, also, der dann das Auto entweder fährt oder (…) einfach um Wege zu finden …" (Zeilen 531–534)

Im Rahmen ihrer Erwerbstätigkeit ist Pia Weiß' Mutter immer wieder in verschiedenen deutschen Großstädten unterwegs. Da an benachbarten Arbeitsplätzen ebenfalls Personen mit einer Sehbehinderung bzw. blinde Menschen eingesetzt sind, wird die Assistenz für die Betroffenen gemeinsam organisiert:

"Beruflich reist meine Mutter sehr viel, auch an Orte, wo sie sich nicht auskennt; privat macht sie eher Dinge an Orten, die sie kennt. In ihrem Privatleben gibt es Freunde/Familie, die ihr helfen können, da braucht sie keine Assistenzkraft." (Zeilen 765–768)

Entweder geht der Vater mit seiner Ehefrau gemeinsam Lebensmittel einkaufen oder er übernimmt diesen Bereich allein oder der noch zu Hause lebende Sohn erledigt dies (Zeilen 910–913). Pia Weiß erzählt, dass immer diejenigen Personen im Restaurant die Speisekarte vorlesen, die gerade mit ihrer Mutter unterwegs sind (Zeilen 757–760).

Pia Weiß war 14 Jahre alt, als ihre Mutter erstmals über einen Blindenführhund verfügte. Zwei Monate vor dem Interviewtermin hat die Mutter einen neuen Hund dieser Art erhalten – sein Vorgänger verbringt seinen Lebensabend ebenfalls bei den Eltern der Interviewpartnerin (Zeilen 754–756).

Frau Weiß unterstreicht, dass ihre Mutter immer darauf bedacht gewesen sei, Dinge so selbstständig wie möglich zu erledigen:
"Also, sie hatte, wenn man's so im Vergleich mit andern blinden Menschen sieht, die ich kenne – also, meine Mutter hat viele blinde Freunde –, dann hatte sie wenig Hilfen, aber sie wollte auch nicht mehr." (Zeilen 599–601)

Ob sie eine Tätigkeit mit oder ohne Unterstützung bewältigte, entschied ihre Mutter stets selbst.

IV.3.6.3 Unterstützung von Seiten der Kinder

Die Interviewpartnerin betont, dass sie in ihrer Kindheit und Jugend vor allem kleinere Dienste für ihre Mutter erledigt habe:
"… wenn sie keine Lust hatte, diesen Pieper zu holen, hat sie halt gefragt: ,Ist hier das Licht an oder aus?'" (Zeilen 525–526)

Heute hilft Pia Weiß ihrer Mutter beim Haarefärben:
"… weil sie weiße Strähnchen bekommt, und da sie das nicht selber machen möchte, da sie nicht so gut sieht, wo sie da … und auch nicht zum Friseur gehen will …" (Zeilen 549–551)

Als einmal ein beruflicher Assistent der Mutter erkrankt war, übernahm Frau Weiß dessen Aufgaben:
„... *das war dann quasi wie so 'n Tag mit meiner Mutter, für den ich auch noch bezahlt wurde* ..." (Zeilen 543–544)

Es gab auch Momente, in denen sich Pia Weiß dadurch gestört gefühlt hat, dass ihre Mutter um Unterstützung bat:
„... *wenn ich irgendwie in meinem Zimmer gesessen hab und Fernsehen geguckt hab und sie wollte irgendwie sehen oder vorgelesen bekommen, was auf der Rückseite von den Tiefkühlkartoffeln oder was jetzt steht und wie lange man die in den Ofen tut oder so was, da gab's bestimmt Momente, wo ich gesagt hab: ‚Nee, ich hab jetzt grad' keinen Bock, da runterzukommen und dir das vorzulesen. Mach's halt irgendwie in den Ofen', oder so was, das hat mich schon manchmal genervt, grad' in meiner Jugend so* ..." (Zeilen 575–582)

„*Meistens hab ich's ja gern getan, und das ‚keinen Bock' kennt sicher jeder Jugendliche, das hatte dann meist nichts mit der Blindheit zu tun, eher vielleicht mit meiner Pubertät.*" (Zeilen 773–775)

Zugleich betont die Interviewpartnerin, dass Unterstützung für die Mutter zum Alltag gehörte und eher nicht reflektiert wurde:
„*Es war für mich immer selbstverständlich, ich hab da nie irgendwie hinterher gedacht: ‚Ja super, jetzt hast du mal wieder geholfen!', oder so, das war einfach, das ist meine Mutter, und das war immer ganz normal für mich, ist auch heute noch ganz selbstverständlich.*" (Zeilen 569–572)

IV.3.7 Reflexionen des Interviewten
IV.3.7.1 Auseinandersetzung mit dem Thema „Behinderung"
Die Interviewpartnerin bringt einige ihrer Charaktereigenschaften mit der Blindheit ihrer Mutter in Verbindung:
„*Also, ich wurde sehr, sehr früh selbstständig, dadurch, dass es einfach Dinge gab, die meine Mutter nicht machen konnte* ..." (Zeilen 323–325)

> *"... und hab auch früh gelernt, diszipliniert zu sein und vernünftig zu sein."* (Zeilen 333–334)

Im Alter von zehn Jahren fuhr Frau Weiß zum Beispiel selbstständig mit öffentlichen Verkehrsmitteln zu ihren Freunden (Zeilen 329–330). Die Interviewte beschreibt, was sie beim Helfen belasten kann:
> *"Ich bin ein Mensch, der für andere Menschen alles tut, für Freunde und Familie und Menschen, die ich mag. (...) Ich will es allen anderen recht machen, nur an mich selbst denke ich zu wenig. Das ist das ‚zuviel'."* (Zeilen 779–782)

Es gab Situationen, in denen sich die Interviewpartnerin andere Möglichkeiten ihrer Mutter gewünscht hätte:
> *"In manchen Dingen konnte mir meine Mutter einfach nicht so helfen wie 'ne, ja, sehende Mutter, zum Beispiel, wenn's um den ersten BH ging oder solche Sachen."* (Zeilen 127–129)

Frau Weiß berichtet, dass sie damals Neidgefühle gegenüber Freundinnen entwickelt habe, die mit ihren Müttern Kleidungsstücke einkaufen konnten. Zugleich habe sich ihre Mutter immer offen und neugierig in Bezug auf die Kleidungseinkäufe gezeigt, die sie im Jugendalter mit nach Hause brachte:
> *"... und meine Mutter war eigentlich immer sehr interessiert, die hat das dann erfühlt und an mir ..."* (Zeilen 156–158)

Frau Weiß resümiert auf meine Nachfrage, dass sie nicht genau wisse, warum ihre Mutter sie nicht in die Läden begleitet und sie diesem Elternteil dort nicht die Kleidung beschrieben und Stoffe zum Anfassen gegeben habe (Zeilen 807–810). Bei der Kommunikation über Kleidungsstücke hat sich die blinde Mutter – so sieht es die Interviewpartnerin im Nachhinein – intensiver beteiligt als der sehende Vater:
> *"Mein Vater hat sich immer zurückgehalten, aber der hat auch 'nen ganz anderen Geschmack als ich schon immer gehabt."* (Zeilen 154–155)

Die Frage der Vererbbarkeit der Blindheit stellt sich nicht, da eine Medikamentenunverträglichkeit der Mutter die Ursache für deren Erblindung war:

"Das war klar, dass das überhaupt nicht geht, ja." (Zeile 647)

Frau Weiß konstatiert, dass sie gern von ihrer Mutter spreche. Sie hält diese für eine mutige Person:

"... und hat jetzt zu Anfang nächsten Jahres noch 'nen besseren Job, Vollzeit jetzt; also, sie arbeitet momentan Teilzeit, dann Vollzeit, also, jetzt steigt sie so beruflich richtig ein und traut sich auch sehr, sehr viel zu ..." (Zeilen 402–404)

Zugleich bezweifelt Pia Weiß, dass sie so erfolgreich sein würde, wenn sie selbst blind wäre, da sie ihr eigenes Selbstbewusstsein geringer einschätzt als das ihrer Mutter (Zeilen 636–643).

Die Interviewpartnerin hält ihre Mutter für sehr selbstbewusst. Dennoch habe es Zeiten gegeben, in denen die Mutter Zweifel hinsichtlich ihrer Fähigkeiten bzw. der Reichweite ihres Aktionspotenzials hatte:

"... ja, ob's jetzt Sachen sind, wie wenn dann was mit PowerPoint an die Wand geschmissen wird, was sie nicht sehen kann, oder irgendwelche Hausarbeiten, wo es halt einfach für sie länger dauert, sich das Material zu besorgen ..." (Zeilen 417–420)

"Also, ich hab da nie mit ihr persönlich so drüber geredet, weil, ich war einfach noch kleiner, aber ich hab das so, glaub ich, so ... also, ich hab das gespürt ..." (Zeilen 422–424)

Der Weg zu einem Diplom mit Note Eins war für die Mutter also nicht frei von Sorgen. Zugleich waren ihr alle für den Studienabschluss wesentlichen Inhalte zugänglich.

IV.3.7.2 Eigenes Leben und Sichtweisen von Pia Weiß

Von ihrem Vater habe die Interviewpartnerin, wie sie sagt, die Sparsamkeit geerbt. Eine Parallele zu ihrer Mutter bestehe darin, dass sie sich auch so wenig wie möglich helfen lasse:

"... und ich würd' am liebsten immer alles selber machen und es mir nicht abnehmen lassen. Das ist erstens was, was ich früh eben gelernt hab durch die Behinderung, und zweitens

auch was, was eben meine Mutter genauso macht ..." (Zeilen 375–378)

Dabei sei es Zufall, dass Frau Weiß dasselbe Studium, also das der Sozialen Arbeit, absolviert wie bereits ihre Mutter:
„*... ich wollte das jetzt nicht studieren, weil sie es studiert hat, sondern einfach, weil ich irgendwie ... weil das genau das ist, was ich machen will ..."* (Zeilen 340–342)

Dinge, die sich Pia Weiß in ihrem Leben gewünscht hätte, die aber bisher nicht verwirklicht wurden, stehen nicht im Zusammenhang mit der Blindheit der Mutter:
„*(lacht) Sicherlich, bestimmt 'n paar Sachen, viel Geld. Ähm, also eigentlich hatte ich immer alles, was ich gebraucht hab, also alles, was ich ... es gab natürlich immer ... ich hatte so absurde Träume wie Pferde oder 'n Swimmingpool im Garten oder solche Sachen, das waren einfach unrealistische Dinge, die man irgendwie als Kind haben wollte ..."* (Zeilen 681–685)

Im Hinblick auf Ferienziele erlebte die Interviewpartnerin Unterschiede im Vergleich zu Gleichaltrigen:
„*Es gibt auf jeden Fall Dinge, die ich hätte machen wollen, also zum Beispiel Urlaub in irgendwelchen ganz fernen Ländern oder so was, was ich aber halt auch jetzt noch machen kann, also, das ist ja noch nicht zu spät. Aber das sind so Dinge, wo andere Kinder immer gesagt haben: ‚Och, ich war in Bali', und was weiß ich, ‚und in Amerika mit meinen Eltern', und wir sind halt nach Griechenland zu meiner Oma geflogen, jedes Jahr ..."* (Zeilen 688–694)

Hier spielt die bikulturelle Herkunft der jungen Frau eher eine Rolle als die Behinderung der Mutter.

Daneben führt Pia Weiß an, dass ihre Eltern Städtereisen bevorzugten, während sie selbst lieber Ferien auf Inseln – nach Möglichkeit mit Vulkanen – gemacht hätte.

Die Eltern unterstützen den Berufswunsch von Frau Weiß im Großen und Ganzen:
„*... also, die finden das, glaub ich, beide gut. Mein Vater lästert zwar ab und zu mal, dass man davon nicht leben kann, aber*

> *gut, das weiß ich selber. Meine Mutter findet's toll, also, die findet das super, ja."* (Zeilen 344–347)

Bereits als sie klein war, kannte die Interviewpartnerin andere Kinder von Elternteilen mit einer Behinderung. Speziell hingezogen habe sie sich zu den Heranwachsenden mit ähnlichen biografischen Elementen allerdings nicht gefühlt:
> *"Also, es war jetzt nicht irgendwie besonders, dass ich so gedacht hab, das ist jetzt irgendwie ... der steht mir irgendwie nahe, weil er das gleiche Schicksal hat oder irgend so was, das war nie so, also da ... wir haben uns da auch nie so, glaub ich, nie drüber unterhalten, über unsere Mütter, das war, glaub ich, nie so. Das war 'n ganz normaler Kontakt ..."* (Zeilen 671–675)

Frau Weiß begründet auf meine Nachfrage hin, warum sie gegenüber anderen Kindern mit mindestens einem blinden Elternteil keine besondere Nähe spürte:
> *"Weil es für uns alle so normal war, dass wir uns nicht als eine ‚besondere Gruppe' gesehen haben, die zusammenhalten muss."* (Zeilen 790–791)

Kinderseminare, die für den Nachwuchs von Elternteilen mit Behinderungen durchgeführt werden, hat Pia Weiß nicht besucht.
Resümierend bringt sie ihre positive Haltung gegenüber ihrer Mutter folgendermaßen zum Ausdruck:
> *"... was mir allgemein so zu meiner Mutter einfällt, dass ich einfach sehr stolz auf sie bin und dass ich sie dafür bewundere, was sie macht ..."* (Zeilen 714–716)

IV.4 Interviewdarstellung: Lennart Apelt
IV.4.1 Vorinformationen

Herr Apelt kommt aus Baden-Württemberg. Zum Zeitpunkt des Interviews ist er 19 Jahre alt. Der Kontakt kam über die Vermittlung verschiedener Selbsthilfeinitiativen für blinde und sehbehinderte Menschen zustande. Lennart Apelt ist mit einer blinden Mutter aufgewachsen. Bei ihm selbst ist 2006 eine Sakroiliitis mit lokalen Gelenkentzündungen festgestellt worden, die er im Gespräch „Rheuma" nennt.

Das Interview findet in der Küche von Lennart Apelts Elternhaus statt. Bruder und Vater des Interviewpartners bin ich kurz begegnet, mit der Mutter habe ich mich vor und nach dem Interview intensiv unterhalten. Herr Apelt gibt gern und sehr ausführlich Auskunft und geht auch mit Belastendem offen um. Als die Mutter während des Interviews hereinkommt und kurz etwas Organisatorisches mit ihrem älteren Sohn besprechen will, wird das Aufnahmegerät auf „Pause" geschaltet.

IV.4.2 Die Behinderungen

Lennart Apelts Mutter wurde ohne Behinderung geboren und erkrankte 1976 an Diabetes. 1986 erblindete sie und war zu diesem Zeitpunkt an Hepatitis B erkrankt. Vor ihrer Erblindung war sie leicht kurzsichtig, sodass sie den Führerschein erwerben konnte. Inzwischen mussten ihre Augen entfernt werden. Sie trägt gegenwärtig Glasaugen. Auch heute ist die Mutter noch auf Insulin angewiesen. Ende 2008 wurde bei ihr ein bösartiger Tumor in Mund und Rachen entdeckt und operativ entfernt. Der Interviewpartner berichtet, im Mai 2009, dass sich seine Mutter von diesem Eingriff gut erholt habe (Zeilen 945–947).

Beim Bruder, dem Vater, den Großeltern und den weiteren Verwandten des Interviewpartners liegen keine Behinderungen vor, abgesehen von einem alters- und unfallbedingten Lendenwirbelbruch der Großmutter mütterlicherseits.

Der Interviewpartner erlebt in verschiedenen Abständen unterschiedlich intensive Rheumaschübe, die mit Kopf- und Gliederschmerzen einhergehen. Zusätzlich entstehen Bauchschmerzen als Nebenwirkung der Medikamente, die er gegen seine Sakroiliitis einnimmt (Zeilen 444–452, 847–850).

IV.4.3 Biografische Eckdaten
IV.4.3.1 Die Eltern von Lennart Apelt

Herr Apelts Mutter wurde 1965 geboren. Von 1980 bis 1985 absolvierte sie eine Ausbildung zur Industriemechanikerin. Dabei hat sie Vollzeit in der Nahrungsmittelherstellung im Schichtdienst ge-

arbeitet. Ihre Tätigkeit bestand in der Wartung von Verpackungsmaschinen.
Der Interviewpartner führt als ihre Hobbys Sport, Musik, Tanzen, Leichtathletik und Gymnastik an. Er berichtet von den sportlichen Leistungen, die seine Mutter in ihrer Freizeit erbringt: *"Das erste Mal machte sie* (die Mutter, Anm. d. Verf.) *das Deutsche Sportabzeichen 2005 (...). Inzwischen hat meine Mutter zweimal das Bronzene Sportabzeichen und zweimal das Silberne Abzeichen. In diesem Jahr wird sie das Goldene Sportabzeichen erarbeiten!"* (Zeilen 877–883)

Der Vater des Interviewpartners hat von 1979 bis 1983 den Beruf des Industriekaufmanns erlernt. Direkt nach seiner Ausbildung machte er sich im Jahr 1984 selbstständig und ist bis heute Chef seines eigenen Gerüstbauunternehmens. Lennart Apelt nennt Motorradfahren und aktives Fußballspielen als Hobbys seines Vaters.

Der Interviewpartner hat einen jüngeren Bruder, der zum Zeitpunkt des Interviews 17 Jahre alt ist.

IV.4.3.2 Die Person Lennart Apelt

Nachdem er das Gymnasium besucht und sein Abitur abgelegt hat, leistet Lennart Apelt seit August 2008 ein Freiwilliges Soziales Jahr bei einer Person mit einer Spastik. Infolge seines Rheumas gilt der Interviewpartner für den Wehr- bzw. Zivildienst als untauglich. Sein Berufswunsch ist eine Ausbildung zum Sport- und Fitnesskaufmann. Gern würde er im Vertrieb arbeiten. Der Interviewpartner möchte seine Ausbildung im Herbst 2009 anfangen. Gegenwärtig hat Herr Apelt eine Freundin und keine eigenen Kinder.

Beide Geschwister leben mit ihren Eltern in dem Einfamilienhaus einer Kleinstadt mit ländlicher Umgebung. Der Wohnraum wird von der Großmutter mütterlicherseits vermietet. Der Interviewpartner ist somit zeitlebens nie umgezogen. In seiner Freizeit beschäftigt er sich gern mit Fußball und Basketball, hört Musik oder geht ins Fitnessstudio.

Lennart Apelt wohnt bei seinen Eltern. Die Großmutter mütterlicherseits lebt im Nebenhaus, ihr Mann ist verstorben. Zu den Großeltern väterlicherseits: Ihre Ehe wurde geschieden. Der Opa verstarb im Jahr 2008 im Alter von 98 Jahren. Die Oma hat erneut geheiratet. Sie wohnt mit ihrem neuen Ehemann ungefähr 20 Autominuten vom Elternhaus des Interviewpartners entfernt (Zeilen 244–247).

IV.4.4 Menschliche Kontakte in und außerhalb der Familie
IV.4.4.1 Gemeinsame Aktivitäten der Familie

Der Interviewpartner erinnert sich, dass Fußball für ihn und seinen Vater eine wichtige gemeinsame Aktivität war:

„... er (sein Vater, Anm. d. Verf.) *ist dann mit mir früher oft zum Fußballverein gegangen und so. Ich wollt' eigentlich früher gar nicht so Kicken spielen, wo ich noch klein war, und er ist dann auch ... hat dann auch als Trainer und so angefangen ...*" (Zeilen 517–519)

Er fügt hinzu, dass er als Kind gern auf dem großen Firmenareal seines Vaters im Außenbereich gespielt habe (Zeilen 514–515). In Bezug auf seine Mutter erinnert sich Herr Apelt ans gemeinsame Spazierengehen (Zeile 3), an Versteckspiele (Zeile 79) und an Ballspiele, wobei Bälle mit einer Glocke im Inneren verwendet wurden (Zeilen 84–85). Fußballspiele ihrer Söhne ließ sich Herrn Apelts Mutter nicht entgehen:

„*Wenn sie* (die Mutter, Anm. d. Verf.) *nicht mit meinem jüngeren Bruder mit zum Fußball war, schaute sie bei unserer Mannschaft gerne zu, war mit dabei auf dem Sportplatz.*" (Zeilen 936–937)

Lennart Apelt erzählt, dass seine Mutter immer viele Tätigkeiten allein ausführen konnte:

„*... also, die hat alles gemacht und macht auch jetzt eigentlich noch alles. Also, sie kocht, sie putzt, sie wäscht, also, alles, was eigentlich, ja, eine sehende Mutter jetzt auch machen würde oder 'ne sehende Hausfrau jetzt auch machen würde.*" (Zeilen 60–63)

Während seines Heranwachsens ist Lennart Apelt mit seiner Familie folgenden Freizeitaktivitäten nachgegangen:

"Früher: Urlaub, Besuch auf dem Sportplatz bei Jugendfußballveranstaltungen mit uns, den Kindern. Radfahren, Freibad, sonstige Freizeitbeschäftigungen, Kino ..." (Zeilen 928-930)

Heute hat der Interviewpartner gemäß eigener Aussage zu seinem Bruder einen sehr guten Kontakt:

"... geh mit ihm fort, in die Disco oder so, keine Ahnung. Ich spiel mit ihm zusammen Fußball, Basketball oder so, na ja, geh mit ihm zusammen essen mit andern Kumpels und so. Also, der ist wie'n ... wie'n ... wie'n Freund halt für mich so ..." (Zeilen 547-550)

Herr Apelt berichtet, dass seine Familie sich gegenwärtig zu einem gemeinsamen Mittagessen trifft, wenn dies die Arbeits- und Ausbildungsbedingungen der Söhne ermöglichen (Zeilen 970-973, 931).

IV.4.4.2 Der Kontakt zu Gleichaltrigen

Der Interviewte erzählt von seinen Kindergeburtstagen, die seine Mutter mit Hilfe von Zivildienstleistenden für ihn und seine Freunde ausgerichtet hatte (vgl. IV.4.6.2):

"Wir haben zusammen gespielt und wir haben so Indianerzelte bemalt, weiß ich noch, also, das weiß ich jetzt grad' noch so. Oder wir haben ... also, da war so 'n Bach, und da haben wir so Dämme gebaut und so 'n Zeugs und Fußball gespielt, ja, die beste Zeit, glaub ich, so." (Zeilen 164-168)

Im Kindergartenalter hat Herr Apelt bemerkt, dass seine Mutter anders ist als die meisten anderen Eltern, kann dies aber rückblickend nicht mehr an bestimmten Erlebnissen festmachen (Zeilen 11-16). Er ergänzt, dass er mit direkten Nachfragen immer am besten umgehen konnte:

"... Freunde halt, die haben da schon gefragt. Ich hab ihnen das auch alles so erzählt dann, aber, ja, Leute, mit denen man eben nicht so viel zu tun hatte, oder so, die haben ... ja, die haben dann eigentlich gar nichts so drüber gesagt ..." (Zeilen 18-21)

„… ich fand's besser, also, wenn mich jemand offen darauf angesprochen hat, als wie im Sinne, wenn man so (…) , dass jemand über die Mutter redet oder so." (Zeilen 34–37)

Der Interviewpartner wirft ein, dass seine Bekannten sich insgesamt unkomplizierter gegenüber der Behinderung seiner Mutter gezeigt hätten als die Spielkameraden des Bruders. Dies wird unter IV.4.5.2 genauer ausgeführt.

In der Grundschule und im Gymnasium war Lennart Apelt mit vielen Gleichaltrigen bereits aus dem Kindergarten bekannt und daher nicht mehr gezwungen, die Blindheit seiner Mutter zu erklären (Zeilen 633–640).

IV.4.4.3 Soziale Kontakte der Eltern

Die Mutter des Interviewpartners trifft häufig Menschen, die ebenfalls blind sind, da sie in einer Selbsthilfeinitiative sehr engagiert ist:

„… dass meine Mutter da … Die ist selber ziemlich beschäftigt. Sie ist Leiterin von so 'ner Blindengruppe …" (Zeilen 489–490)

Den Freundeskreis von Lennart Apelts Vater tangiert das Gespräch nicht.

IV.4.4.4 Konflikte und Verhaltensweisen während Meinungsverschiedenheiten innerhalb der Familie

Der Interviewpartner erinnert sich an Hilfen durch die Großeltern, die von Seiten seiner Mutter teilweise nicht erwünscht waren:

„Grad', als ich noch ein Baby war eben, haben sie geholfen mit den Windeln und so, glaub ich. Da haben sie meiner Mutter halt geholfen, das Besteck und, also, die Teller und alles hinzurichten und die Kuchen und so … Kaffee und so was haben sie da … haben sie dabei eben geholfen, ja." (Zeilen 249–254)

„Aber meiner Mutter war das gar nicht so recht, weil sie … Das ist halt für sie … Da fühlt man sich eben so, wie soll ich sagen, *so nutzlos, wenn dann die kommen, weißt du. Weil sie wollte halt das selber machen ..."* (Zeilen 260–263)

Gegenwärtig entstehen Herrn Apelt zufolge Meinungsverschiedenheiten zwischen seinen Eltern darüber, ob er bei der Behandlung seiner Rheuma-Erkrankung schulmedizinische oder alternative Heilverfahren in den Mittelpunkt stellen solle:

> *„Meine Mutter war dafür, dass ich's ... dass ich's ... zum Beispiel, dass ich Weihrauch nehm, und mein Vater hat gesagt, das ist Blödsinn, das bringt ... das bringt sowieso nix."* (Zeilen 295–297)

Als Kind hat der Interviewpartner die Blindheit seiner Mutter ausgenutzt, um sich heimlich Plätzchen aus dem Schrank zu nehmen. Er fügt aber hinzu, dass seiner Mutter im Nachhinein auf jeden Fall die leere Packung aufgefallen ist (Zeilen 309–315).

IV.4.5 Verhaltensweisen Dritter allgemein und belastende Erfahrungen
IV.4.5.1 Reaktionen von Menschen außerhalb der Kernfamilie

Viele seiner Lehrer, besonders am Gymnasium, waren gemäß Lennart Apelts Ausführungen nicht darüber informiert, dass seine Mutter blind ist (Zeilen 652–654). Während seiner Grundschulzeit sei die Behinderung der Mutter infolge von Elternabenden bekannt gewesen. Der Interviewpartner ist unschlüssig, ob ihm die Lehrkräfte deshalb anders begegnet sind oder nicht:

> *„... vielleicht haben die alle (die Lehrkräfte, Anm. d. Verf.) einfach so ein bisschen mehr nach mir geguckt oder so. Aber ich weiß nicht, ich hab das eigentlich nicht so ... also, ich bin eigentlich ganz normal wie jeder andere auch behandelt worden ..."* (Zeilen 657–660)

Lennart Apelt berichtet davon, dass seine Mutter die Klasse seines Bruders besucht und dort Hilfsmittel für blinde Menschen vorgeführt habe. Die Resonanz hierauf schätzt der Interviewte sehr positiv ein:

> *„... da waren dann die alle voll interessiert und haben Fragen gestellt und so ... voll dabei und so."* (Zeilen 665–666)

Die belastenden Erlebnisse seines Bruders, von denen Lennart Apelt kurz berichtet hat, sind unter IV.4.5.2 aufgeführt.

IV.4.5.2 Diskriminierungserfahrungen

Der Interviewpartner erwähnt, dass Eltern der Spielkameraden seines Bruders Probleme mit der Blindheit seiner Mutter gehabt hätten:

> „... *dass dort einige Eltern auch ihren Kindern dann quasi verboten haben, was mit meinem Bruder zusammen zu unternehmen und so.*" (Zeilen 46–48)

> „... *als da Eltern von Freunden von meinem Bruder zu ihren Söhnen eben gesagt haben: ‚Du spielst nicht mit Jannis!', also, das ist ... mein Bruder ... weil ... ja, grad' wegen meiner blinden Mutter halt und so, dass da niemand auf sie aufpasst oder aufpassen würde und so ...*" (Zeilen 620–624)

IV.4.6 Technische, allgemeine und personelle Erleichterungen im Alltag
IV.4.6.1 Hilfsmittel und Umgangsweisen

Wie bereits unter IV.4.4.1 ausgeführt wurde, verwendete Lennart Apelts Familie Bälle mit eingearbeiteten Glöckchen, sodass die Mutter an Ballspielen teilhaben konnte (Zeilen 84–87).

Zudem verfügt sie über einen ihr zugänglichen Computer, den sie insbesondere für ihre Arbeit in der Selbsthilfeinitiative für blinde Menschen nutzt. Außer Haus verwendet die Mutter einen Langstock.

IV.4.6.2 Personelle Hilfen

Lennart Apelt berichtet, dass seine Mutter von einem Zivildienstleistenden unterstützt wurde, als er und sein Bruder noch klein waren und der Vater in seiner eigenen Firma sehr beschäftigt war (Zeilen 70–77). Der Interviewpartner schätzt, dass nacheinander neun bis zehn Zivildienstleistende in seiner Herkunftsfamilie tätig waren, bis diese Hilfen nicht mehr benötigt wurden, weil Lennart

Apelt und sein Bruder inzwischen älter und selbstständiger geworden sind. Auf einen Blindenführhund greift Herrn Apelts Mutter gegenwärtig nicht zurück.

Die Zivildienstleistenden halfen beim Einkaufen, im Freibad, bei Arztbesuchen der Kinder und bei der Durchführung von Kindergeburtstagen (Zeilen 152–159, 117, 107).

An die meisten Zivildienstleistenden erinnert sich Herr Apelt gern:

„Einfach viel Spaß und, ja, so manche ... so, wie ... wie soll man sagen, ja, wie so 'n Ersatzpapa, so. Weil, mein Vater war immer den ganzen Tag im Geschäft." (Zeilen 129–131)

„Ja, wir haben zum Beispiel mal Songs mit denen aufgenommen und so (...), wir haben immer Blödsinn zusammen gemacht ..." (Zeilen 141–144)

„... ich hab sogar noch zu manchen Kontakt, also, seh ich noch." (Zeilen 138–139)

Der Interviewpartner berichtet über die Aufgabenverteilung zwischen seiner Mutter und den Zivildienstleistenden bei Kindergeburtstagen Folgendes:

„... meine Mutter hat schon das ... also die Haupt... die Planung gemacht, und der Zivi hat das dann halt umgesetzt meistens. Ja, aber meine Mutter hat da schon aktiv so mitgewirkt. Die hat auch nicht nur alles den Zivi machen lassen, sondern wenn wir irgendwas gespielt haben und sie hat auch mitmachen können, dann hat meine Mutter da auch mitgewirkt ..." (Zeilen 176–180)

Lennart Apelt merkt an, dass es mitunter auch Zivildienstleistende gab, die sich weniger offen für Späße zeigten. Seine Mutter habe dies der Vermittlung mitgeteilt, woraufhin ein anderer Zivildienstleistender mit den gewünschten Eigenschaften in die Familie geschickt wurde (Zeilen 185–195).

Wie bereits unter IV.4.4.4 erwähnt, haben beide Großeltern beim Wickeln und beim Vorbereiten von Einladungen geholfen, als Lennart Apelt und sein Bruder Kinder waren (Zeilen 249–254).

Die Oma mütterlicherseits kann die Familie des Interviewpartners gegenwärtig nicht mehr unterstützen, da sie sich von einem Lendenwirbelbruch erholt und zugleich im Gehen eingeschränkt ist (Zeilen 239–241). Als Lennart Apelt und sein Bruder klein waren, nahmen die Eltern einen Babysitter, während sie ausgingen (Zeilen 231–233).

Als der Interviewpartner vor allem in der Abklärungsphase seines Rheumas verschiedene Ärzte konsultierte, half ihm sein Vater, brachte ihn zu den Fachleuten, besorgte Überweisungsscheine und ließ sich Termine für ihn geben:

> „… er hat das Ganze für mich verwaltet sozusagen. Ich hab mich da eigentlich um fast nichts kümmern müssen so." (Zeilen 538–540)

IV.4.6.3 Unterstützung von Seiten der Kinder

In der Zeit, als die Familie nicht mehr auf Zivildienstleistende zurückgriff, übernahm Lennart Apelt die Einkäufe (Zeilen 215–219) Die beiden Söhne unterstützen die Mutter allgemein:

> „… als wir dann älter war'n, waren wir auch alle 'ne Hilfe für unsre Mutter, ist ja klar, weil wir ja keine Behinderung hatten und alles gesehen haben, ne?" (Zeilen 222–224)

Insgesamt zeigt sich Herr Apelt mit den Hilfen, die seiner Mutter bzw. seiner Familie zur Verfügung standen, zufrieden:

> „Also, ich denk, dass es im Großen und Ganzen so okay war von den Hilfen, also, die wir bekommen haben. Also, es hat eigentlich funktioniert. Wir konnten eigentlich … konnten eigentlich alles machen, was wir … was wir machen wollten. Und ich hab … ich hab als Kind auch nicht weniger … bestimmt auch nicht weniger erlebt als die andern Kinder von Eltern, die eben nicht blind waren oder sonstige Behinderungen hatten (…). Also, ich kann … mir hat eigentlich nix gefehlt." (Zeilen 272–278)

IV.4.7 Reflexionen des Interviewten
IV.4.7.1 Auseinandersetzung mit dem Thema „Behinderung"

Einerseits fasst Lennart Apelt zusammen, dass er und sein Bruder sich im Teenageralter über die Behinderung seiner Mutter ausgetauscht haben (Zeilen 552–558). Andererseits war die Situation für ihn derart alltäglich, dass er diesbezüglich wenig Gesprächsbedarf hatte:

> „... *das ist für uns einfach so normal, wie es jetzt ist, wie es jetzt eben ist, so normal war's damals eigentlich für uns auch schon, ja.*" (Zeilen 561–562)

Meist stellte die Blindheit der Mutter für Herrn Apelt nichts Außergewöhnliches dar, nur einmal im Urlaub war er über einen Unterzuckerungszustand der Mutter sehr erschrocken, der nach der Umstellung auf das Insulin eines anderen Herstellers aufgetreten war. Der Interviewpartner und sein Bruder, die noch Kinder waren, hatten zunächst große Angst:

> „*Also, wir haben geweint und geschrien und so, weil man dachte, dass sie stirbt ...*" (Zeilen 737–738)

Nachdem der Vater sich in der akuten Notfallsituation zuerst um zuckerreiche Getränke gekümmert hatte und die Mutter nach einiger Zeit das Bewusstsein wiedererlangte, haben die Eltern ihren Nachwuchs über Ursachen und Behandlungsmöglichkeiten derartiger Vorfälle aufgeklärt (Zeilen 731–734, 749–753). Lennart Apelt glaubt sich daran zu erinnern, dass seine Mutter in der Folgezeit bis heute keinen Anfall dieses Ausmaßes mehr erlebt hat (Zeile 763).

Zudem ist sich der Interviewpartner sicher, dass er als Kind auch einmal das Gehen mit einem Blindenstock imitiert hat (Zeilen 90–96).

Als die Mutter mit Lennart Apelt schwanger war, traten bei ihr infolge des Diabetes viele Komplikationen auf, sodass ihr von einigen Ärzten zur Abtreibung geraten wurde:

> „*Und sie hat es eben durchgezogen, und ich glaub, dadurch besteht auch für sie eine ganz besondere Bindung halt zu mir eben ...*" (Zeilen 788–789)

Auf meine Nachfrage bilanziert der Interviewpartner, dass er auf seine Mutter nie besondere Rücksicht nehmen musste (Zeilen 321–322).

IV.4.7.2 Eigenes Leben und Sichtweisen von Lennart Apelt

Für Lennart Apelt war es nicht leicht, seine eigenen beruflichen Ziele nach dem Beginn seiner Rheuma-Erkrankung neu zu definieren. Gern hätte er Sport studiert, aber dies kann er mit Sakroiliitis nicht anstreben, da er nicht mehr über die erforderlichen Kraft- und Ausdauerreserven verfügt (Zeilen 331–336, 345–349). Der Interviewpartner hatte viele freundschaftliche Kontakte aus dem Fußballverein. Seitdem er sich infolge seines Rheumas nicht mehr aktiv an diesem Sport beteiligt, haben sich auch seine sozialen Kontakte verändert (Zeilen 383–386).

Auf meine Nachfrage führt Lennart Apelt aus, dass sich seine Mutter vor dem Hintergrund ihrer eigenen Lebensgeschichte vermutlich besser in seine Erfahrungen mit der Rheuma-Erkrankung hineinversetzen könne:

„*Also, das ist echt gut so, der Rückhalt und so, ja. (kurze Pause) Aber man muss sagen, dass meine Mutter da ... Die ist selber ziemlich beschäftigt. Sie ist Leiterin von so 'ner Blindengruppe (...). Sie hat auch so daheim viel zu tun am Computer und so, aber sie unterstützt mich auch immer, wo sie kann.*" (Zeilen 487–494)

Der Interviewpartner resümiert, dass sich seit dieser Erkrankung seine Perspektive verändert habe:

„*... ja, man lebt jetzt auch bewusster und so, weil man vielleicht weiß, na ja, vielleicht geht es in circa 30, 40 Jahren halt auch nicht so gut und so.*" (Zeilen 818–820)

„*Ich freu mich immer, wenn ich irgendwie kein ... also, wie grad', keine Schmerzen hab und mir's gut geht. Dann, ja, bin ich einfach besser gelaunt. Ich kann alles machen, das ist einfach ganz anders, bin ich einfach froh und glücklicher.*" (Zeilen 836–839)

Ein prägendes Erlebnis stellte für den Interviewten die Tatsache dar, dass er das Sportabitur mit seiner Rheuma-Erkrankung ablegen musste, da er zu dem Zeitpunkt bereits in diesen Leistungskurs eingewählt war und seine Schwerpunktfächer nicht mehr ändern konnte:

„*Und dann ... ja, ich hab halt vor dem Abitur dann einfach ein paar ... hab ich halt mal 'ne Tablette mehr genommen. Das war auch ... es war nicht ganz ungefährlich, was ich da gemacht hab, weil, die sind ... die sind schon ziemlich hart, die Tabletten."* (Zeilen 362–366)

Direkt nach der Feststellung seiner Rheuma-Erkrankung fühlte sich Lennart Apelt sehr belastet:

"... selbst tagelang keine Lust mehr gehabt und so. Mich hat's einfach schon ziemlich fertiggemacht, ist klar, und ... war dann auch schon sehr traurig lange Zeit und (Pause) jetzt, jetzt denke ich eigentlich wieder positiv ..." (Zeilen 399–402)

Der Interviewpartner fühlt sich von seinem Bruder und seinen Eltern in Bezug auf die rheumabedingten Belastungen gestärkt:

"Dass es ihm (dem Bruder, Anm. d. Verf.) halt leidtut für mich und so, weil er eben auch weiß, dass ich halt so ... so sportbegeistert bin, und er ist es eigentlich auch. Aber er ist ... er ist immer so ... so 'n bisschen mehr der Faule, sag ich mal (...). Und er wollte eigentlich nie so 'n Sportstudium ..." (Zeilen 570–577)

"... sie (die Mutter, Anm. d. Verf.) geht offen damit um und, ja, sie macht mir eigentlich auch immer Mut oder hilft mir immer, spricht mir halt immer Mut zu, unterstützt mich auch da, wo sie kann, dabei. Und mein Vater genauso, also, ich kann mir eigentlich nichts Besseres vorstellen ..." (Zeilen 475–478)

IV.5 Interviewdarstellung: Lia Döbel
IV.5.1 Vorinformationen

Frau Döbel wurde im Jahr 1963 geboren und kommt aus einem Dorf, das in eine kreisfreie Stadt eingemeindet ist, die in Nordrhein-Westfalen liegt. Zum Zeitpunkt des Interviews ist Frau Döbel 45 Jahre alt. Der Kontakt zu ihr entstand über eine Selbsthilfeinitiative von Cochlea-Implantat(CI)-Trägern und deren Familien. Die Interviewpartnerin ist mit einem schwerhörigen Vater aufgewachsen, der später, nach vollständiger Ertaubung, ein CI erhielt, von diesem jedoch – im Gegensatz zum Elternteil zweier anderer Interviewten[13] – kaum profitiert.

Den Eltern der Interviewpartnerin bin ich nicht begegnet. Lia Döbel artikuliert generell sehr deutlich, mit intensiv geformten Lippenbildern. Dabei spricht sie vergleichsweise langsam. In der unverbindlichen Kommunikation vor bzw. nach dem Interview äußert sie sich lauter und mit festerer Stimme als während des Interviews.

Vor der Minidisk-Aufnahme erwähnt die Interviewpartnerin, dass es ihr am Herzen liege, dass auch die Position von Menschen, bei denen ein CI nicht den erhofften Erfolg bringt, gehört werde. Die Interviewpartnerin zeigt sich sehr verständnisvoll gegenüber CI-Trägern, die sich über Fortschritte freuen. Lia Döbel ist es wichtig, dass hierüber unterschiedliche Erfahrungen an die Öffentlichkeit gelangen.

IV.5.2 Die Behinderungen

In Lia Döbels Kindheit, Jugend und frühem Erwachsenenalter war ihr Vater schwerhörig und trug auf der rechten Seite ein Hinter-dem-Ohr-Hörgerät, das in eine Hörbrille integriert war. Das heißt, an einem Brillengestell war ein Knochenleitungshörgerät für das rechte Ohr befestigt. Von 1975 bis 1992 nutzte der Vater ausschließlich das Hörgerät und nicht die eingelassenen Brillengläser (vgl. IV.5.6.1). Auf dem linken Ohr ist er bereits seit seinem fünften Lebensjahr infolge starker Mittelohrentzündungen, die nie vollständig heilten, ertaubt. Nach schleichend auftretenden Verschlechterungen verlor er im Jahr 1992 seine Hörfähigkeit auf dem rechten Ohr vollständig; 1993 wurde ihm ein CI implantiert. Dieses und das dazugehörige Headset verwendet Frau Döbels Vater bis heute. Über diese Technik erhält er einige wenige verwertbare akustische Eindrücke bei Unterhaltungen mit seiner Gattin, deren Stimme ihm am vertrautesten ist. Bei allen weiteren Gesprächspartnern zieht der Vater fast keinen Nutzen aus dem CI und ist auf das Lippenlesen angewiesen. Er hatte sich von dem CI eine

---

13 Es handelt sich um Jens Hoffmann und Silke Holz.

deutliche Verbesserung seiner Hörsituation erhofft, die sich nicht erfüllt hat[14].

Nach der CI-Operation trat beim Vater intensiver Tinnitus auf. Zudem leidet er so stark an Drehschwindel, dass er sich abends im Dunkeln nicht mehr bewegen kann (vgl. IV.5.3.1).

Mutter, Schwestern, die beiden Söhne und alle vier Großeltern der Interviewpartnerin sind bzw. waren wie Lia Döbel nicht behindert. Beim Ehemann der Interviewpartnerin liegt seit 1991 eine leichte Hochtonschwerhörigkeit vor, die durch Arbeitslärm im Untertagebergbau, wo er beschäftigt war, verursacht wurde. Der Gatte trägt keine Hörgeräte und nutzt keine weiteren Hilfsmittel.

Lia Döbels Herkunftsfamilie kommunizierte nahezu immer in Lautsprache (vgl. IV.5.6.2). Ihr Vater hat sich das Absehen von Lippenbild, Mimik und Körpersprache ohne Anleitung eines Seminartrainers angeeignet.

IV.5.3 Biografische Eckdaten
IV.5.3.1 Die Eltern von Frau Döbel

Lia Döbels Mutter war stets Hausfrau[15]. Sie und der Vater der Interviewpartnerin leben bis heute in dem Haus, in dem Lia Döbel aufwuchs. Als Hobbys der Mutter nennt die Interviewte Wandern und Fahrradfahren. Diese Aktivitäten übt die Mutter gemeinsam mit ihrem Gatten aus.

Der 1936 geborene Vater erlernte das Schlosserhandwerk und arbeitete bis zum Ruhestand in diesem Beruf. Als seine Hobbys zählt Lia Döbel Wandern und Fahrradfahren auf. Für die letztgenannte Freizeitbeschäftigung benötigt er infolge seines Drehschwindels ein hohes Maß an Konzentration. Im Jahr 1993 ist er in Rente gegangen, nachdem er unmittelbar zuvor infolge seiner Ertaubung ein Jahr lang arbeitsunfähig gewesen war.

Frau Döbel ist die Älteste der Geschwisterreihe. Die beiden Schwestern wurden 1965 und 1968 geboren.

---

14 Vgl. II.1.5: CLARK, VONIER, SCHULZE-GATTERMANN, HEPP, BECKER

15 Vgl. II.2.2: das Familienideal der 50er Jahre des 20. Jahrhunderts

IV.5.3.2 Die Person Lia Döbel

Nach dem Besuch von Grund- und Hauptschule erlernte Frau Döbel den Beruf der Wirtschafterin in einer Ausbildungsstätte mit Internatsunterbringung. Dafür zog sie im Alter von 17 Jahren erstmals aus ihrem Elternhaus aus. Zum beruflichen Bereich der Interviewpartnerin zählen zum Beispiel Organisationsaufgaben in einer Großküche oder in einem Privathaushalt. Derzeit ist sie nicht berufstätig.

Direkt nach ihrer Ausbildung zog die 19-jährige Lia Döbel im Jahr 1982 mit ihrem heutigen Ehemann in dieselbe Wohnung, in der die Familie heute noch lebt. Diese liegt ungefähr 40 Kilometer vom Wohnort ihrer Eltern entfernt. Zum Zeitpunkt des Interviews waren Lia Döbels Söhne 19 und 24 Jahre alt.

Als eigene Hobbys nennt die Interviewpartnerin Joggen, Fahrrad- und Motorradfahren und ihren Garten.

IV.5.4 Menschliche Kontakte in und außerhalb der Familie
IV.5.4.1 Gemeinsame Aktivitäten der Familie

Die Eltern der Interviewten unterstützten zwischen 1964 und 1978 eine befreundete Familie bei den Arbeiten auf deren nahe gelegenem Bauernhof. Lia Döbel hat daran positive Erinnerungen:

„Mein Vater hat da beim Heumachen geholfen und Kühe schlachten. Und da war ich sehr viel, und war eigentlich 'ne schöne Kindheit." (Zeilen 32–34)

Ebenso ist Lia Döbels Herkunftsfamilie früher in den Urlaub gefahren, gewandert und hat Ausflüge gemacht.

Da die öffentlichen Verkehrsmittel auf dem Land selten und zu ungünstigen Zeiten fuhren, boten Mutter und Vater der Interviewpartnerin Fahrdienste mit dem privaten PKW an:

„Ich weiß, dass meine Eltern mich oft in die nächsten Städte zum Bahnhof gefahren haben, weil ich noch keinen Führerschein hatte." (Zeilen 160–161)

Heute hat Frau Döbel guten Kontakt zu ihren beiden Schwestern und nennt es eine günstige Konstellation, dass alle drei heute recht weit voneinander entfernt leben. Darauf geht die Interviewpartnerin jedoch auch auf Nachfrage nicht näher ein.

Ihr Vater lotete seine Grenzen früher aktiv aus, sogar beim Singen:
> *"... wenn er die Melodie mitkriegte, hat er dann mitgesungen. (...) ja, eigentlich hat er alles mitgemacht immer."* (Zeilen 45–48)

Wenn es sehr laut war, schmerzten ihm die Ohren und der Kopf. Daher wurden die Kinder immer wieder aufgefordert, ihre Lautstärke zu drosseln:
> *"... dass bei uns dann auch viel war mit: ‚Sei leise!‛, und, ‚Papa kann nicht so.‛ Es war schon manchmal schwierig bei uns."* (Zeilen 6–8)

Der Vater unterstützte seine Töchter in verschiedenen Bereichen, dabei spielte auch das Handwerkliche eine bedeutende Rolle:
> *"... oder wenn irgendwas umzustellen war, oder einmal, weiß ich, ist mein Bett zusammengekracht, da hat er geholfen, mein Bett wieder aufzubauen, so eben, ne (lacht)?"* (Zeilen 179–181)

Die Interviewpartnerin berichtet zudem, dass ihr Vater beim Streichen des Kinderzimmers oder wenn ein Fahrradschlauch geflickt werden musste, stets Hilfe anbot.

Als Frau Döbel ein kleines Kind war, errichtete ihr Vater das Haus seiner Familie mit viel Eigenleistung. Durch den Bau, seine Erwerbsarbeit und die Mithilfe auf dem Bauernhof der Freunde war er oft außer Haus. Die Interviewpartnerin resümiert, dass ihr Vater trotz der vielen Tätigkeiten immer bei ihr und ihren Schwestern gewesen sei, wenn dies nötig wurde:
> *"... weil mein Vater ja (...) acht bis zehn Stunden am Tag arbeiten war ... und konnte uns in dem Sinne nicht unterstützen. Aber wenn er da war und wir ihn brauchten, hat er uns auch unterstützt, ja."* (Zeilen 170–173)

Insgesamt war jedoch die Mutter häufiger zur Stelle, wenn eines der Kinder Hilfe brauchte, da sie keiner Erwerbsarbeit nachging.

Amüsiert erzählt Lia Döbel von den inoffiziellen Fahrstunden, die ihr der Vater gab:
> *"Er ist mit dem Mofa auf'n Feldweg gefahren, ich musste mit dem Fahrrad hinterher (lacht), und dann hat er mir gesagt: ‚So,*

da musst du Gas geben und da musst du kuppeln und schalten, und dann fahr mal.'" (Zeilen 218–220)

IV.5.4.2 Der Kontakt zu Gleichaltrigen

Die Interviewpartnerin beschreibt ihren Kontakt zu Gleichaltrigen insgesamt als positiv. Als Frau Döbel zwischen zehn und zwölf Jahren alt war, hatte sie vor allem mit Freunden den Wohnort erkundet. Später habe sich der Radius ihrer Aktivitäten erweitert:

„Gut, gut. Wir sind viel, ja, viel rumgestromert. Es waren viele bei uns auch hinterm Haus, ich war auch viel unterwegs. Eigentlich gut, doch." (Zeilen 201–202)

„Und als wir dann in dem jugendlichen Alter waren, da waren wir dann wirklich schon auch in den Bus gesetzt ... oder 'n Mofa (...) und sind in die nächstgrößere Stadt gefahren und haben uns dann da getroffen ..." (Zeilen 209–211)

Schulkameraden haben sich nach den technischen Hilfsmitteln des Vaters erkundigt:

„... dann wurde schon mal gefragt: ‚Was hat dein Vater?' Und auch wenn er so die Hörbrille aufhatte, sah er schon 'n bisschen ulkig aus (lacht) ..." (Zeilen 62–64)

Nachdem die Interviewpartnerin ihre Freundinnen informiert hatte, seien diese zufrieden gewesen und die Hörbehinderung war nicht länger Gesprächsthema:

„... aber wenn ich denen dann Antwort gegeben habe, war die ... war das auch erledigt, dann wurd' es akzeptiert und dann war's gut." (Zeilen 64–66)

IV.5.4.3 Soziale Kontakte der Eltern

Die Verbindungen von Frau Döbels Eltern zu einer Familie mit einem Bauernhof können unter IV.5.4.1 nachgelesen werden. Seit seiner Ertaubung erreichen die positiven nachbarschaftlichen Beziehungen Frau Döbels Vater vorwiegend über seine Gattin:

> *"Der Kontakt zu den Nachbarn ist gut, wie das eben auf einem Dorf ist, aber meistens läuft der Kontakt über meine Mutter. Das ist eben nicht so mühsam."* (Zeilen 544–545)

Mit Blick auf eher lockere Freundschaften gibt es sowohl Personen, die sich mit der zunehmenden Ertaubung des Vaters zurückgezogen haben, als auch Menschen, die ihm die Treue hielten (Zeilen 685–687):

> *"Weitläufige Bekannte haben sich zurückgezogen, da eine Unterhaltung sehr mühselig geworden ist."* (Zeilen 656–657)

> *"Im Dorf hatte sich vor über 25 Jahren ein Kegelclub gebildet, dem sie* (der Vater und seine Freunde, Anm. d. Verf.) *auch angehört haben. Mit der Weile sind aber alle älter geworden und kegeln nicht mehr, dafür wandern sie jetzt oder fahren teilweise gemeinsam in den Urlaub."* (Zeilen 704–706)

Die Interviewpartnerin erwähnt, dass alle Freunde ihres Vaters normal hörend seien und bei ihnen auch keine weiteren Behinderungen vorlägen (Zeilen 697–702).

Auch im innerfamiliären Bereich sei dem Vater Respekt entgegengebracht worden:

> *"… und von meiner Mutter die Eltern haben ihn eigentlich so akzeptiert, wie er war."* (Zeilen 226–227)

Die Eltern von Lia Döbels Vater sind sehr früh verstorben, sodass er kaum Zeit mit ihnen verbringen konnte.

IV.5.4.4 Konflikte und Verhaltensweisen während Meinungsverschiedenheiten innerhalb der Familie

In der Herkunftsfamilie der Interviewpartnerin wurde intensiv gestritten. Die Ursache dafür sieht sie vor allem im unterschiedlichen Temperament der Schwestern, nicht aber in der Schwerhörigkeit des Vaters:

> *"Bei uns flogen auch die Fetzen (lacht)."* (Zeile 110)

Frau Döbel und ihre Schwestern stritten sich oft wegen Kleinigkeiten:
> „... manchmal sogar um 'n Stück Papier, da ging dann meine Mutter dazwischen, aber wir haben auch oft uns nachher ganz schnell wieder vertragen und ... doch." (Zeilen 115-117)

Als Teenager entstand eine altersbedingte Opposition zum Standpunkt der Eltern:
> „Wenn man in der Pubertät ist, sieht man einiges, vieles anders wie die eigenen Eltern, und in dem Zuge gab es Streit, ja, aber nicht wegen seinem schlechten Hören oder Sonstigem ..." (Zeilen 132-135)

IV.5.5 Verhaltensweisen Dritter allgemein und belastende Erfahrungen
IV.5.5.1 Reaktionen von Menschen außerhalb der Familie
Während Lia Döbels Heranwachsen ging ihr Vater stets auf die Leute zu und bat darum, Gesagtes bei Bedarf öfters zu wiederholen:
> „... er setzt sich mit anderen Personen auseinander, und wenn er was nicht versteht, sagt er eben: ‚Ich hab's nicht verstanden, können Sie mir das noch mal erklären oder sagen?'" (Zeilen 267-269)

Dabei traf er mitunter auch auf Personen, denen eine längere Kommunikation lästig war (vgl. IV.5.5.2). Allgemein fasst die Interviewpartnerin zusammen, dass es immer wieder Menschen gegeben habe, die ungehalten auf wiederholte Nachfragen des Vaters reagiert hätten.

IV.5.5.2 Diskriminierungserfahrungen
Ungeduldig und gereizt zeigte sich zum Beispiel der Mitarbeiter eines Baumarkts, bei dem Frau Döbels Vater eine spezielle Auskunft für seine eigene handwerkliche Tätigkeit einholen wollte (Zeilen 76-77):
> „Heute, mit dem CI, wo er wirklich nur über Lippenablesen etwas mitbekommt und doch noch mehr nachfragen muss wie früher, da reagieren schon einige ungehalten, wenn man zwei-

> mal etwas erzählen muss und er kriegt's vielleicht immer noch nicht ganz mit, (...) dass der Gegenüber einen dann schon mal barsch anfährt. Heute ist es schlimmer." (Zeilen 69-74)

> „... dann merkt man doch, dass es dann schon mal ... der Verkäufer so 'n bisschen kribbelig wird und ...: ,Ich hab doch jetzt keine Zeit, und warum verstehen Sie mich nicht, ich hab es Ihnen doch erklärt!' Dann werden die schon mal so 'n bisschen ungehalten." (Zeilen 78-81)

IV.5.6 Technische, allgemeine und personelle Erleichterungen im Alltag
IV.5.6.1 Hilfsmittel und Umgangsweisen

Heute besitzt der Vater eine Lesebrille, um eine leichte visuelle Einschränkung auszugleichen, was ihn aber gemäß Frau Döbels Einschätzungen nicht belastet. Warum er sich früher für eine Hörbrille mit Glas ohne Dioptrienstärke entschieden hatte, ist Frau Döbel nicht bekannt (Zeilen 813-816) (vgl. IV.5.2).

Die akustische Hilfsmittelversorgung des Vaters lässt sich in zwei Phasen aufgliedern: Zuerst kam die Zeit mit der Hörbrille, als ihm – zunehmend in Ergänzung mit dem Lippenlesen – eine weitgehend funktionierende Kommunikation sowohl mit bekannten als auch mit fremden Gesprächspartnern möglich war. Damals konnte er mit allen Gesprächspartnern telefonieren. Nach der Ertaubung folgte die Zeit mit dem CI, in der ihm nun – selbst mit vertrauten Stimmen – keine Telefongespräche mehr möglich sind. Auf dem linken Ohr hat der Vater nie Hilfen benutzt.

Die Interviewpartnerin berichtet, dass ihr Vater bei Unklarheiten in Gesprächen nicht zu Zettel und Stift greife. Bei einer Rehabilitationsmaßnahme erlernten Frau Döbels Eltern Elemente der Deutschen Gebärdensprache (DGS) und verständigten sich zunächst untereinander auf diesem Weg. Die Interviewpartnerin erklärt, dass ihre Eltern diese Kommunikationsmethode nach ungefähr acht Wochen nicht mehr nutzten, da sie diese als zu anstrengend und vergleichsweise langsam empfunden hätten. Ebenso wenig nutze der Vater Gebärdenspracheinblendungen im Fernsehen. Untertitel schalte er – soweit diese angeboten werden – seit seiner Ertaubung zu.

Auf eine Lichtsignalanlage für das Telefon bzw. die Türklingel hat der Vater nie zurückgegriffen (Zeilen 473–475). Gemäß Frau Döbel benutzt er die E-Mail-Funktion seines Computers (Zeile 491), ein Faxgerät habe er jedoch zu keiner Zeit besessen (Zeilen 707–709).

IV.5.6.2 Personelle Hilfen

Außer den Eltern der Interviewpartnerin kann keines der Familienmitglieder gebärden. Inhalte, die der Vater während eines Gesprächs nicht verstanden hat, werden von seiner Gattin im Nachhinein wiederholt. Dies wurde schon so gehandhabt, als Frau Döbel und ihre Geschwister noch Kinder waren:

„*Mehr meiner Mutter dann erzählt, und meine Mutter hat es dann irgendwann meinem Vater wiedergegeben. Also, wir haben das Ganze dann über meine Mutter laufen lassen ...*" (Zeilen 18–20)

Die Interviewpartnerin unterstreicht auf meine Nachfrage hin, dass ihre Mutter gegenüber ihrem Vater die Rolle eines Kommunikationsmanagers einnehme:

„*... konnte er immer alles ohne Hilfe bis zur Ertaubung, und danach brauchte er zum Beispiel beim Telefonieren ... er kann nicht telefonieren, das macht alles meine Mutter.*" (Zeilen 261–263)

Seit dem völligen Hörverlust sei der Vater in einem größeren Maße von der Unterstützung seiner Ehefrau abhängig, als er das wahrhaben wolle:

„*Also, er merkt doch, er ist viel mehr auf meine Mutter fixiert und angewiesen, wie er sich das selber wohl eingestehen will.*" (Zeilen 437–438)

„*Sie* (die Mutter, Anm. d. Verf.) *hat große Bedenken für den Fall, dass sie es nicht mehr schafft oder nicht mehr da ist.*" (Zeilen 662–663)

Auf bezahlte Assistenzkräfte hat der Vater bis heute nie zurückgegriffen. Wenn die Mutter einmal nicht helfen kann, wird er von Nachbarn unterstützt (Zeilen 494–497).

IV.5.6.3 Unterstützung von Seiten der Kinder

Die Hilfen für den Vater von Seiten der Interviewpartnerin und ihrer Geschwister bestanden und bestehen vor allem darin, Informationen mehrmals zu übermitteln und die Ausdauer für schwierige Unterhaltungen aufzubringen:

> *„Geduld. Geduld, ja. Und das Nochmal-Erzählen, obwohl man gar nicht möchte, aber trotzdem noch mal erzählt ..."* (Zeilen 258–259)

Frau Döbel gibt an, dass ihr Vater von ihr Bruchstücke verstehe, wenn sie abgewandt mit ihm spreche. Täten dies fremde Sprecher, verstehe er fast nichts (Zeilen 791–802). Frau Döbel beschreibt die gegenwärtigen Fähigkeiten ihres Vaters im Lippenlesen folgendermaßen:

> *„Wenn er einen anstrengenden Tag hatte, kann er zum Abend hin sich nicht mehr* (auf das Absehen, Anm. d. Verf.) *konzentrieren."* (Zeilen 716–717)

> *„Wenn er einen ganz schlechten Tag hat oder es ist sehr laut, muss man schon mehrmals die Wörter wiederholen. Steht eine Gruppe zusammen, die sich unterhält (...) versteht mein Vater doch schon einiges anders (...). Bei Männern mit Bart hat er Schwierigkeiten beim Lippenlesen. Ja, es muss langsamer und deutlich gesprochen werden."* (Zeilen 581–586)

Abgesehen von der wiederholten Wiedergabe des Gesagten mussten Frau Döbel und ihre Geschwister dem Vater zeitlebens keine besondere Unterstützung entgegenbringen. Der Grund dafür liegt darin, dass die Mutter einen Großteil der kommunikativen Hilfen für ihren Ehemann übernommen hat.

IV.5.7 Reflexionen des Interviewten
IV.5.7.1 Auseinandersetzung mit dem Thema „Behinderung"

Als Kind hat Lia Döbel, wie sie ausführt, die Besonderheiten in der Kommunikation mit ihrem Vater einfach hingenommen. Im Jugendalter habe sie es als schwieriger empfunden, dieselben Inhalte mehrfach zu erzählen:

> „... aber wenn man so in der Pubertät war, das hat einen dann schon genervt, dass man das so noch mal wiederholen musste, dann war man schon 'n bisschen sehr unbeherrscht, und da ist dann auch schon mal lauter geworden, was man ja gar nicht wollte ..." (Zeilen 11–14)

Seit seiner Ertaubung und den ausbleibenden Erfolgen nach der Implantation des CIs befindet sich der Vater laut Frau Döbel in einer Krise und hat viel Lebensmut verloren:

> „Und als er dann ganz ertaubt war, ist er in ein unheimliches Loch gefallen und hat dann immer gesagt: ‚Ach, wofür ...', und wollte eigentlich gar nicht mehr leben ..." (Zeilen 123–125)

> „Er war früher auch recht lustig. Leider hat sich Letzteres mit der Dauer der Ertaubung verändert." (Zeilen 726–727)

Frau Döbel glaubt, dass sich ihr Vater nicht selbst akzeptieren kann:
> „Er wird ... mit der Situation kommt er nicht klar, weil er nicht alles mitbekommt, weil er so 'n großen Teil aus der Welt ausgeschlossen wird ..." (Zeilen 249–250)

Sie resümiert, dass er sich während seiner Berufstätigkeit stets darauf gefreut habe, im Ruhestand Reisen zu unternehmen. Infolge seiner Ertaubung sehe er sich jedoch nicht mehr in der Lage, andere Länder kennenzulernen:

> „‚Wenn ich mal Rentner bin ...', wie man das so sagt, ne (?), ‚dann möchte ich aber das und das ... und die Welt erkunden.' Das ist ja alles nicht mehr, ne?" (Zeilen 420–422)

Als besonders belastend empfand Lia Döbel das Miterleben der Hörverschlechterungen und des Tinnitus ihres Vaters. Letzteren beschreibt er folgendermaßen:

> „‚Als wenn mir 'n Zug durch meinen Kopf fährt', so ..." (Zeilen 449–450)

Die Interviewpartnerin äußert sich unterschiedlich zur Situation ihres Vaters: Einerseits hat sie im Rahmen möglicher Vererbbarkeit daran gedacht, wie es sein mag, wenn sie selbst schwerhörig werden würde. An anderer Stelle des Interviews sagt sie, dass es ihr unmöglich sei, sich das Schicksal ihres Vaters vorzustellen:
„*Man kann sich selber nicht hineinversetzen in die Situation.*" (Zeilen 443–444)

„*... und versuch mich auch in ihn hineinzuversetzen, aber das schafft man gar nicht, das ist echt schwer.*" (Zeilen 445–446)

Mit einer möglichen Vererbbarkeit der Schwerhörigkeit hat sich Lia Döbel auch in Bezug auf eine Ohren-Erkrankung ihres Sohnes während dessen Kindheit auseinandergesetzt und zwischenzeitlich von ärztlicher Seite Entwarnung erhalten: Es handele sich bei ihrem Vater nicht um eine genetisch weitergegebene Form der Hörschädigung. Zudem sei er normal hörend geboren worden. Vor diesem Hintergrund ging Frau Döbel immer gelassener mit der Frage der Vererbbarkeit um:
„*... mit zunehmendem Alter, war mir dann klar, dass ich das ... dass ich nicht schwerhörig werde oder sein kann, weil ich ja 'n gutes Gehör habe.*" (Zeilen 338–340)

Das Miterleben des kommunikativen Ausgeschlossenseins ihres Vaters belastet die Interviewpartnerin auch heute emotional:
„*... er tat mir nur manchmal sehr leid, wenn er nicht alles mitbekommen hat.*" (Zeilen 292–293)

Peinliches Berührtsein war dabei nach Aussagen von Lia Döbel nicht im Spiel. Als Beispiele für Veranstaltungen, an denen der Vater nicht direkt teilhaben konnte, nennt sie die Kommunionsfeiern ihrer Söhne und deren Einschulung:
„*... wenn einer von unsern Söhnen ... was vorgetragen haben, dass er das nicht mitbekommen hat.*" (Zeilen 295–296)

Die Schwerhörigkeit des Vaters hat die Einstellung der Interviewpartnerin zu Menschen mit Behinderungen im Allgemeinen beeinflusst:

„Man hat 'ne andere Einstellung zu Behinderungen (...). Man geht offener mit der ganzen ... mit der ganzen Situation um ..." (Zeilen 234–236)

„Viele, die nicht damit groß werden, die haben so 'n bisschen Scheu, ob sie irgendwas falsch machen ..." (Zeilen 242–243)

Als Frau Döbel klein war, hat ihr Vater, wie sie sagt, noch verhältnismäßig gut gehört. Im Jugendalter habe sie sich nicht so sehr mit ihm auseinandergesetzt, da sie eher mit sich selbst beschäftigt gewesen sei:
„Als Jugendlicher, denk ich, macht man sich keine großen Gedanken, weil es einen selber nicht körperlich betrifft." (Zeilen 381–383)

Heute spricht Frau Döbel im Gegensatz zu früher mit ihrem Vater über seine Gehörlosigkeit. Sie äußert nicht, ob sie das Bedürfnis nach solchen Gesprächen früher hatte. Insgesamt vermutet die Interviewte, dass ihr Vater heute nicht alles ansprechen kann, worüber er sich gern mit anderen austauschen würde, da die Kommunikation für ihn so anstrengend geworden sei (Zeilen 693–696).

IV.5.7.2 Eigenes Leben und Sichtweisen von Lia Döbel

Die Interviewpartnerin bewertet die Gesamtstimmung in ihrer Herkunftsfamilie als positiv und äußert sich in hohem Maße zufrieden mit ihrem Aufwachsen:
„Gut, gut, trotz allem gut (lacht). Doch, kann ich nicht anders sagen, wir hatten eigentlich 'ne lustige, schöne, glückliche Kindheit, trotz allem. Es war schön." (Zeilen 23–24)

Als Lia Döbel im Jugendalter war bzw. als junge Erwachsene hat sie eher Abstand zum Elternhaus gesucht. Dies betrachtet sie im Nachhinein als normal. Im Kindes- und Jugendalter kannte sie außer ihrem Vater keine anderen Menschen mit einer Behinderung.

Von ihren Eltern fühlt sich die Interviewpartnerin stets ernst genommen:
„... doch, haben die uns auch immer für voll genommen (lacht)." (Zeile 149)

Diese Augenhöhe erlebte Frau Döbel auch zwischen ihren Eltern und ihren Geschwistern. Als Beispiel führt sie an, dass ihre Mutter und ihr Vater mit ihr diskutiert hatten, welche Schule für sie am geeignetsten sei, nachdem Lia Döbels Freundinnen planten, eine andere Bildungseinrichtung zu besuchen. Ebenso verhielten sich die Eltern bei der Berufswahl der Interviewpartnerin:

> „... als ich die Praktika gemacht habe, die haben mich immer unterstützt oder haben uns immer unterstützt, muss ich wirklich sagen." (Zeilen 156–158)

Es habe Momente gegeben, die nicht einfach gewesen seien, aber insgesamt steht die Interviewte ihrem Aufwachsen bei einem Elternteil mit Behinderung positiv gegenüber. Die Hörschädigung des Vaters stellt für Frau Döbel einen Teil ihres Alltags dar und ist zur gewohnten Gegebenheit geworden:

> „... normal, normal, wirklich normal, kann ich nicht anders sagen, die ein oder andere Situation war schwierig, das ist ganz klar, aber normal." (Zeilen 352–354)

IV.6   Interviewdarstellung: Jens Hoffmann
IV.6.1   Vorinformationen

Herr Hoffmann ist zum Zeitpunkt des Interviews 28 Jahre alt. Er wohnte zeitlebens in Nordrhein-Westfalen. Sein Vater trägt beidseitig ein Cochlea-Implantat (CI). Der Kontakt zu Jens Hoffmann wurde über die Selbsthilfegruppe hergestellt, in der sein Vater engagiert ist.

Das Interview mit Herrn Hoffmann habe ich im Wohnzimmer seines Elternhauses durchgeführt. Vor und nach der Aufzeichnung habe ich mit Mutter und Vater von ihm gesprochen. Mit seiner Schwester, Frau Silke Holz, wurde ebenfalls ein Interview durchgeführt, das im Rahmen dieser Arbeit dargestellt wird. Der Interviewpartner begegnete mir offen und freundlich.

IV.6.2   Die Behinderungen

Jens Hoffmanns Vater ist seit einer Meningitis-Erkrankung im frühen Kindesalter stark schwerhörig. In welchem Alter er die Erkrankung hatte, weiß der Interviewpartner auch auf Nachfrage nicht. Während der Kindheit und Jugend von Herrn Hoffmann trug der Vater klassische Hinter-dem-Ohr-Hörgeräte. Nach Hörstürzen und völliger Ertaubung wurde ihm 2001 auf der linken und 2007 auf der rechten Seite ein CI eingepflanzt. Damals war der Interviewpartner 22 bzw. 27 Jahre alt.

Mit den CIs konnte der Vater seine Hörsituation, auch im Vergleich zu der Zeit mit den Hinter-dem-Ohr-Hörgeräten, wesentlich verbessern. In geräuschreichen Umgebungen bestehen nach wie vor Schwierigkeiten, weshalb er heute mit den CIs als „schwerhörig" und nicht als „normal hörend" gilt. Die ganze Familie freut sich sehr über den Hörzuwachs des Vaters.

Die Familie kommunizierte immer lautsprachlich. Nur mit Klassenkameraden aus der Schule für Schwerhörige nutzte der Vater teilweise Gebärden.

Der Interviewpartner ist im Januar 2008 auf dem linken Ohr vollständig ertaubt. In seinem Fall helfen weder Hilfsmittel noch operative Eingriffe. Zuvor verfügte er auf diesem Ohr nach zweimaliger Masern-Erkrankung im Kindesalter über ein Hörvermögen von 20 Prozent. Dessen ungeachtet gibt Jens Hoffmann an, „nicht behindert" zu sein. Seine Mutter, seine Schwester und alle Großelternteile sind normal hörend.

IV.6.3 Biografische Eckdaten
IV.6.3.1 Die Eltern von Jens Hoffmann

Der Vater des Interviewpartners ist ausgebildeter Maler und Lackierer und hat in diesem Beruf in der Lackiererei eines Autohauses gearbeitet, die nach ihrem Konkurs im November 2008 geschlossen wurde. Seitdem ist er arbeitssuchend. Als Hobbys des Vaters zählt Jens Hoffmann Gartenarbeit und das Interesse an der Formel 1 auf.

Jens Hoffmanns Mutter ist gelernte Bürogehilfin. Sie war von 1988 bis 1993 und von 1995 bis 1999 in diesem Beruf tätig. Ein Jahr vor der Jahrtausendwende wurde sie arbeitslos. Heute möchte sie ausschließlich als Hausfrau aktiv sein. Als Hobby der Mutter nennt der Interviewpartner Gartenarbeit.

Herr Hoffmann hat eine drei Jahre ältere Schwester, die bereits ausgezogen ist.

IV.6.3.2 Die Person Jens Hoffmann

Gegenwärtig bewohnt der Interviewpartner das Dachgeschoss seines Elternhauses. Seine Freundin wohnt bei ihren Eltern. Herr Hoffmann ist ausgebildeter Kaufmann und arbeitet im Computereinzelhandel. Als Berufswunsch hat er „Fotograf" angegeben. Als Hobbys nennt er Fußball.

Vor seiner Berufsausbildung absolvierte Herr Hoffmann die Realschule. Er hat keine eigenen Kinder.

IV.6.4 Menschliche Kontakte in und außerhalb der Familie
IV.6.4.1 Gemeinsame Aktivitäten der Familie

Herr Hoffmann beschreibt den Kontakt zu Vater und Mutter als gleich gut (Zeilen 38–39). Auch seine Schwester besucht er nach wie vor sehr gern (Zeilen 248–249). Seine sportlichen Neigungen teilt sein Vater nicht, was aber nicht im Zusammenhang mit dessen Behinderung steht:

> „Also, so sportliche Sachen, die hab ich eigentlich immer alleine gemacht, weil mein Papa eigentlich überhaupt kein ... kein Fußballfan war." (Zeilen 49–51)

Trotzdem sind beide zusammen zu ein paar Sportveranstaltungen gegangen:

> „Dann, ab und zu, ist er halt mit mir mal auf den Fußballplatz gegangen. Aber das ist halt eben mehr so: ‚Ich tu' meinem Jungen jetzt ma' was Gutes, als dass mir das Spaß machen würde.' Und, ja, so im Jugendalter sind wir dann jetzt auch schon mal beim Formel-1-Rennen gewesen ..." (Zeilen 295–298)

Ins Familienleben war der Vater vielfältig integriert. Nur bei Aufgaben mit einem hohen sprachlichen Anteil hielt er sich immer wieder zurück:

> „Das fängt an von ... von wischen, Rasen mähen, grillen, kochen ... er hat eigentlich alles gemacht, ne? Bloß halt nur so Sachen, wo's dann halt wirklich um die Kommunikation ging, Telefon oder an die Haustür gehen oder Briefe beantworten, ist halt auch nicht so seins gewesen." (Zeilen 177–180)

"Ich habe mit meinem Vater auch handwerkliche Sachen gemacht, nicht nur Holz, auch andere Dinge, wie Modellbau." (Zeilen 677–678)

Bei den Hausaufgaben unterstützte der Vater Herrn Hoffmann eher im mathematischen Bereich, während die Mutter bei Sprachaufgaben einsprang. Diese innerfamiliäre Rollenverteilung hatte sich infolge der Schwerhörigkeit des Vaters so ergeben (Zeilen 57–62).

Auf meine Nachfrage erklärt Jens Hoffmann, dass die schriftsprachlichen Kompetenzen seines Vaters nicht eingeschränkt seien. Dennoch bearbeitet der Vater ungern Schriftverkehr, während die Mutter als Bürofachkraft der gesamten Familie ihre Unterstützung auf diesem Gebiet anbietet (Zeilen 664–666).

Jens Hoffmann wird heute von seiner Mutter vor allem bei Fragen zur Steuer unterstützt. Hierin kenne sich der Vater überhaupt nicht aus. Darüber hinaus teilt Herr Hoffmann die Interessen seiner Mutter nicht:

"... sie kann gut kochen, sie macht viel Gartenarbeit, das sind aber alles so Dinge, (...) was mich also überhaupt nicht interessiert." (Zeilen 334–338)

Im Hinblick auf familiäre Aktivitäten fasst der Interviewpartner zusammen, dass die Behinderung seines Vaters diese nicht beeinträchtige, wenn man sich entsprechend verhalte:

"Das heißt, wenn wir 'ne Radtour machen wollen, machen wir 'ne Radtour. Das ist ja kein Problem, er kann ja fahren. Wenn wir schwimmen gehen wollen, gehen wir schwimmen." (Zeilen 510–512)

"Das Einzige, wo man sich halt eben so 'n bisschen drauf einstellen muss, ist, dass man eventuell etwas zweimal sagen muss, weil er's nicht hört." (Zeilen 517–519)

IV.6.4.2 Der Kontakt zu Gleichaltrigen

Als Kindergartenkind kam Herr Hoffmann nie in eine Situation, in der er die besondere Hörsituation seines Vaters erklären musste:

„*Eigentlich nicht, im Kindergarten waren wir Kinder unter uns, die Eltern kamen immer nur zum Abholen, da gab es nie Probleme.*" (Zeilen 673–674)

Als Schulkind bewegte er sich gern mit Freunden in der Natur:
„*... während der Grundschule bin ich halt eben mit meinen Kumpels oft im Wald gewesen. Da haben wir dann halt so Buden gebaut und halt auch sehr viel draußen gespielt ...*" (Zeilen 277–279)

Der Interviewpartner gibt an, dass er stets zur Behinderung seines Vaters gestanden habe. Gute Freunde von ihm hätten dessen Schwerhörigkeit akzeptiert:
„*Meine Freunde wussten eigentlich fast alle davon, und mich hat das nicht belastet eigentlich.*" (Zeilen 112–113)

Bekannte von Herrn Hoffmann haben teilweise unsicher auf die Beeinträchtigung des Vaters reagiert:
„*... einige sagen dann halt eben: ‚Oh Gott, schwerhörig, das ist dann irgendwie schwergradig behindert!', oder so. (kurze Pause) Ja, aber es hat nie irgendwie einer Witze drüber gemacht oder so was.*" (Zeilen 100–102)

Es hat sich so ergeben, dass der Interviewpartner nur noch zu den Klassenkameraden Kontakt hat, für die die Schwerhörigkeit seines Vaters kein Problem darstellte (Zeilen 116–117).

IV.6.4.3 Soziale Kontakte der Eltern

Heute engagieren sich beide Elternteile von Jens Hoffmann in der örtlichen CI-Gruppe. Treffen und Unternehmungen mit anderen CI-Trägern stellen dem Interviewten zufolge einen erheblichen Teil des kommunikativen Austauschs seiner Eltern dar. Es seien sowohl schwerhörige Personen als auch Angehörige mit normalem Hörvermögen vertreten.
Vereinzelt zählen die Eltern auch Bekannte mit weiteren Behinderungen zu ihrem Freundeskreis:
„*Ein Paar ist dabei, wo die Frau, glaub ich, fast blind ist.*" (Zeile 581)

Auf meine Nachfrage äußert Jens Hoffmann, dass sein Vater zu Weihnachten und bei Geburtstagen an Familienfeiern teilnehme (Zeilen 582–585). Er bemerkt, dass seine Eltern Veranstaltungen grundsätzlich gemeinsam besuchen (Zeile 574) (vgl. IV.6.6.1).

IV.6.4.4 Konflikte und Verhaltensweisen während Meinungsverschiedenheiten innerhalb der Familie

Meinungsverschiedenheiten entstanden aus Sicht von Jens Hoffmann vor allem aus ganz alltäglichen Familienangelegenheiten:

„... wo dann ma' so 'n bisschen Streit ist, auch bedingt durch ... durch die Kinder, die heranwachsen, die dann irgendwie den eignen Kopf durchsetzen wollen ..." (Zeilen 190–192)

Die Behinderung des Vaters ist laut Herrn Hoffmann nicht in den Streit hineingezogen worden und wurde von den Kindern in seiner Wahrnehmung auch nie ausgenutzt:

„... es ging also nie um die Behinderung selbst in dem Streit, mein Vater hat sich das halt immer ganz objektiv angehört, was ... was da jetzt Sache ist, und dann hat er sich halt eben entschieden, so oder so." (Zeilen 199–202)

IV.6.5 Verhaltensweisen Dritter allgemein und belastende Erfahrungen
IV.6.5.1 Reaktionen von Menschen außerhalb der Kernfamilie

Seine Lehrkräfte seien immer sehr bemüht gewesen, mit seinem Vater laut und deutlich zu sprechen, unterstreicht der Interviewpartner. Schwieriger hätten sich Verkaufsgespräche in Läden dargestellt:

„In Geschäften ist es dann teilweise so, dass die Kundenberater sich dann teilweise weggedreht haben, um das Produkt zu zeigen beispielsweise, oder dann halt eben mit 'm Rücken zu meinem Vater standen und dass er das halt eben nicht verstanden hat, ne?" (Zeilen 213–216)

Der Interviewpartner gibt zu bedenken, dass seine Familie nicht jedem Verkäufer mitteilen wollte, dass der Vater schwerhörig ist, und das Personal in Geschäften sich somit nicht immer auf die Hörbehinderung des Vaters einstellen konnte (Zeilen 217–220).

IV.6.5.2 Diskriminierungserfahrungen

Am Arbeitsplatz des Vaters reagierten Kollegen mit Neid auf den Nachteilsausgleich für Menschen mit Behinderungen:

> „... er hat 'n bisschen mehr Urlaub, besonderes Kündigungs... besonderen Kündigungsschutz, dass da also so 'n bisschen Mobbing aufkam." (Zeilen 225–227)

Zudem wurden für den Vater keine Erleichterungen am Arbeitsplatz eingebaut:

> „Ein Beispiel ist: Mein Vater hat eine Hebebühne zum Lackieren beantragt. Die Kasse hätte die Kosten komplett übernommen. Es wäre also umsonst gewesen für die Firma und sie hat es doch nicht gemacht. Des Weiteren hatte mein Vater an seinem Schreibtisch in der Halle kein Licht, und es wurde auch keins installiert." (Zeilen 697–701)

Jens Hoffmann erklärt, dass diese Hubvorrichtung seinem Vater das Bücken und Knien während des Arbeitens erspart hätte, nachdem die CI-Operationen seinen Gleichgewichtssinn beeinträchtigt hatten (Zeilen 706–708).

Die Entlassung des Vaters habe mit dem Konkurs des gesamten Betriebs zu tun und nicht mit seiner Behinderung, erläutert Herr Hoffmann (Zeilen 615–617):

> „(kurze Pause) Ja. Aber es gab dann auch jetzt irgendwie noch 'n Prozess um ... um die Abfindung und so was alles. Aber, ja, letzten Endes hat er sich halt nicht unterkriegen lassen, ne?" (Zeilen 235–238)

IV.6.6 Technische, allgemeine und personelle Erleichterungen im Alltag
IV.6.6.1 Hilfsmittel und Umgangsweisen

Der Vater trägt heute beidseitig je ein Headset eines CIs. Diese Technik funktioniert so gut, dass wieder Telefonate mit vertrauten Stimmen möglich sind. Zu diesem Zweck besitzt die Familie ein

Funktelefon ohne Extrafunktionen für Menschen mit Hörbehinderungen, das jedoch für den Gebrauch mit CIs geeignet ist. Zusätzlich steht der Familie ein Faxgerät zur Verfügung, auf das der Vater auch oft zurückgreift. Zu den Hilfsmitteln vor der Implantation vgl. IV.6.2.

Beim Fernsehen versteht der Vater heute über den Ton einen Großteil der akustischen Informationen. Zur Zeit seiner Hinter-dem-Ohr-Hörgeräte nutzte er Untertitel. Die Einblendung von Gebärdensprachdolmetschern erlebt er für sich – auch früher schon – als weniger hilfreich, da er nicht über einen ausreichend großen Gebärdenwortschatz verfügt.

In Situationen, die reich an Störschall sind, greift der Vater auf eine Mikroportanlage (FM) zurück, bei der ein zusätzliches Richtmikrofon hilft, den Nutzschall für die CIs noch effizienter aus den Hintergrundgeräuschen herauszufiltern (Zeilen 637–640). Empfindet er Geräusche als unangenehm und profitiert er in einer speziellen Umgebung nicht von den CIs, schaltet er sie aus.

Herr Hoffmann berichtet, dass sich sein Vater vor zwei Jahren mit der neuen Computertechnik befasst habe und seitdem das Mailen nutze. Ein privater PC stand schon vor diesem Zeitpunkt zur Verfügung. Zusätzlich ist im Elternhaus des Interviewpartners eine kombinierte Lichtsignalanlage für Telefon und Türklingel installiert (Zeilen 648–650, 622–624).

IV.6.6.2 Personelle Hilfen

Jens Hoffmanns Mutter unterstützt ihren Mann stets bei kommunikativen Problemen:

> „Ja, gut, meine Mutter war eh immer sehr engagiert, ne? Das heißt, also, sie hat sich eh immer sehr gut eingesetzt. Ist ja auch quasi die Begleitung von meinem Vater. Es steht so im Pass drin, dass halt ... eben schwerhörig, mit Begleitung ... weil eben hilflos ..." (Zeilen 354–357)

Auf meine Nachfrage erläutert der Interviewpartner, in welchen Situationen der Vater die Hilfe seiner Ehefrau in Anspruch nimmt:

> „Die wichtigen Gespräche mit Ärzten zum Beispiel. Da wäre es fatal, wenn man etwas falsch versteht." (Zeilen 656–657)

Die Familie ist es gewohnt, dass der Vater so lange nachfragt, bis er sich sicher ist, den jeweiligen Gesprächsinhalt verstanden zu haben (Zeilen 133–136).

Jens Hoffmann erinnert sich, dass der Vater trotz seiner Schwerhörigkeit alles mache. Nur bei der Kommunikation mit fremden Personen habe er sich zurückgehalten:

„Das Einzige, was er halt eben nicht gerne gemacht hat, ist ans Telefon gehen oder irgendwelche Vertreter oder so an der Tür begrüßen." (Zeilen 171–172)

IV.6.6.3 Unterstützung von Seiten der Kinder

Jens Hoffmann zählt unter Hilfen für seinen Vater vor allem Familienaufgaben auf, die mit dessen Schwerhörigkeit in keinem Zusammenhang standen:

„Hm. (Pause) Gartenarbeit, Auto waschen, solche Sachen, ja. Aber nicht, weil er nicht konnte wegen seiner Behinderung. (…) oder draußen vorne irgendwas umgraben oder so was, tapezieren, bisschen was anstreichen, klar, natürlich, ja." (Zeilen 410–413)

Zusätzlich gibt Herr Hoffmann an, sich auf die Sprechweise, die sein Vater am besten versteht, eingestellt zu haben:

„Man musste sich halt eben nur drauf einstellen, dass man ihn möglichst nicht von hinten anspricht, weil, dann hört er einen nicht." (Zeilen 74–76)

Bevor dem Vater die beiden CIs eingesetzt wurden, war die Kommunikation schwieriger als heute:

„Man musste (vor dem CI, Anm. d. Verf.) *lauter sprechen, deutlicher sprechen, am besten noch halt sehr lippenbetont, damit man ablesen konnte oder damit mein Vater ablesen konnte …"* (Zeilen 127–129)

„Das ist heute fast gar nicht mehr, also, man kann ja hinter ihm stehen und er versteht ein' trotzdem." (Zeilen 130–131)

IV.6.7 Reflexionen des Interviewten
IV.6.7.1 Auseinandersetzung mit den Behinderungen
Herr Hoffmann berichtet, dass es für ihn bis heute zum Alltag gehöre, zur Schwerhörigkeit seines Vaters zu stehen:
> „Also, ich konnte da eigentlich immer ganz gut mit umgehen. Ich hatte auch kein Problem, meinen Freunden davon zu erzählen, wo einige halt eben sich vielleicht geschämt hätten oder so. Aber es ist halt eben für mich total normal gewesen." (Zeilen 80–84)

Er reflektiert, dass sein Vater vor der Operation viele alltägliche Geräusche nicht mehr hören konnte. Nach der Implantation habe sich dies stark zum Positiven hin verändert:
> „... dass man beim Grillen nicht hört, dass das Feuer knistert, oder man kann ja keine Bienen summen hör'n und kein Wasser plätschern ... oder man den Zug nicht kommen hört ..." (Zeilen 366–369)

> „(Der Vater, Anm. d. Verf.) ist auch sehr glücklich mit dem CI und hört halt diese kleinen Dinge wieder. Das heißt also, wenn irgendwo was klappert, dann springt er schon auf, weil er total nervös wird, was ist das, was ist das? Oder wenn man jetzt mit dem Messer so über'n Teller kratzt ..." (Zeilen 373–377)

Als Kind und Jugendlicher habe Herr Hoffmann kaum mit seiner Schwester über die Schwerhörigkeit ihres Vaters gesprochen. Dies sei erst im Zusammenhang mit den beiden CI-Operationen an der Tagesordnung gewesen (Zeilen 252–257).

Der Interviewpartner erinnert sich, dass er im Alter zwischen 17 und 18 Jahren seinem Vater manchen längeren Sachverhalt nicht mitgeteilt hatte, weil er die schwerfällige Kommunikation scheute. Inzwischen bereut er sein damaliges Handeln. Heute gebe er auch komplizierte Inhalte wieder, auch wenn das vor dem Hintergrund der Schwerhörigkeit anstrengender sei:
> „Es sind halt so einige Sachen, die man ja eher nicht erzählt hat, weil es sehr ausführlich ist und man das Gefühl hatte, er versteht es ja doch nicht, ne? Und deswegen hat man's dann einfach sein gelassen. So im Nachhinein denke ich jetzt, eigentlich falsch, weil, ja, man grenzt so ein... einen Menschen dann ja dann auch so 'n Stück weit aus, ne?" (Zeilen 139–143)

Herr Hoffmann sagt, dass er sich intensiv mit dem Thema Hörschädigung auseinandergesetzt habe, nachdem er im vergangenen Jahr selbst einseitig ertaubt ist:
> „Also, ganz so abwegig ist es nicht. Ich hab jetzt vor 'nem halben Jahr mein ... mein Ohr verloren, das eine. Da ist irgendwas im Innenohr geplatzt und ... gut gehört hab ich auf dem Ohr eh nicht ..." (Zeilen 434–436)

Bei Zugluft im Auto kann er nichts mehr und in lauten Räumen nur schlecht verstehen (Zeilen 437–442). Insgesamt hat er sich aber mit seiner neuen Hörsituation abgefunden:
> „Und jetzt hab ich mich halt eben dran gewöhnt, dass ich nur noch ein Ohr habe." (Zeilen 450–451)

Da Sohn und Vater jeweils durch eine Erkrankung ertaubt sind, handelt es sich nicht um Vererbung.

IV.6.7.2 Eigenes Leben und Sichtweisen von Jens Hoffmann

Die Familien seiner Bekannten erlebt der Interviewpartner im Kontrast zu seiner eigenen:
> „Ich find den Kontakt (zur Herkunftsfamilie, Anm. d. Verf.) eigentlich sehr gut und bin auch froh, dass das so ist, weil, ich kenn's halt eben auch anders von Bekannten oder Freunden von mir." (Zeilen 41–43)

Als einschneidendes Erlebnis hat Herr Hoffmann den Tod seines Großvaters erlebt, zu dem er sich stets stark hingezogen gefühlt habe. Er war 14 Jahre alt, als der Opa einem Krebsleiden erlag:
> „Wir waren auch sehr oft da, und mein Opa hat mit mir gebastelt, das heißt, er hat immer so Holzkisten gebaut und so kleine Burgen und so was, also sehr handwerklich begabt und, ja, wir waren dann halt immer in der Werkstatt bei ihm." (Zeilen 30–33)

Jens Hoffmann fühlt sich von seinem Vater in Bezug auf seine Berufswahl gut unterstützt:

„*Also, er war halt eben froh, dass ich überhaupt Arbeit gefunden habe, was ja auch nicht so leicht war in der Zeit. Und, ja, also, er steht da immer noch voll hinter mir."* (Zeilen 327–330)

Während seiner Jugendzeit begann der Interviewte seine Leidenschaft für Computer zu entdecken, die er inzwischen zum Beruf gemacht hat (Zeilen 280–283). Er gibt an, durch seinen Vater den Umgang mit Schwerhörigkeit erlernt zu haben. Dies bringe ihm heute Vorteile bei der Kommunikation mit schwerhörigen Kunden:
„*… dass man den Leuten eben (…) entgegentritt und nicht einfach sich irgendwas in den Bart nuschelt …"* (Zeilen 392–394)

Abgesehen von aus seiner Sicht normalen Streitereien hat Herr Hoffmann sein Elternhaus überwiegend positiv empfunden:
„*Die Gesamtstimmung war immer gut. Also, es gab eigentlich nie Probleme. Klar hat jede Familie ma' irgendwo 'n kleinen Knacks …"* (Zeilen 189–190)

IV.7 Interviewdarstellung: Silke Holz
IV.7.1 Vorinformationen

Frau Holz ist zum Zeitpunkt des Interviews 31 Jahre alt und lebte stets in derselben kreisfreien Stadt in Nordrhein-Westfalen. Sie ist die Schwester von Jens Hoffmann, dessen Interviewdarstellung auch im Rahmen meiner Studie aufgeführt wird. Frau Holz' Vater ist schwerhörig. Für das Interview ist sie in das Wohnzimmer ihres Elternhauses zurückgekehrt. Die Interviewpartnerin zeigt offen unterschiedliche Gefühle. Ihr Auftreten ist von Natürlichkeit und Selbstbewusstsein geprägt. Beide Elternteile habe ich vor und nach dem Interview kurz kennengelernt.

IV.7.2 Die Behinderungen

Frau Holz' Vater wurde normal hörend geboren. Er wurde als Kleinkind nach einem Fieber stark schwerhörig. Als Frau Holz Kind und Jugendliche war, trug ihr Vater beidseitig klassische Hinter-dem-Ohr-Hörgeräte. Sein Hörvermögen hat sich im Laufe der Jahre bis zur beidseitigen Ertaubung verschlechtert. In den Jahren 2001 und 2007 sind ihm in beide Ohren Cochlea-Implantate (CIs) eingesetzt worden, die er mit den dazugehörigen Headsets nutzt. Seit den Operationen hört der Vater viel besser als zuvor, im Störschall bleibt für ihn das Hören allerdings schwierig bis unmöglich. Deshalb gilt er, wie die meisten CI-Träger, vom Grad der Behinderung her als schwerhörig.

Die ganze Familie freut sich sehr über die Hörverbesserungen des Vaters in den letzten Jahren. Er verwendet – wie seine Frau und seine Kinder – in der Familie ausschließlich die Lautsprache. In den Austausch mit gehörlosen Bekannten bringen vor allem Vater und Tochter ihre Kenntnisse in Deutscher Gebärdensprache (DGS) ein.

Die Mutter der Interviewpartnerin hatte fünf Bandscheibenvorfälle und verfügt über einen Schwerbehindertenausweis. Frau Holz gibt allerdings im biografischen Kurzfragebogen an, dass sie die Behinderung ihrer Mutter nie als solche betrachtet habe. Die Mutter ist normal hörend.

Der zwei Jahre jüngere Bruder von Frau Holz wurde mit normalem Hörvermögen geboren und konnte nach einer Kinderkrankheit auf dem linken Ohr zunächst nur noch 20 Prozent hören. Im Jahr 2008 ist Jens Hoffmann auf dem linken Ohr vollständig ertaubt. Operative Maßnahmen helfen in diesem Fall nicht.

Silke Holz und ihr Ehemann sind nicht behindert. Die Interviewpartnerin hat keine Kinder.

IV.7.3 Biografische Eckdaten
IV.7.3.1 Die Eltern von Silke Holz

Die Mutter der Interviewpartnerin ist gelernte Bürogehilfin. Sie begann wieder zu arbeiten, als Frau Holz ungefähr 13 Jahre alt war, und bekleidete diesen Beruf bis ein Jahr vor der Jahrtausendwende. Seit 1999 widmet sie sich ausschließlich den Aufgaben der Mutterrolle und denen des häuslichen Bereichs. Frau Holz zählt folgende Hobbys ihrer Mutter auf: Schwimmen, Computer, Radfahren, Gartenarbeit und Kochen.

Silke Holz' Vater ist ausgebildeter Maler und Lackierer und hat von 1969 bis 2008 in diesem Beruf gearbeitet. Der Arbeitgeber des Vaters musste Insolvenz anmelden. Infolge dieses Verfahrens wurde er arbeitslos. Silke Holz nennt das Radfahren, die Formel 1 und das Schwimmen als Freizeitbeschäftigungen, die ihr Vater gern ausübt.

IV.7.3.2 Die Person Silke Holz

Silke Holz ist im Alter von 22 Jahren aus dem Elternhaus ausgezogen und wohnt seitdem in einer gemeinsamen Wohnung mit ihrem Gatten. Diese liegt ungefähr fünf Kilometer von ihrem Elternhaus entfernt in derselben Stadt.

Nach dem Besuch von Grund- und Realschule hat Frau Holz an einem Berufskolleg das Abitur erworben. Im Anschluss daran erlernte sie den Beruf der Verlagskauffrau und war von 2000 bis 2001 als solche tätig. Von 2001 bis 2007 absolvierte sie ein Studium der Tiermedizin und arbeitet seit 2007 in einer Gemischtpraxis, die Groß- und Kleintiere behandelt. Reiten und Lesen betreibt die Interviewpartnerin zum Ausgleich.

IV.7.4 Menschliche Kontakte in und außerhalb der Familie
IV.7.4.1 Gemeinsame Aktivitäten der Familie

Schwierigkeiten einbeziehend, stellt Silke Holz fest, dass die Vater-Tochter-Beziehung stets sehr intensiv gewesen sei:

> „Also, man sagt ja immer, entweder ist man Mutter-Kind oder Papa-Kind, und ich bin sicherlich eher 'n Papa-Kind, also, es war immer 'n sehr inniges Verhältnis ..." (Zeilen 47–49)

> „... das wird einem auch immer so nachgesagt, dass man 'ne stärkere Beziehung zu seinem Papa hat und ... ja, weiß ich nicht, ist so 'n Gefühl einfach, keine Ahnung." (Zeilen 84–86)

Frau Holz erzählt von verschiedenen Unternehmungen mit ihrer ganzen Familie, zum Beispiel Tagesausflügen zu Freizeitparks (Zeilen 95–96), oder von Hobbys, bei denen ihr Vater für sie im Mittelpunkt stand:

> „... und dann bin ich mit meinem Papa zum Beispiel angeln gewesen und wir waren halt viel schwimmen, und das hat zum Beispiel immer mein Papa auch mehr mitgemacht." (Zeilen 92–94)

Die Interviewte betrachtet die Haltung der Eltern ihr und ihrem Bruder gegenüber als sehr bemüht. Dabei spielt für sie die Hörbeeinträchtigung ihres Vaters eine untergeordnete Rolle:

> „... dass meine Eltern immer viel für die Familie gemacht haben und viel für uns da waren, und ich hab die Behinderung nicht als irgendwas empfunden, was halt so im Vordergrund war ..."
> (Zeilen 410–412)

IV.7.4.2 Der Kontakt zu Gleichaltrigen

Der Interviewpartnerin wurde als Kind von ihrer Mutter stets empfohlen, die Schwerhörigkeit des Vaters vor Dritten nach Möglichkeit nicht zu erwähnen. Obwohl Silke Holz diese Ansicht nie völlig teilte, hielt sie sich weitgehend daran:

> „... dass meine Mama gesagt hat, halt: ‚Sagt es nicht!', und das haben wir ... also, ich hab's persönlich auch nicht gemacht (...). Also, ich glaube gar nicht, dass das so in der Schule irgendwie bekannt war oder aufgefallen ist." (Zeilen 116–119)

Silke Holz nimmt an, dass ihre Mutter mit diesem Rat vermeiden wollte, dass ihr Nachwuchs aufgrund der Schwerhörigkeit des Vaters benachteiligt wurde:

> „... dass sie (die Mutter, Anm. d. Verf.) gesagt hat: ‚Bevor meine Kinder da gehänselt werden, lassen sie das lieber und hängen's nicht an die große Glocke.'" (Zeilen 148–149)

Nur Schulkameradinnen, die Frau Holz besuchten, bemerkten die Behinderung des Vaters:

> „... meine Freundin hat auch immer gesagt, später, ich hätte automatisch mit meinem Papa anders gesprochen, ich hätte viel lauter und betonter und ... ja, meine Mund- und Gesichtsmimik wär' ganz anders gewesen ..." (Zeilen 20–23)

IV.7.4.3 Soziale Kontakte der Eltern

Größere Gesellschaften vermeidet der Vater aufgrund seiner Behinderung:

"... also, er war nie so 'n Mensch, der halt so gesellschaftliche Festivitäten oder so besucht hätte, ne? Alles, wo's halt um Kontakte zu anderen Menschen geht, hat ihn jetzt sicherlich auch nicht gereizt, weil es, ja, für ihn vom Hören halt uninteressant gewesen wäre." (Zeilen 257–260)

Vor den CI-Operationen war es Silke Holz' Vater kaum möglich, sich mit den Gartennachbarn zu unterhalten. Trotzdem erinnert sich die Interviewpartnerin gern an die Geduld, mit der diese sich um ein Gespräch mit ihrem Vater bemüht haben:
"Die Gespräche sind deutlich mehr geworden, seitdem mein Vater das CI trägt. Früher waren es eher kurze Gespräche, bei denen die Nachbarn schon bemüht waren, laut und deutlich zu sprechen. Die meisten Kontakte liefen schon über meine Mutter. Heute geht der Gesprächsbeginn auch schon mal von meinem Vater aus; das war früher nicht der Fall." (Zeilen 489–493)

Seit Silke Holz' Vater CI-Träger ist, haben sich seine Kontakte zu anderen Menschen positiv verändert:
"... dadurch, dass mein Papa das CI jetzt hat, find ich, ist er 'n ganz anderer Mensch geworden. Der geht viel mehr auf Menschen zu und ... ähm, was er früher halt überhaupt nicht gemacht hat." (Zeilen 371–373)

Der Vater der Interviewpartnerin unternimmt vor allem Ausflüge mit Personen, die ebenfalls ein CI nutzen (Zeilen 460–461). In dieser Gruppe ist auch die Mutter von Frau Holz aktiv. Ob ihre Mutter über einen eigenen Freundeskreis verfügt, dazu äußerste sich die Interviewte nicht.

IV.7.4.4 Konflikte und Verhaltensweisen während Meinungsverschiedenheiten innerhalb der Familie

Wenn die Interviewpartnerin als Kind und Jugendliche emotional aufgewühlt war, konnte der Vater die Inhalte nicht vollständig aufnehmen:
"... wollte ich mit ihm diskutieren und war so in Rage, und dann hat er's wieder nicht verstanden (...). Ich war sauer und meine Eltern auch, ja." (Zeilen 109–112)

Frau Holz erzählt offen, dass sie die Behinderung ihres Vaters im Streit immer wieder zu ihren Gunsten genutzt habe:
"... Streitgespräche halt auch gab, auf die mein Vater dann sicherlich nicht so reagieren konnte, weil ich dann in meiner Wut auch mich umgedreht hab und abgedampft bin ..." (Zeilen 25–27)

Als Konfliktmanagementstrategie setzten sich beide Elternteile erst in einem gewissen zeitlichen Abstand mit Meinungsverschiedenheiten innerhalb der Familie auseinander:
"... dass Mama im ersten Moment reagiert hat und mein Papa vielleicht am nächsten Tag mich drauf angesprochen hatte, vielleicht nach Rücksprache mit meiner Mutter, wenn er Sachen vielleicht doch nicht verstanden hat ..." (Zeilen 76–78)

Hatte die Mutter etwas nicht erlaubt, so versuchte Silke Holz, es von ihrem Vater zu erbitten:
"... weil sie natürlich immer da war und eigentlich immer alles geregelt hat und dann eben auch öfter nein gesagt hat. Und wenn Papa dann kam, war erst mal alles wieder gut, wenn er von der Arbeit kam ..." (Zeilen 192–194)

Die Interviewpartnerin berichtet, dass sie während eines Kuraufenthalts der Mutter bewusst einkalkuliert habe, dass ihr Vater mit seiner Ehefrau nur bei Besuchen und nicht fernmündlich Rücksprache halten konnte – schriftliche Kommunikation lag dem Vater weniger:
"... wenn ich dann am Telefon Mama gefragt hab, ob ich irgendwas dürfte, und sie hat nein gesagt, dann hab ich Papa gefragt und (lacht), ja, da konnte ich ja eigentlich davon ausgehen, dass er eh nicht mir ihr spricht, außer in zwei Wochen, wenn er sie besucht, weil, telefonieren ging ja nicht ..." (Zeilen 221–225)

"... dann hatte ich ja eineinhalb Wochen Zeit, dass sich die Wogen so glätten konnten, bevor er mit Mama darüber sprechen konnte, und, ja, also, von daher war in der Zeit die Hörbehinderung sicherlich 'n Vorteil ..." (Zeilen 230–232)

Silke Holz resümiert, dass ihre Eltern gegenüber dem Nachwuchs einig und geschlossen auftraten. Mit ihrem Bruder hatte die Interviewpartnerin kaum Auseinandersetzungen – Letztere spielten sich eher zwischen einem der Kinder und den Eltern ab (Zeilen 210–213).

IV.7.5 Verhaltensweisen Dritter allgemein und belastende Erfahrungen
IV.7.5.1 Reaktionen von Menschen außerhalb der Kernfamilie

Unter IV.7.4.3 wurden bereits angenehme Erfahrungen von Silke Holz' Vater mit den Wohn- und Gartennachbarn beschrieben. Auch von Seiten des Verkaufspersonals in Läden hatte die Interviewpartnerin insgesamt positive Eindrücke in Bezug auf das Verhalten ihrem Vater gegenüber:

„… *im ersten Moment vielleicht so 'n bisschen ungehalten waren, was … weil sie dachten: ‚Was ist das denn für einer?', aber wenn irgendwie sich rauskristallisiert hat, dass derjenige* (der Vater, Anm. d. Verf.) *nicht hört, dann, fand ich, haben die Leute sich schon bemüht.*" (Zeilen 152–156)

Belastende Reaktionen können unter IV.7.5.2 nachgelesen werden.

IV.7.5.2 Diskriminierungserfahrungen

Die Interviewpartnerin nennt insbesondere Personen aus der entfernteren Verwandtschaft, die die Kommunikation mit ihrem Vater als „nicht lohnend" brandmarken:

„… *hab ich die Erfahrung gemacht, dass da halt teilweise Stimmen waren, die dann so blöde Sprüche abgelassen haben, so nach dem Motto ‚Der versteht's ja eh nicht!', also, es war eher Verwandtschaft …*" (Zeilen 157–160)[16]

Sie unterstreicht, dass sich die erwähnten Menschen bei Gesprächen mit ihrem Vater zu wenig angestrengt hätten (Zeilen 32–34). Die Interviewpartnerin führt auf meine Nachfrage hin aus, dass es sich bei diesen Personen um die Geschwister der Großmutter

---

16 Vgl. II.1.3.2: insbesondere DEGENER 2003, S. 23

mütterlicherseits und um einen Großonkel väterlicherseits handelte, die die Herkunftsfamilie einmal jährlich traf (Zeilen 586–590). Auch am Arbeitsplatz in der Lackiererei war Frau Holz' Vater stets Anfeindungen ausgesetzt:
„Dumme Sprüche (der Kollegen, Anm. d. Verf.)*, wenn mein Vater öfter einen Krankenschein hatte, zum Beispiel als er das CI bekommen hat."* (Zeilen 443–444)

IV.7.6 Technische, allgemeine und personelle Erleichterungen im Alltag
IV.7.6.1 Hilfsmittel und Umgangsweisen

Die Verwendung von Hörtechniken des Vaters kann unter IV.7.2 nachgelesen werden. Frau Holz nennt als zusätzliche technische Unterstützung in der Zeit vor den CIs nur Fernsehuntertitel. Seit dem Einsatz der Implantate verwendet der Vater auch ein Faxgerät, E-Mail am Computer, SMS und eine Lichtsignalanlage für die Türklingel (Zeile 562).

Heute, mit den CIs, könne ihr Vater mit Familienmitgliedern und sehr guten Bekannten, nicht jedoch mit fremden Sprechern telefonieren (Zeilen 390–394). Die Stimmen der Kernfamilie kenne er sehr genau, sodass er hier bei unklaren Wort- oder Satzteilen effektiver kombinierend ergänzen könne als bei unbekannteren Sprechweisen. Die Interviewpartnerin erwähnt auf meine Nachfrage, dass ihrem Vater das Telefonieren früher mit den Hinter-dem-Ohr-Hörgeräten auch mit den vertrauten Stimmen der Familie nicht möglich gewesen sei (Zeilen 445–447)[17].

IV.7.6.2 Personelle Hilfen
Silke Holz' Mutter hilft ihrem Ehegatten am meisten:
„Ich weiß nicht, wie es gewesen wäre, wenn meine Mutter jetzt nicht da gewesen wäre, wie sich das alles entwickelt hätte. Sicherlich ist meine Mutter auch jemand, der das gerne macht und halt viel so managt ..." (Zeilen 251–253)

---

17 Vgl. II.1.5: CLARK, VONIER, SCHULZE-GATTERMANN, BIDERMAN

Als die Mutter der Interviewpartnerin infolge eines Bandscheibenleidens längere Zeit im Krankenhaus bzw. zur Kur und damit von ihrem Ehegatten getrennt war, sprangen die Großeltern mütterlicherseits helfend ein:

> „Ja, meine Oma und mein Opa, die haben sicherlich auch immer viel unterstützt, gerade wenn's meiner Mutter nicht gut ging. Die haben auch viel übernommen ..." (Zeilen 271–273)

Bei der großelterlichen Hilfe während der krankheitsbedingten Abwesenheit der Mutter stand die Organisation des Haushalts im Vordergrund, da der Vater damals außer Haus erwerbstätig war. Hier spielte die Hörbehinderung des Vaters eine sekundäre Rolle:

> „Unterstützung für die ganze Familie: kochen, einkaufen, Kinder von der Schule abholen, Hausaufgabenkontrolle, Fahrten zu Freunden, Wäsche waschen ..." (Zeilen 571–573)

> „Auch wenn das Telefon klingelte, sind natürlich meine Großeltern drangegangen." (Zeilen 601–602)

Über weitere personelle Hilfen hat der Vater laut Silke Holz nie verfügt (Zeilen 603–607, 614–615).

IV.7.6.3 Unterstützung von Seiten der Kinder

Silke Holz musste ihrem Vater nur selten helfen, da ihre Mutter dies fast vollständig übernahm. Nur als die Mutter im Krankenhaus oder auf Kur war und die Großeltern nicht zur Verfügung standen, sollte die Interviewpartnerin Telefonanrufe für ihren Vater ausführen. Sie war damals circa zwölf Jahre alt und empfand diese Tätigkeiten als bedeutungsvoll:

> „(Pause) Eigentlich hab ich mich wichtig gefühlt, dass ich da was machen durfte, ja. Wichtig fand ich das, ich war stolz, dass ich das machen durfte." (Zeilen 267–268)

Dabei kann sich Frau Holz nicht erinnern, dass auch ihr Bruder in der Abwesenheit der Mutter Telefonate für den Vater geführt hat (Zeilen 575–577).

Auf meine Nachfrage hin führt Silke Holz Folgendes aus: Es sei nicht häufig vorgekommen, doch es sei ihr sehr unangenehm gewesen, wenn sie als Kind bei Einkäufen in Geschäften das Personal selbst fragen musste, da es ihrem Vater nicht möglich gewesen sei, fremde Sprecher zu verstehen (Zeilen 496–500).

IV.7.7 Reflexionen des Interviewten
IV.7.7.1 Auseinandersetzung mit dem Thema „Behinderung"

Silke Holz stuft ihr Verhalten gegenüber Menschen mit Hörbehinderungen als vergleichsweise natürlich ein. Diese Haltung resultiert ihrer Meinung nach aus dem Aufwachsen mit ihrem Vater:

> „... hab ich 'n bisschen anderes Empfinden, was halt gewisse Behinderungen schon auch angeht. Also, viele Leute sind ja sehr ... also, entweder können sie gar nicht damit umgehen oder sie meiden das (...), und ich denke, ich hab so 'ne gewisse Normalität dazu ..." (Zeilen 343–347)

Die Interviewpartnerin bat ihren Vater immer wieder darum, ihr Elemente der Gebärdensprache beizubringen, die er selbst in der Schule für Schwerhörige von Mitschülern gelernt hatte (Zeilen 356–358). Von diesem Wissen profitiert Frau Holz noch heute:

> „... wenn ich arbeite und es kommt 'n Kunde, der ‚taubstumm' ist ... das hatte ich halt letztens, und das war für mich kein Problem ..." (Zeilen 349–351)

Die Interviewte gesteht ein, dass sie gegenüber Personen mit anderen Behinderungen, die nicht im Bereich „Hören" liegen, eher unsicher ist (Zeilen 504–505).

Erst während ihrer Pubertät sei sie sich der Schwerhörigkeit ihres Vaters bewusst geworden. Zuvor habe sie lediglich automatisiert, dass sie ihren Vater bei Unterhaltungen ansehen müsse.

IV.7.7.2 Eigenes Leben und Sichtweisen von Silke Holz

Die Interviewpartnerin berichtet im Rückblick auf ihre Kindheit von vielen Freiräumen, die sie stets geschätzt habe und auch im Nachhinein schätze:

> „Ich durfte reiten und war meistens von 15 bis 19 Uhr unterwegs, ohne dass meine Eltern mich kontrollierten." (Zei-

len 514–515). "*Ich durfte auch abends früh weg in die Disko. Hier hat mich mein Vater allerdings immer abgeholt.*" (Zeilen 515–516). "*Auch meinem ersten Freund gegenüber waren sie sehr offen und kontrollierten nicht alle halbe Stunde, was wir gerade machen.*" (Zeilen 516–518)

"*... als Kinder und, ja, uns eigentlich gut entfalten konnten.*" (Zeilen 3–4)

Auch bei ihrer Berufswahl hat Frau Holz Rückhalt von ihren Eltern gespürt:

"*... also ich wüsste nicht, dass irgendwie mal was gewesen wäre, wo ich mich völlig unverstanden oder zurückgesetzt gefühlt hätte, also, sie haben eigentlich immer versucht, alles möglich zu machen, sei es jetzt von der Ausbildung her, was sicherlich auch noch mal so 'ne Sache war, dass ich so spät studieren wollte (...), dass sie da natürlich nach einigem Hin und Her mich unterstützt haben, also auch finanziell, aber auch was so Gespräche und so was angeht, also ...*" (Zeilen 177–184)

Die Interviewte ist sich kommunikativer Schwierigkeiten bewusst, hat aber insgesamt das Aufwachsen mit ihrem Vater sehr positiv erlebt:

"*... in gewissen Situationen mal Probleme gegeben hat, eben wenn's darum ging, ja, Probleme zu besprechen, dass er die manchmal nicht so schnell, ja, greifen konnte. (...) Aber ansonsten, wir haben immer ein sehr gutes Verhältnis gehabt.*" (Zeilen 49–55)

Silke Holz bewundert ihren Vater für das, was er in seinem Leben erreicht hat:

"*... war ich eigentlich immer nur stolz auf meinen Papa, dass er, ja, eigentlich alles meistern konnte, trotz der Behinderung.*" (Zeilen 136–137)

IV.8 Interviewdarstellung: Andrea Riegel
IV.8.1 Vorinformationen

Frau Riegel kommt aus Hessen, ist zum Zeitpunkt des Interviews 32 Jahre alt und mir privat bekannt. Da die Interviewpartnerin beruflich und privat stark ausgelastet ist, fand das Interview nicht bei ihr zu Hause, sondern in einem evangelischen Gemeindehaus statt. Frau Riegel lächelt viel und zeigt eine positive Grundhaltung.

Ihre Mutter habe ich noch nie getroffen. Dem Vater bin ich zu einem früheren Zeitpunkt einmal flüchtig begegnet. Die Interviewpartnerin hat einen Freund. Mit ihm habe ich mich vor dem Interview kurz unterhalten. Er macht einen freundlichen, offenen und sehr selbstbewussten Eindruck.

IV.8.2 Die Behinderungen

Mutter, Vater und die Patentante von Andrea Riegel sind von Geburt an gehörlos. Beide Elternteile nutzen die Deutsche Gebärdensprache (DGS) sowie das Lippenlesen lautsprachlicher Informationen und können selbst sprechen. Der Vater kann sich etwas deutlicher in Lautsprache artikulieren als die Mutter – Andrea Riegel schätzt deren gesprochene Worte aber auch als weitgehend verständlich ein.

Die Interviewpartnerin und ihr Freund haben keine Behinderung.

IV.8.3 Biografische Eckdaten
IV.8.3.1 Die Eltern von Andrea Riegel

Die Mutter der Interviewpartnerin ist ausgebildete Damenschneiderin, war zehn Jahre lang arbeitssuchend und danach als Raumpflegerin tätig. Zu Hause nähte und änderte sie weiterhin Kleidung für die Familienmitglieder. Als Hobbys ihrer Mutter nennt Andrea Riegel Fahrradfahren und Reisen.

Andrea Riegels Vater hat das Holzbildhauerhandwerk erlernt und arbeitete in diesem Metier sowie als Justizangestellter. Andrea Riegel zählt als Hobbys des Vaters Fahrradfahren, Lesen und Reisen auf.

IV.8.3.2 Die Person Andrea Riegel

Andrea Riegel hat keine Geschwister, was sie sehr bedauert. In ihrer Freizeit geht sie gern dem Lesen, Reisen und ihrer Begeisterung für Tiere nach.

Direkt neben dem Elternhaus wohnten die hörenden Großeltern väterlicherseits und die gehörlose Patentante der Interviewpartnerin. Im Alter von 20 Jahren zog Frau Riegel in eine eigene Wohnung in derselben Kleinstadt, in der auch ihre Eltern wohnen. Seit die Interviewpartnerin 30 Jahre alt ist, lebt sie mit ihrem Freund in einem Dorf, das circa 170 Kilometer vom damaligen wie heutigen Wohnort der Eltern entfernt liegt. Alle bisherigen Wohnorte von Andrea Riegel befinden sich in Hessen.

Nach dem Besuch von Grund- und Realschule lernte die Interviewpartnerin den Beruf der Verwaltungsfachangestellten, in dem sie auch gegenwärtig arbeitet. Bisher hat sie keine eigenen Kinder, wünscht sich aber für die Zukunft welche.

IV.8.4 Menschliche Kontakte in und außerhalb der Familie
IV.8.4.1 Gemeinsame Aktivitäten der Familie

Als kleines Kind beschäftigte sich Andrea Riegel öfter mit der Mutter, die damals mehr Stunden am Tag zu Hause war als der Vater. Von der Kindergartenzeit an habe sie zu beiden Elternteilen ungefähr gleich intensiven Kontakt. Die Grundstimmung in der Familie war stets positiv:

> *„... aber als Kind habe ich das ... die waren beide so lebensfroh."*
> (Zeile 257)

Andrea Riegel wurde geboren, als ihre Eltern gerade 20 Jahre alt waren. Sie hätten damals gern Unsinn gemacht. Die Interviewpartnerin betont, dass sich das inzwischen verändert habe:

> *„Ich saß immer auf seinem* (Papas, Anm. d. Verf.) *Schoß und hab ihn an der Nase gezupfelt oder an den Ohren."* (Zeilen 135–136)

> *„... und heute überlegen sie 20-mal: ‚Oh nein! Was könnten denn die Leute denken, wenn wir das und das machen!' Und das haben die früher nicht gemacht."* (Zeilen 420–422)

Mit ihrer Mutter hat Andrea Riegel vorwiegend geschmust und gespielt, während sie mit dem Vater vor allem diskutierte. Sie bezeichnet sich selbst als „Papa-Kind" (Zeilen 134–135).

Frau Riegel führt auf meine Nachfrage aus, dass sie sich bei ihren Wünschen eher an ihren Vater gehalten habe, weil dieser ihr mehr erlaubte (Zeilen 626–627).

Den Kontakt zu ihren Eltern empfand die Interviewpartnerin während der Zeit, als sie noch im Elternhaus wohnte, als einfacher als heute, da das Telefonieren mit ihrer Mutter und ihrem Vater nicht möglich ist. Beim Faxen oder Mailen entstehen zwischen Andrea Riegel und ihren Eltern immer wieder Missverständnisse. Als Grund dafür führt sie die eingeschränkten Kenntnisse ihrer Eltern in der Grammatik und Semantik der Schriftsprache an. Bildtelefon via Computer wurde von der Interviewpartnerin und ihren Eltern noch nicht genutzt, da die Verbindungen am Wohnort von Frau Riegel zu schlecht sind.

IV.8.4.2 Der Kontakt zu Gleichaltrigen

In Kindergarten und Schule brauchte Frau Riegel ihre „besonderen" Eltern nicht zu erklären, da die Familie schon zuvor ortsbekannt war. Die Interviewpartnerin hatte stets Freunde. Viele Gleichaltrige besuchten sie zu Hause. Nach einer Kindergeburtstagsfeier übernachteten häufig zehn bis zwölf Mädchen in ihrem Elternhaus. Die Kommunikation mit ihren Eltern war der Interviewten zufolge nicht schwierig, da die Kinder Unklares gezeigt oder gestikulierend erklärt hätten.

Einmal machte die gesamte Klasse einen Ausflug zum Elternhaus von Andrea Riegel:

„Also, (lacht) wir waren mal mit meiner ganzen Klasse Schlitten fahren bei uns! Und das war total witzig. Also, meine Mutter hat dann Kakao gekocht für alle, und die waren ganz glücklich." (Zeilen 195–197)

Bei den Teenager-Partys ihrer Tochter hätten die Eltern der Interviewpartnerin gespürt, dass die Heranwachsenden nun Wert auf mehr Distanz legten:

„Ja, die haben dann schon gemerkt: ‚Wir müssen uns ein bisschen zurückziehen, weil, ich glaub, die wollen jetzt nicht, dass wir die ganze Zeit dabei sind' ..." (Zeilen 215–217)

IV.8.4.3 Soziale Kontakte der Eltern

Die Eltern von Andrea Riegel hatten immer sehr viele Freunde. In den Augen der Interviewpartnerin sind beide Elternteile gesellig, wobei die Mutter eher einen ruhenden Pol darstellt. Andrea Riegel hält ihren Vater für einen Menschen, der gern Kontakte knüpft, und sieht ihre Mutter als jemanden, der am liebsten bereits existierende Freundschaften genießt. Im Gegensatz zu früher zählen die Eltern heute mehr hörende Personen zu ihrem Freundeskreis.

Die vielen sozialen Kontakte gaben den Eltern immer wieder Kraft, so zum Beispiel, als der Vater am Arbeitsplatz gemobbt wurde (vgl. IV.8.5.2):

„Und er (der Vater, Anm. d. Verf.) sagte eben auch, wenn er das private Umfeld nicht gehabt hätte, mit Familie und Freunden, dann wäre er wahrscheinlich kaputtgegangen an seiner ... an seiner beruflichen Geschichte, ja?" (Zeilen 265–268)[18]

IV.8.4.4 Konflikte und Verhaltensweisen während Meinungsverschiedenheiten innerhalb der Familie

Streit in der Familie von Andrea Riegel wurde mit sehr lauter Stimme und intensiven Gebärden ausgetragen (Zeilen 348–352). Die Interviewpartnerin erinnert sich, dass sie bei Meinungsverschiedenheiten ihrer Eltern unabhängig von der Sachlage stets ihre Mutter in Schutz genommen habe (Zeilen 138–140).

Zwischen Frau Riegel und ihrer Mutter sei es nie zu größeren Konflikten gekommen, da Letztgenannte Streit aus dem Weg ginge. In ihrer Beziehung zu ihrem Vater hingegen ist laut Andrea Riegel viel Temperament aufeinandergetroffen:

„... aber mit meinem Vater: Das ist ... wir sind beide sehr starke Persönlichkeiten, und wenn das dann knallt, dann knallt es richtig." (Zeilen 321–323)

---

18   Vgl. II.1.2.3: CHARLTON

30 Minuten später habe man sich meist wieder vertragen, fügt Andrea Riegel hinzu. Zudem sei es kein Widerspruch, dass sie sich zu ihrem Vater mehr hingezogen fühle und sich zugleich intensiver mit ihm streite:
„*Streit entsteht meist, wenn man jemand sehr liebt, so auch bei meinem Vater und mir. Außerdem sind wir beide extreme Sturköpfe.*" (Zeilen 630–632)

Andrea Riegel nennt als weitere Streitursache, dass ihr Vater während ihrer Jugendzeit Probleme damit hatte, ihre zunehmende Selbstständigkeit zu akzeptieren, und sie darauf vermehrt mit Heimlichkeiten reagierte.

So ließ die Interviewpartnerin ihren damaligen Freund heimlich in ihrem Jugendzimmer übernachten. Die Lichtsignalanlage der Türklingel des Elternhauses wurde dabei umgangen (Zeilen 613–618). Der Vater fand, dass die Tochter seine Behinderung in dieser Situation ausgenutzt hatte:
„*... ja, so von wegen: ,Ja, mit uns Gehörlosen kannste es ja machen! Wir hör'n 's ja sowieso nicht!'*" (Zeilen 343–344)

Diesen Vorfall habe er erst nach einiger Zeit verziehen, berichtet Andrea Riegel. Und kam sie als Teenager erst um vier Uhr morgens vom Treffen mit ihren Freunden zurück, so erzählte sie ihren Eltern, sie sei bereits um 23 Uhr zu Hause gewesen. Sie verließ sich darauf, dass diese ihr Kommen nicht gehört hatten, resümiert Frau Riegel. Im Nachhinein sieht sie sich als gewöhnlichen Teenager und ihren Vater als eine Person, die genauso stritt wie ein hörender Elternteil.

IV.8.5 Verhaltensweisen Dritter allgemein und belastende Erfahrungen
IV.8.5.1 Reaktionen von Menschen außerhalb der Kernfamilie

Die Interviewpartnerin erzählt von sehr unterschiedlichen Verhaltensweisen Dritter: Von einer Arbeitskollegin zum Beispiel ist sie mit Mitte 20 als sehr reif und erwachsen eingeschätzt worden (Zeilen 15–18). Dies lag aus Frau Riegels Perspektive an den vielen Hilfeleistungen, die sie für ihre Eltern bereits als Kind erbracht hat (Zeilen 712–716) (vgl. IV.8.6.3).

Sehr positiv erlebte Andrea Riegel ihre Großeltern im Nebenhaus. Auch das Verhältnis zwischen ihrer Mutter und der Oma väterlicherseits empfindet sie – damals wie heute – als sehr herzlich. Die Interviewpartnerin hat sich zu Letzterer immer intensiv hingezogen gefühlt:

> *„Meine ... meine Oma ist nicht meine Oma, sondern meine Omama. Das ist auch so 'ne zweite Mama für mich, auf jeden Fall."* (Zeilen 144–145)

Frau Riegel bilanziert, dass der Kontakt ihrer Herkunftsfamilie zu ihrer gehörlosen Patentante im Nebenhaus immer wieder schwierig gewesen sei. Sie führt folgende Ursachen für die Probleme mit dieser Tante an:

> *„Ihre Sturheit, Eifersucht und ihr Neid. Sie ist mit sich und ihrem Leben unzufrieden, dadurch hat sie mit ganz vielen Leuten Probleme."* (Zeilen 698–699)

Im Kreis von Freunden und Mitschülern erlebte Andrea Riegel keine schwierigen Situationen als Folge der Gehörlosigkeit ihrer Eltern. Lehrkräfte, die darüber informiert waren, bemühten sich ihr zufolge um sie, indem sie berücksichtigten, dass die Interviewte zu Hause viel organisieren musste bzw. dass sie mit ihren Eltern nicht lernen konnte wie viele andere Kinder. Mutter und Vater der Interviewpartnerin haben die Schule für Gehörlose besucht[19]. Dort haben sie viele Inhalte nicht oder in geringerem Umfang erarbeitet, als dies in der Realschule üblich ist, die Frau Riegel absolviert hat (Zeilen 636–642). Konkret sah das folgendermaßen aus:

> *„Gerade in Mathe hat mein Lehrer ab und zu ein Auge zugedrückt und versucht, diese nicht gerade berauschende Leistung mit anderen Fächern auszugleichen, zum Beispiel mit Physik oder Chemie."* (Zeilen 663–665)

Nachbarn oder Verkäufer in Geschäften reagieren überwiegend positiv auf die Eltern der Interviewpartnerin – nur selten würde sich Personal zu wenig auf die besondere Artikulation der Eltern einlassen und sie nicht verstehen.

---

19 Vgl. II.1.2.5: den Kapitelanfang

IV.8.5.2 Diskriminierungserfahrungen

Als die Familie während Frau Riegels Grundschulzeit im Urlaub war, wurde wie gewohnt gebärdet. Fremde Kinder zeigten auf sie und wandten sich fragend an die eigenen Eltern. Diese forderten ihren Nachwuchs umgehend auf, sich schnell von Andrea Riegels Familie abzuwenden. Die Interviewpartnerin dachte damals:
"Meine Eltern sind anders. Da darf man nicht hingucken!"
(Zeilen 168–169)[20]

Anschließend sprach Frau Riegel mit ihren Eltern über obigen Vorfall. Diese habe am meisten berührt, dass sich ihre Tochter vom diskriminierenden Verhalten der fremden Familie verletzt gefühlt habe, resümiert sie.

Beide Elternteile der Interviewpartnerin wurden im beruflichen Bereich wiederholt diskriminiert. Der Vater ist früher in Rente gegangen, da er die auf der Arbeit erlebten extremen psychischen Belastungen nicht mehr ertragen konnte. Dabei setzten die Kollegen ihn herab, indem sie ihn aus informellen Gesprächen – auch auf Nachfragen hin – ausschlossen:

"... dann haben sie (die Kollegen, Anm. d. Verf.) zu ihm gesagt: ‚Ach, du hörst das doch sowieso nicht', und, ‚das braucht dich nicht zu interessieren'." (Zeilen 240–242)

Andrea Riegels Mutter hatte sich in einer Heimeinrichtung für Menschen mit geistigen Behinderungen als Putzkraft beworben und wurde abgelehnt. Später erfuhr sie, dass einer nicht behinderten Person genau dieser Arbeitsplatz zugewiesen worden war (Zeilen 244–248)[21].

IV.8.6 Technische, allgemeine und personelle Erleichterungen im Alltag
IV.8.6.1 Hilfsmittel und Umgangsweisen

Das Elternhaus der Interviewpartnerin ist bereits früher mit einem Faxgerät sowie mit einer Lichtsignalanlage für dieses und die Türklingel ausgestattet gewesen. Heute verfügen die Eltern von Frau Riegel zusätzlich über die Möglichkeit zu mailen. Die Interview-

---

20 Vgl. II.1.2.2: insbesondere GOFFMAN
21 Vgl. II.1.4

partnerin verweist darauf, dass ihren Eltern, wie vielen gehörlosen Menschen, die Schriftsprache nur bedingt zugänglich sei.

IV.8.6.2 Personelle Hilfen

Andrea Riegels Familie hatte nie Assistenz, und die Interviewpartnerin findet im Nachhinein, dass ihre Eltern keine derartigen Hilfsangebote benötigt hätten. Stattdessen hat sie sich immer ein Geschwisterkind gewünscht, von dem sie sich praktische Unterstützung und emotionalen Beistand erhofft hätte, zum Beispiel bei den Telefondiensten, die sie für ihre Eltern leistete (Zeilen 85–90).

Die Großeltern im Nachbarhaus halfen den Eltern der Interviewpartnerin bei der lautsprachlichen Erziehung der Enkeltochter.

IV.8.6.3 Unterstützung von Seiten des Kindes

Ihr Vater beauftragte Frau Riegel bereits im Alter von acht bis zehn Jahren, zum Beispiel mit dem Finanzamt wegen der Lohnsteuererklärung zu telefonieren oder offizielle Stellen anzuschreiben, da ihre Eltern sich schriftlich nicht gut ausdrücken können. Die Interviewpartnerin fühlte sich dem jedoch überhaupt nicht gewachsen:

„Genau! Und das war ... das war furchtbar! Das war ganz, ganz schlimm. Es war teilweise so, dass, wenn mein Vater gesagt hat, ich soll da anrufen, ich dann auch die Nummer gewählt habe, aber im gleichen Zug auch wieder, ja, an die Taste gekommen bin und dann gesagt hab: ‚Da meldet sich keiner', weil, ich hab da gar nicht angerufen ..." (Zeilen 41–45)

Auf meine Frage, was ihr bei der Unterstützung ihrer Eltern verloren gegangen sei, antwortet Andrea Riegel:

„Sicherlich Zeit, aber auch ein Stück Kindheit. Durch diese Verantwortung bin ich schneller reifer beziehungsweise erwachsener geworden. Hätte da gern noch etwas länger gebraucht."
(Zeilen 714–716)

Inzwischen hat Interviewpartnerin mit ihrem Vater über diese Überforderungssituationen gesprochen. Heute bereut er sein damaliges Verhalten. Im Erwachsenenalter übernimmt Andrea Riegel wieder kommunikative Aufgaben für ihre Eltern, zum Beispiel bei wichtigen Angelegenheiten, die Arbeitsstelle ihres Vaters betreffend.

IV.8.7 Reflexionen des Interviewten
IV.8.7.1 Auseinandersetzung mit dem Thema „Behinderung"

Insgesamt akzeptiert die Interviewpartnerin die Situation ihrer Eltern. Manchmal sei sie betrübt gewesen, dass diese nicht wirklich an einer musikalischen Darbietung teilhaben konnten:

„*... ich hab mir das auch zeitweise gewünscht: ‚Mann, warum können die nicht hören? Und ich hätte das jetzt so gerne. Ich würd' mit denen gerne auf ein Konzert gehen oder die sollen mal kommen, wenn ich sie rufe.' Klar, aber ansonsten ... Das ist okay.*" (Zeilen 96–99)

Andrea Riegel sorgt sich hinsichtlich der Vererbbarkeit der Hörschädigung ihrer Eltern, gerade weil ihr Onkel im Erwachsenenalter zunehmend schlechter hört:

„*... ‚Oh Gott, was wäre ...' Klar, es ist für mich kein Problem, aber es ist ja für meinen Partner nicht wirklich schön, oder wenn ich mal Kinder habe, das ... wenn ich dann nicht mehr höre, das ist ja für die dann auch 'ne Umstellung.*" (Zeilen 551–554)

Manche Situationen empfand die Interviewte als unangenehm. Richtig geschämt habe sie sich im Zusammenhang mit ihren Eltern aber nie:

„*... aber das sind so Kleinigkeiten, das sind keine großen Peinlichkeiten. Und wenn ich jetzt zum Beispiel mit meinen Eltern irgendwo essen war und meine Eltern dann tierisch anfingen zu schmatzen ...*" (Zeilen 482–485)

Andrea Riegel fühlte sich schon als Kind zu anderen CODA hingezogen (vgl.III.2.3), da diese vergleichbare Erfahrungen gemacht haben:

„*Diese CODA-Kinder, das waren keine Freunde, das waren dann ... das war so 'ne riesen ... diese CODA ... ich würd' sagen, diese CODA, das war so 'ne Familie.*" (Zeilen 301–303)

Die Interviewte meint, dass sie sich gut in gehörlose Menschen einfühlen kann (Zeile 645). Die Lebensbewältigung ihrer Eltern bewundert sie:
> „Also, ich finde es schon mal total toll, wie sie ihr Leben gemeistert haben mit ihrer Behinderung ..." (Zeilen 403-404)

IV.8.7.2 Eigenes Leben und Sichtweisen von Andrea Riegel

Die Interviewpartnerin ist in deutscher Laut- und Gebärdensprache sehr kompetent. Dennoch fühlt sie sich eher zur gesprochenen Sprache hingezogen:
> „... wenn ich mit gebärdenden Menschen, mit Hörbehinderten, zusammentreffe, dann sagen die auch: ‚Was, du hörst? Das kann ja gar nicht sein!'" (Zeilen 111-113)

> „Und als ich im Kindergarten war, war ich weder benachteiligt noch sonst was anderen Kindern gegenüber. Ja? Also, man sagte, ich konnte relativ früh schon reden." (Zeilen 121-123)

> „... ich muss sagen, ich fühl mich schon in der hörenden Welt wohler." (Zeilen 523-524)

Gern hätte Frau Riegel die Abiturklasse besucht, als ihre Eltern sie dahin gehend beeinflussten, nach dem Realschulabschluss eine Berufsausbildung zu absolvieren:
> „Ich wollte das nie lernen (beide lachen). Ja, mein Vater hat gesagt, damals, irgendwie: ‚Geh ins Büro! Das ist was Solides! Du verdienst da dein Supergeld! Und (lacht) da kannste nix falsch machen!'" (Zeilen 434-437)

Insgesamt fühlt sich die Interviewpartnerin von ihren Eltern ernst genommen, geliebt und gut unterstützt:
> „... die (Eltern, Anm. d. Verf.) haben sich immer dafür (für Andrea Riegel) eingesetzt, wenn ... wenn's ihnen irgendwie möglich war ..." (Zeilen 373-374)

> „Also, ich bin mit einer ganz großen Liebe groß geworden. Ja, also, Kindheit, ja, ich hatte eine relativ unbeschwerte Kindheit. Ich muss auch sagen, ich habe nichts vermisst." (Zeilen 3-5)

Ihre eigenen Eltern erlebte Andrea Riegel als Vorbild, dem sie nacheifern möchte:
„... *und ich finde, sie haben ein ganz, ganz, ganz tolles Familienbild vorgelebt. Ja? Also, wenn ich mir vorstelle, ich bin mal irgendwann zu meinen Kindern so, wie meine Eltern zu mir waren, dann hab ich alles richtig gemacht* ..." (Zeilen 404-407)

IV.9 Interviewdarstellung: Peter Rath
IV.9.1 Vorinformationen

Zum Zeitpunkt des Interviews ist Herr Rath 39 Jahre alt. Er ist in einer Großstadt der DDR mit zwei gehörlosen Elternteilen aufgewachsen. Der Kontakt zu Herrn Rath entstand über Weitervermittlungen, nachdem ich über einen Berufsverband von Gebärdensprachdolmetschern erwachsene Kinder gehörloser Eltern ausfindig gemacht hatte.

Das Interview fand in dem Haus statt, das Herr Rath heute mit seiner Kleinfamilie bewohnt. Es liegt in einer Wohngegend, die sich sowohl im Grünen als auch nahe an einer Einkaufszeile befindet. Den Eltern des Interviewpartners bin ich nicht begegnet. Peter Rath wirkt locker, ausgeglichen und scheint gern zu erzählen.

IV.9.2 Die Behinderungen

Die Mutter des Interviewpartners ertaubte im Alter von neun Jahren – im Jahr 1950 – infolge einer Hirnhautentzündung. Herrn Raths Vater verlor sein Gehör beidseits etwa 1945, mit circa acht Jahren nach einer Ruhr- und Typhus-Erkrankung. Somit sind beide Elternteile nach dem kindlichen Lautspracherwerb ertaubt. Der Interviewpartner, sein Bruder, alle vier Großeltern, Onkel und Tanten sowie Peter Raths weitere Verwandtschaft waren bzw. sind alle hörend.

Bei Peter Raths Mutter wurde Mitte der 70er Jahre zudem eine fortschreitende Gehbehinderung infolge von Nervenausfällen im Rückenmark, eine Syringomyelie, diagnostiziert, die auch auf die Hirnhautentzündung zurückzuführen ist. Außerdem begann bei ihr im Jahr 1980 eine zunehmende Versteifung der Hände, ebenfalls durch die Syringomyelie hervorgerufen. Heute kann sie nur noch selbst essen, wenn alles geschnitten auf dem Teller liegt. Für viele alltägliche Tätigkeiten kann sie ihre Hände nicht mehr nutzen (Zeilen 1153-1158). Die Mutter deutet heute Gebärden vor allem mit den Armen an (Zeilen 1176-1179).

Beide Elternteile des Interviewpartners sprechen vorwiegend in Lautsprache, nutzen das Lippenlesen und Lautsprachunterstützende Gebärden (LUG), wobei die Mutter das Absehen noch mehr perfektioniert hat als der Vater. Beide haben nie von klassischen Hinter-dem-Ohr-Hörgeräten Gebrauch gemacht, ebenso wenig von Cochlea-Implantaten (CIs) (Zeilen 1126-1130). Der Interviewpartner und sein Bruder nutzen wie die Eltern Elemente der Deutschen Gebärdensprache (DGS) - wenden diese aber nie durchgängig an.

IV.9.3 Biografische Eckdaten
IV.9.3.1 Die Eltern von Peter Rath

Die Mutter des Interviewten kam 1941 zur Welt, absolvierte eine Ausbildung zur Fachzahntechnikerin für Kieferorthopädie und arbeitete von Beginn der 60er Jahre an ganztags und von 1980 bis 1993 halbtags in diesem Beruf. Sie war nie arbeitslos. Als Ursache für die Reduzierung der Arbeitszeit und schließlich für die Aufgabe ihrer Erwerbstätigkeit nennt der Interviewpartner die fortschreitende Rückenmarkserkrankung der Mutter. Als deren Hobbys zählt Peter Rath das Lesen und den Haushalt auf.

Herrn Raths Vater wurde 1937 geboren. Er ist gelernter Maschinenschlosser und war vom Ende der 50er Jahre bis zu seinem Ruhestand im Jahr 1995 in diesem Beruf - stets in Vollzeit - tätig. Ein Jahr lang war der Vater hauptamtlich Mitglied im Bezirksvorstand des Gehörlosenverbands einer anderen Stadt. Währenddessen hat er, circa 1966, seine Schlossertätigkeit unterbrochen. Der Interviewpartner nennt als Hobby seines Vaters Handwerkliches.

IV.9.3.2 Die Person Peter Rath

Herr Rath ist mit seinen Eltern und dem sieben Jahre älteren Bruder aufgewachsen. Nachdem er die Polytechnische Oberschule durchlaufen hatte, studierte er von 1986 bis 1990 Lehramt für untere Klassen, wie dies in der DDR genannt wurde. Von 1990 an arbeitete er sechs Jahre an einer Grundschule und wechselte 1996 an eine Gehörlosenschule, an der er heute noch tätig ist.

Um Lehrkraft für gehörlose Schüler zu werden, war in der DDR ein zweijähriges Erweiterungsstudium vorgesehen, das der Interviewpartner zwar absolvieren wollte, wofür er aber noch keinen genauen Zeitpunkt festgesetzt hatte. Diese Überlegungen durchkreuzte die deutsche Wiedervereinigung. Somit wurde Herr Rath 1996 Quereinsteiger an einer Schule für Gehörlose in seiner Heimatstadt, nachdem er von 1990 an sechs Jahre an einer Grundschule gearbeitet hatte. An der Schule für Gehörlose ist der Interviewpartner heute noch tätig. Als eigene Hobbys nennt er Lesen, Puzzeln und Reisen.

Im Jahr 1982 ist Peter Raths Bruder aus dem Elternhaus ausgezogen, 1990 der Interviewpartner selbst. Nach einem Jahr in einer Singlewohnung ist er 1991 mit seiner jetzigen Ehefrau zusammengezogen, die heute als Erzieherin arbeitet. 1995 haben sie geheiratet und lebten zunächst in einer Mietwohnung. Seit 1999 bewohnen sie ein Reihenhaus, ganz in der Nähe des Domizils von Peter Raths Eltern am Rande der Großstadt. Der Interviewpartner und seine Frau wurden Eltern einer inzwischen 15-jährigen Tochter und eines sechsjährigen Sohnes. Seiner Geburtsstadt hat Peter Rath somit nie den Rücken gekehrt.

Seine Eltern sind 1999 in eine ebenerdige Wohnung gezogen, die nur 500 Meter vom Haus des Interviewpartners entfernt liegt. Ihnen begegnet er gegenwärtig wöchentlich (Zeile 1237).

IV.9.4 Menschliche Kontakte in und außerhalb der Familie
IV.9.4.1 Gemeinsame Aktivitäten der Familie

Herr Rath erzählt, dass seine Herkunftsfamilie sich gern im circa 20 Kilometer entfernten Schrebergarten aufgehalten habe, den die Familie besaß, seitdem er vier Jahre alt war. Heute verfügen die Eltern nicht mehr über den Garten, da dieser ungefähr im Jahr 1994 an den vorherigen Besitzer aus Westdeutschland zurückgegeben werden musste.

Herrn Raths Eltern fuhren mit den Kindern gern neue Straßenbahnlinien ab, besuchten einen Tierpark oder schlossen sich dem Ausflugsprogramm des Gehörlosenverbands an (Zeilen 983–987). Im Zweijahresrhythmus stand bei ihnen ein Freizeitpark auf dem Programm, ein DDR-Pendant zum Europapark in Rust, was jedes Mal einen Höhepunkt darstellte. Als seiner Mutter ab 1980 das Gehen zunehmend schwerer fiel, ging Herr Rath allein dorthin (Zeilen 1350–1355).

Da die Mutter nicht so viel außer Haus arbeitete wie der Vater des Interviewten, war sie mit der Freizeitorganisation der Familie betraut (Zeilen 13–17, 21). An Ausflügen waren stets alle Mitglieder beteiligt:

„Also, richtig so das, was ich nur mit Papa verbinde, und das, was ich nur mit Mama verbinde … eigentlich nicht, nee, gab's nicht." (Zeilen 23–24)

Wegen der intensiveren Präsenz der Mutter besprach der Interviewpartner mehr mit ihr als mit dem Vater (Zeilen 896–899). Das sah konkret folgendermaßen aus:

„Also, wenn ich ein Problem hatte, bin ich zu Mama und … und hab's mit Mama besprochen, und sie hat's mit Vater besprochen oder auch nicht. Also, ich denke, sie hatte da auch 'ne Strategie für sich, dass sie so das Wichtige vom Unwichtigen filtert …" (Zeilen 913–916)

Infolge ihres Rückenleidens war Peter Raths Mutter bereits während seiner Kindheit und Jugend häufig im Krankenhaus. Er legte Wert darauf, sie jeden Tag dort zu besuchen, was diese aber nicht eingefordert habe:

„… weil es immer hieß: ‚Du musst nicht!' Aber ich wollte." (Zeile 929)

Sein Verhältnis zu seinem sieben Jahre älteren Bruder beschreibt Peter Rath als normal, mal inniger, mal weniger:

„‚Du bist ein ganz Böser', ‚Du bist mein bester Kumpel' … also alles, die ganze Bandbreite." (Zeilen 333–334)

Sein Bruder half ihm zum Beispiel, wenn er sich zu spät von der Jugenddisco auf den Heimweg gemacht hatte:

„Und dann sagte eben (…), Bahn verpasst (…). Und da waren wir uns dann vorher einig …" (Zeilen 359–361)

Peter Rath schreibt seiner Mutter umfassende Fähigkeiten beim Erkennen von Stimmungen zu:

> *„Meine Mutter ist irre sensibel! Die hatte dafür irre Antennen! (...) die ... die sieht jemanden und sie ... dann auch zwei, drei Worte wechseln, und weiß dann: ‚Aha, der ist grad nicht so gut drauf...'"* (Zeilen 262–265)

Dafür kommt es vor, dass der Interviewpartner nicht sicher weiß, ob seine Mutter zum Beispiel enttäuscht ist oder nicht, da sie derartige Stimmungen sehr gut überspielen könne:

> *„... also, wenn sie mich durchschaut hat, hat sie sich's nicht anmerken lassen."* (Zeilen 254–255)

IV.9.4.2 Der Kontakt zu Gleichaltrigen

Wie in der DDR üblich, kam Peter Rath mit einem Jahr in eine Kinderkrippe. Mit den Kindern, die er bereits von dort kannte, besuchte er im Anschluss einen Kindergarten und später die Schule:

> *„Wir sind ja als Klasse immer hochgewandert. (...) Von daher war man nicht mehr in dieser Erklärsituation."* (Zeilen 111–114)

Auf meine Nachfrage resümiert Herr Rath, dass er sich heute nicht mehr daran erinnern könne, ob er die Gehörlosigkeit seiner Eltern den anderen Kindergartenkindern erklärt habe oder nicht (Zeilen 1076–1078). Er betont, dass er nie Probleme mit Spielkameraden wegen der Behinderungen seiner Eltern hatte und diese oft mit nach Hause brachte:

> *„Also, meine Eltern wirkten immer relativ normal und sie wollten auch relativ normal behandelt werden."* (Zeilen 62–63)

Wenn Gleichaltrige nach der Gehbehinderung der Mutter fragten, erklärte Peter Rath diese mit Veränderungen im Halswirbelbereich (Zeilen 1161–1164). Bei Verständigungsschwierigkeiten zwischen dem jungen Besuch und seinen Eltern sprang er vermittelnd ein:

> *„Und, klar, es wurde dann viel (in der Kommunikation, Anm. d. Verf.) über mich gemanagt ..."* (Zeilen 64–65)

Der Interviewte berichtet, dass sich seine Spielkameraden gegenüber den in seiner Herkunftsfamilie verwendeten Gebärden interessiert gezeigt und viel nach Bedeutungen und Übersetzungen gefragt hätten (Zeilen 77–80). Dies begann ihm zufolge, als die Kinder zwischen acht und zwölf Jahren alt waren (Zeilen 100–101). Später, mit 14 Jahren, empfand der Interviewpartner dies teilweise als unangenehm und legte sich folgende Reaktion hierfür zurecht:

> „... wo ich sagte: ‚Nee, nee. Sag mir 'n Satz, und ich zeig dir den Satz in Gebärdensprache. Aber nicht ... ich ... ich stell mich jetzt hin und fuchtel jetzt mit den Armen ...'" (Zeilen 86–88)

IV.9.4.3 Soziale Kontakte der Eltern

Die Eltern von Peter Rath hatten früher einen großen Freundeskreis. Beide Elternteile zählten auch Arbeitskollegen zu ihren Freunden (Zeilen 1079–1081). Hierzu merkt der Interviewpartner an:

> „Ja! Ganz viele. Also ... also, ausgewählte Freunde schon, und ... und je älter man wird, desto weniger Freunde werden es." (Zeilen 599–600)

Zuerst meint Herr Rath, dass seine Eltern eine größere Zahl an Kontakten zu gehörlosen Personen hatten, dann revidiert er seine Einschätzung und bleibt unentschieden:

> „Also mehr gehörlose Freunde, aber auch die Familie war immer unheimlich wichtig, und das waren alles Hörende, ein paar Arbeitskollegen noch, also eigentlich ... schwierig. Also, was nun mehr oder was nun weniger war, weiß ich nicht." (Zeilen 605–608)

Herr Rath erwähnt, dass seine Eltern früher an Veranstaltungen des örtlichen Gehörlosenverbands teilgenommen hätten (Zeilen 986–987). Als Teenager hätte er sich auch im eigenen Interesse gewünscht, dass sie öfter ausgingen:

> „... es gab zwar so ein Gehörlosen-Kulturleben, wo man dann, weiß ich, zweimal im Jahr wegging. (...) die waren immer brav zu Hause oder sind mal zu Freunden. Hurra, Hurra! (...) Das war selten (...), dass mal so ... man abends alleine war ..." (Zeilen 128–133)

Im Nachhinein unterstreicht der Interviewpartner, dass er mit dem Wort „man" in obiger Aussage von sich selbst gesprochen habe (Zeilen 1238-1240).
Als der Bruder des Interviewpartners 22 Jahre alt war, wohnte dessen Freundin mit ihm und dem damals 15-jährigen Herrn Rath sowie seiner Herkunftsfamilie zusammen:

> „Mein Bruder (...) wohnte noch bei uns, mit Freundin. Da wurde es dann für mich langsam eng. Und wir hatten 'ne Dreiraumwohnung, und ich schlief dann mit im Schlafzimmer meiner Eltern, und das war dann auch nicht so das Schöne, aber okay ..." (Zeilen 153-157)

IV.9.4.4 Konflikte und Verhaltensweisen während Meinungsverschiedenheiten innerhalb der Familie

Herr Rath gibt offen Auskunft über Streitsituationen in seiner Familie. Bei Meinungsverschiedenheiten mit den Eltern waren demnach energisch vorgebrachte Gebärden das primäre Medium der Auseinandersetzung:

> „Lautsprachlich leise, aber gebärdensprachlich irre laut! (...) je größer man gebärdet, desto lauter, desto saurer ist man." (Zeilen 411-413)

> „... sehr heftig, sehr heftig und ... und sehr ... brutale Gebärden, also jetzt so ... nicht ... nicht grob, sondern wirklich so ... so extrem, was man wirklich so ... also, gebärdensprachlich wirklich irre angeschrien." (Zeilen 416-419)

In seiner Herkunftsfamilie wurde sehr gefühlsintensiv diskutiert:

> „... und eigentlich immer so, dass entweder meine Mutter völlig darniederlag und in Tränen ausbrach oder ich." (Zeilen 374-376)

Auf meine Nachfrage hin betont Peter Rath, dass dort nur zweimal so intensiv gestritten worden sei (Zeilen 1229-1231).
Ein wirklicher Austausch über die Auslöser eines Streits konnte erst stattfinden, wenn sich die Beteiligten wieder in einer stabileren Verfassung befanden:

„... dass wir aneinander vorbeigeredet haben, (...) erst später ... dann erst wieder die ... die Zeit fand und dann auch die Ruhe fand, das wieder auszudiskutieren." (Zeilen 377–383)

Dass sich sein Vater früher bei Meinungsverschiedenheiten eher im Hintergrund hielt, führt Peter Rath heute darauf zurück, dass das Begründen nicht die Stärke seines Vaters sei (Zeilen 168–171).

Auch heute gebe es ab und an Meinungsverschiedenheiten in Peter Raths Herkunftsfamilie. Wenn diese per Fax nicht beigelegt werden können, sucht der Interviewpartner zur Klärung seine Eltern persönlich auf (Zeilen 384–391). Immer wieder besuchen er und sein Vater sich gegenseitig, wenn Dringliches ansteht, ohne vorher zu faxen (Zeilen 996–998, 1002–1004).

Herr Rath erinnert sich, dass die Ablehnung technischer Neuerungen – teilweise von beiden Elternteilen, oft mehr von Seiten seiner Mutter – bei ihm immer wieder für Unmut gesorgt habe (Zeilen 184–187). Dies begründet er folgendermaßen:

„... nach dem Motto ‚Wir hatten ja auch kein Telefon und haben euch groß gekriegt!‘ (...) das ist von meinem Gefühl her so ein bisschen Verbittertheit ..." (Zeilen 179–181)

Ob diese Skepsis gegenüber neuartigen Geräten im Zusammenhang mit der Gehörlosigkeit steht oder nicht, vermag der Interviewpartner nicht zu sagen:

„Also, so, ob das nun speziell gehörlos ist oder ... oder wirklich so dieses Sture meiner Mutter, weiß ich nicht ..." (Zeilen 192–194)

Von vergleichbaren Erfahrungen berichtet Herr Rath hinsichtlich der Anschaffung eines Kassettenrekorders für ihn selbst (Zeilen 212–216) und eines Faxgeräts für seine Eltern, das heute selbst die Mutter – gemäß Peter Rath – gern nutzt (Zeilen 197–200).

Einen häufigen Streitpunkt in seiner Herkunftsfamilie stellte eine spätere als die vereinbarte Rückkehrzeit dar. Die Eltern wachten stets auf, sobald etwas Licht in ihren Raum drang:

„... wenn man (Herr Rath, Anm. d. Verf.) (...) in der Disco war, das hieß dann, um zehn zu Hause. Es wurde auch mal halb elf. Meine Eltern sind zwar ins Bett gegangen, aber die Schlafzimmertür war offen. Und ich musste also warten, bis wirklich alles dunkel war, denn hätte ich die Haustür vorher

aufgemacht, wär's hell geworden, und meine Eltern wären sofort wach geworden." (Zeilen 140–145)

In diesem Zusammenhang erwähnt Herr Rath auf meine Nachfrage, dass er beide Elternteile gegeneinander ausgespielt habe, wenn es darum ging, länger ausgehen zu dürfen (Zeilen 1082–1084).

Der Interviewpartner fährt fort, dass er nach seiner späten Heimkehr früher oder später eine künstliche Lichtquelle benötigte und ihn dies fast immer bei seinen Eltern verraten hätte (Zeilen 142–145). Zugleich ist er überzeugt, dass der geschilderte Vorfall in einem Haushalt mit hörenden Eltern nicht generell einfacher zu bewerkstelligen ist:

„Die ... die ... gut, die hören's vielleicht auch, da muss man dann so schleichen. Ich konnte wenigstens poltern ..." (Zeilen 148–149)

Im Nachhinein stuft Peter Rath den Streit um Rückkehrzeiten als gewöhnliches Verhalten von Teenagern ein (Zeilen 1232–1233). Das fasst der Interviewpartner folgendermaßen zusammen:

„Also, es gab natürlich Momente, wo ich versucht hab, mit ihm (dem Bruder, Anm. d. Verf.) gemeinsam die Eltern auszuspielen, und manchmal brauchte ich auch die Mama, um ihn (den Bruder) auszuspielen ... normal, also, ich denke, völlig ... völlig normal ..." (Zeilen 339–342)

Manche Themen besprach der Interviewte bewusst nicht mit seiner Mutter. Der Grund lag für ihn darin, dass diese alles genau wissen wollte und viele Nachfragen gestellt hätte, was er bei manchen Inhalten als unangenehm empfand. Diesen Sachverhalt bringt er jedoch nicht mit der Gehörlosigkeit in Verbindung (Zeilen 948–951).

Der ältere Bruder hatte bei den Eltern bereits viel für sich durchgesetzt, wovon der Interviewpartner profitierte (Zeilen 345–351). Die damalige Streitpraxis im Elternhaus hatte scheinbar Einfluss darauf, was Herr Rath heute in der von ihm gegründeten Kleinfamilie in Unmut versetzt:

„Und wenn sie (die Tochter von Herrn Rath, Anm. d. Verf.) dann so ganz kleine Schlitzaugen kriegt, dann stockt oder so ein Schulterzucken kommt, das ... das bringt mich mehr auf die Palme als ihre Worte." (Zeilen 432–434)

Der Bruder des Interviewpartners hat nach einem tiefgehenden Streit im Erwachsenenalter den Kontakt zu den Eltern abgebrochen (Zeilen 1344–1345). Herrn Rath ist sowohl die Sichtweise seines Bruders als auch die der Eltern bekannt. Er meint, dass eher die Eltern auf den Bruder zugehen würden als umgekehrt (Zeilen 1346–1349).

IV.9.5 Verhaltensweisen Dritter allgemein und belastende Erfahrungen
IV.9.5.1 Reaktionen von Menschen außerhalb der Kernfamilie

Von den Nachbarn und in Geschäften wurden Herrn Raths Eltern recht unterschiedlich behandelt:
> *„Die ganze Bandbreite, von ‚Oh Gott!' bis zu ganz normalem Verkaufsgeschehen."* (Zeilen 1086–1087)

> *„Normal. Einige (Nachbarn, Anm. d. Verf.) vermieden den Kontakt, andere suchten ihn wegen gemeinsamer Interessen, zum Beispiel Eltern von Klassenkameraden."* (Zeilen 1089–1090)

Kinder, die auf den Interviewten trafen, waren stets neugierig-interessiert an Gebärden (vgl. IV.9.4.2).

In ihrem beruflichen Umfeld erfuhren Peter Raths Eltern positive Reaktionen. Der Interviewpartner erzählt, dass sein Vater und seine Mutter ihre Arbeitsplätze immer gern aufgesucht haben (Zeilen 1055–1058).

Für seine Präsenz in der Schule wählt Herr Rath folgende Beschreibung:
> *„… braves angepasst und naives Kind, keine Probleme."* (Zeile 749)

Während des neunten Schuljahrs besuchte eine Lehrkraft Herrn Raths Familie zu Hause, was sie nicht bei allen Mitschülern tat. Ob dies mit der Gehörlosigkeit seiner Eltern zusammenhing oder nicht, ist Herrn Rath nicht genau bekannt (Zeilen 744–748).

IV.9.5.2 Diskriminierungserfahrungen

Der Interviewpartner berichtet auf meine Nachfrage, dass seine Mutter und sein Vater an ihren Arbeitsplätzen nicht diskriminiert worden seien (Zeilen 1059–1060, 1091–1097).

Peter Rath nennt es nicht „Diskriminierung", ist aber erbost über das Verhalten, das seiner gehbehinderten Mutter bei der Stellung eines Reiseantrags als Invalidenrentnerin nach Westdeutschland widerfahren ist:

> „Wir mussten dann über die Nottreppe irgendwo vier Treppen wieder nach unten laufen. Und es führte auch interessanterweise kein Weg rein, dass irgendeiner noch mal uns hätte die Tür aufgemacht, (...) dass wir den Fahrstuhl hätten benutzen können." (Zeilen 723–726)[22]

Abgesehen von dem eben geschilderten Ereignis erinnert sich der Interviewpartner an nichts Vergleichbares zu DDR-Zeiten (Zeilen 732–734). Insgesamt hat Peter Rath das Bürokratische von damals positiver in Erinnerung als Ähnliches nach der Wende. Damals sei beim Besuch eines Amtes zum Beispiel genau gesagt worden, in welchem Zimmer eine für den jeweiligen Sachverhalt zuständige Person zu finden ist (Zeilen 834–840). Heute, in der Bundesrepublik, müsse man dagegen selbst in einer Odyssee die Verantwortlichen suchen (Zeilen 840–848).

Ein weiteres demütigendes Erlebnis hatte der Interviewpartner, als er – bereits als Erwachsener – mit einer nicht mehr staatlichen Telefongesellschaft telefonierte: Zuerst sollte er keine Auskunft erhalten, da sich seine Eltern nicht selbst am Fernsprecher befanden. Aus Verzweiflung gab sich Peter Rath dann als sein Vater aus:

> „Und irgendwann fragte er (ein Angestellter, Anm. d. Verf.): ‚Sagen Sie mal, Ihr Sohn hat doch grade angerufen und hatte gesagt, Sie sind gehörlos?' Und dann sagte ich: ‚Ich bin immer noch der Sohn, aber Sie wollten es ja nicht anders ...'" (Zeilen 861–863)

---

22   Vgl. II.1.1.1: FUNKE-JOHANNSEN

IV.9.6 Technische, allgemeine und personelle Erleichterungen im Alltag
IV.9.6.1 Hilfsmittel und Umgangsweisen

Infolge ihrer Gehbehinderung ist Peter Raths Mutter seit 1996 durchgängig Rollstuhlnutzerin. Zuvor ging sie ab ungefähr 1980 an einer Unterarmgehstütze. Auf zwei Gehstützen ist sie nie umgestiegen.

Mutter und Vater des Interviewpartners lesen vorwiegend von den Lippen ab und sprechen selbst mit Lautsprachunterstützenden Gebärden (LUG).

Herr Rath unterstreicht, dass bei der Hilfsmittelauswahl seiner Eltern Gebärden weniger wichtig sind:

„Genutzt werden: Untertitelungen, Lichtsignalanlagen, Fax. Dolmetscheinblendungen lehnen sie eher ab." (Zeilen 1110–1111)

Zudem spielen Telegramme, Briefe, Fax und das persönliche Gespräch bei ihm Zuhause oder bei den Eltern, die um die Ecke wohnen, stets eine zentrale Rolle im Alltag (Zeilen 1002–1004, 1336–1341).

IV.9.6.2 Personelle Hilfen

Unterstützend beim Erlernen der Lautsprache fungierten Peter Raths älterer Bruder sowie hörende Onkel und Tanten. Als der Interviewpartner im Kindesalter einem Sprachheilkindergarten vorgestellt wurde, schickte man ihn wieder nach Hause, da kein Handlungsbedarf gesehen wurde (Zeilen 480–490).

Bei Elternabenden erhielten Peter Raths Mutter und Vater Unterstützung durch die Mitschriften von Eltern einer Klassenkameradin, die im selben Haus wohnten wie Herrn Raths Herkunftsfamilie (Zeilen 752–755). Zudem berichtet der Interviewpartner, dass Nachbarn seine Eltern bei Telefonaten unterstützt hätten. Bezahlte Assistenzkräfte kannte man in der DDR nicht. Zudem vermutet Peter Rath, dass seine Eltern dies eher abgelehnt hätten (Zeilen 1117–1121), da Eigenständigkeit für beide Elternteile stets eine zentrale Rolle gespielt habe:

„Ob meine Großeltern geholfen haben, weiß ich nicht. Aber ich denke, im normalen Umfang von elterlicher Hilfe. Meine Mutter hatte noch vier weitere Geschwister." (Zeilen 1111–1113)

IV.9.6.3 Unterstützung von Seiten der Kinder

Während seiner Kindheit und Jugend musste der Interviewpartner seine Eltern nicht bei „Ämtersachen" unterstützen:

> „... meine Eltern waren selbstständig, waren auch immer so weit, die haben ihre Behördengänge alleine gemacht, und zu DDR-Zeiten ... so viel Bürokratie gab's ja nicht." (Zeilen 576–578)

Ab dem Alter von ungefähr zehn Jahren erhielt Peter Rath immer wieder den Auftrag, ein hörendes Familienmitglied anzurufen, was ihn gemäß eigenen Aussagen nicht zu sehr belastete. Er fügt hinzu, dass mit „selten" ein zweimonatiger Abstand gemeint war (Zeilen 554–556, 574–576, 1234–1236). Die Anrufe wurden damals von anderen Wohnungen oder von einer Telefonzelle aus getätigt, da die Herkunftsfamilie des Interviewpartners erst ungefähr vier bis fünf Jahre nach dem Mauerfall über ein eigenes Telefon verfügte (Zeilen 1320–1323):

> „Aber dass das jetzt wirklich bösartig ausgenutzt wurde nach dem Motto ‚Jeden Donnerstag telefonieren und jeden Freitag den anrufen?', nein, wirklich ganz selten." (Zeilen 559–561)

> „... dass Gehörlose ihre hörenden Kinder so als ... als Sprachmittler, als Dolmetscher, als ... ausgenutzt haben ... ich musste es nicht!" (Zeilen 820–822)

Herr Rath und sein Vater halfen der Mutter des Interviewpartners beim Einkaufen aufgrund ihrer zunehmenden Gehbehinderung (Zeilen 773–777). Auf meine Nachfrage unterstreicht der Interviewte, dass es im Elternhaus nichts gegeben habe, bei dem von ihm oder seinem Bruder regelmäßige Unterstützung gefordert worden sei (Zeilen 594–597).

Heute hilft der Interviewpartner seinen Eltern immer wieder bei Anträgen, wie sie nach der Wende nötig wurden (vgl. IV.9.5.2) und anderen bürokratischen Erfordernissen (Zeilen 1131–1135).

IV.9.7 Reflexionen des Interviewten
IV.9.7.1 Auseinandersetzung mit dem Thema „Behinderung"

Bevor Herr Rath sich im Alter von ungefähr sechs Jahren der Gehörlosigkeit seiner Eltern bewusst wurde, wuchs er in die Besonderheit dieser Situation hinein (Zeilen 52–57). Dies äußerte sich so:

„... dass ich von Anfang an eben wusste, ich brauch meine Eltern nicht anrufen, also anschreien, so: ‚Mama, Mama, komm mal her!' Ich wusste von Natur aus, ich muss eben hinlaufen, muss sie antippen, muss sie angucken und muss mit ihnen sprechen." (Zeilen 44–48)

„... ich hab so andere Eltern, aber nicht negativ besetzt, also überhaupt nicht ... eher stolz, ich kenne eine Sprache, die meine Freunde nicht kennen ..." (Zeilen 35–37)

Den insgesamt lockeren Umgang mit den Behinderungen im Elternhaus begründet der Interviewpartner mit dem hohen Maß an gesellschaftlicher Integration seiner Eltern (Zeilen 788–791). Dabei betont er, dass die schriftsprachlichen Fähigkeiten seiner Mutter in vollem Umfang entwickelt sind (Zeile 1359). Dies spiegeln auch deren Lesegewohnheiten wider:

„... wobei meine Mutter ja sprachlich superfit ist, also (...) (sie, Anm. d. Verf.) liest ja auch so die dicken Bücher ..." (Zeilen 951–952)

IV.9.7.2 Eigenes Leben und Sichtweisen von Peter Rath

Bei Peter Rath überwiegen eindeutig die positiven Erinnerungen an sein Heranwachsen:

„... und ich hatte 'ne schöne Kindheit (...) ich war glücklich!" (Zeilen 3–4)

Der Interviewpartner verfügt heute über gute Kenntnisse sowohl in Laut- als auch in Gebärdensprache (DGS):

„... aber ich denke hauptsächlich verbal, also ohne ... ohne Hände. Aber zwischendurch (...) so Matsch im Kopf (...) deutsche Lautsprache, aber in der Grammatik der deutschen Gebärdensprache." (Zeilen 626–631)

Während seiner Schulzeit entstanden für Peter Rath hin und wieder unangenehme Situationen in seiner Klasse, da er sich bei seinen Eltern für manche Begriffe eine falsche Aussprache angeeignet hatte:
„*Also, weiß ich, griechische Hauptstadt war bei meinen Eltern immer ‚Aaten'. Und die damalige Regierungschefin von ... von Großbritannien war immer die ‚Tatscher'.*" (Zeilen 496–498)

Als dem Interviewpartner die korrekte Sprechweise obiger Begriffe klar war, versuchte er, dies seinen Eltern über die Wiedergabe in der Schriftsprache mitzuteilen (Zeilen 506–511). Hieraus sei weder eine besondere Macht der Mutter noch dem Vater gegenüber entstanden (Zeilen 526–530).

Durch seine Eltern verfügte Herr Rath stets über Kontakte zu anderen hörenden Kindern gehörloser Eltern. Vor zwei Jahren hat der Interviewpartner Kontakt zu CODA-Organisationen aufgenommen. In diesem Rahmen habe er die Erfahrung gemacht, dass für ihn sowohl die hörende als auch die gehörlose Welt unabdingbar seien (Zeilen 654–662).

Seit dem Grundschulalter war Peter Raths Berufswunsch Gehörlosenlehrer. Er berichtet, dass seine Eltern jeden Berufswunsch von ihm akzeptiert hätten, wobei es für sie zentral gewesen sei, dass er eine Ausbildung abschloss (Zeilen 309–312, 314–325). Über weitere Berufswünsche hat der Interviewpartner nie nachgedacht:

„*Wenn ich zum Studium nicht zugelassen werde, aus welchen Gründen auch immer, was ich dann gemacht hätte, weiß ich nicht.*" (Zeilen 301–303)

Seine Gebärdensprachkenntnisse erleichtern Herrn Rath auch die Kommunikation mit Personen aus anderen Herkunftsländern, bei denen auf keine gemeinsame Lautsprache zurückgegriffen werden kann:

„*Des Tschechischen bin ich auch nicht mächtig, aber mit Händen und Füßen ging's dann doch für mich einfacher.*" (Zeilen 685–687)

Es gab Situationen, die nicht nach Peter Raths Wünschen abliefen. So hatte ihm seine Mutter einen von ihm ersehnten Schal gestrickt, aber nicht in der ersehnten Farbe:

„*... super Qualität, schön weich, aber braun!*" (Zeile 231)

„Aber, also, aus heutiger Sicht denke ich, tut's mir unheimlich weh, dass ich ... dass ich ihn (den Schal, Anm. d. Verf.) dann weggeschmissen hab." (Zeilen 237–239)

Herr Rath resümiert diesbezüglich, dass seinen Eltern seine Vorstellungen hinsichtlich des Schals durchaus wichtig gewesen seien, dass aber aufgrund der Planwirtschaft in der DDR zu dieser Zeit nur braune Wolle verfügbar gewesen war (Zeilen 1221–1225). Der Interviewpartner hätte gern einen Schal mit mehr Farbe, zum Beispiel in Weiß und Blau gehabt (Zeilen 1256–1257).

Peter Rath nimmt an, dass sein Aufwachsen mit gehörlosen Eltern seine Sozialkompetenz gestärkt hat (Zeilen 957–967). Zugleich betont er, dass er sich davor hüten müsse, anderen zu oft und zu intensiv zu Hilfe zu kommen (Zeilen 968–970).

Beim Zurückdenken an seine Kindheit kommt ihm vor allem Dankbarkeit in den Sinn:

„Sie (die Eltern, Anm. d. Verf.) haben viel für mich getan. Ich hab ein bisschen was zurückgeben können und bin eigentlich meinen Eltern für alles dankbar." (Zeilen 975–977)

IV.10 Interviewdarstellung: Marina Thoma
IV.10.1 Vorinformationen

Frau Thoma kommt aus einer Großstadt in Thüringen. Beim Interviewtermin ist sie 38 Jahre alt. Der Kontakt kam über die Landesvereinigung der Gebärdensprachdolmetscher zustande. Die Interviewpartnerin ist mit zwei gehörlosen Elternteilen in der DDR aufgewachsen.

Ich treffe Frau Thoma am Ende eines gemütlichen Beisammenseins nach einem evangelischen Gehörlosengottesdienst im Garten einer Kirche in der Großstadt, in der sie mit ihrer Familie lebt. Die Interviewpartnerin fährt ihre Eltern, ihr Baby und mich mit ihrem Auto zu ihrem Zuhause. Auch dem Ehemann und den zwei jugendlichen Söhnen der Interviewpartnerin begegne ich später flüchtig.

Frau Thoma hat sich über die Jahre hinweg viele Gedanken über ihr Aufwachsen bei gehörlosen Eltern gemacht. Sie zeigt die gesamte Palette an Stimmungen und ist abwechselnd fröhlich, nachdenklich oder traurig. Als „Managerin" einer großen Familie macht Marina Thoma einen selbstbewusst-pragmatischen Eindruck.

IV.10.2 Die Behinderungen

Mutter und Vater der Interviewpartnerin sind gehörlos. Sie sind im Alter von einem bzw. von vier Jahren beide durch Hirnhautentzündung ertaubt. Im Jahr 1996 wurde bei der Mutter eine fortschreitende rheumabedingte Gehbehinderung diagnostiziert. Heute verwendet sie in der Wohnung einen Rollator und auf der Straße einen Rollstuhl.

Marina Thomas Eltern nutzen die Deutsche Gebärdensprache (DGS) und können beide selbst sprechen und von den Lippen absehen. Beide haben nie auf Hörgeräte oder Cochlea-Implantate (CIs) zurückgegriffen.

Bei der Interviewpartnerin, ihrem Ehemann und ihren Söhnen liegt keine Behinderung vor. Es sind keine weiteren Verwandten gehörlos.

IV.10.3 Biografische Eckdaten
IV.10.3.1 Die Eltern von Marina Thoma

Frau Thomas Mutter, geboren 1929, ist gelernte Damen- und Herrenmaßschneiderin und hat im Alter von 16 Jahren begonnen, in diesem Beruf zu arbeiten. 1957 wechselte sie mit dem Umzug zu ihrem Ehemann als Haushaltshilfe in ein Priesterseminar. Wegen ihrer Rheuma-Erkrankung gab die Mutter im Alter von ungefähr 50 Jahren ihre Erwerbsarbeit auf. Als Hobbys der Mutter führt die Interviewpartnerin Tanzen, Handarbeiten und Schneidern für das private Umfeld an.

Der Vater der Interviewpartnerin ist im Jahr 1928 zur Welt gekommen. Aufgrund des Zweiten Weltkriegs konnte er seine Schuhmacherausbildung nicht beenden. Stattdessen war er in einer Papierfabrik tätig und dann in einer Wäscherei. In den 25 Jahren unmittelbar vor seiner Rente arbeitete er als Hausmeister in einem Hotel. Er ist im Alter von 63 Jahren aus dem Berufsleben ausgeschieden. Gemäß der Interviewpartnerin zählen zu seinen Hobbys ein großes Interesse an der Weltgeschichte und Historischem allgemein, Lesen und Reisen. Beide Elternteile waren nie arbeitslos. Die Brüder der Interviewpartnerin sind zum Zeitpunkt des Interviews 44 und 47 Jahre alt.

IV.10.3.2 Die Person Marina Thoma

Marina Thoma ist mit Eltern und Geschwistern in ihrer Geburtsstadt aufgewachsen, in der sie auch heute noch lebt. Als eigene Hobbys nennt sie Lesen, Radtouren, ihre Familie und den Gebärdenchor, in dem sie aktiv ist.

Frau Thoma besuchte die Polytechnische Oberschule und die Berufsschule. Von 1989 bis 1992 arbeitete sie als Köchin – diese Tätigkeit unterbrach sie 1990 aufgrund ihres ersten Kindes. In den Jahren 1992 und 1993 holte Marina Thoma das Fachabitur nach. Und nachdem ihr zweites Kind geboren worden war, schob sie eine Babypause von zweieinhalb Jahren ein. Von Mitte der 90er Jahre bis 1999 studierte die Interviewpartnerin Sozialwesen und direkt im Anschluss daran absolvierte sie bis 2001 den Studiengang zur Gebärdensprachdolmetscherin. Heute erhält Marina Thoma immer wieder Dolmetscheraufträge beim Fernsehen (Zeile 1244).

Von 1993 an arbeitet die Interviewpartnerin als Gebärdensprachdolmetscherin. Seit 2001 ist sie zu 75 Prozent als Sozialarbeiterin für gehörlose Menschen und zu 25 Prozent freiberuflich als Gebärdensprachdolmetscherin sowie als Dozentin für Gebärdensprachdolmetschen an einer Universität in einem anderen Bundesland tätig. Im April 2008 ging Frau Thoma nach der Geburt ihres jüngsten Sohnes in Elternzeit, die sie im Mai 2009 beendet hat, um wieder so tätig zu sein, wie in der obigen Prozentverteilung aufgezeigt. Seit 1991 lebt sie mit ihrem Ehemann zusammen, der Vollzeit als Orgelbauer arbeitet.

Zunächst lebte Marina Thoma 19 Jahre im Elternhaus. Aus diesem zogen ihre Brüder jeweils im Alter von 18 Jahren aus. Auch die Eltern wechselten daraufhin das Domizil, da die Mutter mit ihrer Rheuma-Erkrankung das Klima in der kalten Altbauwohnung nicht länger vertrug. Die Interviewpartnerin blieb weitere sechs Jahre dort, zuerst mit dem Vater des ältesten Sohnes. Diese Beziehung endete jedoch noch vor der Geburt dieses Kindes. Von 1991 an lebte Frau Thoma mit ihrem heutigen Ehemann dort. Am

nächsten Wohnort innerhalb derselben Großstadt blieb sie vier Jahre lang mit ihrem Gatten und den beiden älteren Söhnen. Der zurzeit jüngste war noch nicht geboren.
Der bisher letzte Umzug führte in das renovierte Zweifamilienhaus, das Marina Thomas Familie seit neun Jahren zusammen mit ihren Eltern bewohnt. Letztere verfügen über eine Wohnung im Erdgeschoss. Zum Zeitpunkt des Interviews sind die drei Söhne der Interviewpartnerin 18 und 15 Jahre bzw. dreieinhalb Monate alt.

IV.10.4 Menschliche Kontakte in und außerhalb der Familie
IV.10.4.1 Gemeinsame Aktivitäten der Familie
Frau Thoma schätzt den humorvollen Charakter ihrer Mutter sehr:
"Meine Mutter hat immer was ausgeheckt: Die hat zum Beispiel bei meinen Brüdern den Schlafanzug zugenäht." (Zeilen 15–16)

"... sie hat einen immer so aus einem traurigen Tag oder wenn was schiefgegangen ist, zurückgeholt... dass das Leben doch eigentlich schön ist." (Zeilen 27–29)

Ebenfalls berichtet die Interviewpartnerin, dass ihre Mutter Kleidungsstücke, die der Tochter bei anderen Personen gefallen hatten, für sie nachgeschneidert habe:
"... hat die (die Mutter, Anm. d. Verf.) das noch in der Nacht für mich genäht." (Zeilen 891)

Die Mutter der Interviewten spielt gern Brettspiele. Dies tat sie früher mit Marina Thoma und heute mit deren Nachwuchs – Kartenspiele sind der Oma wegen der fortgeschrittenen Körperbehinderung nicht mehr möglich (Zeilen 677–678, 686–689). Gegenwärtig treffen ihre Brüder, die in anderen Städten wohnen, ihre Eltern selten (Zeilen 449–451). Die Konsequenzen davon zeigen sich bei Festen:
"... diese goldene Hochzeit, da haben ... hat mein Bruder gemeint, seine Töchter müssten da Flöte spielen. Und das fand mein Mann total unsensibel und hat gesagt: ‚Du, Deine Eltern hören nicht!'" (Zeilen 457–459)

Der Vater verreiste laut der Interviewpartnerin gern. Dies ermöglichte ihrer Familie früher, verschiedenste Orte der DDR kennenzulernen (Zeilen 680–684, 1143–1144). Auch heute nimmt Frau Thoma mit ihren Eltern gemeinsam an Veranstaltungen teil. Von ihrem Ehemann kam die Idee, unter einem Dach zu wohnen und so die Nähe über Freizeitaktivitäten hinaus aufrechtzuerhalten:

„... *er hat nur gesagt, dass es wichtig ist, dass sie eine eigene Wohnung haben, eigene Küche, eigenes Bad und so ...*" (Zeilen 952–953)

Zudem berichtet die Interviewpartnerin, dass ihre beiden älteren Söhne sich die Gebärdensprache angeeignet haben:

„*Also, der Mittlere kann's sogar besser, weil meine Mutter viel auf ihn aufgepasst hat. Und er versteht auch sehr gut, also, er versteht Gebärdensprache ziemlich gut, manchmal besser als ich (lacht). Der ist auch nicht so abgespannt. Und der Große auch. Also, sie fragen dann immer ein paar Vokabeln, und dann geht das schon.*" (Zeilen 496–500)

IV.10.4.2 Der Kontakt zu Gleichaltrigen

Während ihrer Schulzeit hat Frau Thoma nahezu gänzlich auf den Besuch von Mitschülern verzichtet, um ihre Eltern vor diesen zu verbergen:

„*... ich hab da auch eine richtige Phase gehabt, dass ich mich geschämt hab: Erstens waren meine Eltern sehr alt, also für DDR-Zeiten (...), und dann die Behinderung ...*" (Zeilen 43–45)

Die Interviewpartnerin gibt an, dass sie nur eine Freundin zu sich nach Hause eingeladen habe (Zeilen 47–48). Ihre Klassenkameraden machten damals immer wieder Anspielungen auf das hohe Alter ihrer Eltern, das zu DDR-Zeiten eher unüblich war (Zeilen 68–69). Bei einem Klassentreffen erfuhr Marina Thoma als Erwachsene im Nachhinein, dass ihre ganze Klasse über die Gehörlosigkeit ihrer Eltern informiert war, worüber sie sich überrascht zeigt (Zeilen 58–61). Sie hatte angenommen, dass keiner davon wusste. Bei Elternabenden hatte jedoch Marina Thomas Bruder in der Rolle eines Laiengebärdensprachdolmetschers die Gehörlosigkeit der Eltern publik gemacht (Zeilen 62–65, 85–86). An belastende Reaktionen ihrer Mitschüler infolge der Gehörlosigkeit der Eltern erinnert sich die Interviewpartnerin nicht (Zeilen 72–75). Während ihres Studiums des Sozialwesens konnte Frau Thoma die Unsicherheiten in Bezug auf die Behinderung ihrer Eltern für sich selbst dauerhaft klären:

> *„... mit den Freunden aus der Schule, dass ich alles das nicht wollte, die* (Professorin, Anm. d. Verf.) *hat mir das komplett weggenommen und hat gesagt: ‚Mensch! Deine Eltern, die haben geschafft, drei Kinder großzuziehen. Mensch, sei doch stolz drauf!'"* (Zeilen 198–201)

IV.10.4.3 Soziale Kontakte der Eltern

Marina Thoma sieht die katholische Gehörlosengemeinde als wichtigen Bezugspunkt ihrer Eltern. Beide unterhielten, so erzählt sie, auch Kontakte zur katholischen Gemeinde hörender Personen. Die Interviewpartnerin erklärt im Folgenden, wie hier die Kommunikation funktionierte:

> *„Über die Tante und uns, der Pfarrer hatte bei meiner Mutter Gebärdensprache gelernt ..."* (Zeilen 1190–1191)

> *„Ja, sie waren voll integriert in beiden Gemeinden."* (Zeile 1194)

Weitere Informationen zur Tante können unter IV.10.6.2 nachgelesen werden.

Frau Thoma erklärt, dass ihre Eltern in der hörenden Gemeinde gern am Fasching teilnehmen (Zeilen 1221–1222). Auch private Besuche bei bzw. von gehörlosen Freunden stehen regelmäßig auf dem Programm (Zeilen 564–572).

Die Arbeit der Mutter als Haushaltshilfe im Priesterseminar erfuhr positive Reaktionen:

> *„... meine Mutter wurde sehr geschätzt, sie wird heute noch zu Betriebsausflügen und Weihnachtsfeiern eingeladen."* (Zeilen 1049–1051)

Marina Thomas Vater machte dagegen an seinem Arbeitsplatz sehr negative Erfahrungen (vgl. IV.10.5.2).

Für die Interviewpartnerin war der gute Kontakt ihrer Eltern zu einer langjährigen Nachbarin bereits als Kind wichtig, da diese häufig zwischen ihr und ihren Eltern vermittelte:
> „… also, es ist ja heute noch eine Freundschaft, also zwischen meinen Eltern, mir und der Nachbarin, wir sehen uns ja heute noch." (Zeilen 364–365)

In ihrer Kindheit und Jugend hat sich Marina Thoma auch zur Gemeindeschwester der Gehörlosengemeinde hingezogen gefühlt:
> „Also, wenn meine Eltern irgendwie Not hatten, da sind sie da hingegangen." (Zeilen 392–393)

IV.10.4.4 Konflikte und Verhaltensweisen während Meinungsverschiedenheiten innerhalb der Familie

Frau Thoma erinnert sich, dass sie ihre Mutter während der Pubertät im Streit einmal „blöde Kuh" genannt habe. Die Mutter las diese Worte von den Lippen ab:
> „… das war peinlich, deshalb habe ich mittels Gebärdensprache geschimpft, weil es meine Mutter eh alles mitbekommen hat." (Zeilen 1100–1102)

> „Oh, ich hab da wütend mit dem Fuß auf den Boden gestampft." (Zeile 536)

Inzwischen fühlt sich die Interviewpartnerin beim Gedanken daran, wie sie sich als Jugendliche ihren Eltern gegenüber verhalten hat, unwohl:
> „Also, ich hab überhaupt keine Geduld gehabt. Kann ich mich sehr gut erinnern. Das tut mir auch heute total leid …" (Zeilen 538–540)

Heute erinnert sich die Interviewte an die immense Gelassenheit, mit der ihre Mutter ihren pubertären Launen begegnete:
> „… mich nie irgendwie vollgeschrien oder fertig gemacht, nie! Also diese wahnsinnige Geduld, das hat mich sehr getragen oder trägt mich heute noch so." (Zeilen 894–896)

Mit ihrem Vater stritt sich Marina Thoma nicht:
„*Mein Vater hat immer die schlechten Noten unterschrieben, ohne zu schimpfen, er ist einfach zu lieb zum Streiten.*" (Zeilen 1182–1183)

Mit ihren Brüdern hingegen hatte die Interviewpartnerin früher sehr wohl Auseinandersetzungen:
„*Wahnsinnig viel (Streit mit den Geschwistern, Anm. d. Verf.), es war aber meist mehr körperlich: schubsen, schlagen, verbal war es meinerseits immer schreien.*" (Zeilen 1104–1105)

IV.10.5 Verhaltensweisen Dritter allgemein und belastende Erfahrungen
IV.10.5.1 Reaktionen von Menschen außerhalb der Kernfamilie

Mit den Lehrkräften ihrer eigenen Schulzeit hat Marina Thoma im Hinblick auf die Gehörlosigkeit ihrer Eltern unterschiedliche Erfahrungen gemacht:
„*Meine Deutschlehrerin hat immer zu mir gesagt (…): ‚Marina, schwatz nicht so viel! Du musst hier nicht das nachholen, was du zu Hause nicht kannst.'*" (Zeilen 241–244)

Auf meine Nachfrage antwortet Frau Thoma, dass die Deutschlehrerin obige Aussage sowohl in Einzelsituationen mit ihr als auch vor der ganzen Klasse getätigt habe. Sie nimmt trotzdem an, dass der Mehrheit ihrer Klassenkameraden damals nicht bewusst gewesen sei, dass ihre Eltern gehörlos sind und die Familie zu Hause gebärdet.

Von dem Ausspruch ihrer Deutschlehrerin fühlte sich die Interviewpartnerin sehr verletzt:
„*… also die hat wahrscheinlich auch die Gebärdensprache unterschätzt. Da kann man auch schwatzen.*" (Zeilen 249–250)

„*… ich hatte noch eine Mathematik- und Physiklehrerin. Die war auch in der katholischen Gemeinde wie meine Eltern und ich, also in der hörenden Gemeinde. Und die … also, da hatte ich eher so das Gefühl, dass sie mir wohlgesonnen ist.*" (Zeilen 261–264)

Zugleich unterstreicht Frau Thoma, dass die Behinderung ihrer Eltern in ihrem Schulalltag im Großen und Ganzen keine Rolle gespielt habe:
> „... *irgendwie war das* (die Gehörlosigkeit der Eltern, Anm. d. Verf.) *auch nicht so Thema. Ich hatte ja den Vorteil, dass meine Brüder schon an der Schule waren, und die haben da ja, glaube ich, vorgearbeitet.*" (Zeilen 265–267)

Manche Menschen auf der Straße oder in Läden wollten die Gehörlosigkeit von Marina Thomas Eltern mit Lautstärke ausgleichen, was so nicht funktionieren konnte:
> „*Wenn sie nicht merkten, dass sie gehörlos sind,* (verhielten sich die Leute, Anm. d. Verf.) *normal. Wenn nicht, sprechen sie meistens sehr laut ins Ohr, dann können meine Eltern nicht mehr vom Mund absehen.*" (Zeilen 1206–1208)

IV.10.5.2 Diskriminierungserfahrungen

Frau Thoma hat das demütigende Verhalten einer Assistenzärztin miterlebt. In dieser Situation fungierte die Interviewpartnerin als Gebärdensprachdolmetscherin für ihre Mutter:
> „*Und die hat dann gesagt: ‚Hat sie Kinder?', also hat immer nur in der dritten Person mit ihr gesprochen, und dann hieß es halt: ‚Ja, drei Kinder', und dann sagt die Frau auch noch: ‚Auch das noch!'*" (Zeilen 180–182)

Damals wie heute empfindet es Frau Thoma als unangenehm, wenn medizinisches Personal bei der Unentschlossenheit des Patienten vom Dolmetscher eine Entscheidung erwartet (Zeilen 1229–1230, 378–379).

Die Interviewpartnerin bewertet es auch als diskriminierend, dass dem Rentenantrag ihres Vaters nicht umgehend stattgegeben wurde (Zeilen 216–220). Zudem verletze es sie immer wieder, wenn Personen unwürdige Umschreibungen für „nicht hörende Menschen" verwenden:
> „*‚ ›Taubstumm‹ ist wirklich das Letzte, was man sagt.' Man sagt ja auch nicht zu den Körperbehinderten irgendwie ... was gab's da immer? ‚Krüppel' sagt ja auch keiner mehr.*" (Zeilen 235–237)

Von seinen Arbeitskollegen ist Marina Thomas Vater diskriminiert worden:

> "... im Hotel sehr frustriert. Er erzählt sehr wenig, aber ich habe den Eindruck, er wurde schikaniert, denn er musste zum Beispiel das Auto vom Chef waschen und schwere Lasten tragen." (Zeilen 1092–1094)

> "Als ich ihn einmal im Hotel besuchte, weil ich ihn dringend sprechen musste, kannte keiner Herrn Thoma, aber den ‚Taubstummen' ja, das war ein schreckliches Erlebnis." (Zeilen 1045–1047)[23]

IV.10.6 Technische, allgemeine und personelle Erleichterungen im Alltag
IV.10.6.1 Hilfsmittel und Umgangsweisen

Frau Thoma berichtet, dass ihre Eltern zu DDR-Zeiten kein Telefon besaßen. Im Jahr 1996, als Telefonanschlüsse zur Verfügung standen, schafften sich Frau Thoma sowie ihre Eltern und Brüder Telefone mit integrierten Faxgeräten an. Sie beschreibt diese neue Kommunikationsmöglichkeit als Bereicherung:

> "... das war irgendwie total toll, dass man mal sich Bescheid sagen konnte irgendwie, also so Kontakt haben, ohne direkten Kontakt jetzt." (Zeilen 421–423)

Auf meine Nachfrage bilanziert die Interviewpartnerin, dass es beim Faxen mit ihren Eltern nie Missverständnisse gegeben habe (Zeilen 1121–1124). Zudem verfügte ihre Herkunftsfamilie über eine Lichtsignalanlage für die Türklingel, seit Marina Thoma ein Kind war (Zeile 575).

IV.10.6.2 Personelle Hilfen

Intensive personelle Unterstützung erhielt Marina Thomas Herkunftsfamilie von Seiten einer Nachbarin:

---

23   Vgl. II.1.2.3: CHARLTON

„Und durch die Nachbarin habe ich dann eigentlich auch so ein bisschen gemerkt, es ist gar nicht so schlimm, gehörlose Eltern zu haben, das geht schon irgendwie." (Zeilen 79–81)

„... vermittelt zwischen hörender und gehörloser Welt. Also so, die hat mir eigentlich ein bisschen die hörende Welt erklärt, die Nachbarin." (Zeilen 324–325)

„Die (Nachbarin, Anm. d. Verf.) *wusste von meiner ersten Liebe, und die wusste alles, also eher als meine Mutter."* (Zeilen 328–329)

„Und da ist eben die Nachbarin immer mitgekommen zum Arbeitsamt ... ich weiß nicht, früher hieß das irgendwie anders, zur Berufsberatung." (Zeilen 341–343)

Die Interviewpartnerin resümiert, dass ihrer Mutter früher nicht genau bekannt war, wie man sich bei der Lehrstellensuche verhalten sollte oder welche Institutionen dabei wann konsultiert werden müssen (Zeilen 345–350).

Bei der lautsprachlichen Erziehung der Brüder half eine Tante, die von 1965 bis 1971 in Marina Thomas Elternhaus wohnte, da sie in derselben Stadt arbeitete:

„... die (Tante, Anm. d. Verf.) *hatte viel mit meinen Brüdern Geschichten gelesen und die hat auch viel Hausaufgaben betreut. Und meine Brüder sind auch in den Hort gegangen ..."* (Zeilen 108–110)

Mit ihrer Heirat zog diese Schwester des Vaters weg.

Allerdings war sich das Kindergartenpersonal bereits durch Marina Thomas Brüder bewusst, dass sie Schwierigkeiten beim Hineinwachsen in die Lautsprache haben würde, und berücksichtigte das gemäß Frau Thomas Einschätzung angemessen (Zeilen 98–101).

Nach den zwei Jungen freute sich die Mutter über ihre Tochter besonders und hatte sie gerne in ihrer Nähe. Deshalb besuchte Frau Thoma keine außerhäusliche Hausaufgabenbetreuung (Zeilen 109–114). Da sie sich damals besser in Gebärdensprache und weniger gut in Lautsprache ausdrücken konnte, bereiteten ihr Aufgaben aus dem Deutschunterricht oft erhebliche Probleme. Der mittlere Bruder verfasste früher immer wieder Aufsätze für sie: *„... einen Aufsatz schreiben (...), da war ich schon total überfordert. (...) hat er mir das geschrieben ... also erleichtert. Heute sage ich mir, (...) das ist auch nicht der Weg, dass ich's mal gelernt hätte ..."* (Zeilen 307–311)

Heute dolmetscht nur noch Marina Thoma, da die Brüder die Gebärdensprache größtenteils vergessen haben (Zeilen 465–466). Bezahlte Assistenzkräfte oder Dolmetscher standen ihren Eltern nie zur Verfügung, da dies in der DDR nicht üblich war (Zeilen 1125–1126). Zu den Hilfen, die sie bei Elternabenden einsetzten, vgl. 10.4.2.

IV.10.6.3 Unterstützung von Seiten der Kinder

Frau Thoma gibt an, dass sie als Kind selten für ihre Eltern dolmetschen musste, da ihre Brüder dieser Aufgabe fast immer nachgekommen seien (Zeilen 369–373). Von Ärzten fühlt sich die Interviewpartnerin unfreiwillig in Dolmetscheraufgaben hineingezogen (vgl. IV.10.5.2).

Als dem Rentenantrag des Vaters nicht sofort stattgegeben wurde, fühlte sich Marina Thoma für das Dolmetschen verantwortlich. Sie ist sich bis heute unsicher, ob ihre Eltern sie darum gebeten hatten oder nicht (Zeilen 373–377). Die Brüder wohnten zu diesem Zeitpunkt bereits an anderen Orten, weshalb Frau Thoma sich zuständig fühlte:

„... ich hab meinen Vater versucht zu retten (lacht), so, und war aber eigentlich überfordert. Da war ich 16 oder 17 Jahre alt." (Zeilen 223–224)

Abgesehen von wenigen Einzelsituationen wie der obigen empfand Frau Thoma das Dolmetschen für ihre Eltern nicht als belastend: *„Nee, dadurch, dass das so gut wie nie vorkam, dass das ja andere gemacht haben, gar nicht, überhaupt nicht."* (Zeilen 410–411)

Die Interviewpartnerin berichtet, dass sie zu DDR-Zeiten nicht für ihre Eltern telefonieren musste:

„Nie! Nein, weil es kein Telefon gab zu DDR-Zeiten. Das war eigentlich ganz entspannt ..." (Zeilen 429–430)

Auf meine Nachfrage hin stellt Frau Thoma fest, dass sie von ihren Eltern auch nie beauftragt worden war, von einer Telefonzelle aus für sie zu telefonieren (Zeilen 1138–1140). Ebenfalls musste sie für ihre Eltern niemals Briefe verfassen. Hier halfen der Gehörlosenbund oder die katholische Gehörlosengemeinde (Zeilen 1134–1137).

Auch heute gehen ihren Eltern gelassen mit dem Thema Unterstützung um:

„... da sind meine Eltern eigentlich nie fordernd. Also, sie sind (bei Familienfeiern, Anm. d. Verf.) dankbar, wenn ich dann kurz erkläre, worum es jetzt geht oder so. (...) Aber wenn ich das eben nicht mache, ist auch nicht schlimm." (Zeilen 480–484)

Wenn Frau Thoma heute beschäftigt ist und ihre Eltern Hilfe brauchen, springen die Kinder der Interviewpartnerin ein (Zeilen 991–994). Sie beschreibt den Kontakt zu ihren Eltern als gegenseitige Unterstützung: Beispielsweise kann einer ihrer Söhne zu ihren Eltern kommen, wenn die übrigen Familienmitglieder nicht zu Hause sind, was für den Sohn eine Alternative zum Alleine-in-der-Wohnung-Sein darstellt (Zeilen 995–997).

IV.10.7 Reflexionen des Interviewten
IV.10.7.1 Auseinandersetzung mit dem Thema „Behinderung"

Die Interviewpartnerin erinnert sich, dass sie bereits als Kind zwischen hörender und gehörloser Welt Brücken geschlagen habe:

„... dass ich dann immer so vermittelt habe, also als klein ... als kleine Person, ich weiß nicht, wie alt ich war, dass ich das auch immer gemacht habe irgendwie, aber ich kann mich da jetzt nicht so bewusst erinnern." (Zeilen 433–436)

Mit einem Teil des Weltbildes ihrer Eltern kommt Frau Thoma nicht zurecht:

„... wenn ich mich über jemanden ärgere und erzähle ihnen (den Eltern, Anm. d. Verf.) das, dann ist der für ewig schlecht." (Zeilen 513–514)

Bei ihren Eltern geht die Interviewte davon aus, dass sie in ihrem Alter nicht mehr umdenken werden. Erlebt sie Vergleichbares mit gehörlosen Personen an ihrer Arbeitsstelle, reagiert sie entsprechend darauf:

„... jetzt in der Arbeit, versuche ich immer, dass es noch so ein bisschen ... dass es mal einen guten und schlechten Tag gibt ..." (Zeilen 526–527)

Marina Thomas Eltern waren und sind stets bemüht, auch die Bereiche bei ihren Kindern und Enkelkindern zu fördern, die ihnen selbst behinderungsbedingt nicht zugänglich sind. Die Interviewpartnerin reagierte darauf unterschiedlich:

„... hat meine Mutter organisiert, dass wir ein Klavier bekommen, ich Klavierunterricht nehme. Fand ich völlig daneben! (...) Als ich rausgekriegt hab, dass meine Eltern das eh nicht hören und ich klimpern kann, was ich will, habe ich das dann gelassen, habe ich geschwänzt." (Zeilen 291–295)

Heute unterstützen Marina Thomas Eltern den Musikunterricht für deren Kinder finanziell, womit sich die Interviewpartnerin einverstanden zeigt (Zeilen 979–984, 1073–1077).

Als die Interviewpartnerin intensiv Kinderschallplatten hörte, wirkte die Mutter gemäß Marina Thomas Aussagen bedrückt, was sie sich folgendermaßen erklärt:

„Weil meine Mutter Taktgefühl hat, sie kann tanzen, wenn ich ihr den Takt zeigte, sie hatte traurige Augen und sagte, dass sie es schade findet, uns nicht zu hören; so etwas sagte mein Vater nie." (Zeilen 1148–1150)

Gleichzeitig wünschte sie sich, dass ihre Eltern bei ihren Auftritten in der Kindermusikschule teilnahmen, was diese nicht taten. Das erklärt sich Marina Thoma im Nachhinein folgendermaßen:

"... dass es um das Interesse an mir als Person, weniger um das Klavierspiel ging. Kinder wollen von ihren Eltern gesehen werden!" (Zeilen 1164–1165)

Frau Thoma fragt sich immer wieder, wie die Biografien ihrer Eltern ohne deren Gehörlosigkeit verlaufen wären:
„Vielleicht wäre meine Mutter ... meine Mutter irgendeine Schauspielerin geworden, weil, die hat da wirklich total Talent." (Zeilen 863–864)

IV.10.7.2 Eigenes Leben und Sichtweisen von Marina Thoma

Die Interviewpartnerin erinnert sich an große Probleme beim Erlernen der deutschen Lautsprache:
„Oder dann hat die Lehrerin was erzählt von: ‚Da draußen ist der Reif an den Bäumen', ich denke mal, was denn für Reifen? Ich seh keine Reifen." (Zeilen 116–118)

Diese besonderen Schwierigkeiten mit der Lautsprache begleiteten sie bis zu ihrem Gebärdensprachstudium, bei dem sich ihr viele sprachliche Phänomene im Vergleich von Laut- und Gebärdensprache erschlossen haben (Zeilen 127–135).

Auch heute gibt Frau Thoma an, vorwiegend in Gebärdensprache zu denken (Zeilen 139–140). Ihr sind diese Sprache und deren Wahrnehmungswelt näher (Zeilen 145–154). Inzwischen hat sie eine Lösung gefunden, mit dieser Tatsache umzugehen:
„... und jetzt habe ich aber den Mut gefunden, zu sagen, wenn ich vor Gehörlosen stehe, dann mache ich das in Gebärdensprache, und wenn ich vor Hörenden stehe, mache ich das natürlich auch in Lautsprache." (Zeilen 160–162)

Während ihrer Kochlehre und des Fachabiturs benötigte Marina Thoma inneren Abstand zur Gebärdensprache, besuchte keine Treffpunkte gehörloser Menschen und unterhielt weniger Kontakt zu ihren Eltern (Zeilen 695–703).

Heute sieht sie sich sowohl in der Laut- als auch in der Gebärdensprache verwurzelt (Zeilen 758–764), was sich darin zeigt, dass die Interviewpartnerin auch in einem Lautsprachchor singt (Zeilen 1054–1056). Sie genießt es, ihre eigenen Kinder gebärden zu sehen, auch wenn sie in dieser Hinsicht nie Druck ausgeübt habe (Zeilen 502–504).

Frau Thoma hält sich für sehr einfühlsam im sozialen Bereich und gibt an, aufpassen zu müssen, hier nicht zu aktiv zu werden:
„*Aber ich hab mal eine Zeit lang gedacht: ‚Nee, ich muss die Welt retten (…).' Aber ich hab's kapiert. Ich kann das nicht (lacht).*" (Zeilen 738–740)

In ihrer Einschätzung überwiegt eine positive Sicht ihrer Eltern:
„*Mein Vater … ist einfach zu lieb zum Streiten.*" (Zeilen 1182–1183)

„*… ich glaub, dass ich von meiner Mutter unglaublich viel habe. Also auch mit dieser Diplomatie, mit dieser Lebensfreude und so …*" (Zeilen 855–856)

„*Und heute sind sie beide* (die Eltern, Anm. d. Verf.) *mein Ruhepol. Also, wenn ich jetzt nach Hause komme und sie sind da, dann … dann strahlen die so 'ne Ruhe aus, und ich komm dann auch … also dann werde auch ich ruhiger.*" (Zeilen 9–12)

IV.11 Interviewdarstellung: Mario Kräft
IV.11.1 Vorinformationen

Mario Kräft ist zum Zeitpunkt des Interviews 21 Jahre alt. Er hat stets in Nordrhein-Westfalen in einer ländlich strukturierten Region gelebt. Die Adresse habe ich über ein Onlinemagazin für Menschen mit Sehbehinderungen erhalten, auf das zuerst Herrn Kräfts Mutter aufmerksam geworden ist. Der Interviewpartner ist mit einem sebehinderten Vater und einer blinden und zugleich hochgradig schwerhörigen Mutter aufgewachsen. Mario Kräft und seine Freundin sind Eltern einer kleinen Tochter.

Beide Elternteile lerne ich bei dem Gesprächstermin flüchtig kennen. Sie bewegen sich im eigenen Haus und Garten sicher ohne Blindenstöcke. Die Mutter des Interviewpartners gibt mir einen Computerausdruck mit, in dem sie beschreibt, wie sie gelernt hat, ihre Sehhörbehinderung zu akzeptieren. Da meine Forschungsarbeit die Erfahrungen der Söhne und Töchter beleuchtet, zitiere ich diesen Text nicht.

Während des Interviews befinde ich mich mit Mario Kräft allein in der Küche seines Elternhauses. Die Mutter hat selbstgebackenen Zitronenkuchen, Tee, Kaffee und Süßigkeiten serviert. Der Interviewpartner knetet während des Interviews oft seine Hände und spielt an den Hosenträgern seines Arbeitsanzugs. Es handelt sich dabei um die Kleidung, die er an seinem Arbeitsplatz trägt.

IV.11.2 Die Behinderungen

Mario Kräfts Vater ist infolge eines Unfalls auf einer Baustelle im Jahr 1980 stark sehbehindert. Sein Sehvermögen nimmt – auch gegenwärtig – weiter ab.

Die Mutter des Interviewpartners gilt seit dem Jahr 2000 als blind mit einem geringfügigen Sehrest (unter zwei Prozent Gesamtsehkraft) und ist zugleich hochgradig schwerhörig. Ursache ihrer Sehhörbehinderung ist das angeborene Stickler-Syndrom, das zeitlebens fortschreitend verläuft. Zum Zeitpunkt des Interviews ist es der Mutter möglich, mit ihren beiden Hinter-dem-Ohr-Hörgeräten Hörbücher zu hören und auch mit fremden Personen zu telefonieren.

In Mario Kräfts Familie haben noch weitere Verwandte Sehbehinderungen. Der Interviewpartner, seine Freundin und ihre gemeinsame Tochter sind nicht behindert.

IV.11.3 Biografische Eckdaten
IV.11.3.1 Die Eltern von Mario Kräft

Die Mutter des Interviewpartners wurde 1954 geboren. Sie hat eine Ausbildung zur Kinderkrankenschwester absolviert und in diesem Beruf gearbeitet, bis sie infolge ihrer fortschreitenden Sehbehinderung die Venen beim Spritzen nicht mehr erkennen konnte. Von 1979 bis 1983 erfolgte eine blindengerechte Umschulung zur Telefonistin, Steno- und Phonotypistin. Seit 1987 gilt die Mutter als erwerbsunfähig. Mario Kräft gibt diese Hobbys von ihr an: Lesen, Spazierengehen und den Umgang mit Menschen.

Mario Kräfts Vater ist ausgebildeter Betonbauer und Polier. Zuerst fallen Herrn Kräft in Bezug auf seinen Vater keine Hobbys ein, später berichtet er aber davon, dass sich sein Vater oft im eigenen Garten aufhalte und dort gern Holzbauarbeiten verrichte. Zudem sitze er abends gemeinsam mit seiner Frau zur Entspannung vor dem Fernsehapparat, dessen Programm er hauptsächlich hört.

IV.11.3.2 Die Person Mario Kräft

Mario Kräft absolviert gegenwärtig eine Ausbildung zum Kfz-Mechatroniker in dem gewachsenen Dorf, in dem sich auch die gemeinsame Wohnung seiner Freundin und seiner Tochter befindet. Zuvor hatte er eine Schreinerlehre begonnen, die er nach zwei Jahren aufgeben musste, da der Betrieb Insolvenz anmeldete. Der Interviewpartner hat zuerst die Haupt-, dann die Realschule besucht.

Der Interviewpartner ist das einzige Kind seiner Eltern. Das Domizil der von ihm gegründeten Familie liegt acht Kilometer von seinem Elternhaus entfernt.

Aufgrund von Meinungsverschiedenheiten mit seiner Freundin wohnt Mario Kräft momentan übergangsweise wieder bei seinen Eltern. Er beabsichtigt, wieder zu seiner jungen Familie zu ziehen, wenn der Streit mit seiner Freundin beigelegt ist. Folgende Tätigkeiten nennt der Interviewte seine Hobbys: Motorradfahren, Schwimmen und Laufen.

IV.11.4 Menschliche Kontakte in und außerhalb der Familie
IV.11.4.1 Gemeinsame Aktivitäten der Familie

Als Kind konnte der Interviewpartner nicht die gleichen Unternehmungen machen wie eine Familie, in der die Eltern über ein Auto und einen Führerschein verfügen. Dies erforderte mehr Planung und schränkte spontane Aktivitäten ein. Dafür war Mario Kräfts Herkunftsfamilie auf ihre Weise mobil:

> *„Sie haben mich aber trotzdem überall mit hingenommen und sind dann nur mit dem Bus gefahren oder mit Bahn oder mit öffentlichen Verkehrsmitteln halt."* (Zeilen 7–10)

> *„... weil ich halt auch mit dem ... also, wenn ich mal irgendwo hinfahren musste, auch mit dem Taxi fahren musste, als ich klein war ..."* (Zeilen 479–481)

Dabei denkt Herr Kräft an Urlaube zurück, bei denen die Familie mit ihm als kleinem Jungen zum Beispiel in die Beneluxstaaten gefahren ist (Zeilen 345–347). Als Kind spielte Mario Kräft gern mit Legosteinen und mit Playmobil. Er berichtet, dass seine Eltern infolge ihrer Behinderungen nicht mitspielten (Zeilen 148–152). Auf meine Nachfrage erwähnt der Interviewpartner, dass der sprachliche Austausch mit seiner Mutter bei Ausflügen ebenfalls erschwert war.

IV.11.4.2 Der Kontakt zu Gleichaltrigen

Einige Gleichaltrige kannten Mario Kräfts Familie schon aus dem dörflichen Stadtteil, in dem sie lebten, anderen musste Herr Kräft die Beeinträchtigungen seiner Eltern erklären (Zeilen 29–30, 46–57). Dabei kann er sich nicht mehr genau an seine Kindergartenzeit erinnern. Spiel- und Schulkameraden verdeutlichte Mario Kräft bei Bedarf die Behinderungen seiner Eltern folgendermaßen:
   "Ja, ich hab denen halt erklärt, dass es halt ... dass die ... dass meine Eltern (...) blind sind (...). (...) und wenn dann weitere Fragen kamen, dann hab ich sie halt mal zu meinen Eltern geschickt, ne? So hab ich das gemacht, aber eigentlich hat das jeder akzeptiert auch." (Zeilen 59–64)

Die meisten Freunde des Interviewpartners wohnten in der direkten Umgebung:
   "Da kann man ... ich denk mal, die Dörfer, die liegen auch nicht weit auseinander, da kann man mit dem Fahrrad oder zu Fuß eigentlich auch noch hingehen, ist gar kein Problem, ja." (Zeilen 32–34)

Er resümiert, dass die Gleichaltrigen nie über einen längeren Zeitraum verunsichert oder gar ablehnend auf seine Herkunftsfamilie reagiert hätten:
   "Ja, eigentlich ganz normal und verständlich auch, nur, ja, wie soll ich das sagen, also, sie haben's ... waren ... am Anfang ist es halt 'n bisschen komisch, weil man so ... die meisten Leute es nicht kennen, und dann ist es aber eigentlich auch in Ordnung gewesen." (Zeilen 48–51)

Freunde erkundigen sich immer wieder nach Mario Kräft und seinen Eltern:
„*Ja, schon öfters, ja, zwischendurch. Die haben halt immer gefragt, was jetzt noch ... wie's halt läuft und so was, ne? Und dann hab ich ihnen das halt erklärt, wie das halt ist, dass man halt ... wie ich das Ihnen jetzt auch gesagt hatte, (...) also, wie ich das halt mache ...*" (Zeilen 632–636)

IV.11.4.3 Soziale Kontakte der Eltern

Der Interviewpartner betont, dass seine Mutter früher nur wenige Kontakte zu Personen außerhalb der Familie gehabt habe. Damals sei sie selten außer Haus gegangen, ohne Begleitung überhaupt nicht. In diesen schwierigen Zeiten hatte die Mutter ein paar Freundinnen. Seitdem sie vor zwei Jahren eine ehrenamtliche Tätigkeit in der Selbsthilfe von Menschen begonnen hat, die zugleich hör- und sehbehindert sind, ist sie immer wieder allein unterwegs:
„*... ist sie halt öfters bei solchen Treffen (...) und da wird dann irgendwas gemacht, jetzt zum Beispiel Boot gefahren oder gegessen oder sonst irgendwas, ne?*" (Zeilen 125–127)

Die Mutter des Interviewpartners wirkt bei der Organisation dieser Veranstaltungen mit. Zu den sozialen Kontakten seines Vaters äußert sich Mario Kräft nicht.

IV.11.4.4 Konflikte und Verhaltensweisen während Meinungsverschiedenheiten innerhalb der Familie

Bis zu ihrem Tod wohnte die Großmutter mütterlicherseits noch in Mario Kräfts Elternhaus. Er berichtet, dass es oft Meinungsverschiedenheiten zwischen den Generationen gegeben habe. Ein Beispiel hierfür war das Kochen:
„*Also, sie wollte was machen und meine Mutter wollte was machen, (...) also, konnten sie sich nicht einig werden ...*" (Zeilen 103–105)

Gemäß dem Interviewpartner war es in der Familie üblich, dass entweder seine Mutter oder seine Oma eine Mahlzeit für alle Familienmitglieder zubereitete.

Mario Kräft bringt auf meine Nachfrage ein, dass er immer wieder genervt, gereizt und wütend gewesen sei, wenn seine Mutter etwas falsch verstanden hatte. Trotzdem kläre er Missverständnisse immer sofort auf:

„... *dann geh ich halt hinterher und sag ... und stell das auch wieder richtig dann ...*" (Zeilen 388–389)

Zwischen Mario Kräft und seiner Mutter hat es nach Auskunft des Interviewpartners während der Pubertät gewöhnliche Teenager-Streitigkeiten gegeben.

IV.11.5 Verhaltensweisen Dritter allgemein und belastende Erfahrungen
IV.11.5.1 Reaktionen von Menschen außerhalb der Kernfamilie

Im heimatlichen dörflichen Stadtteil würden sich die Menschen Mario Kräft und seinen Eltern gegenüber positiv verhalten. An seinem Arbeitsplatz sei es dagegen nicht üblich, über Privates zu sprechen:

„... *in der Werkstatt ist das 'n bisschen unfamiliär gemacht, (...) da weiß eigentlich keiner, was der andere macht, so quasi, ne?*" (Zeilen 189–191)

Somit ist keiner von Mario Kräfts Kollegen über die Behinderungen seiner Eltern informiert.

IV.11.5.2 Diskriminierungserfahrungen

Der Interviewpartner hat nach eigenen Aussagen nie belastende Verhaltensweisen gegenüber seinen Eltern miterlebt (Zeilen 571–573).

IV.11.6 Technische, allgemeine und personelle Erleichterungen im Alltag
IV.11.6.1 Hilfsmittel und Umgangsweisen

Mario Kräfts Mutter nutzt beidseitig klassische Hinter-dem-Ohr-Hörgeräte und eine Brille (Zeilen 699–705). Telefonieren kann sie bis heute, vorausgesetzt, die Gesprächspartner stellen sich auf ihre kommunikativen Bedürfnisse ein:

„Ja, sie fragt nach. Die Leute müssen laut und deutlich sprechen. Und wenn nötig, müssen sie was wiederholen." (Zeilen 684–685)

Die Mutter verwendet einen Computer mit Sprachausgabe und Braillezeile sowie ein Diktiergerät, auf das sie zum Beispiel ihre Einkaufslisten spricht und abspeichert. Inzwischen belegen beide Elternteile Mobilitätskurse für blinde Menschen:

„Und die hat meine Mutter auch gemacht, jetzt vor zwei, drei Jahren, und er macht das jetzt auch mit Schulungen, damit man auch, also, mit dem Zug fahren kann, meine Mutter kann auch ... setzt sich auch ... wenn die zu ihren Treffen fährt, in [eine große deutsche Stadt; Anonymisierung], da fährt sie halt auch mit dem Zug hin, alleine." (Zeilen 286–289, vgl. Zeilen 727, 562–564)

Der Interviewpartner fügt hinzu, dass seine Mutter sowohl gern auf Bücher in Punktschrift als auch auf Hörbücher zurückgreife. Bei den zuletzt genannten kann sie von ihrem Hörvermögen her sowohl Lesungen als auch Hörspielen folgen (Zeilen 721–723).

Zudem absolvierte Mario Kräfts Mutter eine Schulung zum Umgang mit dem PC und mit dem blindentechnischen Computerzubehör. Der Vater hat sich nicht im PC-Bereich fortgebildet, da ihn dies weniger interessiert.

Wenn der Interviewpartner keine Zeit hat, seinen Eltern beim Einkauf zu helfen, geht der Vater mit einem Trolley zum Einkaufen und nutzt ein Taxi für die Strecke zum Geschäft. Dabei gelingt es ihm mit seinem Sehrest, verschiedene Verpackungsaufschriften zu unterscheiden. Zudem habe er sich Stellen, an denen bestimmte Waren ihren Platz haben, genau gemerkt.

Der Blindenstock, den inzwischen beide Elternteile außer Haus nutzen, ist Mario Kräft so geläufig, dass er zuerst vergisst, ihn bei den Hilfsmitteln aufzuzählen (Zeilen 240–250, 677–678). Der

Vater nutzt den Stock seit einer weiteren Verschlechterung seines Sehvermögens:
> *„... seit 'nem Jahr oder so sieht er halt sehr, sehr wenig, nur noch den Schatten, und versucht jetzt seit 'nem halben Jahr ... versucht er halt das mit dem Stock halt zu machen, ne?"*
> (Zeilen 312–314)

IV.11.6.2 Personelle Hilfen

Früher griffen die Eltern auf Unterstützung der Oma bzw. von Mario Kräft zurück – ansonsten kam keine personelle Hilfe zum Einsatz. Die Oma leistete ausschließlich bei Arbeiten im Haus Hilfestellung für die Eltern.

Indirekte personelle Hilfe nahmen die Elternteile des Interviewpartners in Form von Kursen für blinde Menschen an (vgl. IV.11.6.1). Beide greifen gegenwärtig nicht auf Führhunde für blinde Menschen zurück (Zeilen 686–687).

Mario Kräfts Mutter nutzt, seitdem sie blind ist, immer wieder Assistenz:
> *„Sie holt sich auch Begleiterinnen. Manche Leute verzichten sogar auf ihren Urlaub und helfen in dieser Zeit meiner Mutter."*
> (Zeilen 728–729)

Den Umfang der Unterstützung, über den seine Eltern verfügten, während er aufwuchs, schätzt Herr Kräft im Nachhinein als genau richtiges Maß ein (Zeilen 518–524).

IV.11.6.3 Unterstützung von Seiten des Kindes

Der Interviewpartner hat es sich angewöhnt, Gespräche mit seiner Mutter erst zu beginnen, wenn die Umgebung ruhig ist und sich beide gegenüberstehen:
> *„... wenn ich nach der Arbeit nach Hause komme und hier esse und sie ist da vorne am Kochen ... diese Abzugshaube ... dann versteht sie auch manche Sachen nicht."* (Zeilen 396–398)

> „Wenn viel Krach ist oder viele Leute auf einmal am Tisch sitzen zum Beispiel, dann muss man schon, also, ja, näher ans Ohr gehen, damit sie es auch versteht ..." (Zeilen 374–376)

Seitdem der Interviewpartner ein kleines Kind war, vermittelte er für seine Mutter in Kommunikationen außer Haus:
> „... auch schon von klein auf dann für sie sprechen, so quasi, ne (?), und den Leuten jetzt zum Beispiel bei irgend 'ner Annahme oder Information oder so was ... hab ich dann immer gefragt, was los war." (Zeilen 484–486)

So hilft Mario Kräft seinen Eltern oft beim Einkaufen:
> „Meine Mutter nehm ich dann an den Arm, weil sie weiß, also ... also, weil's in Geschäften ja auch laut ist, und dann kriegt sie das nicht so richtig mit, und dann sagt sie mir, was sie haben möchte, und dann pack ich das halt ein." (Zeilen 256–259)

Seitdem er den Führerschein der Klasse drei erworben hat, fährt Mario Kräft seine Eltern bei Bedarf zum Bahnhof oder holt sie von dort wieder ab, sooft er es einrichten kann.

IV.11.7 Reflexionen des Interviewten
IV.11.7.1 Auseinandersetzung mit dem Thema „Behinderung"

Herr Kräft ist sich den Behinderungen seiner Eltern erst bewusst geworden, als er die Familien von Freunden genauer kennengelernt hat. Freizeitaktivitäten, die seinen Eltern nicht möglich waren, wie beispielsweise selbst Tennis zu spielen, interessierten den Interviewpartner vergleichsweise wenig – obwohl er früher mit anderen Partnern Tennis gespielt hatte (Zeilen 350–358).

Den Einfluss der elterlichen Behinderungen auf seine Entwicklung beschreibt Mario Kräft folgendermaßen:
> „... dass ich halt, also, gezwungen war, also, schneller selbstständig zu werden als manch anderer ..." (Zeilen 478–479)

Als seine eigene Tochter geboren wurde, hat der Interviewpartner über die Vererbbarkeit der Beeinträchtigungen seiner Mutter nachgedacht:

„... wenn's kommt, dann kommt's halt, ne? Dann kann man nix da machen, ja. Aber so schwer Angst gehabt davor hab ich nicht, hab ich nicht davor gehabt." (Zeilen 209–211)

Bisher haben Tests ergeben, dass die Behinderungen von Mario Kräfts Eltern nicht an seine Tochter vererbt wurden.
Der Interviewpartner hat stets Personen gekannt, die eine Behinderung hatten:
„... ist ja dieses Stickler-Syndrom und wir haben schon 'n paar Verwandte, die das auch haben, diese Sehbehinderung, und auch einen Blinden, und die kannte ich dann auch von klein auf schon." (Zeilen 460–462)

Bei den genannten Personen tritt das Stickler-Syndrom nicht mit einer gleichzeitigen Sehhörbehinderung auf.
Der Interviewpartner resümiert, dass seine Mutter für ihn ein besseres Vorbild hätte sein können, wenn sie ihre Behinderung früher akzeptiert hätte:
„Meine Mutter sagt, sie hätt' es erst mit ... also 2000 akzeptiert, im Jahr 2000, und da denk ich mir, hätte man auch früher mal mit anfangen können, ne?" (Zeilen 527–529)

„Ja, ich denke mir mal, (Pause) ... ja, ich denke mal, dass sie dann vielleicht auch irgend so 'n besseres Vorbild gewesen wäre, wenn sie es direkt akzeptiert hätte." (Zeilen 532–534)

Herr Kräft unterstreicht, dass es besser sei, eine Behinderung nicht zu tabuisieren:
„Also, hätte ich gesehen, dass man's halt außen rum ... dass man's halt nicht alles wegschiebt und unterdrückt, ne?" (Zeilen 538–540)

Grundsätzlich begrüßt es der Interviewpartner, wenn die Eltern zu ihren Sehbehinderungen stehen und sich den alltäglich-praktischen Umgang damit aneignen (vgl. IV.11.6.2). Der Vater hat sich dazu später als die Mutter entschlossen:
„... er fängt ja jetzt auch damit an, mit diesem Training, und das find ich halt auch gut, dass er das jetzt macht, ne?" (Zeilen 563–564)

Zugleich ist es Mario Kräft wichtig, dass seine Eltern Austausch mit anderen Menschen pflegen:

> „... und halt diese ehrenamtliche Arbeit haben, und das ist mir auch wichtig, dass es halt weitergeführt wird, dass sie nicht halt zu Hause sind und, ich weiß nicht, sich ... da in Selbstmitleid versinken ..." (Zeilen 586–588)

IV.11.7.2 Eigenes Leben und Sichtweisen von Mario Kräft

Mario Kräft gibt an, bei seinen Eltern Rückhalt gespürt zu haben:

> „... egal, was ich gemacht hab, haben sie mich unterstützt und, also, soweit es ging, und das rechne ich denen auch heute noch groß an, ja." (Zeilen 163–165)

Neben Ausbildung und Führerschein sind für den Interviewpartner im Alter des Heranwachsens folgende Bereiche von Bedeutung gewesen:

> „... für 's Mofa oder was weiß ich, ne? Und, ja eigentlich auch ganz normale Sachen, rausgehen, feiern gehen und solche ... so was halt, ja." (Zeilen 158–160)

Das eigene Mofa bzw. das Auto des Interviewpartners haben seine Eltern ebenso finanziell gefördert wie Urlaubsreisen, die er mit seinen Freunden unternommen hat.

Mario Kräft wurde oft nahegelegt, einen Beruf im sozialen Bereich zu ergreifen, da er in seinem Elternhaus bereits Erfahrungen im Umgang mit Menschen mit Behinderungen sammeln konnte. Dies lehnte er stets ab:

> „Also, mir wurde das auch öfters gesagt, dass ich das machen soll, aber ich interessier mich eher für solche handwerklichen Sachen ... interessier ich mich mehr für." (Zeilen 612–614)

Der Interviewpartner hat, wie er zusammenfasst, immer alles gehabt, was er brauchte. Zugleich hatte er Wünsche, die aus seiner Sicht unrealistisch waren:

> „Aber ich denke mir, jeder will mal Millionär sein oder sonst irgendwas, aber das geht ja auch nicht, ne? Das ist ja ganz normal. Ja." (Zeilen 180–182)

Resümierend stellt der Interviewte fest, dass sein Heranwachsen insgesamt einen positiven Charakter hatte:
„... *so schwere Nachteile hatten wir da draus auch nicht, nee. Und ich bin halt, also von Anfang an, damit aufgewachsen und für mich war das so in Ordnung, ja. Und ich glaub auch, im Großen und Ganzen hatte ich auch 'ne fröhliche Kindheit gehabt ...*" (Zeilen 622–625)

IV.12 Interviewdarstellung: Lydia Meyer
IV.12.1 Vorinformationen

Die Interviewpartnerin kommt aus Niedersachsen und lebt dort – nach einem Abstecher in eine deutsche Großstadt – heute wieder auf dem Land. Als das Interview geführt wird, ist Frau Meyer 44 Jahre alt. Der Kontakt entstand über ein Internetforum zum Thema „Pflegekinder". Bei ihrer Mutter war eine Hüftgelenkamputation vorgenommen worden. Das Interview findet im Wohnzimmer von Frau Meyers heutiger Familie statt.

Den Eltern der Interviewpartnerin bin ich nie persönlich begegnet. Frau Meyer wirkt während des Interviews immer wieder nachdenklich – dabei ist es offensichtlich, dass sie sich über das Thema schon zuvor oft Gedanken gemacht hat.

IV.12.2 Die Behinderungen

Frau Meyers Mutter wurde nicht behindert geboren. Im Kindesalter entstanden Entzündungen im Hüftbereich, die während und nach dem Zweiten Weltkrieg unzureichend behandelt wurden. Die Schwierigkeiten der Mutter mit ihrer Hüfte sind seit Jahrzehnten so ausgeprägt, dass Lydia Meyer dies als Behinderung einstuft: 1968 erfolgte die Hüftgelenksamputation und 1989 der Austausch der gesamten Hüfte. Dabei hatte die Mutter oft starke Schmerzen. Es wechselten Phasen, in denen sie viele Tätigkeiten selbstständig erledigen konnte, mit solchen, in denen ihr sehr wenig Bewegung möglich war.

Die Schwierigkeiten mit der Hüfte hatten Fehlbelastungen zur Folge, zum Beispiel der Knie und der Fußgelenke, was zu weiteren Beeinträchtigungen führte. Wie vielen Operationen sich die

Mutter in welchen Jahren unterziehen musste bzw. wie lang die dazugehörigen Krankenhausaufenthalte waren, weiß die Interviewpartnerin nicht mehr genau.

Die Interviewpartnerin selbst wurde mit Spina bifida, einer Veränderung der Wirbelsäule, geboren, die genetisch nicht im Zusammenhang mit der Behinderung der Mutter steht. Die durch die Behinderung verursachten Veränderungen am Rücken sind allenfalls in Badekleidung sichtbar. Im Alter zwischen zwölf und 14 Jahren hatte die Interviewpartnerin starke Schmerzen, die von der Spina bifida hervorgerufen wurden. Gegenwärtig führt dieses Handicap bei ihr zu Problemen mit der Hals- und Brustwirbelsäule.

Abgesehen von einem Verwandten mit einer sogenannten geistigen Behinderung haben Frau Meyers Vater, ihre Geschwister, ihr Ehemann und ihre weitere Familie keine Beeinträchtigungen. Bei einem von Frau Meyers Pflegesöhnen wurde jedoch eine umfassende Sprachentwicklungsstörung nachgewiesen.

IV.12.3 Biografische Eckdaten
IV.12.3.1 Die Eltern von Lydia Meyer

Die Mutter der Interviewpartnerin wurde 1937 als eines von zehn Geschwistern geboren und absolvierte keine Ausbildung. Von 1955 bis 1960 arbeitete sie als sogenanntes Hausmädchen, im Anschluss daran war sie von 1961 bis 1964 als Arbeiterin in einer Maschinenfabrik tätig, danach als Hausfrau in ihrer Familie.

Zuerst nennt Lydia Meyer keine Hobbys ihrer Mutter, danach erwähnt sie, dass deren Kraftreserven immer aufgebraucht waren, wenn sie ihr Tagespensum erledigt hatte (Zeilen 457–460). In früheren Jahren habe sie gelesen und gestrickt, was Frau Meyer aber eher nicht als Freizeitbeschäftigung betrachten würde.

Lydia Meyers Vater hat ebenfalls keinen Beruf erlernt und war von 1956 bis zu seinem Ruhestand im Jahr 1994 als Betonbauer und Bauarbeiter tätig. In den Wintermonaten war er immer wieder arbeitslos. Bis 1972 betrieb er eine Nebenerwerbslandwirtschaft mit Nutztieren, die er bereits von seinem eigenen Vater übernommen hatte. Als Hobbys ihres Vaters führt Frau Meyer Haus und Hof an.

Frau Meyer ist die Erstgeborene der Geschwisterreihe. Ihre Brüder wurden in den Jahren 1967 und 1972 geboren. Im Jahr 1975 kam ihre Schwester auf die Welt.

IV.12.3.2 Die Person Lydia Meyer

Lydia Meyer besuchte nach der Grundschule eine Orientierungsstufe und das Gymnasium. Nach ihrem Vorpraktikum im Jahr 1980 wurde sie von 1981 bis 1983 zur Erzieherin ausgebildet. Es folgte 1983 ein Anerkennungsjahr in einem Kindergarten. Von 1984 bis 1988 studierte die Interviewpartnerin Sozialpädagogik und von 1997 bis 1999 absolvierte sie die Zusatzausbildung „Ressourcen- und lösungsorientierte Sozialtherapie".

Seit 1988 arbeitet Frau Meyer als Sozialpädagogin in der Kinder- und Jugendhilfe. Leibliche Kinder hat sie nicht, dafür zwei Pflegekinder. Um sich der Kindererziehung privat umfassender widmen zu können, senkte die Interviewpartnerin ihre Wochenarbeitszeit zwischen 2006 und 2009 auf 19,5 Stunden. Ihre Hobbys sind Kajakfahren, Lesen und ihr Garten.

Frau Meyer wuchs mit Mutter, Vater und Geschwistern in ihrem Elternhaus auf, in dem auch die Großeltern väterlicherseits bis zu ihrem Tod lebten – der Opa starb 1975, die Oma 1982. Lydia Meyers Eltern wohnen bis heute im selben Dorf. Sie zogen 1982 in ein selbst errichtetes Nebenhaus um.

Im Alter von 17 Jahren bezog die Interviewpartnerin ihre erste eigene Wohnung in einer Kleinstadt. Mit ihrem Ehemann hatte sie zuerst eine Wohnung in einer Großstadt und seit 2004 besitzen beide in einem Dorf ein eigenes Haus, das die Familie gegenwärtig mit viel Eigenleistung umbaut und erweitert. Die Pflegekinder von Lydia Meyer und ihrem Ehemann wurden 2001 und 2003 geboren und leben seit 2006 in der Familie. Alle Wohnsitze der Interviewpartnerin lagen zwischen 80 und 120 Kilometer von ihrem Elternhaus entfernt.

IV.12.4 Menschliche Kontakte in und außerhalb der Familie
IV.12.4.1 Gemeinsame Aktivitäten der Familie

Obwohl der Vater der Interviewpartnerin sehr oft Arbeiten verrichten musste, besuchte er mit seinen Kindern seine Ehefrau gegebenenfalls im Krankenhaus (Zeilen 54–56).

Insbesondere die im Haus wohnende Großmutter väterlicherseits hätte gern Tagesfahrten in die nähere Umgebung unternommen, was infolge der Behinderung von Lydia Meyers Mutter nicht möglich war (Zeilen 95–97).

Familiäres Beisammensein mit der Mutter fand bei deren alltäglichen Verrichtungen statt:

„Wir (Geschwister, Anm. d. Verf.) waren ja froh, dass sie wieder zu Hause war. Und da hat man natürlich irgendwelche Korsetts geschnürt oder Sachen aufgehoben oder so, einfach, um in der Nähe zu sein." (Zeilen 99–101)

Familie bedeutete für Lydia Meyer stets, dass mehrere Generationen unter einem Dach lebten und dass Landwirtschaft betrieben wurde (Zeilen 191–192).

Unter IV.12.5.1 kann Genaueres über die Gesamtstimmung in Frau Meyers Herkunftsfamilie nachgelesen werden. Die Interviewpartnerin erinnert sich, dass sie während ihrer Kindheit mit ihrer Mutter Gesellschafts- und Kartenspiele gespielt habe. Mit ihrem Vater habe sie Letztere selten gemacht (Zeilen 909–913).

IV.12.4.2 Der Kontakt zu Gleichaltrigen

Die Interviewpartnerin hat keinen Kindergarten besucht. Sie begründet das damit, dass dies während ihrer Kindheit noch nicht üblich gewesen sei. Für ihre beiden jüngsten Geschwister stand der Kindergarten dagegen auf dem Programm (Zeilen 268, 915–918).

Im Grundschulalter wurde Frau Meyer von Gleichaltrigen nie auf die Behinderung ihrer Mutter angesprochen. Erklärend führt sie an, dass ihre Familie am Ort bekannt gewesen ist (Zeilen 290–296). Auch während ihrer Gymnasialzeit erkundigten sich die Mitschüler nie, warum ihre Mutter Gehhilfen nutzt. Inwiefern der Gang der Mutter auffiel oder nicht, fasst die Interviewpartnerin wie folgt zusammen:

> „Man sah es durch die versteifte Hüfte meiner Mutter und zugleich war das aber nicht so auffällig, dass man das auf eine Schwerbehinderung bezogen hätte." (Zeilen 925–927)

Da wenig andere Kinder in der Nachbarschaft wohnten, erlebte Lydia Meyer erst mit ihrer Einschulung intensiveren Kontakt zu Gleichaltrigen und deren Familien:
> *„… und das hab ich genossen. Da bin ich richtig auch so in andere Welten getaucht, hab Freundinnen gehabt, die ganz andere Eltern gehabt haben als ich. Und da erinnere ich noch ganz viele Situationen, wo ich einfach ganz lange auch bei anderen Leuten zu Besuch war und geguckt habe, wie haben die gelebt."* (Zeilen 272–276)

Die Interviewpartnerin berichtet, dass sie zu keiner Zeit negative Reaktionen Gleichaltriger infolge der Behinderung ihrer Mutter erlebt habe (Zeilen 344–348, 334–335). Schwieriger sei es gewesen, dass ihr Leben vergleichsweise andere Schwerpunkte als das anderer Heranwachsender aufwies:
> *„… hab ich wenig Interessen ausgebildet … diesem ‚nach draußen gehen', was weiß ich, mich für Musik, für Mode …"* (Zeilen 307–309)

> *„Und, ja, andere hatten denn kein Verständnis mehr dafür, dass ich helfen musste, dass ich zu Hause bleiben sollte, dass ich jetzt einen Kartoffelacker umgraben sollte, weil Mama das nicht konnte …"* (Zeilen 310–313)

In Bezug auf ihre eigene Behinderung hat Lydia Meyer neutrale Verhaltensweisen erlebt:
> *„Ich hab nie negative Reaktionen erfahren, meistens war es denen egal."* (Zeile 670)

Auf meine Nachfrage hin äußert die Interviewpartnerin, dass es sich hierbei sowohl um ihre früheren Partner als auch um Bekannte handelte (Zeilen 928–930).

IV.12.4.3 Soziale Kontakte der Eltern

Für beide Elternteile galt der Interviewpartnerin zufolge das Motto: „Viel Familie, wenige Freunde" (Zeile 932). Mutter und Vater hatten ihre Bekannten an ihren Arbeitsplätzen kennengelernt. Der Vater traf seine Freunde mehrmals wöchentlich (Zeilen 938–939).

IV.12.4.4 Konflikte und Verhaltensweisen während Meinungsverschiedenheiten innerhalb der Familie

Die Auseinandersetzungen mit ihren Geschwistern hält die Interviewpartnerin für normal:

„... mit dem nächsten Bruder habe ich mich relativ viel gezofft. Das ... da ging es natürlich um Konkurrenzkämpfe und ... wer hat mehr Mama und wer hat weniger Mama, und der andere ist doof und (lacht) ..." (Zeilen 471–474)

Diese Rangeleien innerhalb der Geschwisterreihe sieht Lydia Meyer unabhängig von der Behinderung ihrer Mutter (Zeilen 479–483). Auf meine Nachfrage weist sie es heftig von sich, die deren Beeinträchtigung bei Konflikten jemals zu ihren Gunsten ausgenutzt zu haben (Zeilen 389–391).

Im Gegensatz zu ihren Geschwistern hat sich Frau Meyer durchaus mit ihren Eltern gestritten (Zeilen 940–945). Unstimmigkeiten entstanden zum Beispiel, sobald Lydia Meyer ihre jüngeren Geschwister versorgen sollte, als sie selbst noch nicht erwachsen war (Zeilen 484–486, 995–1000).

In der Herkunftsfamilie der Interviewpartnerin war es üblich, dass die Erwachsenen wegen Unstimmigkeiten eher nicht stritten:

„Das Wesen in der Familie ist, dass es nicht ausgetragen wird, dass die Konflikte zwar da waren und spürbar waren, aber im Grunde genommen nie offen nach vorne hin ausgetragen wurden." (Zeilen 163–165)

Unstimmigkeiten wurden unter den Familienmitgliedern wie folgt ausgetragen:

„Es gab Streit, Konflikte und Meinungsverschiedenheiten, die aber sehr eindeutig geklärt wurden. Man hatte keine Meinung zu haben zu bestimmten Sachen, weil ... also ja, wir müssen uns anpassen als Kinder." (Zeilen 386–388)

„Im Streit und sonst eigentlich auch galt immer die Meinung meines Vaters, und der mussten wir uns alle anpassen." (Zeilen 948–949)

IV.12.5 Verhaltensweisen Dritter allgemein und belastende Erfahrungen
IV.12.5.1 Reaktionen von Menschen außerhalb der Kernfamilie

Die Großeltern väterlicherseits lehnten Frau Meyers Mutter ab:
„Wie gesagt, unterschwellig war immer spürbar: ‚Das ist nicht die richtige Schwiegertochter (lacht kurz) für unseren Sohn' ..." (Zeilen 192–194)

„Das war ganz eindeutig auf ihr ... aufgrund ihrer körperlichen Defizite." (Zeile 207)

Lydia Meyer berichtet, dass ihre Körperbehinderung Spina bifida – medizinisch betrachtet – keine Vererbung der Beeinträchtigung ihrer Mutter ist (Zeile 637). Oma und Opa väterlicherseits sahen jedoch eine ihrer Befürchtungen bestätigt:
„Und die (Lydia Meyers Mutter, Anm. d. Verf.) würde ihm bestimmt keine gesunden Kinder gebären." (Zeile 68)

„Also, meine Großeltern haben meiner Mutter immer transportiert, dass sie schuld daran ist." (Zeilen 630–631)

„Schlechtes Genmaterial oder was auch immer. Auf jeden Fall ist sie (Lydia Meyers Mutter, Anm. d. Verf.) schuld da dran, ne? Weil sie hat das vererbt. Von ihrem Sohn kann's ja nicht kommen." (Zeilen 633–634)

Die Position der Großeltern mütterlicherseits spielte zu diesem Zeitpunkt kaum eine Rolle, da diese bereits in der frühen Kindheit der Interviewpartnerin verstarben (Zeilen 698–701). Abgesehen davon ist der Interviewten deren Einstellung zur Behinderung ihrer Tochter nicht bekannt (Zeilen 953–955).

Lydia Meyer hat nicht erlebt, dass Nachbarn oder Menschen in Geschäften in einer belastenden Art und Weise auf die Behinderung ihrer Mutter reagiert haben:

"... das war so selbstverständlich. Das war meine Mutter. Jeder hatte das mitgekriegt, dass sie lange weg war (im Krankenhaus, Anm. d. Verf.) (...). Also, das war für mich nie ein Thema, dass Leute von außerhalb das irgendwo komisch finden können." (Zeilen 179–183)

Die Interviewpartnerin kann sich nicht mehr genau erinnern, nimmt aber an, dass Menschen aus dem Heimatdorf ihre Mutter nach deren Gesundheit gefragt haben:
"Meine Mutter hat so wenig wie möglich über ihre Behinderung gesprochen. Das gilt für alle Gesprächspartner." (Zeilen 969–970)

Auf meine Nachfrage verneint die Interviewpartnerin, dass Dritte ihre Mutter anstarren (Zeilen 184–186).

IV.12.5.2 Diskriminierungserfahrungen

Wie bereits unter IV.12.5.1 näher ausgeführt, wurde Lydia Meyers Mutter ausschließlich von Familienmitgliedern gedemütigt:
"Ja, von ihren eigenen Schwiegereltern massiv, sonst weiß ich von keinen Diskriminierungen. Meine Mutter wurde von ihren Schwiegereltern nicht anerkannt." (Zeilen 972–974)

Frau Meyer selbst erlebte keine Diskriminierungen infolge ihrer Spina bifida. Sie erklärt sich dies mit der Unauffälligkeit dieser Einschränkung (Zeilen 976–977).

IV.12.6 Technische, allgemeine und personelle Erleichterungen im Alltag
IV.12.6.1 Hilfsmittel und Umgangsweisen

Während Lydia Meyers Heranwachsen verwendete die Mutter eine bzw. zwei Krücken in akuten Krankheitsphasen und lief danach manchmal auch ohne Hilfsmittel (Zeilen 336–342). In den letzten zehn Jahren ist die Mutter ständig an Krücken gegangen. Einen Rollstuhl verwendete sie nie. Lydia Meyer beschreibt eine selbst hergestellte Gehhilfe ihrer Mutter:

„Meine Mutter hat sich oft aus alltäglichen Gegenständen Hilfen gebastelt, zum Beispiel, indem sie sich am Wäschewagen aufgestützt hat." (Zeilen 987–989)

„Ein Wäschewagen ist ein selbstgebautes Wägelchen, auf dem der Wäschekorb gefahren werden kann. Damit fährt meine Mutter ihre Wäsche von der Waschmaschine zur Wäscheleine. Sie braucht sich dann nicht bücken." (Zeilen 1078–1080)

Die Interviewpartnerin verwendete infolge ihrer Spina bifida nie Hilfsmittel. Ihr Vater hat bis heute keinen – auch keinen altersbedingten – Unterstützungsbedarf (Zeilen 1001–1002).

IV.12.6.2 Personelle Hilfen

Der Hilfsbedarf der Mutter schwankte immer wieder stark:

„... es gab Phasen, wo sie an ganz vielen Ecken Hilfe gebraucht hat, da konnte sie sich weder alleine anziehen noch alleine waschen. (...) aber sie war zwischenzeitlich auch recht gesund und hat körperlich viel auf die Reihe gekriegt ..." (Zeilen 77–80)

Wenn die Mutter Pflege oder Unterstützung in Haus und Garten benötigte, deckten dies die übrigen Familienmitglieder ab (Zeilen 83–84): Die Oma väterlicherseits hat zum Beispiel die Wäsche gewaschen (Zeile 110).

Hilfe von weiteren Verwandten oder von Menschen aus der Nachbarschaft lehnten Frau Meyers Eltern stets ab (Zeilen 141–144, 567–568). Die Interviewpartnerin resümiert auf meine Nachfrage, dass ihre Eltern nur in seltenen Fällen auf käufliche Unterstützung zurückgreifen würden:

„Große Pflasterarbeiten oder solche ... also wirklich, (lacht) ne? Aber das ist schon, das ... das ist schon die bezahlte Hilfe, denn eigentlich ist das (gemäß den Vorstellungen von Frau Meyers Eltern, Anm. d. Verf.) auch in der Familie zu erledigen." (Zeilen 575–577)

Die Brüder der Interviewpartnerin wohnen heute circa zehn Kilometer von den Eltern entfernt (Zeilen 553–554) und erle-

digen Arbeiten wie Rasenmähen oder Renovieren für sie (Zeilen 1005–1007).
Gegenwärtig bestünde für Lydia Meyers Mutter die Möglichkeit, Hilfen von Seiten der Krankenkasse finanziert zu bekommen, was sie jedoch ablehnt (Zeilen 595–596). An diesem Punkt sähe die Interviewpartnerin gerne ein Umdenken ihrer Mutter:

> „… *meine Mutter mit über 70 Jahren könnte jetzt wirklich mal begreifen, dass sie seit zehn Jahren an Krücken geht, und das Haus vielleicht nicht mehr selber wischen.*" (Zeilen 588–590)

Im Rückblick erachtet die Interviewte Assistenzleistungen bei der Kinderbetreuung, als sie selbst noch klein war, und damals wie heute pflegerische und hauswirtschaftliche Hilfen für ihre Mutter als notwendig (Zeilen 157–160, 603–608).

IV.12.6.3 Unterstützung von Seiten der Kinder

Im Hinblick auf ihren Einsatz wurden hohe Erwartungen an Lydia Meyer herangetragen:

> „*Man hat letztendlich erwartet, dass ich das schaffe, was meine Mutter nicht schafft.*" (Zeilen 488–489)

Dabei sieht die Interviewpartnerin ihre Rolle gegenüber ihren Geschwistern als Miterziehende als belastend an (Zeilen 483–486). Frau Meyer empfand ihre Unterstützung für ihre Mutter nicht immer als angenehm:

> „*Das war mit Sicherheit auch manchmal zu viel, aber es war auch so selbstverständlich, dass ich es nicht infrage gestellt hab.*" (Zeilen 120–121)

Im Teenageralter und bis sie mit 17 Jahren ausgezogen ist, hat Frau Meyer ihrer Mutter viel geholfen. Danach übernahm die elf Jahre jüngere Schwester viele Dienste für die Mutter (Zeilen 517–521):

> „*Meine Schwester wohnt nebenan, also, hat da ein Haus gebaut und kümmert sich bis heute (…) um meine Eltern.*" (Zeilen 527–528)

Gegenüber allen helfenden Söhnen und Töchtern äußert Frau Meyers Mutter bis heute ihre Bedürfnisse nicht:

„Ja, das ... das bedeutet, dass man immer noch spürt, letztendlich, was ist los, was muss noch passieren, was muss noch getan werden, was können die nicht alleine, ne? Und dann passiert das irgendwie durch Telepathie ..." (Zeilen 558–560)

Die Interviewpartnerin ergänzt, dass es von Seiten der Eltern nicht verbalisierte Erwartungen an die Unterstützung durch die Kinder gebe. Auch die jüngere Schwester, die der Mutter heute sehr umfassend hilft, würde sich an diesem Punkt mehr Klarheit wünschen (Zeilen 616–622).

IV.12.7 Reflexionen des Interviewten
IV.12.7.1 Auseinandersetzung mit dem Thema „Behinderung"
Lydia Meyer beschreibt die Grundeinstellung ihrer Mutter als verhängnisvoll:

„... das Motto von meiner Mutter, das Lebensmotto, war eigentlich immer ,Du musst es selber schaffen', und ... hat sich letztendlich permanent selber überfordert und sich selber einfach noch ein ganzes Stück immer mehr kaputtgemacht, ne? (lächelt)" (Zeilen 146–150)

Dass ihre Mutter auch heute noch dazu neigt, die eigene und die Behinderung ihrer ältesten Tochter zu vertuschen, schreibt Lydia Meyer der Zeit des Nationalsozialismus zu, in der ihre Eltern aufgewachsen sind (Zeilen 688–695).

Der Vater drückte sich sehr allgemein aus, als er während Frau Meyers Kindheit mit seinem Nachwuchs über den Gesundheitszustand der Mutter sprach:

„... auf der Ebene: ,Wir gehen mal Mama besuchen', und: ,Mama kann nicht so' ..." (Zeilen 48–49)

Die Interviewpartnerin hätte sich hinsichtlich der Behinderung ihrer Mutter mehr Offenheit und den Einbezug der Kinder in die Emotionen der Eltern gewünscht (Zeilen 45–52).

Sie erinnert sich, dass sie ihre Mutter gern bei Freizeitbeschäftigungen erlebt hätte, die dieser nicht möglich waren:

„Ja, klar! Die sollte auch mal mit mir Fahrrad fahren oder schwimmen gehen oder solche Sachen, so ganz alltägliche Ge-

> *schichten machen, die sie denn auch nicht konnte, ne?"* (Zeilen 749–751)

Auf meine Nachfrage resümiert die Interviewpartnerin, inwiefern sie sich von ihrer Mutter unterstützt gefühlt hat, während die eben erwähnten Wünsche offen blieben:
> *"Ja, meine Mutter ist für uns nicht verfügbar gewesen, da sie mit sich selbst und ihrer Behinderung beschäftigt war. Zugleich war es meiner Mutter wichtig und sie hat sich darum gekümmert, dass Schule und Ausbildungen bei mir und bei meinen Geschwistern laufen. Emotional fühle ich mich zu meiner Mutter hingezogen, das überwiegt."* (Zeilen 1018–1022)

Im Nachhinein ist Lydia Meyers Mutter gemäß den Einschätzungen der Interviewpartnerin unzufrieden mit ihrer Partnerwahl:
> *"Tja, wenn ich jetzt gehässig bin, dann sage ich, meine Mutter hat sich meinen Vater ausgesucht, weil sie geglaubt hat, dass sie keinen (...) besseren Mann findet mit ihrer Körperbehinderung."* (Zeilen 235–240)

Ebenso unzufrieden ist die Mutter mit der Tatsache, dass sie ihre Berufstätigkeit aufgegeben hat (Zeilen 1023–1026, 447–450).

Ihre Eltern haben Lydia Meyer stets geraten, ihre Spina bifida zu verstecken (Zeilen 623–627). Dabei hätte die Interviewte es vorgezogen, wenn ihre Eltern ihr Stärke im Umgang mit der eigenen Behinderung vermittelt hätten (Zeilen 642–651). Im Alter von 15 oder 16 Jahren hat Frau Meyer sich über obige Forderungen ihrer Eltern hinweggesetzt und gute Erfahrungen gemacht, was unter IV.12.4.2 nachgelesen werden kann.

Die Interviewpartnerin resümiert, dass der Umgang mit der Beeinträchtigung ihrer Mutter in ihrem Elternhaus ihre eigene Wahrnehmungsweise dahin gehend beeinflusst habe, dass sie bis heute fühle, welche Emotionen eine Person in ihrer Nähe erlebt (Zeilen 711–716). Dies spüre sie bei Menschen mit und ohne Behinderungen (Zeilen 1030–1032).

Im Alter von ungefähr 25 Jahren hat Lydia Meyer mit ihrer Mutter über die Situation in ihrem Elternhaus gesprochen (Zeilen 1033–1035). Die Interviewpartnerin fasst die Gefühle ihrer Mutter folgendermaßen zusammen:

> *"... eigentlich hat sie für mich ganz viel getan, konnte einfach nicht mehr, und ihr hat das immer auch ... immer sehr viel ... sehr leidgetan."* (Zeilen 433–435)

IV.12.7.2 Eigenes Leben und Sichtweisen von Lydia Meyer

Aus IV.12.6 und IV.12.7.1 geht hervor, dass Hilfsbedarf und Behinderungen in Lydia Meyers Herkunftsfamilie tabuisiert wurden. Als extrem belastend erlebte sie im Alter von vier Jahren den dreimonatigen Krankenhausaufenthalt ihrer Mutter infolge der Hüftgelenksamputation:

> *"Da niemand mit mir über die Situation gesprochen hat und ich in der Familie keinen wirklichen Halt und Schutz gefunden habe, hatte ich wirklich ausgesprochen lange damit zu tun, dieses Gefühl, allein gelassen zu sein, alles selber machen und regeln zu müssen, zu überwinden."* (Zeilen 1083–1087)

Dies hat die Interviewpartnerin in den Jahren 1998 und 1999 im Rahmen einer ambulanten tiefenpsychologischen Therapie aufgearbeitet (Zeilen 956–962). Als besonders effektiv schätzt sie die Tatsache ein, dass die Person, die die Therapie durchführte, eine vergleichbare Familiensituation wie sie selbst erlebt hatte (Zeilen 355–364).

Ein Mann mit sogenannter geistiger Behinderung hat die Interviewpartnerin schon im Kindesalter auf die Idee gebracht, für Menschen mit Behinderungen tätig zu werden (Zeilen 375–378). Im ersten Jahr ihrer Berufsarbeit realisierte sie dieses Vorhaben, anschließend boten sich ihr andere berufliche Chancen (Zeilen 379–381, 1047–1049). Dabei spielte es für die Eltern der Interviewpartnerin keine große Rolle, welche Laufbahn die älteste Tochter wählte:

> *"Meinen Eltern war das eigentlich ziemlich egal, was ich werde, Hauptsache, ich werde irgendwas (lacht) ... und das gibt ja dann auch ein ordentliches Zeugnis dafür."* (Zeilen 415–417)

Die Interviewpartnerin betont, dass nicht ihre Bedürfnisse, sondern das Wohlergehen und die Alltagsbewältigung ihrer Mutter in ihrer Herkunftsfamilie stets im Vordergrund gestanden hätten

(Zeilen 394–397). So hat die Mutter die Themen, die Lydia Meyer in ihrem Leben wichtig waren, kaum wahrgenommen:

> „… was wir auf dem Herzen hatten, worum wir uns grade … wo … womit wir uns auseinandergesetzt haben, das hat meine Mutter nicht mehr mitgekriegt und kriegt sie auch bis heute nicht mit." (Zeilen 738–740)

Eine andere Mutter hat sich die Interviewte nie gewünscht, jedoch einen anderen Vater:

> „Seine Dominanz einerseits und dass er (der Vater, Anm. der Verf.) andererseits unsicher ist. Es besteht eine Kluft zwischen dem, was er will und was er wirklich kann." (Zeilen 1028–1029)

> „Er hat nie ein Buch gelesen. Er kann kaum Texte schreiben, ein bisschen schon, aber nicht wirklich. Hier hätte ich mir bei meinem Vater oft mehr Bildung gewünscht." (Zeilen 1056–1058)

Mit ihrer Mutter hat sich Lydia Meyer stets verbunden gefühlt (Zeilen 752–766).

Abschließend unterstreicht Frau Meyer allgemein die Wichtigkeit, mit dem Nachwuchs über die eigenen Gefühle zu sprechen, was ihr auch bei der Erziehung ihrer Pflegekinder sehr am Herzen liegt:

> „… dass über Schmerz gesprochen wird, dass über Traurigkeiten gesprochen wird. Das ist einfach ganz was Wesentliches, dass Kinder einfach mitkriegen, dass das mit Emotionen verbunden ist. Und dann können Kinder auch damit umgehen. Also, das ist das, was … was am wesentlichsten schiefgegangen ist bei uns zu Hause …" (Zeilen 786–791)

IV.13 Interviewdarstellung: Sigrid Peters
IV.13.1 Vorinformationen

Frau Peters ist zum Zeitpunkt des Interviews 49 Jahre alt und wohnt seit ihrer Geburt in Hessen. Nachdem ich einen Artikel von ihr gelesen hatte (der aus Datenschutzgründen nicht zitiert wird), suchte und fand ich ihre Adresse in einem Internettelefonbuch. Sowohl Sigrid Peters als auch beide Elternteile leben mit einer Körperbehinderung. Frau Peters war sofort zu dem Gespräch bereit, das an ihrem Arbeitsplatz stattfindet, während ihre Kollegen bereits Feierabend haben. Sie erzählt sehr viel und tritt freundlich und selbstbewusst auf.

Der Vater der Interviewpartnerin ist 1978 verstorben. Die Mutter lebt noch, ich bin ihr aber nicht begegnet.

IV.13.2 Die Behinderungen
Bei Sigrid Peters und ihrem Vater wurde jeweils kurz nach der Geburt Osteogenesis imperfecta („Glasknochen") diagnostiziert. Ich selbst messe 170 Zentimeter und Frau Peters reicht mir von der Größe her bis zum Bauch. Ihre Mutter ist circa seit ihrem zweiten Lebensjahr infolge von Poliomyelitis („Kinderlähmung") behindert. Diese Beeinträchtigung ist nicht fortschreitend.

IV.13.3 Biografische Eckdaten
IV.13.3.1 Die Eltern von Sigrid Peters
Die Mutter der Interviewpartnerin hat den Beruf der Damenschneiderin erlernt, aber nie in diesem Gewerbe gearbeitet, da sie Hausfrau war[24]. Als ihre Hobbys führt die Interviewpartnerin Spazierengehen, Nähen und Handarbeiten an.

Frau Peters' Vater war ausgebildeter Bürokaufmann. Er übte nie eine Tätigkeit in diesem Bereich aus, war aber zu keiner Zeit arbeitslos. So hatte er eine Anstellung als Monteur von Kindergartenholzspielzeug gefunden. Als Hobbys des Vaters zählt die Interviewpartnerin Schnitzen, Lesen und Spazierengehen auf.

IV.13.3.2 Die Person Sigrid Peters
Frau Peters hat keine Geschwister. In ihrer Freizeit geht sie zahlreichen Hobbys nach: Lesen, Gitarrespielen, Tanzen, Sprachen, Schreiben und Spazierengehen.

---

24 Vgl. II.2.2: das Familienideal der 50er Jahre des 20. Jahrhunderts

Zuerst lebte sie mit ihren Eltern und der Großmutter im Außenbezirk einer Großstadt. Im zweiten Domizil, das sich im selben Ort befand wie das erste, wohnte sie mit Vater und Mutter. Nach dem Tod des Vaters zogen Sigrid Peters und ihre Mutter innerhalb derselben Großstadt in einen anderen Vorort um. Während ihres Studiums wohnte die Interviewpartnerin in einer hessischen Universitätsstadt und danach in der Großstadt, in der sie aufwuchs. Gegenwärtig lebt sie in einem weiteren Außenbezirk derselben Großstadt.

Nach dem Besuch von Hauptschule, Kaufmännischer Berufsfachschule und dem Wirtschaftsgymnasium absolvierte Frau Peters eine Ausbildung zur medizinisch-technischen Assistentin. Danach studierte sie Jura und Soziale Arbeit. Seit 1996 arbeitet sie als Diplom-Sozialpädagogin bei einer großen, im sozialen Bereich tätigen Institution.

IV.13.4 Menschliche Kontakte in und außerhalb der Familie
IV.13.4.1 Gemeinsame Aktivitäten der Familie

In Bezug aufs Denken und auf die Gefühlsebene hat sich Sigrid Peters stärker zu ihrem Vater hingezogen gefühlt:

> „... war mir der Vater ein Stück näher, der hatte irgendwie so den ... noch mehr so dieses Gefühl, wenn es so nicht geht, dann geht's anders." (Zeilen 568–570)

Die Interviewpartnerin erwähnt, dass ihr Vater häufig beruflich außer Haus und die Mutter daheim war, da die Eltern die traditionelle Rollenverteilung der 60er Jahre lebten (Zeilen 570–572).

Bei ihrer Familie stand jeden Sonntag eine gemeinsame Unternehmung auf dem Programm:

> „Ich hab mich auch immer sehr früh darüber amüsiert, weil, ich sollte ja als Grundschülerin angeblich ja keine Heimatkunde kriegen, weil, ich komm ja nie raus, während wir eigentlich jeden Sonntag unterwegs waren." (Zeilen 681–684)

Im obigen Zitat berichtet Sigrid Peters vor dem Hintergrund einer Diskriminierungserfahrung. Mehr hierzu kann unter IV.13.5.2 nachgelesen werden.

Ebenso hat die Interviewpartnerin es genossen, die Stimmen ihrer Eltern von draußen zu hören, als sie eigentlich schon in ihrem Zimmer schlafen sollte:

„*... gerade im Sommer noch, und* (die Eltern, Anm. d. Verf.) *sich unterhalten haben (...), aber das habe ich eher genossen, weil die ... man hat die Stimmen irgendwie noch gehört und das sind so Sachen, das ist die Stimmung der Harmonie, glaube ich.*" (Zeilen 689–692)

IV.13.4.2 Der Kontakt zu Gleichaltrigen

Frau Peters erzählt, dass sie mit ihren Altersgenossen stets gut auskam und ihre Freundinnen auch mal mit ihr und ihren Eltern zusammen in den Urlaub fuhren (Zeilen 369–370, 390). Einmal habe sie sich mit anderen Jugendlichen verbotenerweise auf der Baustelle einer Kirche aufgehalten:

„*... wir sind dann vom Pfarrer erwischt worden, das hat uns auch nicht gestört. Der wiederum hatte dann, glaube ich, Skrupel, das den Eltern zu sagen. Wenn ich nicht dabei gewesen wäre, dann hätte er es bestimmt gemacht. (...) Manchmal haben wir dann auch die Vorteile dann genutzt.*" (Zeilen 441–445)

Während einer Klassenfahrt verwendeten Sigrid Peters und ihre Klassenkameraden ihren Rollstuhl (vgl. IV.13.6.1), um untersagte alkoholische Getränke in die Unterkunft zu transportieren (Zeilen 452–457).

IV.13.4.3 Soziale Kontakte der Eltern

Frau Peters berichtet vom Vorgesetzten des Vaters, der die Familie bei Umzügen freundschaftlich unterstützte (Zeilen 317–319). Näher kommt das Gespräch nicht auf dieses Thema.

IV.13.4.4 Konflikte und Verhaltensweisen während Meinungsverschiedenheiten innerhalb der Familie

Die Erwartungshaltung der Mutter, dass Sigrid Peters ihr Rollenverständnis übernehmen solle, stieß bei ihr auf wenig Gegenliebe:

„*Bei meiner Mutter war das die dazu passende Rolle: Haushalt, Erziehung und, äh, manchmal vielleicht auch einfach, weiß nicht, wir haben halt auch die Auseinandersetzungen geführt, wo sie gerne gewünscht hätte, dass ich eher so sein soll wie sie, und ich das aber gerade nicht wollte.*" (Zeilen 571–575)

Die Interviewpartnerin ergänzt auf meine Nachfrage, dass sie bei obigen Meinungsverschiedenheiten circa 15 bis 16 Jahre alt gewesen sei, und fügt dem hinzu, dass sie vor ungefähr acht oder neun Jahren mit ihrer Mutter erneut Diskussionen nach obigem Muster geführt habe (Zeilen 576–578).

Einen Streitpunkt stellte der Kleidungsgeschmack dar. Hier hatten Mutter und Tochter öfter verschiedene Ansichten:

„*... sie* (die Mutter, Anm. der Verf.) *fand aber auch die Jeanshose nicht gut, das war keine Hose für sie. Das geht nicht. Ja, dann hab ich halt vom Taschengeld meine Hosen selber gekauft, da wurden die nur noch kürzer gemacht.*" (Zeilen 585–588)

Auch Sigrid Peters' Frisur führte häufig zu Meinungsverschiedenheiten mit ihrer Mutter (Zeilen 589–592).

Auf meine Nachfrage bringt die Interviewpartnerin zum Ausdruck, dass es ihr fremd sei, dass die Behinderungen der Familienmitglieder im Streit eine Rolle spielen könnten:

„*Nee, die* (Beeinträchtigung, Anm. der Verf.) *spielte da keine Rolle. (Pause) Inwiefern hätte sie da eine Rolle spielen können? Also, ich hab gar kein Gefühl dafür.*" (Zeilen 595–596)

„*... das war so überhaupt nicht Thema innerhalb der Familie.*" (Zeilen 606–607)

IV.13.5 Verhaltensweisen Dritter allgemein und belastende Erfahrungen
IV.13.5.1 Reaktionen von Menschen außerhalb der Kernfamilie

Menschen von außerhalb haben gemäß Sigrid Peters sehr verschieden auf ihre Familie reagiert:
> „Es gab viele, die die Familie sicherlich so akzeptiert haben wie sie war, wo es auch freundschaftliche, freundliche Kontakte gab (...). Und dann gibt es ... aber das waren dann meistens Menschen, die so ein bisschen weiter weg waren von uns, die dann schon auch geguckt haben und Mitleid ..." (Zeilen 126–130)

Details über die hier angedeuteten Diskriminierungen werden unter IV.13.5.2 dargestellt.

Frau Peters berichtet von Tanten und Cousinen, die ihren Einschätzungen nach Schwierigkeiten im Umgang mit ihr und ihren Eltern infolge der Behinderungen hatten (Zeilen 24–26):
> „Ich hab das eher in Distanz erlebt. Deswegen kann ich auch über Gefühle oder Inhalte eigentlich gar nichts sagen, weil wir uns nicht nahegekommen sind." (Zeilen 39–41)

IV.13.5.2 Diskriminierungserfahrungen

Die Interviewpartnerin erzählt, dass ihr Vater, der wesentlich kleiner war als viele andere Männer, von fremden Menschen beispielsweise bestaunt wurde, als er sein Auto selbstständig benutzte (Zeilen 136–139). Frau Peters betont, dass sie auf Personen, die sie anstarrten, so hart reagierte wie ihr Vater, von dem die Interviewpartnerin folgenden Ausspruch wiedergibt:
> „,Brauchen Sie ein Foto, machen wir dann morgen in die Zeitung' ..." (Zeile 153)

Die Mutter der Interviewten hielt sich gemäß deren Aussagen in derartigen Situationen eher zurück (Zeilen 156–159).

Vor allem, sagt Frau Peters, sei es belastend gewesen, als „was Fremdes" betrachtet zu werden (Zeilen 141–143). Hier hat sie die Reaktionsweise ihres Vaters übernommen, der den intensiv Schauenden ein Foto in der Zeitung ankündigte (Zeilen 151–153).

Ende der 60er Jahre betrachtete Sigrid Peters, mit einer Schlaghose bekleidet, die Waren auf einem Wühltisch in einem

Kaufhaus, als eine Passantin die Kleidung der Interviewpartnerin untersuchte:
„Und die Frau kam wirklich, um zu gucken, um ein Hosenbein hochzuheben, ob es da auch Füße gäbe." (Zeilen 177–178)

Frau Peters wusste sich hierauf erfolgreich zu wehren:
„Und daraufhin habe ich damals mein Stöckchen genommen und habe es ihr mit aller Kraft auf die Finger, auf den Daumen gestellt. Danach war sie dann erst mal verschwunden." (Zeilen 178–180)

Die Interviewpartnerin habe sich mit ihrer Mutter über obige Situation ausgetauscht. Beide waren wegen des Vorfalls aufgebracht (Zeilen 183–184). Dem fügt Sigrid Peters hinzu, dass ihrer Familie damals von Passanten oft Geld zugesteckt wurde (Zeilen 187–198). Sie resümiert, dass sich dies in den letzten Jahren zum Positiven verändert habe und die unerwünschten Geldgeschenke seltener geworden seien.

Nachdem Sigrid Peters der Regelschulbesuch von den zuständigen Stellen verwehrt worden war, klagte ihre Familie diesen erfolgreich vor Gericht ein (Zeilen 252–258, 309–314). Sie führt weiterhin an, dass ein Schulleiter ihr einige Unterrichtsfächer vorenthalten wollte:
„... da war der Rektor der Meinung, wenn ich lesen und schreiben lerne und rechnen, dann reicht das, weil ich ja sowieso nie aus der Wohnung rauskomme ..." (Zeilen 265–267)[25]

Frau Peters fasst zusammen, dass ihre Familie sowohl die Unterrichtung in den regelschulüblichen Fächern als auch ein gewöhnliches Zeugnis für sie erkämpft habe:
„Weil, ich sollte ein Zeugnis haben, ja, wie man es heute von Lernhilfe und Geistig-Behinderten-Schulen überwiegend kennt, eben nur Text, keine Noten, keine Zahlen, also keine harten Fakten im Vergleich zur Klasse." (Zeilen 273–275)

Infolge der Diskriminierungen im schulischen Bereich hat ihre Familie sogar einmal den Wohnort gewechselt, um wegen nicht

---

25 Vgl. II.1.2.4: insbesondere ROHRMANN 2011b

einlenkender Verantwortlicher in einem Bezirk zu leben, wo andere Personen schulrechtlich zuständig waren (Zeilen 314–326).

Bevor ihre Familie für sie den Regelschulbesuch durchgesetzt hatte, erhielt Frau Peters Hausunterricht (Zeilen 339–340). Fremde Kinder, die von dem Behördenkonflikt um die Beschulung der Interviewten erfahren hatten, äußerten sich sehr abfällig:
> „Die ist zu doof, deswegen darf sie nicht in die Schule bei uns."
> (Zeilen 336–337)

Als die Interviewpartnerin zur Mitschülerin der Regelschule wurde, war sie sehr gut in den Klassenverband integriert, wie unter IV.13.4.2 nachgelesen werden kann.

Aufgrund der Schilderungen ihres Vaters sind Sigrid Peters die Deportationen während der nationalsozialistischen Herrschaft in Deutschland sehr präsent: Sie berichtet, dass ihr Vater miterlebte, wie Menschen dauerhaft verschwanden (Zeilen 227–235). Aus diesem Erleben ihres Vaters erwuchs die Überzeugung ihrer Familie, sie in keiner Institution für Menschen mit Behinderungen aufwachsen oder beschulen zu lassen (Zeilen 242–244).

IV.13.6 Technische, allgemeine und personelle Erleichterungen im Alltag
IV.13.6.1 Hilfsmittel und Umgangsweisen

Für die Klassenfahrt wurde ein Rollstuhl ausgeliehen, in der übrigen Zeit benötigte Sigrid Peters während ihrer Schulzeit keinen (Zeilen 455–456). Seit dem Kindesalter verwendet sie dreibeinige Gehhilfen, gegenwärtig zusätzlich einen Elektrorollstuhl.

IV.13.6.2 Personelle Hilfen

Sigrid Peters berichtet von einer positiven Nachbarschaftshilfe: Wie bereits unter IV.13.4.3 erwähnt, half der Vorgesetzte des Vaters.

Während des Aufwachsens der Interviewpartnerin halfen Verwandte im Haushalt und bei der Kinderpflege:
> „... als Kind konnte ich halt viele Sachen noch nicht. (Pause) Aber da ist dann umgekehrt der Unterschied zu 'nem anderen Kind von sechs Jahren aufwärts auch nicht so groß." (Zeilen 612–614)

> *„Aber dennoch gab es auch viele, die uns geholfen haben, die bei Renovierungsarbeiten oder, ja, eventuell auch mal Krankheit von meiner Mutter ... dann gab es dann schon von ihr Cousinen, Tanten, die dann mal einfach für ein paar Tage im Haushalt waren."* (Zeilen 26–30)

> *„Aber eben nur für solche Krisensituationen. Insgesamt haben wir unser Leben komplett selbstständig organisiert ..."* (Zeilen 34–35)

Als die Interviewpartnerin ein Kind war, hat sich die Familie zum Beispiel kaum über Pflege und Aufsicht der verwirrten Oma ausgetauscht, sondern ihre Eltern haben das Notwendige organisiert (Zeilen 93–98, 103–107).

An professionelle selbstbestimmte Assistenz hat Sigrid Peters höhere Erwartungen als an Hilfen von Seiten der Verwandtschaft:
> *„Der wesentliche Unterschied ist, dass ich tatsächlich von Assistenz erwarte, dass sie es so tut, und zwar im Zweifelsfalle bis zum Detail, wie ich das will. Bei Angehörigen macht man dann schon mal eher einen Abstrich. Also, bevor ich mich mit einer Tante streite, dann sage ich immer: ‚Mach mal!'"* (Zeilen 636–639)

Die Interviewpartnerin fügt hinzu, dass ihre Familie im Hinblick auf Hilfeleistungen früher vorwiegend auf diejenigen Verwandten zurückgegriffen habe, mit denen sich die Unterstützung unkomplizierter gestaltete (Zeilen 48–49).

Frau Peters' Familie nutzte während ihres Aufwachsens keine Assistenz, da diese Form der Hilfeleistung zu dieser Zeit kaum bekannt und von den Finanzträgern nicht vorgesehen war (Zeilen 645–647). Die Interviewpartnerin vermutet, dass ihre Familie ein Persönliches Budget – sofern bereitstehend – intensiver genutzt hätte, um der Gefahr bleibender Schäden zu entgehen:
> *„... auf die Idee gekommen wären (...), Haushaltshilfen zum Putzen oder so, wo ich denke, dass meine Mutter sich sicherlich auch überfordert ... die hat halt alles selbst gemacht und hat letztlich ihre Armgelenke damit kaputt gemacht."* (Zeilen 667–671)

IV.13.6.3 Unterstützung von Seiten des Kindes

Abgesehen von der genannten Hilfe bei der Beaufsichtigung der verwirrten Oma (Zeilen 50–65, 100–115) erwähnt Sigrid Peters an keiner Stelle, dass sie ihre Eltern unterstützen musste.

IV.13.7 Reflexionen des Interviewten
IV.13.7.1 Auseinandersetzung mit dem Thema „Behinderung"

Unter IV.13.5.2 wurde dargestellt, dass unterschiedliche Einschätzungen hinsichtlich Frau Peters' Möglichkeiten die Erlaubnis zum Besuch einer Regelschule erheblich verzögerten. Die Interviewpartnerin verweist an dieser Stelle auf ihre Mutter, die ebenfalls eine körperliche Behinderung hat und stets gemeinsam mit ihren Geschwistern in der Dorfschule hatte lernen dürfen (Zeilen 352–356)[26].

Frau Peters resümiert, dass ihr nie bewusst geworden sei, dass sie und ihre Familie eine Behinderung haben:

„Hm, (Pause) da habe ich in der Form nie drüber nachgedacht, das waren meine Eltern, das war ich, und mit der Lebenssituation, wie sie war, das war so, das war so richtig. Da ist eigentlich so die Frage nie gekommen." (Zeilen 121–123)

Aus ihrer Sicht erwächst aus den Behinderungen ihrer Familienmitglieder eine große Kraft, die es ihr ermöglicht, Widerstände zu überwinden (Zeilen 735–745). Schon als kleines Kind haben ihre Eltern sie grob darüber informiert, was den Kämpfen mit den Ämtern zugrunde lag (Zeilen 722–727).

Ihre Diplomarbeit hat Frau Peters über pränatale Diagnostik geschrieben, der sie sehr kritisch begegnet:

„Also, ich bin dieser Technologie (pränatale Diagnostik, Anm. d. Verf.) *gegenüber mehr als skeptisch. Das hat einmal die historischen Wurzeln, die Euthanasie ..."* (Zeilen 506–507)[27]

In diesem Bereich wünscht sich die Interviewpartnerin mehr unabhängige Beratung, die positive Lebensmöglichkeiten aufzeigt (Zeilen 521–534).

---

26 Vgl. II.1.2.5
27 Vgl. II.2.7

Sigrid Peters misst der Gesamtstimmung in einer Familie mehr Bedeutung für das Aufwachsen eines Kindes bei als der Tatsache, ob die Eltern eine Behinderung haben oder nicht:
„*Also, wenn die* (Eltern, Anm. d. Verf.) *ein positives Lebensbild haben, dann können sie das weitergeben, da kann man dann von profitieren, nur sehe ich eigentlich nicht den Unterschied zu anderen Eltern* (ohne Behinderung)." (Zeilen 710–713)

Im Folgenden weist die Interviewpartnerin darauf hin, dass nicht wenige Eltern ohne Behinderung belastende Weltbilder hätten, die sie dann an ihren Nachwuchs weitergäben (Zeilen 713–714).
Die Interviewte hält die Beeinträchtigungen ihrer Eltern nicht für besonders problematisch:
„*Da habe ich mit Sicherheit keine Verluste gehabt, weil die Eltern gerade behindert waren. Unter Umständen, bei der ein oder anderen Situation vielleicht eher Vorteile.*" (Zeilen 699–701)

IV.13.7.2 Eigenes Leben und Sichtweisen von Sigrid Peters

Aus Sicht der Interviewpartnerin hat der Vater sie einen guten Umgang mit anderen Menschen gelehrt. Zum Beispiel war Frau Peters als Kind ein bisschen enttäuscht, wenn sich ihre körperlich beweglicheren Freunde von ihr entfernten. Hier versuchte ihr Vater zu vermitteln:
„*,Na ja, das kenne ich, aber die musste dann auch mal laufen lassen, und die kommen dann auch wieder (...)' So, er hat es versucht zu erklären und gleichzeitig auch normal dargestellt ...*" (Zeilen 372–375)

Frau Peters berichtet, dass schwierige Situationen in der Schule nie von ihrem Vater gemanagt worden wären, sondern dass er sie angeleitet habe, wie sie dies selbst tun könne (Zeilen 474–478).
Ihre Eltern kamen Sigrid Peters' Wünschen im Kindesalter weitgehend nach, so zum Beispiel, wenn sie nicht mit der Oma allein im Haus bleiben wollte, da diese bei ihr einmal einen Knochenbruch verursacht hatte, als sie sie ungeschickt hochgehoben hatte (Zeilen 59–67, 76–82). Auch später versuchten die Eltern den Wünschen ihrer Tochter nachzukommen und sie – bis auf weni-

ge Ausnahmen, in denen keine Alternative für die Aufsicht der verwirrten Oma organisiert werden konnte – dieses Dienstes zu entheben (Zeilen 63–65).

Der Umgang in ihrer Familie war Frau Peters zufolge nie negativ auf die Aspekte ausgerichtet, welche die Interviewte von der willkürlich gesetzten Norm eines Durchschnittsmenschen unterschieden:

„Auch nicht das Gefühl der Minderwertigkeit (...). Kann nicht, ist nicht gut genug, also diese Begriffe haben für mich gar keine große Rolle gespielt." (Zeilen 15–17)

Viel wichtiger als die Frage, ob Eltern eine Behinderung haben, ist für Frau Peters:
„Wie Eltern halt mit ihrem Leben und dem Leben ihrer Kinder umgehen können, wie sie sie ins Leben begleiten können." (Zeilen 752–753)

IV.14 Interviewdarstellung: Annalena König
IV.14.1 Vorinformationen

Frau König ist zum Zeitpunkt des Interviews 17 Jahre alt und lebt in einer Großstadt im Westen Deutschlands. Der Kontakt wurde über den Bundesverband behinderter und chronisch kranker Eltern hergestellt. Annalena König ist mit ihrer Mutter und deren Freund aufgewachsen, die beide eine Körperbehinderung haben. Das Interview wird in der Küche der gemeinsamen Wohnung von Frau König und ihrer Mutter geführt.

Die Interviewpartnerin nennt den damaligen Freund ihrer Mutter „ihren Vater". Diese Bezeichnung habe ich von ihr übernommen. Ihren leiblichen Vater, der im Jahr 2002 verstorben ist, hat die Interviewpartnerin nie persönlich kennengelernt.

Annalena König macht im Interview den Eindruck, dass sie gern erzählt. Als sie über ihren Vater spricht, werden ihre Augen feucht. Ihre Mutter habe ich nach dem Interview kurz getroffen. Sie macht einen sehr selbstbewussten, freundlichen und bestimmten Eindruck. Annalena Königs Vater bin ich nie begegnet.

IV.14.2 Die Behinderungen

Die Mutter der Interviewten hat verkürzte Arme mit Händen, die jeweils ungefähr so lang sind wie die Oberarme einer Frau ohne Behinderung. Dies ist eine Folge des Medikaments Contergan, das die Großmutter während ihrer Schwangerschaft eingenommen hat.

Der Vater der Interviewpartnerin ist seit einem Unfall bei Reparaturarbeiten auf einem Dach querschnittsgelähmt. Dies geschah vor ihrer Geburt, ein genaues Datum dafür vermag Frau König nicht zu nennen.

Als die Interviewpartnerin ein Kind war, konnte ihr Vater Kopf, Schultern und teilweise seine Finger, nicht aber seine Beine bewegen. In den letzten zehn Jahren haben sich seine Beeinträchtigungen verstärkt. In welchem Jahr genau die Verschlechterungen eintraten, ist Frau König nicht bekannt.

Die Interviewpartnerin selbst ist nicht behindert. In ihrer Verwandtschaft finden sich keine weiteren Personen mit einer Beeinträchtigung. Auch ihr leiblicher Vater war nicht behindert.

IV.14.3 Biografische Eckdaten
IV.14.3.1 Die Eltern von Annalena König

Die Mutter von Frau König hat nach ihrem Abitur Soziale Arbeit studiert und ist seit 1995 mit 28,5 Wochenstunden in diesem Bereich tätig[28]. In den folgenden Jahren absolvierte sie noch zwei weitere Ausbildungen auf diesem Gebiet, die sie seitdem ebenfalls beruflich nutzt. Von 1990 bis 1995 war die Mutter arbeitslos. Seit eineinhalb Jahren ist sie ehrenamtliche Vertreterin der „Contergan Allianz".

Als Annalena König gezeugt wurde, hatte ihre Mutter noch eine Beziehung zum leiblichen Vater. Als sie geboren wurde, lebte die Mutter in einer Beziehung zum (Stief-) Vater, von dem sie sich 1996 getrennt hat. Heute ist sie Single.

Als Hobbys ihrer Mutter zählt Annalena König Schwimmen, Aquajogging, Lesen und Kochen auf. Dabei bemerkt sie, dass ihre Mutter einen Teil ihrer Hobbys zu ihrem Beruf gemacht hat. An dieser Stelle verzichte ich bewusst auf genauere Angaben, damit die Interviewpartnerin von befreundeten Lesern nicht erkannt wird.

---

28 Vgl. II.2.3: NAVE-HERZ: Dritter Organisationstyp

Frau Königs Vater absolvierte eine Lehre bei der Bundesbahn. Danach begann er das Studium des Bauingenieurwesens, das er nach seinem Unfall, der zu der Lähmung führte, nicht zu Ende führte. Genauere Zeitintervalle zur Ausbildung und Berufstätigkeit ihres Vaters sind Annalena König unbekannt. Nach dem Eintritt der Behinderung ging er keiner Erwerbsarbeit nach.

1996 hatte der Vater eine neue Lebensgefährtin, 1999 eine andere Freundin, heute ist er Single. Als seine Hobbys nennt die Interviewpartnerin den Computer, Tennis schauen – und als sie klein war: mit ihr zu spielen.

IV.14.3.2 Die Person Annalena König

Die Interviewpartnerin hat keine Geschwister. Als Freizeitbeschäftigungen führt sie Segeln, Reisen, Lesen, Ballett, Reiten, Musik und Zeichnen an. Während der elften Klasse verbrachte Annalena König ein Schuljahr bei einer Gastfamilie in den USA. Danach wechselte sie in die zwölfte Klasse eines Gymnasiums. Als Berufswunsch äußert sie, dass sie gern Journalistin werden möchte.

Von 1990 bis 1996 wohnte Annalena König mit ihrer Mutter und ihrem Vater zusammen. Während der nächsten drei Jahre lebte sie im wöchentlichen Wechsel bei ihren Eltern. Seit 1999 wohnt sie ausschließlich bei ihrer Mutter – ihr Vater brach damals den Kontakt zu ihr ab, nachdem er wiederum eine neue Freundin kennengelernt hatte. Erst einmal, im Jahr 2008, hat die Interviewpartnerin ihren Vater wiedergetroffen. Genaueres hierzu kann unter IV.14.7.1 nachgelesen werden.

Alle in diesem Absatz genannten Wohnorte befinden sich in derselben Großstadt. Sowohl direkt nach deren Trennung als auch heute sind die Wohnungen der Eltern aus Sicht der Interviewpartnerin gut mit öffentlichen Verkehrsmitteln zu erreichen. Nach ihrem Abitur plant Annalena König einen Aufenthalt als Entwicklungshelferin in Indien. Anschließend möchte sie eine eigene Wohnung beziehen.

IV.14.4 Menschliche Kontakte in und außerhalb der Familie
IV.14.4.1 Gemeinsame Aktivitäten der Familie

Die Interviewpartnerin hebt die positive Gesamtstimmung in ihrem Elternhaus zu verschiedenen Zeitpunkten hervor:

> „Also mit meiner Mutter und mir (...) als wir nur zusammengelebt haben, war's sehr (Pause) nett einfach (lacht). Also, es war ... ist immer so, wir haben uns schon immer gut verstanden, haben über alles geredet ..." (Zeilen 74–77)

> „Und früher, als ich noch mit meiner Mutter und sozusagen mit der ihrem Freund (Annalena Königs Vater, Anm. d. Verf.) zusammengelebt haben, war es auch sehr schön, also war einfach so ganz normal, normales Familienleben." (Zeilen 79–82)

Annalena König erinnert sich an verschiedene Freizeitbeschäftigungen, die sie als Heranwachsende in ihrer Familie erlebt hat. Im Alter von sechs Jahren lenkte sie mit ihrem Vater ferngesteuerte Autos (Zeilen 119–121), pflegte nach seinen Anweisungen einen verletzten Vogel und baute einen Drachen (Zeilen 779–782):

> „... er (der Vater, Anm. d. Verf.) hat mir sehr viel beigebracht sozusagen, so auch Wissenssachen ..." (Zeilen 390–391)

Das Fahren mit Inlineskates hat Frau König mit ihrem Vater gelernt:

> „Ich hab mich hinten an seinem Rollstuhl festgehalten und irgendwann hab ich losgelassen und konnte alleine fahren, manchmal auch mit meiner Mama, aber seltener." (Zeilen 792–794)

Bis die Interviewpartnerin neun Jahre alt war, hat sie mit beiden Elternteilen gleich gern gespielt. Insgesamt sind ihr mehr Spielsituationen mit ihrem Vater im Gedächtnis geblieben (Zeilen 1135–1142). Zugleich betont sie, dass sie als Kind auch dann zufrieden tätig gewesen sei, wenn sich ihr keine Person zugewandt habe (Zeilen 969–971).

Mit ihrem Vater unternimmt Annalena König gegenwärtig nichts. Dies begründet sie damit, dass er hierfür inzwischen zu eingeschränkt sei (Zeilen 801–803). Näheres kann unter IV.14.7.1 eingesehen werden. Auch heute teilt sie viele Interessen mit ihrer Mutter:

„Wir reden viel oder schauen uns Filme an, manchmal im Kino, wir kochen oft. Wir verreisen und wir lesen zusammen und manchmal spielen wir Wissensspiele zusammen, die wir uns selber ausdenken, wie z. B. Hauptstädte raten, und wir besuchen Omi zusammen und shoppen." (Zeilen 797–800)

IV.14.4.2 Der Kontakt zu Gleichaltrigen

Annalena König erinnert sich, sowohl als Kind wie auch als Jugendliche viele Freunde gehabt zu haben (Zeilen 179–185). Dies erklärt sie sich u. a. damit, dass sie bereits mit drei Jahren einen Kindergarten besuchte (Zeilen 180–181, 804–805). In der ersten, zweiten und dritten Klasse wurde sie zur Klassensprecherin gewählt (Zeile 610).

Nachdem ihre Mutter sie in den Kindergarten gebracht hatte, wurden ihr von anderen Kindern Fragen zu deren Behinderung gestellt. Die Interviewpartnerin schätzt, dass sie ab dem Alter von drei oder vier Jahren (Zeilen 810–813) folgende Antwort erteilt habe:

„'Meine Oma hat Pillen geschluckt, deswegen hat meine Mutter sich so entwickelt.'" (Zeilen 98–99)

Nach obiger Reaktion war das Thema von den Fragenden als erledigt angesehen worden (Zeile 101). Frau König fasst zusammen, dass sie Bekannte nie im Vorfeld auf die Behinderungen ihrer Eltern angesprochen habe (Zeilen 972–975). Dies begründet sie so:

„Ich habe keinen Grund dafür gesehen und auch nicht darüber nachgedacht. Man sagt ja auch nicht: ‚Ich muss dich warnen, meine Mutter hat blaue Augen'." (Zeilen 1209–1211)

„... ergeben, dass sie meine Mutter gesehen haben, und dann haben sie's halt gemerkt. Aber ich hab's nie jemandem erzählt so." (Zeilen 199–201)

Nach der Behinderung ihres Vaters ist Frau König nie gefragt worden, obwohl er sie beispielsweise vom Kindergarten abgeholt hat (Zeilen 236–241):

„... für Kleinkinder war das mehr so verständlich, dass jemand im Rollstuhl sitzt, weil man das öfter sieht." (Zeilen 234–235)

IV.14.4.3 Soziale Kontakte der Eltern

Der Freundeskreis von Annalena Königs Mutter ist seit der Kindheit der Interviewpartnerin groß. Es zählten schon immer Personen mit und ohne Behinderungen dazu (Zeilen 816–820). Auf meine Nachfrage antwortet Frau König, dass ihre Mutter ihre Freundschaften bei Weiterbildungen, bei ihrem Engagement für die „Contergan Allianz" und an ihrem Arbeitsplatz geknüpft habe (Zeilen 976–978).

Als die Interviewpartnerin ein Kind war, hatte ihr Vater ebenso wie heute wenige Freunde – unter fünf, schätzt sie (Zeilen 1265–1267). Während ihrer Kindheit zählten Menschen mit und ohne Behinderungen zu dessen Freundeskreis (Zeilen 823–825). Wo er seine wenigen freundschaftlichen Kontakte geknüpft hat, ist der Interviewpartnerin nicht bekannt (Zeilen 979–980). Ob ihr Vater gegenwärtig weniger Freundschaften unterhält als früher, vermag Annalena König ebenfalls nicht zu sagen (Zeilen 1220–1221).

IV.14.4.4 Konflikte und Verhaltensweisen während Meinungsverschiedenheiten innerhalb der Familie

Meinungsverschiedenheiten hätten nie in Verbindung mit den Behinderungen ihrer Eltern gestanden, resümiert Frau König (Zeilen 137–142). Ebenso wenig wäre es für sie infrage gekommen, die Beeinträchtigungen ihrer Eltern im Streit auszunutzen:

„… vor meiner Mutter hatte ich schon immer sehr viel, also, so Respekt (lacht), so (lacht), dass … ich hätte mich nie getraut oder … irgendwie etwas zu machen (lacht)." (Zeilen 145–147)

Die Interviewpartnerin fügt hinzu, dass sie stets auf mehr Mitbestimmungsmöglichkeiten bestanden habe, als dies für ihr Alter üblich sei: So forderte sie mit 17 Jahren, dass ihr Name auf dem gemeinsamen Anrufbeantworter mit ihrer Mutter zuerst genannt werden solle (Zeilen 291–303). Es gelang ihr nicht, diesen Wunsch durchzusetzen (Zeilen 828–831). Frau König bemerkt, dass dies nicht im Zusammenhang mit der Behinderung ihrer Mutter stünde. Den Grund für das oben beschriebene Verhalten der Mutter sieht die Interviewte hierin:

„Nein, nur mit ihrer Eitelkeit und Verbohrtheit." (Zeile 834)

Schon im Alter von fünf Jahren verlangte die Interviewpartnerin viele Freiheiten (Zeilen 835–837). Sie bilanziert, dass nicht die Behinderung ihrer Mutter ein Grund hierfür war, sondern:
„*Mit der Art, wie ich erzogen wurde, ich wurde sehr selbstbewusst erzogen.*" (Zeile 840)

Zugleich betont Frau König, dass sie es grundsätzlich anerkennt, dass ihre Mutter das Sagen über sie hat (Zeilen 305–306). Sie erinnert sich, dass es zwischen ihr und ihrem Vater keine Konflikte gab:
„*Ich kann mich nicht an Streits erinnern. (...) Es gab keine.*" (Zeilen 843–845)

IV.14.5 Verhaltensweisen Dritter allgemein und belastende Erfahrungen
IV.14.5.1 Reaktionen von Menschen außerhalb der Kernfamilie

Den Kontakt zu den Nachbarn beschreibt die Interviewpartnerin als positiv:
„*... also, wir war'n mit unsren Nachbarn sehr gut immer befreundet ...*" (Zeilen 518–519)

Die meisten Lehrkräfte verhielten sich ihr gegenüber nicht ungewöhnlich (Zeilen 557–558). Ungefähr vom fünften bis zum siebten Schuljahr wurde Frau König von einem Lehrer unterrichtet, der ihre Lebensumstände und ihre Einstellung negativ betrachtete:
„*Und als meine Mutter dann auch alleinerziehend und behindert war, war das ... also das war in seinen Augen missraten (lacht).*" (Zeilen 564–566)[29]

„*... dass ich missraten war, dass ich keine Autorität respektiert habe, also nicht einfach blind gefolgt bin ...*" (Zeilen 569–570)

Annalena König empfindet keine wirklich innige Verbindung zu den Eltern ihres Vaters (Zeile 847). Anders beschreibt sie den Kontakt zu den Eltern ihrer Mutter:
„*Sehr gut, wir haben uns oft gesehen, ich liebe sie.*" (Zeile 849)

---

29 Vgl. II.1.2.2: insbesondere GOFFMAN, vgl. II.3.1: insbesondere DEGENER und BOLL

Unterbrochen wurde dies von einer Zeit, in der Frau Königs Mutter und deren Mutter den Kontakt zueinander abgebrochen hatten (Zeilen 851). Die Gründe sind Frau König ebenso wenig bekannt wie der genaue Zeitraum (Zeilen 923–931).

Die Interviewpartnerin berichtet, ihre Mutter sei in den Elternbeirat gewählt worden. Dies geschah gemäß ihrer Einschätzung nicht infolge einer Sonderbehandlung, sondern weil ihre Mutter in diesem Bereich über gute Fähigkeiten verfügte (Zeilen 612–614, 619–623).

Vergleichend verweist Frau König darauf, dass ihre Mutter in der Kleinstadt, in der sie aufwuchs, eher auffiel als in der Großstadt, in der Mutter und Tochter heute leben (Zeilen 648–663, 685–691).

IV.14.5.2 Diskriminierungserfahrungen

Fremde Menschen reagieren auf die Behinderung von Frau Königs Mutter immer wieder mit Befremden:

„*Man kann sie ja sehen und viele Menschen starren sie an.*" (Zeile 934)

Die Interviewpartnerin berichtet von schwierigen Verhaltensweisen Dritter beim Einkaufen:

„*... dass 'ne Kassiererin ... meiner Mutter einfach das Portemonnaie aus der Hand genommen wurde und die sich das Geld dann selber rausgeholt hat. Und meine Mutter dann natürlich (lacht) hat sich das nicht hat gefallen lassen ...*" (Zeilen 511–514)

„*Sie hat den Geldbeutel sehr bestimmt und deutlich zurückgefordert und klargemacht, dass es ihrer ist und es eine Grenzüberschreibung ist, ihn ihr einfach ohne ihre Einwilligung aus der Hand zu nehmen.*" (Zeilen 866–868)

Als Frau König mit ihren Eltern auf den Jahrmarkt ging, reagierten ältere Personen in folgender Weise:

„*... wurde dann gesagt, das ist ja viel schöner für mich, wenn ich mit nicht behinderten Eltern, äh, mit nicht behinderten Eltern rausgehen könnte.*" (Zeilen 506–507)

Auf meine Nachfrage hin ergänzt Annalena König, dass ihr oben erwähnte Äußerungen nie mit jüngeren Personen widerfahren seien (Zeilen 869–872). Als sie später mit der nicht behinderten Freundin ihres Vaters den Jahrmarkt besuchte, wollte diese sie nicht in Fahrgeschäfte begleiten und aß dort auch nichts:
„*Da war ich ungefähr sechs oder sieben Jahre alt und dachte mir, die alten Leute hatten gar nicht recht, es ist total langweilig, mit nicht behinderten Eltern auf den Jahrmarkt zu gehen.*"
(Zeilen 1158–1161)

Unter IV.14.5.1 können die belastenden Einschätzungen eines Gymnasiallehrers nachgelesen werden. Wenn andere Personen geringschätzige Bemerkungen gegenüber ihrem Vater äußerten, dachte Frau König:
„*Ach, die sind ja blöd, da mach ich mir überhaupt nix draus!*"
(Zeilen 527–528)

Die Eltern der Interviewpartnerin verfahren in Situationen wie der obigen gemäß ihren Ausführungen genauso. Insofern hat sie derartige herabsetzende Verhaltensweisen Dritter im Interview nie als Diskriminierungen bezeichnet (Zeilen 538–543).

IV.14.6 Technische, allgemeine und personelle Erleichterungen im Alltag
IV.14.6.1 Hilfsmittel und Umgangsweisen

Die Mutter der Interviewpartnerin verwendet zu Hause und beim Schwimmen keine Hilfsmittel, nutzt aber einen umgebauten PKW. Inwiefern ihrer Mutter an ihren Arbeitsplätzen Hilfsmittel zur Verfügung stehen, ist Frau König nicht bekannt.

Annalena Königs Vater nutzte während ihrer Kindheit einen Elektrorollstuhl. Auf ein Handbike griff er nie zurück. Ob er weitere Hilfsmittel verwendete, als die Interviewte ein Kind war, weiß diese nicht. Ebenso wenig ist sie über seine gegenwärtigen Hilfen im Bilde.

IV.14.6.2 Personelle Hilfen

Zu der Zeit als Frau König mit ihrem Vater zusammenlebte, verfügte dieser genau wie heute über eine 24-Stunden-Assistenz (Zeilen 1133–1134). Während der Baby- und Kleinkindzeit der Interviewpartnerin kam täglich eine Haushaltshilfe in ihre Familie (Zeilen 1004–1006) und während ihrer Besuche half damals die Oma mütterlicherseits (Zeilen 1039–1044). Es handelte sich bei der Haushaltshilfe nicht um die Assistenzkräfte des Vaters, sondern um insgesamt zwei verschiedene Unterstützungsformen[30].

In der Kindheit der Interviewpartnerin schärften ihr die Eltern ein, dass sie sich an die Anweisungen der Haushaltshilfen halten müsse, wenn sie mit diesen allein unterwegs war. Frau König sei dem stets nachgekommen (Zeilen 460–464, 1033–1036). Ob bei ihrem Vater gegenwärtig eine Haushaltshilfe arbeitet, ist ihr nicht bekannt (Zeilen 1029–1030).

Im Grundschulalter haben die Assistenzkräfte des Vaters Annalena Königs Schulbrote gemacht, sie zur Schule begleitet und abgeholt (Zeilen 999–1001). Sie resümiert, dass die Assistenten ihrem Vater heute bei allen Verrichtungen helfen (Zeilen 1002–1003).

Während des Aufwachsens der Interviewpartnerin unterstützten Haushaltshilfen ihre Eltern bei folgenden Tätigkeiten: Reinigung des Wohnraums, Ordnung machen, einkaufen, Mahlzeiten zubereiten und später Annalena König zur Schule bringen und abholen (Zeilen 439–452).

Bis heute nimmt Frau Königs Mutter Hilfe von außerhalb der Familie an:

„… wir haben auch immer noch eine Putzfrau, die alle zwei Wochen kommt und so." (Zeilen 419–420)

„… weil sie sozusagen das kriegt, weil sie ja Contergan-geschädigt ist, und weil sie's auch in Ordnung findet, dass ich nicht alles machen muss." (Zeilen 424–426)

Die Raumpflegerin, die hierfür entlohnt wird, unterstützt Frau Königs Mutter seit 1996 (Zeilen 1031–1032). Zusätzlich berichtet die Interviewpartnerin von einer Freundin der Mutter, die beim Einkaufen die erworbenen Waren trägt und eine Bezahlung für ihre Tätigkeit erhält (Zeilen 426–430, 1037–1038). Am Arbeitsplatz

---

30 Vgl. II.2.3: PEUCKERT, S. 252ff.

steht der Mutter für Büroarbeiten eine Assistenz im Umfang der halben Arbeitszeit zur Verfügung (Zeilen 1285–1291).

Die Interviewpartnerin schätzt die Hilfen in ihrer Herkunftsfamilie als dem Bedarf angemessen ein:

„*Also, ich hab nie das Gefühl gehabt, dass wir irgendwie mehr Unterstützung brauchen, als wir hatten.*" (Zeilen 491–492)

IV.14.6.3 Unterstützung von Seiten des Kindes

Seit die Interviewte zehn Jahre alt ist, räumt sie für ihre Mutter Gegenstände in die oberen Schränke ein. Diese sind für die Mutter kaum erreichbar (Zeilen 1045–1050). Außerdem ist Annalena König für das Ausräumen der Spülmaschine zuständig, jedoch nicht für das Einräumen (Zeilen 261–263, 1241–1243). Die Arbeiten im häuslichen Bereich wurden so aufgeteilt, dass die Interviewpartnerin die Tätigkeiten erfüllt, die ihrer Mutter schwerfallen:

„*… es ist zwar meine Aufgabe, weil meine Mutter behindert ist und das für mich einfacher ist, aber dafür mach ich halt andere Sachen nicht.*" (Zeilen 278–280)

Frau König resümiert, dass während ihres USA-Aufenthalts niemand obige Aufgaben übernommen habe (Zeilen 1048–1050), was funktionierte, da sich in besagten Schrankbereichen nur selten genutzte Dinge befanden (Zeilen 1051–1053). Seit ihrem elften Lebensjahr frisiert Frau König die Haare ihrer Mutter immer wieder aufwendig (Zeilen 253, 1229–1235). Dies wurde während ihres Auslandsaufenthalts von keiner anderen Person erledigt (Zeilen 1054–1056).

Die Interviewpartnerin unterstreicht, dass sie von ihrer Mutter erbetene Hilfeleistungen ablehnen dürfe (Zeilen 272–273). Ihren Vater musste Frau König nie umfassend unterstützen:

„*… sich anziehen oder irgendwie so was, hab ich nie geholfen …*" (Zeilen 324–325)

„*… aber als ich klein war, musste ich natürlich nicht viel machen, und er hatte auch Assistenten und Haushaltshilfen immer da.*" (Zeilen 319–320)

Bei kleineren alltäglichen Handgriffen hat sie ihren Vater unterstützt:

> „... wenn wir zusammen gespielt haben und ich mein ... keine Ahnung, ich ... das Spielbrett ausbreiten, so was halt. Das ist ja nicht richtig helfen sozusagen ..." (Zeilen 325–327)

> „... zusammen spazieren waren und ich ihm irgendwas gehalten habe oder zum Beispiel bezahlt habe, weil er seine Hand nicht gut bewegen konnte." (Zeilen 327–329)

Gleichzeitig unterstreicht Frau König, dass sie stets ihren Beitrag zum Haushalt geleistet habe (Zeile 1060).

IV.14.7 Reflexionen des Interviewten
IV.14.7.1 Auseinandersetzung mit dem Thema „Behinderung"

Annalena König kann nicht sagen, wann ihr die Behinderungen ihrer Eltern erstmals aufgefallen sind:

> „Irgendwie kommt mir das so vor, als wüsste ich das ... als hätte ich das schon immer so gewusst so. (...) also, ich kann mich nicht daran erinnern, dass da irgend so 'n Klickmoment war." (Zeilen 85–88)

Die Interviewpartnerin hat das Gefühl, ihr sei schon immer bekannt gewesen, wie die Conterganschädigung ihrer Mutter zustande gekommen ist (Zeilen 88–90). Und ab ihrem sechsten Lebensjahr sei ihr bewusst, dass es sich bei der Behinderung ihres Vaters um eine Unfallfolge handelt (Zeilen 1064–1066).

Mitleid von Außenstehenden habe sie eher selten erlebt und empfand es dann als unangenehm und nicht angebracht:

> „... eher nervig, weil ich dachte, das steht mir gar nicht zu, das Mitleid, weil es Leute gibt, denen es schlecht geht, und die haben Mitleid verdient." (Zeilen 549–551)

Das Erscheinungsbild ihrer Mutter sticht gemäß der Interviewpartnerin immer wieder heraus:

> „Die Behinderung fällt immer auf, egal wo." (Zeile 859)

„*Das Auftreten meiner Mutter fällt auch überall auf ...*" (Zeile 862)

„*Sie (die Mutter, Anm. d. Verf.) hat eine sehr starke Ausstrahlung, die einen Raum, in dem sie ist, sofort erfüllt. Sie hat ein sehr auffallendes Lachen, das alle mitreißen kann und sehr mächtig ist.*" (Zeilen 893–895)

Nach einer neunjährigen Kontaktunterbrechung gestaltet sich die Kommunikation mit dem Vater schwierig:
„*Ich glaube, ich habe davon angefangen, dass ich ihn vermisst habe, aber er hat davon angefangen, über Schuld zu reden.*" (Zeilen 1121–1123)

„*... geht es dann immer darum, warum er keinen Kontakt mehr zu mir wollte, als ich zehn Jahre alt war, und er sagt, das sei meiner Mutter Schuld gewesen. Ich mag diesen Konflikt nicht ...*" (Zeilen 946–948)

„*Er ist so krank, und es fällt mir sehr schwer, das anzusehen; das klingt egoistisch, ist aber einfach so. Ich kann danach meistens mehrere Tage nicht schlafen und bin deprimiert.*" (Zeilen 944–946)

Gemäß Frau König konnte sich ihre Mutter schon immer gut mit der Stimme durchsetzen – dies gelang auch, als die Interviewpartnerin im Alter von drei Jahren vor einen Lastwagen zu laufen drohte (Zeilen 1253–1258, 1297–1298). Ein weiteres Beispiel hierfür kann unter IV.14.7.2 nachgelesen werden.

Annalena König schätzt, dass sie sich gegenüber Menschen mit Besonderheiten unverkrampft verhalten habe, seit sie vier Jahre alt war (Zeilen 1089–1092, 351–352).

Es kommt der Interviewpartnerin nichts in den Sinn, worauf sie infolge der Behinderungen ihrer Eltern hätte verzichten müssen:
„*Und ich kann mich auch nicht daran erinnern, dass ich irgendwann mal was machen wollte und dann gesagt wurde mir: ‚Das können wir nicht machen.' Also irgendwo gab es immer 'n Weg.*" (Zeilen 105–108)

IV.14.7.2 Eigenes Leben und Sichtweisen von Annalena König

Annalena König hat im Alter von zehn Jahren erfahren, dass die Person, die sie für ihren Vater hielt, ihr Stiefvater ist. Sie versuchte damals nicht ein Treffen mit ihrem leiblichen Vater herbeizuführen, der inzwischen verstorben ist, da sie ihren Stiefvater noch immer als Vaterfigur betrachtet (Zeilen 913–922). Als verletzender empfand sie, dass ihr Vater sich nicht mehr mit ihr treffen wollte, nachdem er 1999 eine neue Freundin hatte.

Die Interviewpartnerin erklärt, dass es ihrer Mutter stets wichtig gewesen sei, dass die Tochter selbst Einsichten gewinnt (Zeilen 1078–1081, 5–11). So habe die Mutter sie als Kleinkind nicht daran gehindert, den Sand in der Sandkiste zu essen. Mit Worten habe sie Frau König jedoch aufgefordert, dies nicht zu tun (Zeilen 16–25). Als die Interviewpartnerin elf oder zwölf Jahre alt war, durfte sie länger als viele andere Gleichaltrige rausgehen und sich auch mit Jungen treffen (Zeilen 27–31). Dabei zeigte die Mutter folgende Grundhaltung:

„... *sie hat mich sehr frei gelassen, weil sie mir immer vertraut hat* ..." (Zeilen 36–37)

„... *dass sie mich sozusagen daraufhin erzogen hat, erwachsen und selbstständig zu sein* ..." (Zeilen 245–246)

Zugleich setzte die Mutter innerhalb ihres lockeren Umgangs auch Grenzen, zum Beispiel im Hinblick auf Kleidung:

„... *was viel zu freizügig war oder so, dann hätte sie mir das auch verboten oder so, aber wenn sie was total hässlich fand und dachte, das sieht ja total bescheuert aus, und ich aber gesagt hab, das ist aber gerade total in oder so (lacht), dann hat sie mich damit rumlaufen lassen, wie ich gerne wollte.*" (Zeilen 68–72)

Frau König berichtet, dass ihre Eltern Dinge, die für sie zentral waren, nie einfach abgetan hätten:

„... *ich habe mich schon immer sehr ernst genommen gefühlt von meinen Eltern. Also mir wurde nie irgendwie gesagt: ‚Ach, das ist doch nicht so schlimm!' Ich wurde immer angehört* ..." (Zeilen 132–134)

Zugleich habe die Interviewte wahrgenommen, dass dies in anderen Familien oder im Kindergarten nicht in dem Maße der Fall war wie bei Gesprächen mit ihren Eltern (Zeilen 1084–1088).

Auf meine Nachfrage resümiert sie, dass ihre Selbstakzeptanz – genau wie die ihrer Eltern – hoch ist (Zeilen 335–347):

> „*Sie (die Mutter, Anm. d. Verf.) ist sehr stolz auf das, was sie macht und was sie erreicht hat ...*" (Zeilen 339–340)

Annalena König unterstreicht, dass sie das eben Genannte an ihrer Mutter ebenfalls bewundere (Zeilen 1099–1104). Nachdem sie erwähnt, dass sie auch von ihrem Vater beeindruckt ist (Zeilen 673–679), begründet sie dies folgendermaßen:

> „*Weil er in jeder Situation ruhig war und nie so schien, als würde er irgendwann nicht die Kontrolle haben.*" (Zeilen 1097–1098)

Frau König fasst zusammen, dass ihre Eltern sie im Leben zum Richtigen geführt haben (Zeilen 641–642). Hierunter versteht sie Folgendes:

> „*... dass man sich anstrengen muss und dann halt auch dass man selbstbewusst sein muss, sich nicht unterkriegen lässt, ja, dass man für sich einsteht ...*" (Zeilen 373–374)

IV.15 Interviewdarstellung: Björn Schneider
IV.15.1 Vorinformationen

Björn Schneider wurde in Niedersachsen geboren und lebt heute noch in diesem Bundesland. Er ist zum Zeitpunkt des Interviews 20 Jahre alt. Über die Deutsche Multiple Sklerose Gesellschaft (DMSG) wurde ich auf seine Familie aufmerksam. Herrn Schneiders Vater ist an Multipler Sklerose (MS) erkrankt. Auch mit Björn Schneiders einzigem Geschwister, Kevin Schneider, wurde ein Interview geführt. Der Erstgenannte neigt zu eher kurzen Antworten.

Während der Gesprächsaufnahme sind keine weiteren Familienmitglieder im Raum. Bei meinem Besuch lerne ich Herrn Schneiders Eltern kurz kennen. Beide machen einen offenen, lockeren und freundlichen Eindruck. Das Interview findet im Wohnzimmer der Herkunftsfamilie von Herrn Schneider statt.

IV.15.2 Die Behinderungen

Björn Schneiders Vater wurde ohne Behinderung geboren, ist 1978 an Multipler Sklerose erkrankt und in der Folge fortschreitend gehbehindert. Die Söhne und ihre Mutter haben keine Behinderung.

IV.15.3 Biografische Eckdaten
IV.15.3.1 Die Eltern von Björn Schneider

Die Mutter ist als Grundschullehrerin tätig. Als ihre Hobby führt Björn Schneider Sport an.

Der Vater studierte von 1980 bis 1986 Landschaftspflege. Ab 1986 bis 1988 arbeitete er in einem Planungsbüro für Gartenbau und seit 1988 ist er im selben Bereich in dem Landkreis tätig, in dem die Familie des Interviewpartners lebt. Als seine Hobbys zählt Björn Schneider das Handbike-Fahren, Treffen mit Freunden und Gartenarbeit auf. Zudem arbeitet der Vater gern an einer von ihm ins Leben gerufenen ehrenamtlichen Hilfsaktion, die er allein durchführt. Diese wird hier nicht näher beschrieben, um Anonymität zu gewährleisten.

Im Wohnzimmer der Familie steht ein Flügel. Björn Schneider erzählt nach dem Interview, dass sein Vater oft und gern zur Entspannung auf diesem spiele. Vor dem Wohnhaus der Familie hat der Vater einen botanischen Garten mit Teich und wetterfesten Pflanzenbeschriftungskärtchen angelegt.

IV.15.3.2 Die Person Björn Schneider

Von 1988 bis 1989 lebte Björn Schneider mit Vater und Mutter in demselben eingemeindeten Dorf, in dem er auch gegenwärtig wieder wohnt. In den Jahren 1990 bis 1997 lebte die Familie des Interviewten in der großen Stadt, wo 1991 sein jüngerer Bruder geboren wurde. Seit 1997 wohnt der Interviewpartner mit Eltern, Bruder und dem Großvater väterlicherseits in einem modernisierten historischen Haus auf dem Land. Alle bisherigen Wohnorte von Herrn Schneiders Familie lagen in Niedersachsen.

Nach dem Besuch von Real- und Oberschule absolviert Björn Schneider gegenwärtig eine Ausbildung im Bereich „Gesundheits-

und Krankenpflege". Er nennt als eigene Hobbys Basketball und Radfahren.

IV.15.4 Menschliche Kontakte in und außerhalb der Familie
IV.15.4.1 Gemeinsame Aktivitäten der Familie

Der gemeinsame Ausflug der Familie in einen Vogelpark fiel in die Zeit, als der Vater noch ohne Hilfsmittel unterwegs war. Der Interviewpartner kann sich nicht mehr erinnern, wann genau dieser Besuch stattgefunden hat:

> „... aber da ging's meinem Vater auch noch besser, da brauchte er auch noch keinen Rollator und so, konnte noch so laufen, ja, das war eigentlich 'n schöner Ausflug ..." (Zeilen 29–31)

War eine Freizeitaktivität nicht möglich, so bemühte sich die Familie stets, Vergleichbares zu organisieren, das innerhalb des vorgegebenen Rahmens lag:

> „So lange Wandertouren oder so, das ging ja nicht, aber, ja, so mal in den Zoo oder so, das ging natürlich ..." (Zeilen 39–41)

> „Ja, also, in der Grundschule, da war's dann so, dass ich dann andere Ausweichmöglichkeiten gesucht habe, mit ihm was zu unternehmen, also, dass man nicht Fußballspielen gegangen ist, sondern irgendein Gesellschaftsspiel oder so gespielt hat, also sozusagen, ja, das Beste aus der Lage zu machen, und, ja, es hat gut geklappt ..." (Zeilen 14–18)

> „... haben auch schon viel zusammen unternommen, machen auch jetzt noch Sachen zusammen, im Garten irgendwas arbeiten oder so ..." (Zeilen 181–183)

Dass der Vater des Interviewpartners nicht selbst Fußball spielen konnte, bedeutete nicht, dass er für diese Aktivität seines Sohnes kein Interesse zeigte:

> „... und ich war auch mal im Fußballverein, da sind sie (die Eltern, Anm. d. Verf.) halt immer zu den Spielen gekommen und so was." (Zeilen 41–42)

Inzwischen hat die Familie ein gemeinsames Haustier:
„... jetzt haben wir ja auch den Hund schon seit 'nen paar Jahren; haben wir ihn (den Vater, Anm. d. Verf.) jahrelang überredet, 'nen Hund anzuschaffen; wollte er erst nicht, und jetzt ist er glücklich, dass er ... dass wir das gemacht haben, weil, wenn er dann mal alleine zu Hause ist, ist er halt nicht mehr alleine, weil der Hund immer da ist ..." (Zeilen 365-369)

Rituale, die die Söhne für sich nicht mehr erstrebenswert fanden, wurden aus dem Programm genommen:
„Der Mittagsschlaf früher, als kleines Kind noch, den wir dann sozusagen abgeschafft haben, wo sich dann nur noch meine Eltern hingelegt haben, weil sie so kaputt waren ..." (Zeilen 208-210)

IV.15.4.2 Der Kontakt zu Gleichaltrigen

Der Interviewpartner unterstreicht, dass er unabhängig von den Wohnortswechseln seiner Familie Kontakte zu Gleichaltrigen hatte:
„... also, es war immer wer da. Es war nicht so, dass man immer alleine irgendwo hin musste oder so." (Zeilen 232-234)

Im Kindergartenalter wusste Herr Schneider über die Behinderung seines Vaters noch kaum Bescheid. Dies lag wahrscheinlich auch daran, dass diese zu jenem Zeitpunkt noch nicht offensichtlich war:
„... da hab ich mich noch gar nicht mit auseinandergesetzt mit dem Thema. Da, glaub ich, wusste ich das auch noch nicht so." (Zeilen 91-92)

An die Fragen, die andere Kinder in Bezug auf seinen Vater gestellt haben, erinnert sich der Interviewpartner nicht mehr, stellt aber folgende Vermutungen an:
„Ja, so Sachen: ‚Warum humpelt denn dein Vater?', oder: ‚Kann der nicht richtig laufen? Hatte der 'nen Unfall?', oder so was in der Art." (Zeilen 241-243)

Insgesamt äußert der Interviewte, dass die Behinderung seines Vaters für die Freunde alltäglich geworden ist, von einer kurzzeitigen Ausnahme beim Wechsel der Hilfsmittel abgesehen:

"Ja, also, meine Freunde wissen das auch alle. Die ersten Male war's vielleicht komisch, wenn sie mal hierher kamen und er im Rollstuhl saß oder so ..." (Zeilen 85–86)

"... ja, die haben ihn (den Vater, Anm. d. Verf.) dann so hingenommen, würde ich mal sagen. Also, es war dann nicht so, dass irgendjemand gesagt hat: ‚Oh, jetzt komm ich nicht mehr!', oder irgend so was, ne?" (Zeilen 247–249)

IV.15.4.3 Soziale Kontakte der Eltern

Der Interviewpartner betont, dass sein Vater über die Kernfamilie hinaus zu seiner Verwandtschaft regelmäßige Kontakte unterhalte:

"Zu 'nem Geschwistertreffen mit dem Zug fahren sie immer, in irgend'ne Stadt, einmal im Jahr. Und, ja, mein Vater braucht dann auch den Rollstuhl, und da kümmern die sich dann drum, dass der auch in den Zug kommt und alles ..." (Zeilen 67–69)[31]

Zudem verfügt der Vater über freundschaftliche Bekanntschaften, die Björn Schneider folgendermaßen einschätzt:

"Ja, also, der unternimmt auch sehr viel, arbeitet ja noch, trifft sich jeden Mittwoch mit seinen besten Freunden, essen dann, die kochen dann immer zusammen und so, geht er jede Woche hin. Also, ist auch nicht so, dass er irgendwie ausgegrenzt ist oder so, also, er ist schon überall dabei." (Zeilen 317–320)

Zu freundschaftlichen Kontakten seiner Mutter äußert sich der Interviewpartner nicht.

IV.15.4.4 Konflikte und Verhaltensweisen während Meinungsverschiedenheiten innerhalb der Familie

Bezüglich Meinungsverschiedenheiten unterscheidet Björn Schneider Folgende: einmal zwischen den Eltern und ihm oder seinem Bruder sowie zwischen Mutter und Vater. Die Streitigkei-

---

31   Vgl. II.1.2

ten zwischen ihm und seinem Bruder seien in den letzten Jahren seltener geworden:

> „Ja, also, es ist meistens so, wenn sich meine Eltern streiten, dass mein Bruder und ich dann dazwischengehen und sagen: ‚Hey, was ist denn hier los?', und so (lacht). Ja, und wenn sich mein Bruder und ich streiten, gehen die beiden halt dazwischen ..." (Zeilen 135–138)

Auf meine Nachfrage weist es der Interviewpartner entschieden von sich, dass er die Behinderung des Vaters im Streit zu seinen Gunsten ausgenutzt habe. Dann fällt ihm folgende Situation ein:

> „Aus'm Weg gegangen, wenn man sauer war, ist man die Treppe hoch gegangen, weil man wusste, er kommt da ja sowieso nicht hoch und da hat man seine Ruhe." (Zeilen 147–149)

IV.15.5 Verhaltensweisen Dritter allgemein und belastende Erfahrungen
IV.15.5.1 Reaktionen von Menschen außerhalb der Kernfamilie
Unbekannte Personen verhalten sich gemäß Björn Schneider sehr unterschiedlich gegenüber seinem Vater. Er erinnert sich vor allem an Passanten, die positiv reagiert haben:

> „Ich kann mich eigentlich immer nur an so Situationen erinnern, wenn man irgendwo war oder so, dass einem eher so die Tür noch mal aufgehalten wird oder so, wo dann eher noch mal gesagt wird: ‚Oh, pass mal auf, da kommt einer mit 'nem Rollstuhl!', oder so." (Zeilen 336–339)

Der Interviewpartner berichtet auch von Erwachsenen, die den Kontakt ihrer Kinder mit seinem Vater verhindern wollten:

> „Ja, es war unterschiedlich, also, er hat ja dieses Handbike und so ganz viele Kinder, so kleinere auch, die sagen dann: ‚Papa, guck mal, cool, der Mann fährt damit rum!', und dann die Eltern gleich: ‚Oh nein, guck da nicht hin, der Mann, der kann nicht laufen!', und so." (Zeilen 77–80)

In der obigen Situation versuche der Vater Unsicherheiten zu nehmen, indem er beispielsweise mit den interessierten Kindern spreche. Dies sei ihm möglich, da er sich bereits mit seinen veränderten körperlichen Möglichkeiten beschäftigt habe (Zeilen 80–82).

Unterwegs kommt es vor, dass Herrn Schneiders Vater von Passanten angestarrt wird:

> „... weil dann ist man mit ihm in die Stadt gegangen, mit 'nem Rollstuhl, und dann haben einen erst mal alle Leute angeguckt und so. War am Anfang 'n bisschen komisch, aber man gewöhnte sich dran, und für mich ist das jetzt alltäglich." (Zeilen 117–120)

Björn Schneider war es, wie er betont, immer wichtig, aus der Situation seines Vaters kein Tabu werden zu lassen:

> „... also, ich bin immer da offen an das Thema rangegangen und hab das auch nicht verschwiegen oder so, wusste jeder." (Zeilen 258–260)

Erfahren fremde Menschen vom ehrenamtlichen Engagement des Vaters, zollen sie ihm Respekt und sind von den Aktivitäten sehr beeindruckt:

> „... das stellt er (der Vater, Anm. d. Verf.) alles selber auf die Beine und, ja, da sagen dann manche Leute auch: ‚Boah, so was macht der? Und wie macht er das? Hat der da noch Leute und so?', und dann sagt man: ‚Nö, das hat der alles selber aufgebaut.' Ja, und das gibt ihm auch, denk ich, so 'n bisschen Kraft und Feedback, so, dass die Leute so, ja, zu ihm hochschauen auch, so 'n bisschen, ja." (Zeilen 357–362)

IV.15.5.2 Diskriminierungserfahrungen

Der Interviewpartner nimmt an, dass sein Vater infolge seiner Behinderung auch diskriminiert worden ist, ihm selbst fallen dazu vorerst keine Beispiele ein:

> „Das ist sicher schon mal passiert, aber ich kann mich, ehrlich gesagt, nicht dran erinnern." (Zeilen 335–336)

Im Anschluss kommt Björn Schneider auf bauliche Barrieren zu sprechen:

> „Ja, außer Haus, da merkt man jetzt schon ganz schön oft, also, auch bei manchen öffentlichen Gebäuden ... kommt man halt nicht rein, da steht man dann da." (Zeilen 350–352)

Vergleichbare Barrieren fand die Familie im Freizeitbereich vor:
„... ins Kino oder so und dann irgend'nen Film gucken wollte und der Kinosaal war oben im zweiten Stock, gab aber keinen Fahrstuhl, so was eher ... Diskriminierung, dass man dann dastand und dachte: ‚Ja, wie soll er jetzt die Treppen hoch?', so was." (Zeilen 341–344)[32]

IV.15.6 Technische, allgemeine und personelle Erleichterungen im Alltag
IV.15.6.1 Hilfsmittel und Umgangsweisen

Mit Fortschreiten der MS änderten sich die Hilfsmittel, die der Vater nutzte: Seit ungefähr einem Jahr bewegt er sich im Haus und auf kürzeren Strecken draußen mit Hilfe eines Rollators fort. Vor circa drei Jahren schaffte er sich einen Rollstuhl für längere Wege an.

Dabei gestaltete sich das abgestützte Stehen für ihn vergleichsweise weniger schwierig:
„... so beim Gehen oder so was, also, so weite Strecken konnte er nicht laufen; stehen konnte er, das ging alles." (Zeilen 56–57)

Der heutige Wohnraum der Familie ist weitgehend an die Bedürfnisse des Vaters angepasst:
„Ja, also, bei uns ist ja alles eigentlich so ebenerdig und, ja, oben ist halt eher mein Zimmer, von meinem Bruder und von meiner Mutter Arbeitszimmer und er hat hier (im Erdgeschoss, Anm. d. Verf.) alles, sodass das eigentlich immer alles aus dem Weg geräumt ist." (Zeilen 346–348)

Der Vater des Interviewpartners hat notwendige Entspannungsphasen in sein Alltagsleben integriert:
„Ja, also, das ist so, wenn er von der Arbeit kommt, dass er sich erst mal hinlegen und ... ja, wenn das Wetter draußen warm ist, dann ist er halt die meiste Zeit drin, weil's draußen halt zu heiß ist; und dann legt er sich auch oft hin und muss sich ausruhen." (Zeilen 200–203)

---

32   Vgl. II.1.1.1: FUNKE-JOHANNSEN

IV.15.6.2 Personelle Hilfen

Viele Hilfen erhält der Vater von der Kernfamilie bzw. von den Verwandten:

> „Das war meine Mutter, also, sie hat ihn immer unterstützt. Und auch die Familie, seine Schwestern, Brüder ..." (Zeilen 63–64)

Näheres zu den Hilfeleistungen von Verwandten bei der Fahrt zu Familientreffen kann unter IV.15.4.3 nachgelesen werden.

Schwerere körperliche Verrichtungen, zum Beispiel im Rahmen der Gartenarbeit, delegiert der Vater sowohl an Familienmitglieder als auch an Nachbarn:

> „Ja, also, zum Beispiel, er ist gerne im Garten und, ja, da müssen wir ihm dann manchmal helfen, so Sachen wie, die Blumenerde im Blumensack von A nach B und so was. Aber hier wohnen so viele Leute, und der kriegt überall Hilfe ..." (Zeilen 374–376)

IV.15.6.3 Unterstützung von Seiten der Kinder

Herr Schneider ordnet den Hilfsbedarf seines Vaters folgendermaßen ein:

> „Also so direkte Hilfe, wie jetzt, keine Ahnung, dass ich ihn anziehen muss oder so was, das hab ich nie gemacht, brauchte er auch nicht." (Zeilen 59–61)

Beim Einkaufen sind die Rollen im Rahmen einer individuellen Strategie fest verteilt:

> „... dass er halt den Wagen schiebt, damit er was hat, dass er Halt hat, und man sucht dann die Sachen aus'm Regal und räumt sie rein und so was, aber ... ja, bin jetzt 20 Jahre alt und hab das jetzt sozusagen mein Leben lang gemacht. Für mich ist das normal, ich kenn's nicht anders." (Zeilen 214–217)

In der Regel begleitet der Interviewpartner seinen Vater in die Geschäfte. Wäre Björn Schneider verhindert, würden die anderen Mitglieder der Kernfamilie einspringen:

> „Ja, so jede Woche. Wenn ich's nicht mache, macht's mein Bruder, oder wenn mein Bruder auch nicht kann, fährt meine

> *Mutter mit, manchmal macht er* (der Vater, Anm. d. Verf.) *'s auch ganz alleine, wenn's ihm gut geht.*" (Zeilen 219–221)

Das oben beschriebene Vorgehen im Supermarkt vermisst der Interviewpartner, wenn der Vater im Krankenhaus behandelt wird:
> „*... da war das halt alles komisch, wenn das ... wenn man dann für zwei Wochen zu dritt nur war und die ganzen Sachen beim Einkaufen zum Beispiel, diese ganzen Art Rituale, dass dann alles anders war, ne?*" (Zeilen 439–441)

IV.15.7 Reflexionen des Interviewten
IV.15.7.1 Auseinandersetzung mit dem Thema „Behinderung"

Herr Schneider resümiert, dass ihm die Behinderung seines Vaters im Alter von ungefähr 14 bis 15 Jahren bewusst geworden ist:
> „*... ja, irgendwelche Sachen halt unternehmen wollte, die dann nicht gingen. Da hat man auch mal nachgefragt und war sauer und so.*" (Zeilen 98–100)

Als der Interviewpartner 16 Jahre alt war, änderten sich die Möglichkeiten seines Vaters:
> „*... (zuvor, Anm. d. Verf.) da konnten wir eigentlich alles so machen, was wir wollten. Und danach ging's halt eher 'n bisschen so bergab, dass halt ... keine Ahnung, wenn wir mal irgendwohin fahren wollten, dass mein Vater dann gesagt hat: ‚Nee, das schaff ich nicht mehr, das ist so 'n weiter Weg' ...*" (Zeilen 48–52)

> „*Aber davor, kann auch sein, dass ich nicht so drauf geachtet habe, aber da hat man eigentlich mehr unternommen.*" (Zeilen 52–54)

Herr Schneider schätzte Treffen mit dem Nachwuchs anderer MS-Betroffener:
> „*... bei DMSG gab's dann immer so 'ne Skifreizeit, die war dann nur für Kinder von MS-Kranken, ja, das hat auch sehr Spaß gemacht, da hat man sich dann auch immer sehr ausgetauscht ...*" (Zeilen 474–476)

Als bei der Verwandten eines Freundes MS festgestellt wurde, erkundigte dieser sich bei Björn Schneider über Einzelheiten dieser Erkrankung (Zeilen 328–330).

Während Herr Schneider die elfte Klasse besuchte, stellte er sich wiederholt die Frage, ob er selbst an MS erkranken könne. An der Krankenpflegeschule wurde ihm im Rahmen seiner Berufsausbildung bewusst, dass die Erkrankung seines Vaters gewöhnlich nicht direkt genetisch weitergegeben wird (Zeilen 265–271).

Der Interviewpartner meint, dass er sich mehr Gedanken über den Grad an Barrierefreiheit verschiedener Situationen mache als Personen, die im Alltag kaum mit Menschen mit Behinderungen konfrontiert sind. Er führt ein Beispiel aus der Zeit einer Fußballeuropameisterschaft an:

„Hoffentlich lassen die Leute den (Rollstuhlfahrer, Anm. d. Verf.) *jetzt durch da, dass der da durchkommt, nicht, dass der da irgendwie umfällt oder so' ..."* (Zeilen 463–464)

Den Lebensentwurf seines Vaters schätzt Björn Schneider insgesamt positiv ein:

„Also, ich denke, ihm geht's gut damit. Und, ja, er ... ich denke mal, nicht so wie andere ... hat er das akzeptiert, dass er die Krankheit hat, so, macht das Beste draus, und, ja, er lässt sich auch nicht unterkriegen ..." (Zeilen 354–356)

„Auf jeden Fall, dass er ein Kämpfer ist, nicht so, dass er das Handtuch fallen lässt, sondern, ja, immer nach vorne guckt, wenn's ihm mal nicht gut geht ..." (Zeilen 478–480)

IV.15.7.2 Eigenes Leben und Sichtweisen von Björn Schneider

Der Kontakt des Interviewten zu seinem Vater gestaltet sich sehr angenehm:

„Ja, das Verhältnis ist sehr gut, ich versteh mich super mit ihm." (Zeile 181)

Während der Schulzeit erhielt der Interviewpartner von beiden Elternteilen Unterstützung in unterschiedlichen Schulfächern:

> "... *meine Mutter halt immer mehr Mathematik und Deutsch und mein Vater Englisch, hat immer gut geklappt.*" (Zeilen 194–196)

Im Gegenzug hilft Herr Schneider seinem Vater in Computerfragen:
> "... *irgendwas am PC zusammen machen, wenn er nicht weiterkommt.*" (Zeilen 183–184)

Bei seiner Berufsfindung hat Björn Schneider sich von seiner Familie ernst genommen gefühlt:
> "... *dann hat mein Vater halt auch gefragt, was ich machen will und so, und auch 'n paar Kontakte spielen lassen ... so Praktikum und so was. Also, da haben die mich immer super unterstützt ...*" (Zeilen 158–160)

In seiner Jugendzeit zeigten sich die Eltern verständnisvoll: So haben sie auf seinen verantwortungsvollen Umgang mit Alkohol vertraut (Zeilen 287–289). Und als er abends einmal – entgegen vorheriger Absprachen – nicht nach Hause kam, sondern bei einem Freund schlief, akzeptierten seine Eltern dies, nachdem er seine Planänderung telefonisch durchgegeben hatte (Zeilen 293–297).

Zu Beginn seiner Ausbildung hat sich der Interviewpartner bewusst gegen eigene vier Wände und für den Verbleib im Elternhaus entschieden (Zeilen 452–455).

Für die Zukunft wünscht sich Björn Schneider:
> "... *dass die Krankheit sozusagen nicht so schnell fortschreitet, und, ja, dass sie halt noch ... ich glaub, bald haben sie sogar noch Silberhochzeit.*" (Zeilen 410–412)

Zusammenfassend betrachtet der Interviewpartner sein Aufwachsen bei einem Elternteil mit Behinderung so:
> "... *ich würd' jetzt nicht sagen, dass ich irgendwie 'ne schlechtere Kindheit deswegen* (wegen der Behinderung des Vaters, Anm. d. Verf.) *hatte oder irgendwie so was. Also, die Kindheit, die ich hatte, bis jetzt, ich würde keine andere wollen, also ist okay so.*" (Zeilen 18–21)

IV.16 Interviewdarstellung: Kevin Schneider

IV.16.1 Vorinformationen

Kevin Schneider ist zum Zeitpunkt des Interviews 17 Jahre alt, er wurde in Niedersachsen geboren und lebte stets dort. Heute wohnt er mit seiner Herkunftsfamilie auf dem Land. Kevin Schneiders Vater ist an Multipler Sklerose (MS) erkrankt. Der Kontakt wurde über die Selbsthilfeinitiative Deutsche Multiple Sklerose Gesellschaft (DMSG) geknüpft.

Das Interview findet im Wohnzimmer von Herrn Schneiders Elternhaus statt – danach lerne ich kurz die Eltern des Interviewpartners kennen. Das Interview mit Kevin Schneiders älterem Bruder Björn wird am selben Tag geführt. Kevin Schneider wirkt locker, sportlich, schaut überwiegend ernst und berichtet auch offen von belastenden Themen.

IV.16.2 Die Behinderungen

Der Vater des Interviewpartners wurde ohne Behinderung geboren. Im Alter von 17 Jahren stellte man bei ihm MS fest. Diese zeigte sich ein Jahr später mit Symptomen wie einem Kribbeln in den Beinen und einer Entzündung des Sehnervs. Letztere besteht seit damals unverändert, wobei sich das Sehvermögen auf dem linken Auge auf 30 Prozent verbessert hat, während die Schwierigkeiten mit den Beinen gemäß Kevin Schneiders Aussagen zu einer Behinderung wurden (Zeilen 113–114).

Gegenwärtig kann der Vater circa 250 Meter weit mit Hilfe eines Gehstocks gehen und ermüdet rasch. Als der Interviewpartner geboren wurde, waren Gehen, Stehen und Knien für den Vater noch ohne Einschränkungen möglich (Zeilen 740–742).

Die Beweglichkeit der Finger ist bei Kevin Schneiders Vater nicht beeinträchtigt. Der Interviewpartner selbst, seine Mutter, sein Bruder, alle vier Großeltern und alle weiteren Personen der Verwandtschaft sind nicht behindert.

IV.16.3 Biografische Eckdaten

IV.16.3.1 Die Eltern von Kevin Schneider

Die Mutter des Interviewpartners wurde von 1980 bis 1985 zur Grundschullehrerin ausgebildet und ist seit 25 Jahren in diesem Bereich tätig. Eine Unterbrechung fand nur während der gesetzlichen Mutterschutzfrist statt. Sie hat gegenwärtig eine Teilzeitstelle inne und war nie arbeitslos.

Als Hobby seiner Mutter nennt Kevin Schneider das Sporttreiben und räumt zugleich ein, dass sie gegenwärtig regelmäßig zur Krankengymnastik gehe und ihr darüber hinaus keine Zeit für weitere sportliche Betätigung bleibe.

Herrn Schneiders Vater wurde 1961 geboren, ist Diplomingenieur und gelernter Garten- und Landschaftsplaner. Seine Ausbildung erfolgte von 1980 bis 1986. Er ist gegenwärtig in dem Landkreis angestellt, in dem die Familie des Interviewpartners wohnt. Arbeitslos war der Vater zu keinem Zeitpunkt. Kevin Schneider erläutert, dass sein Vater seit etwa drei Jahren, infolge der Behinderung, halbtags arbeitet. Primär gestaltet er Gärten im Büro am PC und ab und an fährt er zu seinen Auftraggebern.

Von 1993 bis 1995 hat der Vater sogenannten Erziehungsurlaub genommen. Als dessen Hobbys zählt Kevin Schneider Sport, Fahren mit dem Handbike, Klavierspielen sowie die Gestaltung und Pflege des botanischen Gartens um das Familienhaus herum auf. Einmal täglich oder mehrmals am Tag spielt der Vater auf dem Flügel, der sich im Wohnzimmer der Familie befindet. Musikunterricht nimmt er heute keinen.

IV.16.3.2 Die Person Kevin Schneider

Kevin Schneider wurde 1991 geboren. Bis 1997 wohnte er mit seinen Eltern und seinem Bruder in einer von seinem heutigen Wohnort rund 15 Kilometer entfernten, großen Stadt. 1997 zog die Familie des Interviewpartners wieder in das Dorf, in dem sie schon zuvor einmal gelebt hatte. Das gewachsene Dorf bildet den Ortsteil einer Stadt. Seit elf Jahren lebt die Familie dort gemeinsam mit dem Großvater väterlicherseits in einem modern ausgebauten historischen Bauernhaus.

Kevin Schneider besuchte zuerst die Grundschule. Zum Zeitpunkt des Interviews geht er in die zehnte Klasse eines Gymnasiums. Er berichtet, dass er nach dem Abitur Fachübersetzer für Englisch werden möchte. Als Hobbys nennt er Sport und Freunde treffen.

Der Interviewpartner ist Single und hat bisher keine eigenen Kinder. Er gibt an, dass er sich in Zukunft eine eigene Familie wünscht.

IV.16.4 Menschliche Kontakte in und außerhalb der Familie
IV.16.4.1 Gemeinsame Aktivitäten der Familie

Kevin Schneider berichtet, dass in seiner Herkunftsfamilie Ausflüge zu folgenden Zielen eine Rolle gespielt haben:

> *"... waren mal zusammen im Zoo, oder so ... oder so in anderen Freizeitparks, wo mein Vater dann auch mir viel erzählen konnte mit Vögeln oder so mit Blumen, das war dann auch sehr spannend manchmal, da waren wir dann in so Gewächshäusern oder so was."* (Zeilen 421–425)

> *"... nicht so 'nen ... so 'nen Freizeitpark, so mehr so, wo man was mit Familie einfach machen konnte und nicht irgendwie so Karussell fahren ..."* (Zeilen 429–430)

Aus seiner Kindheit erinnert sich der Interviewpartner an Zirkusbesuche (Zeilen 425–426). Wie alt er hier war, weiß er nicht mehr. Er nimmt jedoch an, noch sehr jung gewesen zu sein (Zeilen 614–615).

Alle Familienmitglieder konnten ein Musikinstrument spielen:

> *"Das (Klavierspielen, Anm. d. Verf.) macht er (der Vater) auch immer gerne, da setzt er sich einfach dran und spielt dann einfach los, um runterzukommen."* (Zeilen 76–77)

Kevin Schneider spielte Querflöte, seine Mutter Flöte, der Bruder Saxofon und der Vater saß am Flügel (Zeilen 9–13, 621–622). Seit Herr Schneider das Gymnasium besucht, findet er nicht mehr die Zeit für musikalische Freizeitaktivitäten und nimmt deshalb keinen Querflötenunterricht mehr (Zeilen 18–20).

Während des Interviews erwähnt er, dass die Familie auch heute an den Wochenenden etwas zusammen unternehme, was er erfreulich finde (Zeilen 83–84). In einer Nachfrage per E-Mail erwähnt er, dass dies selten geworden sei, sowohl unter der Woche als auch an den Wochenenden. In früheren Zeiten sei man häufiger zusammen unterwegs gewesen. Heute gehe man nur manchmal mit dem eigenen Hund nach draußen (Zeile 611).

Die Stimmung in seiner Familie beschreibt Herr Schneider – abgesehen von Augenblicken, in denen Streit herrscht – als sehr positiv (Zeilen 444–446).

IV.16.4.2 Der Kontakt zu Gleichaltrigen

Da sein Vater im Kindergarten nicht bekannt war, musste Herr Schneider dessen Beeinträchtigungen den anderen Kindern nicht erklären:

> „Nee, weil mein Vater, der war, soweit ich mich erinnern kann, auch eigentlich nie oder kaum in dem Kindergarten da. Wenn, kam meine Mutter zum Abholen oder so, und von daher, die wussten davon auch gar nichts." (Zeilen 58–60)

Manche Freunde hätten nach der Behinderung des Vaters gefragt:

> „Ja, manche haben schon nachgefragt, was er denn hat und so, weil, wenn sie ihn im Garten gesehen haben, dort rumlaufen und so 'nen bisschen humpeln sehen ..." (Zeilen 124–126)

Kevin Schneider ergänzt, dass er seinen Bekannten gesagt habe, dass es sich um eine Erkrankung der Nerven handle (Zeilen 129–130). Bei seinen Erklärungen spielte es für den Interviewten keine Rolle, ob die Gleichaltrigen ihn verstanden oder nicht:

> „Das war eigentlich gar nicht so schlimm, weil, das ist nu' mal so, kann ich auch nicht ändern, und, ja, die müssen das so hinnehmen. Und wenn sie nicht wollen, dann wollen sie nicht." (Zeilen 133–135)

Die Freunde des Interviewpartners hätten die Behinderung des Vaters akzeptiert (Zeilen 117–118). Die sozialen Kontakte von Kevin Schneider haben sich infolge der zunehmend sichtbaren Gehbehinderung des Vaters nicht verändert (Zeilen 637–644).

IV.16.4.3 Soziale Kontakte der Eltern

Die Freundeskreise seiner beiden Elternteile hält Kevin Schneider für mittelgroß (Zeilen 645–647, 652–653). Die Mutter kenne ihre Bekannten dem Interviewpartner zufolge aus diesen Lebensbereichen:

„Von der Arbeit und auch von früher, aus der Schule, Studium und so." (Zeile 656)

Eine Bekannte des Vaters ist ebenfalls an MS erkrankt. Ansonsten sind dessen Freunde nicht behindert (Zeilen 650–651, 657–659). Auch der Vater hat seine Kontakte in verschiedenen Bereichen geknüpft:

„Von früher, von der Arbeit oder von seinem Hobby aus." (Zeile 649)

IV.16.4.4 Konflikte und Verhaltensweisen während Meinungsverschiedenheiten innerhalb der Familie

Kevin Schneider berichtet von Streit mit seinem Bruder im Kindesalter zu verschiedenen Themen:

„Über alles Mögliche, egal ob es um Spielzeuge, Legos, Kartenspiele oder Ähnliches ging." (Zeilen 673–674)

Als Jugendlicher verlagerten sich die Schwerpunkte der Meinungsverschiedenheiten zwischen dem Interviewpartner und seinen Eltern:

„Über viele Kleinigkeiten, wie zu spät nach Hause zu kommen als die vereinbarte Zeit von meinen Eltern oder dass ich nicht weggehen durfte. Das war so vor zwei Jahren." (Zeilen 680–682)

Im Interview berichtet Kevin Schneider von Streit mit seinen Eltern bezüglich der von ihm erwarteten Hilfen:

„Dass ich viele Kleinigkeiten im Haus und im Garten machen muss." (Zeile 684)

Auf meine Nachfrage erläutert der Interviewpartner, dass er den geforderten Unterstützungen für seinen Vater auch dann nachkommen müsse, wenn er dagegen protestiere (Zeilen 703–706).

Weitere Einzelheiten hierzu können unter IV.16.6.3 nachgelesen werden. Kevin Schneider resümiert, dass er sich bei Auseinandersetzungen mit seinem Vater oft in einer unterlegenen Position vorgefunden habe:

„*Nein. Eigentlich musste ich dann immer den Rückzieher machen.*" (Zeile 662)

„*Mein Vater wollte sich dann immer durchsetzen, wenn ich mit ihm Streit hatte, und da hatt' ich halt auch immer kein Durchkommen, und das war dann manchmal sehr hart.*" (Zeilen 159–161)

Der Interviewpartner antwortet auf meine Nachfrage, dass sein Vater seine Behinderung bei Streitigkeiten nicht als Begründung heranziehe (Zeilen 665–667). Darüber hinaus sieht er die Tatsache, dass sich sein Vater bei Auseinandersetzungen so oft durchsetzt, als unabhängig von dessen Behinderung (Zeilen 668–670). Das Verhalten seiner Eltern bei Meinungsverschiedenheiten fasst der Interviewpartner folgendermaßen zusammen:

„*Mein Vater ist eher der Laute und meine Mutter die Zurückhaltende.*" (Zeile 686)

Er resümiert, dass seine Mutter am leichtesten zu beeinflussen sei und dass es schwer sei, seinen Bruder von etwas zu überzeugen (Zeilen 167–169). Dabei habe sich der Kontakt zu seinem Bruder in den letzten Jahren verbessert:

„*... jetzt zoffen wir uns nicht mehr so wie im kleinen Alter und ... ja. Ich sehe ihn jetzt zwar auch nicht mehr so oft wegen der Ausbildung ...*" (Zeilen 80–81)

Auf meine Nachfrage bringt Herr Schneider ein, dass er noch nie die Behinderung seines Vaters während Konflikten ausgenutzt habe (Zeilen 189–191).

IV.16.5 Verhaltensweisen Dritter allgemein und belastende Erfahrungen

IV.16.5.1 Reaktionen von Menschen außerhalb der Kernfamilie

Als die Behinderung des Vaters offensichtlich wurde, reagierten die Nachbarn der Familie verschieden:

> „... manche wollten dann auch schon mal immer helfen, wenn's um Garten ging ... wenn sie ihn im Garten gesehen haben oder so, manche, die beachten das gar nicht ..." (Zeilen 246–248)

Der Interviewpartner betont, dass Lehrkräfte darauf Rücksicht nahmen, dass er stets mit Hilfen für seinen Vater betraut war:

> „... mit den Klassenlehrern ... immer darüber gesprochen, dass mein Vater eine Behinderung hat und so, dann wurde manchmal auch so in der Arbeitshaltung so, sag ich mal, Rücksicht genommen, wenn ich jetzt 'ne Hausaufgabe nicht gemacht habe ..." (Zeilen 249–252)

Kevin Schneider unterstreicht, er sei damit zufrieden gewesen, dass die Lehrkräfte informiert waren. Zusätzlich betont er, dass die beschriebene Rücksicht vor allem in den unteren Klassen genommen wurde (Zeilen 253–257).

Zu der Arbeitskollegin, die dem Vater im Büro gegenübersitzt, hat dieser – nach Kevin Schneiders Einschätzung – einen verhältnismäßig guten Kontakt (Zeilen 337–341). Inwiefern das Verhältnis zu anderen Mitarbeitern sich mitunter schwierig gestaltet, kann im nächsten Kapitel nachgelesen werden.

IV.16.5.2 Diskriminierungserfahrungen

Zuerst kommt Kevin Schneider auf Formen indirekter Diskriminierung zu sprechen, beispielsweise dieser:

> „... bei der Bahn oder so, wenn er dann mit dem Rollstuhl da reinfahren will, dann wurde ihm gesagt, dass da Personen sind, die ihn da reintransportieren mit so 'nem, mit so 'nem Heber da, und da war dann nichts da oder kam alles zu spät und so; und das waren alles so Kleinigkeiten, wo er sich nicht so bestätigt gefühlt hatte, weil er dann so vernachlässigt wurde." (Zeilen 299–303)

Dem fügt er hinzu, dass sein Vater Pannen von Seiten der Bahn öfters erlebt habe, schätzungsweise dreimal (Zeilen 370–371). Einmal besuchte der Vater ein öffentliches Gebäude und fand nur eine Treppe und keinen Fahrstuhl vor (Zeilen 372–373)[33].

Als weitere Diskriminierungserfahrung erwähnt Kevin Schneider, dass Arbeitskollegen des Vaters dessen Können nicht als gleichwertig einschätzten:

„*So genau weiß ich das nicht, weil ich sie nicht kenne, aber so wie er dann immer am Mittagstisch erzählt hat, wie seine Kollegen wieder drauf waren, weil sie nicht so gut drauf waren oder weil sie ihm mal wieder mal nichts zugetraut haben ...*" (Zeilen 316–319)

IV.16.6 Technische, allgemeine und personelle Erleichterungen im Alltag
IV.16.6.1 Hilfsmittel und Umgangsweisen

Der Vater des Interviewpartners verwendet keine Lupen. Er trägt eine Brille. Auch nach Rücksprache mit seinem Vater ist sich Kevin Schneider nicht sicher, ob und inwiefern die Brille mit dem veränderten Sehen infolge der MS im Zusammenhang steht (Zeilen 538–541, 720–722).

In den Jahren 2008 und 2009 nutzte der Vater keinen Rollstuhl (Zeilen 771–773). Außer Haus und im Familiengarten (Zeile 729) bewegt er sich mit dem Stock oder dem Rollator und auf längeren Wegen mit seinem Handbike. Im Garten greift er ebenfalls immer wieder auf den Rollator zurück (Zeile 729). Als ich dem Vater kurz begegnete, verwendete er einen Rollator im Haus. Im Rahmen der Krankengymnastik übt er auch auf einem Laufband (Zeile 565). Seit 2004 fährt er ein auf Handbetrieb umgerüstetes Auto, vor 2004 fuhr er einen Wagen mit Automatik (Zeilen 733–737).

Gartenarbeit erledigt Kevin Schneiders Vater auf den Knien, wobei er darauf achten muss, nicht zu lange in dieser Position zu verweilen, da starke Verkrampfungen sonst die Folge sind (Zeile 739, vgl. IV.16.6.2).

Der Interviewpartner berichtet, dass das Wetter Einfluss auf die Befindlichkeit seines Vaters habe:

---

33 Vgl. II.1.1.1: FUNKE-JOHANNSEN

„Ja, also, wenn jetzt zum Beispiel mal 'ne starke Hitze ist draußen, dann geht's ihm schlechter und dann muss er sich einfach mal hinlegen oder braucht 'ne Pause, und das ist halt dann schon öfters." (Zeilen 148–150)

IV.16.6.2 Personelle Hilfen

Der Großvater väterlicherseits, der in unmittelbarer Nähe wohnt, bietet Herrn Schneiders Vater immer wieder seine Unterstützung an (Zeilen 357–358).

Unter IV.16.5.1 kann eingesehen werden, dass einige Nachbarn der Familie angeboten haben, Kevin Schneiders Vater im Bereich des Gartens zu unterstützen. Der Interviewpartner beschreibt den Hilfsbedarf seines Vaters hier folgendermaßen:

„Sich hinknien oder so, wenn er dann irgendwie das Beet da sauber machen will, dann müssen wir ihm dann schon helfen, oder so einpflanzen, so Sachen einpflanzen, ja, da müssen wir ihm schon helfen. Er kann's ein bisschen machen, aber wenn er's zu lange macht, dann kriegt er Spastiken im Bein, und dann tut das weh ..." (Zeilen 67–71)

Herr Schneider berichtet, dass die Familie stets Unternehmungen mit beiden Elternteilen durchgeführt habe, sodass die Mutter immer in der Nähe war, um dem Vater zu helfen (Zeilen 417–418):

„Hm, ja, also, wir mussten manchmal öftere Pausen machen, weil er nicht mehr konnte, oder wenn's jetzt bergauf ging, dann mussten wir ihm ein bisschen helfen, wenn er dann im Rollstuhl saß, hochschieben oder so, wenn er das nicht mehr geschafft hat, aber so ... ja." (Zeilen 439–442)

Der Interviewpartner resümiert, dass stets Familienmitglieder dem Vater geholfen haben. Über bezahlte Assistenzkräfte verfügte er nie (Zeilen 207–208). Auf meine Nachfrage vermutet Herr Schneider, dass seine Mutter die Hilfen für den Vater übernehmen würde, wenn er selbst nicht mehr in seiner Herkunftsfamilie wohnen würde (Zeilen 470–473). Genaueres zu Tätigkeiten, die Herr Schneider gegenwärtig für seinen Vater ausführt, geht aus IV.16.6.3 hervor.

Auch an seinem Arbeitsplatz greift der Vater des Interviewpartners bisher nicht auf Assistenzkräfte zurück (Zeilen 576–577).

IV.16.6.3 Unterstützung von Seiten der Kinder

Kevin Schneider nimmt seinem Vater gegenwärtig oft Tätigkeiten ab, was bei ihm unterschiedliche Gefühle hervorruft:

> „Also, meistens mach ich es jetzt immer, bring ihm die Sachen hinterher oder geh mal schnell zum Briefkasten, weil mein Bruder die Ausbildung hat und da selber kaum da ist und meine Mutter auch sehr viel zu tun hat mit Schule und da will ich sie auch nicht so überlasten ..." (Zeilen 201–204)

> „... jetzt in der Schulzeit bei mir, wenn ich dann jetzt viele Hausaufgaben habe und für Arbeiten lernen muss und dann mein Vater ankommt: ‚Bring mal den Brief weg und räume irgend mal was weg!', das kostet dann auch alles Zeit, und da habe ich auch keine Lust zu, weil ich selber was zu tun habe, und das löst dann halt immer so bisschen den Streit aus, weil ich das nicht machen will, weil ich da selber keine Zeit zu habe ..." (Zeilen 171–177)

Bei seinem Resümee rechnet der Interviewpartner vor, dass viele alltägliche Arbeiten für seinen Vater aufwendiger seien als für die übrigen Familienmitglieder:

> „... wenn er sich zum Beispiel Kaffee macht in der Küche drüben und dann sich draußen in die Sonne setzen will, dann muss man den hintragen, weil er den sonst verschüttet oder so, das sind so viele Kleinigkeiten (...), oder mal eben zur Sparkasse gehen, weil es (für den Vater, Anm. d. Verf.) auch ein weiter Weg ist. Das ist für uns ja ganz schnell erledigt und für ihn dauert es eine halbe Stunde ..." (Zeilen 193–199)

Den Helfenden stellt dies immer wieder vor die Tatsache, dass viele kleine Unterstützungen sich zeitlich doch addieren (Zeilen 219–221). Bei aktuellen Anlässen habe sich Kevin Schneider mit seinem Bruder darüber ausgetauscht, wenn Ersterer die Hilfen für den Vater als Belastung empfand (Zeilen 90–102).

Warum der Interviewpartner diese Tätigkeiten dennoch nicht häufiger delegiert, zeichnet er im Folgenden nach:

> „... meistens lass ich mich dann doch überreden, (...) lass ich meine Sachen einfach liegen und gucke schnell, was er jetzt machen will und wie lange es dauert überhaupt und ob man dann das verschieben kann." (Zeilen 213–216)

„... wenn ich selber so 'ne Behinderung hätte, dann würde ich auch jeden fragen und würde auf Hilfe angewiesen sein, und deswegen mache ich das dann auch, weil ich ihm auch helfen will, ihm zu erleichtern alles." (Zeilen 224–227)

Auf meine Nachfrage meint Kevin Schneider, dass die Hilfen für den Vater doch optimal organisiert seien. Er findet, dass genau das richtige Maß vorhanden ist (Zeilen 228–237). Insgesamt fasst der Interviewpartner hinsichtlich dieser Hilfen zusammen:

„Es ... es geht so; es sind halt immer nur so diese kleinen Arbeiten, die ich machen muss, und ... aber ansonsten ist es eigentlich ganz gut, komme ich auch ganz gut mit zurecht und so." (Zeilen 522–524)

Auf meine Frage, welchen Anteil der Unterstützung für seinen Vater Kevin Schneider gern abgeben würde, wenn dies eine gute Fee übernähme, ohne dass sein Vater diesen Wechsel merke, antwortet er:
„40 Prozent." (Zeile 711).

IV.16.7 Reflexionen des Interviewten
IV.16.7.1 Auseinandersetzung mit dem Thema „Behinderung"

Im Alter von 18 Jahren verstärkten sich die Auswirkungen der MS des Vaters gemäß den Berichten des Interviewpartners, wobei Letzterer hierüber nichts Genaueres weiß:

„... und mein Vater mit mir nie so richtig über dieses Thema gesprochen hat, wie es bei ihm anfing." (Zeilen 554–555)

Die Beeinträchtigung seines Vaters ist Kevin Schneider erstmals bewusst geworden, als Gehhilfen Verwendung fanden:

„... aber das fiel mir halt schon sehr früh auf, schon daran, wie er ging, weil er so gestolpert hat oder 'n Stock brauchte zum Gehen oder dann jetzt später den Rollator genommen hat ..." (Zeilen 44–46)

Der Interviewpartner war damals ungefähr sechs oder sieben Jahre alt (Zeile 48).

Darüber, ob er in Zukunft Veränderungen hinsichtlich der Behinderung seines Vaters erwarte, hat Kevin Schneider unterschiedliche Gedanken und Gefühle: Auf meine Nachfrage antwortet er wie im biografischen Kurzfragebogen, dass sich die MS seines Vaters nicht verändern werde (Zeilen 545–548). Zugleich zeigt er sich bezüglich der fortschreitenden Krankheit besorgt:

> *„… dann denke ich mir, wie das in ein paar Jahren aussehen soll, wenn er dann noch schwächer wird, vom Körper auch her einfach."* (Zeilen 511–512)

Auf den Umstand, dass Kevin Schneider die MS einmal fortschreitend nennt und einmal nicht, habe ich ihn angesprochen, wozu er sich folgendermaßen äußert:

> *„Da er Medikamente nimmt, ist die Krankheit eigentlich nicht fortschreitend."* (Zeile 702)

In den Jahren 2004 und 2005 befürchtete Kevin Schneider, dass er selbst an MS erkranken könnte. Besonders unangenehm war für ihn der Gedanke, seine sportlichen Aktivitäten in diesem Fall nicht mehr ausüben zu können (Zeilen 270–275). Ein klärendes Gespräch mit seinem Vater habe diese Ängste weggewischt. Herrn Schneider ist nun bekannt, dass MS nicht genetisch weitergegeben werden kann. Dies beruhige ihn sehr (Zeilen 285–296).

Der Interviewte hat den Eindruck, dass die Krankheit seinen Vater mitunter stark belastet:

> *„… ich denk mal, ihm geht's auch nicht so gut, weil er dann sehr oft immer anfängt zu fluchen, wenn was nicht funktioniert und wenn er es nicht machen kann und wieder Hilfe braucht. Also, das ist schon schwer."* (Zeilen 513–515)

Abgesehen von einer Freizeit für Kinder von Elternteilen mit MS-Diagnose hat Herr Schneider keine besonderen Kontakte zu dieser Gruppe Heranwachsender:

> *„Ich kenn jetzt nur von der Ferne 'nen Freund … 'ne Freundin von meinem Vater, die auch MS hat, und die hat auch Kinder, und mit denen war ich mal auf so 'ner Skifreizeit von der DMSG (Deutsche Multiple Sklerose Gesellschaft, Anm. d. Verf.). Das war so ein Billig… Billigangebot für Kinder von behinderten Eltern (stottert), und mit denen war ich da mal*

'ne Woche zusammen. Also ansonsten kenne ich keine, kenne ich nur von der Ferne, nicht so direkt jetzt." (Zeilen 406–411)

Der Interviewpartner betont, dass die Behinderung seines Vaters für ihn zum Alltag gehöre:
"Aber ich nehme meinen Vater so hin, und das ist dann für mich ... ich muss mich auch nicht schämen, das ist einfach ganz normal gewesen für mich auch." (Zeilen 135–137)

IV.16.7.2 Eigenes Leben und Sichtweisen von Kevin Schneider

Herr Schneider bevorzugt das Landleben, wie er es am gegenwärtigen Wohnort seiner Familie genießt, da es hier relativ ruhig sei und die Natur intensiver als in der Stadt erlebt werden könne (Zeilen 463–465).

In Bezug auf den Umgang mit Schwierigem fühlt sich der Interviewpartner in seiner Familie wohl:
"Eigentlich ganz gut, weil, wenn ich Probleme habe, dann komme ich zu denen eh, dann gehe ich zu denen hin und die reden dann mit mir, oder wenn die Probleme haben, dann kommen die auch immer gegenseitig ..." (Zeilen 144–146)

Herr Schneider erinnert sich, dass er bis zum Alter von zehn oder zwölf Jahren mit seinen Eltern zusammen gelernt habe und dass Vater und Mutter sich sehr über seine guten Noten freuten (Zeilen 386–389).

Seine Mutter sei in Erziehungsfragen großzügiger als sein Vater, berichtet Herr Schneider. So dürfe er abends länger wegbleiben, wenn seine Mutter dies entschieden habe (Zeilen 30–31).

Die nächsten eigenen Ziele sind für Kevin Schneider der Erwerb des Führerscheins und das Abitur (Zeilen 457–460). Sein Vater brachte ihn auf die Idee, den Beruf des Fachübersetzers anzustreben:
"Hm, also, mein Vater hat mich da so eigentlich erst hingeführt, weil er auch sehr gut in Sprachen ist, also, mit ihm kann ich dann auch immer lernen in Englisch; (...) aber so hat er (der Vater, Anm. d. Verf.) mich so mehr hingebracht und hat zu mir gesagt: ‚Mensch du, du bist ja gut in Sprachen, du müsstest eigentlich was mit Sprachen machen!'" (Zeilen 475–480)

Auf meine Nachfrage erwähnt der Interviewpartner, dass seine Mutter seinen Berufswunsch ebenso unterstütze wie sein Vater (Zeilen 484–485). Im Jahr 2009 verwirft er den oben erwähnten Berufswunsch wieder:
„*Ich werde diesen Beruf* (Fachübersetzer, Anm. d. Verf.) *wohl doch nicht mehr wählen, da ich sehr unschlüssig geworden bin im Thema Beruf.*" (Zeilen 597–598)

„*Er* (der Beruf des Fachübersetzers, Anm. d. Verf.) *gefällt mir einfach nicht mehr, weil ich zum Fachübersetzer mehrere Sprachen gut beherrschen müsste. Da ich nur den Gefallen an Englisch habe und nicht zu Französisch oder sonstigen Sprachen, passt der Beruf einfach nicht zu mir.*" (Zeilen 691–694)

Welche berufliche Tätigkeit für den Interviewpartner stattdessen infrage kommt, weiß er noch nicht (Zeilen 695–696).

Die Behinderung des Vaters und das familiäre Miteinander nehmen aus Herrn Schneiders Sicht jeweils 50 Prozent ein (Zeilen 492–494).

Zusammenfassend beschreibt Kevin Schneider die Situation in seiner Familie so:

„*... viel Arbeit, weil man viel machen muss, das kostet Zeit, und Familienleben, da würde ich jetzt sagen, ja, viel Spaß und viel Freude auch, wenn man viel zusammen unternimmt oder auch hier im Garten schöne Feiern hat, viel Spaß hat, ja.*" (Zeilen 504–507)

IV.17 Interviewdarstellung: Fabian Dachmann
IV.17.1 Vorinformationen

Herr Dachmann kommt aus Niedersachsen und ist zum Zeitpunkt des Interviews 21 Jahre alt. Der Kontakt ist über die Deutsche Multiple Sklerose Gesellschaft (DMSG) geknüpft worden. Bei seiner Mutter wurde Multiple Sklerose (MS) diagnostiziert, als er 15 Jahre alt war. Das Interview findet in der Wohnung von Herrn Dachmanns Mutter statt, die sich aber während des aufgezeichneten Gesprächs nicht im selben Raum aufhält. Herr Dachmann wirkt sportlich und erzählt bereitwillig auch von schwierigen Themen.

Dem Vater des Interviewpartners bin ich nie begegnet. Mit Herrn Dachmanns Mutter habe ich zu Beginn und am Ende meines Termins gesprochen. Sie zeigt sich freundlich, offen und optimistisch.

IV.17.2 Die Behinderungen

Fabian Dachmanns Mutter wurde ohne Behinderung geboren und erkrankte im Jahr 2002 an MS, was die Beweglichkeit ihrer Beine, nicht aber ihr Sehvermögen, beeinträchtigt. Ihre Arme sind ebenfalls nicht betroffen. Sie hat Probleme, weite Strecken zu Fuß zurückzulegen, und ist oft schnell erschöpft. Seit November 2009 haben sich die Bewegungsmöglichkeiten der Mutter wieder verbessert (vgl. IV.17.6.1).

Beim Interviewpartner selbst liegt seit 1997 eine Fotoepilepsie vor. Diese äußert sich in Form von Krampfanfällen, Verlust der Körperkontrolle und einer ungefähr zweistündigen Ohnmacht. Danach sind gemäß Herrn Dachmann sechs bis sieben Stunden Schlaf nötig, bis er wieder weitgehend fit ist.

2009 lag der letzte epileptische Anfall des Interviewpartners drei Jahre zurück. Insofern darf Fabian Dachmann gemäß der aktuellen Rechtslage Fahrzeuge lenken. Er betrachtet seine Fotoepilepsie nicht als Behinderung.

Zwischen der Erkrankung der Mutter an MS und der Fotoepilepsie des Interviewpartners besteht kein Zusammenhang. Beim älteren Halbbruder des Interviewten wurde eine Wachstumsstörung festgestellt. Herrn Dachmanns Großeltern, Vater, Onkel, Tanten, Cousins, Cousinen und der Lebenspartner der Mutter sind nicht behindert.

IV.17.3 Biografische Eckdaten
IV.17.3.1 Die Eltern von Fabian Dachmann

Herrn Dachmanns Eltern waren von 1986 bis zu ihrer Trennung im Jahr 1990 ein Paar. Sie waren nie miteinander verheiratet. Der Interviewpartner ist das einzige leibliche Kind der beiden und war zum Zeitpunkt von deren Trennung drei Jahre alt.

Nach ihrem Realschulabschluss absolvierte die Mutter von 1984 bis 1986 die Ausbildung zur Heilerziehungspflegerin. Nach Herrn Dachmanns Geburt im Jahr 1987 hat sie acht Monate lang den damals sogenannten Erziehungsurlaub in Anspruch genommen. Seit 1988 arbeitet sie in ihrem Ausbildungsberuf in derselben Einrichtung für Menschen mit sogenannten geistigen Behinderungen. Von 1988 bis 1993 hat die Mutter 30 Stunden gearbeitet, von 1993 bis zum 1. September 2009 32 Stunden. Seit diesem Datum gilt sie als erwerbsgemindert und hat infolgedessen ihre Wochenarbeitszeit auf 22,5 Stunden herabgesetzt. Zugleich erhält sie eine Rente. Arbeitslos war die Mutter nie.

Als ihr Hobby nennt Fabian Dachmann das Interesse an alternativer Heilmedizin. Ungefähr im Jahr 2007, schätzt der Interviewpartner, lernte seine Mutter ihren gegenwärtigen Lebenspartner kennen. Er wohnt in einer anderen Großstadt.

Herrn Dachmanns Vater arbeitet als Vermessungstechniker und war nur in den Jahren 1999 bis 2001 arbeitslos. Als seine Hobbys fallen dem Interviewpartner Tischtennis, Fußball, Lesen und Poker – nicht um echtes Geld – ein. Der Vater hat den Realschulabschluss erworben. Nach seiner Zeit als Zivildienstleistender wurde er zum Vermessungstechniker ausgebildet. In welchen Jahren dies erfolgte, ist dem Interviewten nicht bekannt.

Der Vater hat sich zu keiner Zeit im sogenannten Erziehungsurlaub befunden. Der Interviewpartner schätzt, dass sein Vater im Jahr 1998 seine neue Partnerin geheiratet hat und dass deren Scheidung 2005 oder 2006 erfolgte. Diese frühere Gattin des Vaters ist die Mutter von Herrn Dachmanns Halbbrüdern, die in den Jahren 1995 und 1996 geboren wurden. Sie hat keine Stiefkinder mit in die Ehe gebracht. Seit der Scheidung ihrer Eltern wohnen Fabian Dachmanns Halbbrüder weiterhin beim Vater.

IV.17.3.2 Die Person Fabian Dachmann

Als eigene Hobbys führt der Interviewpartner Poker, Fußball und amerikanische Sportarten an. Er erläutert, dass er Poker nicht mit realem Geld spiele. Während seiner Kindheit zeichnete er gemäß eigenen Angaben auf hohem Niveau, heute geht er dieser Freizeitbeschäftigung gelegentlich nach. Im Jahr 2005 erwarb Herr Dachmann seinen Hauptschul- und 2006 den Realschulabschluss. Im selben Jahr begann er eine Ausbildung zur Fachkraft für Lagerlogistik, die er 2009 abgeschlossen hat. Seit Juni 2009 ist er arbeitssuchend.

Als Fabian Dachmann 1987 geboren wurde, lebte seine Kernfamilie in einer Wohnung im zweigeschossigen Haus der Großeltern väterlicherseits in einem Dorf. Noch im selben Jahr zogen seine Eltern mit ihm in die große Stadt in der Nähe, wo sie ohne Opa und Oma lebten. Warum dieser erste Umzug vorgenommen wurde, ist dem Interviewpartner nicht bekannt. Nach der Trennung von Herrn Dachmanns Eltern 1990 zog der Vater zurück in sein Elternhaus. Der Interviewte und seine Mutter blieben bis 1994 in derselben Wohnung in der großen Stadt.

Bis zum Alter von zehn Jahren war der Interviewpartner in zweiwöchigem Abstand bei seinem Vater und wünschte sich zu diesem intensiveren Kontakt. Daher zogen Mutter und Sohn 1994 in eine eigene Wohnung nahe dem Wohnort des Vaters, sodass Herr Dachmann seinen Vater zu Fuß besuchen konnte. Nach dem Umzug aß der Interviewpartner stets bei seinem Vater zu Mittag. Dies wurde so organisiert, bis er 16 Jahre alt war. Obwohl sie im selben Dorf wohnten, gingen sich Herrn Dachmanns Eltern nun weitgehend aus dem Weg.

Von 2003 bis 2007 lebten der Interviewpartner und seine Mutter wieder in derselben großen Stadt wie zuvor, da sie die kürzeren Anfahrtswege zur neuen Schule bzw. zum Arbeitsplatz schätzten. Die Wegstrecke zum Vater betrug nun rund 30 Kilometer. Von dort aus besuchte Fabian Dachmann seinen Vater durchschnittlich einmal im Monat.

Seine erste eigene Wohnung bezog der Interviewpartner in einem Dorf, das ungefähr 20 Kilometer vom Wohnraum des Vaters und elf Kilometer von dem der Mutter entfernt liegt. Seit 2008 lebt die Mutter in ihrer heutigen Singlewohnung, für die sie sich u. a. wegen des Fahrstuhls im Treppenhaus entschieden hat. Gegenwärtig besucht der Interviewpartner seinen Vater und die Halbbrüder einmal im Monat, jeweils von Freitag bis Sonntag. Zur Häufigkeit von Fabian Dachmanns Besuchen bei seiner Mutter siehe IV.17.6.3.

Alle früheren Wohnorte des Interviewpartners und beider Elternteile befinden sich in Niedersachsen. Fabian Dachmann ist zurzeit Single, hat keine eigenen Kinder.

IV.17.4 Menschliche Kontakte in und außerhalb der Familie

IV.17.4.1 Gemeinsame Aktivitäten der Familie

Der Interviewpartner vermutet, dass vor der Trennung Unternehmungen mit beiden Elternteilen stattfanden, an Genaueres kann er sich nicht mehr erinnern (Zeilen 653-657). Er erlebte seine Eltern infolge der Trennung vor allem einzeln und berichtet, dass sein Vater und seine Mutter sich heute ungefähr einmal jährlich begegnen (Zeilen 105-106).

Herr Dachmann versucht, den Kontakt zu beiden Elternteilen gleichermaßen aufrechtzuerhalten:

„... *anfängt, schlecht über jemand anderes zu reden von beiden* (den jeweils anderen Elternteil, Anm. d. Verf.), *ich hör mir das eigentlich gar nicht an, ich schalt dann auf Durchzug, weil ich das gar nicht hören will.*" (Zeilen 284-286)

Die Begeisterung für Sport teilt er intensiver mit seinem Vater:

„*Sie* (die Mutter, Anm. d. Verf.) *hat immer gesagt, sie findet das ziemlich gut, aber ich glaube, dass es so ... ja, nicht so ganz Interesse ... ihr Interesse geweckt hat. Mein Vater (...), der hat immer versucht, mich da so auch in die Richtung zu drücken, Richtung Sport ...*" (Zeilen 30-33)

Als seine Halbbrüder noch klein waren, spielte der Interviewpartner mit ihnen (Zeilen 911-916). Diesen Kontakt beschreibt er wie folgt:

„... *die hat mein Vater dann ... der hat später geheiratet und hat dann zwei Söhne, ja, mit denen komm ich sehr gut klar ...*" (Zeilen 115-116)

Im Verlauf des Gesprächs und der Nachfragen resümiert Herr Dachmann, dass er Probleme, die sein eigenes Leben - wie zum Beispiel seine Ausbildungsstelle - betreffen, mit seinem Vater sowie mit Freunden, Verwandten und seiner Mutter bespreche (Zeilen 658-661). Die Gefühle beim Austausch hierüber mit Letzterer skizziert der Interviewpartner so:

„... *und die* (Mutter, Anm. d. Verf.) *hat da auch ziemlich viel Verständnis für, also ... und es ist meiner Meinung nach vielleicht auch teilweise sogar zu viel Verständnis. Und manchmal hab ich halt das ... auch Gefühl, dass ich sie 'n bisschen zu sehr damit belaste ...*" (Zeilen 439-442, vgl. 665-667)

IV.17.4.2 Der Kontakt zu Gleichaltrigen

Herrn Dachmann bereitete der Umzug aus der großen Stadt auf das Land Schwierigkeiten im Hinblick auf seine Mitschüler:

„... *halt schwer, als Stadtkind in so 'ne Dorfjugend 'reinzukommen, die sich seit dem Kindergarten kennt, und da war man halt am Anfang nur der krasse Außenseiter ...*" (Zeilen 77–79)

„*Na ja, an Schlägereien, Hänseleien etc.*" (Zeile 673)

Damals befand sich er im Grundschulalter (Zeilen 75–76).

Der Interviewpartner erläutert, dass er nach der Anfangszeit keine Außenseiterposition bei den Kindern im Dorf des Vaters mehr innehatte. Er denkt, dass er und seine Kameraden sich verändert haben:

„*Alle wurden etwas reifer und erwachsener. Man wird auch schon mal mit dem Vornamen angesprochen.*" (Zeilen 685–686)

„*Man wurde halt immer älter und halt irgendwo auch von den Gedanken her ein bisschen reifer, (...) heute hab ich zu den Leuten allen guten Kontakt.*" (Zeilen 82–84)

Einige Personen, die Fabian Dachmann früher als Außenseiter behandelten, zählt er heute zu seinem Freundeskreis, wobei er die meisten Bekannten, die er gegenwärtig trifft, in der Berufsschule und bei seiner Ausbildung, ungefähr im Jahr 2007, kennengelernt hat (Zeilen 687–689).

Gleichaltrige hat der Interviewpartner, bis er ungefähr 19 Jahre alt war, selten über die Erkrankung und Behinderung seiner Mutter informiert. Zuerst begründet er dieses Vorgehen damit, dass ihre Behinderung damals noch nicht augenscheinlich war (Zeilen 85–87). Sein Verhalten erklärt der Interviewpartner so:

„*Ich wollte damit nicht aufgezogen werden oder mich wegen irgendetwas rechtfertigen.*" (Zeilen 695–696)

Personen, mit denen Herr Dachmann eine Partnerschaft hatte, informierte er über die MS seine Mutter (Zeilen 699–701). Seit dem 19. Lebensjahr spricht er häufiger – auch mit Gleichaltrigen – über die MS seiner Mutter, vorausgesetzt, der Gegenüber zeigt sich interessiert. Verhalten sich die Gesprächspartner im Vorfeld schwierig, wägt Fabian Dachmann ab, ob er diese Informationen preisgibt oder nicht (Zeilen 934–946).

IV.17.4.3 Soziale Kontakte der Eltern

Den Bekanntenkreis seiner Mutter schätzt Fabian Dachmann als groß ein (Zeilen 705–706). Ihren neuen Lebenspartner hat sie nach der Diagnosestellung kennengelernt. Sie unterhält auch private Kontakte zu einer Bewohnerin der Einrichtung, in der sie arbeitet:

> „Also, sie unternimmt auch mit einer Bewohnerin, die ihr irgendwie besonders am Herzen liegt, auch privat Dinge, geht mit ihr schwimmen et cetera, mal in die Stadt ..." (Zeilen 171–173)

Ebenso trifft Fabian Dachmanns Mutter Menschen der örtlichen Selbsthilfeinitiative für MS, in der sie selbst aktiv ist:

> „... dieser MS-Gruppe, in der sie tätig ist, irgendwie auch als Beraterin für Betroffene. (...) andern Leuten, die das gleiche haben, zu helfen und dann eben auch 'n positives Vorbild für die zu sein ..." (Zeilen 147–150)

Zugleich erwähnt der Interviewpartner, dass seine Mutter über weitere soziale Kontakte außerhalb ihres Arbeitsplatzes und ihres ehrenamtlichen Engagements verfüge (Zeilen 702–704). Herr Dachmann berichtet, dass die Freundschaften seiner Mutter an ihrem Arbeitsplatz, in ihrer Schulzeit, bei Feiern und bei Reisen entstanden seien (Zeilen 1161–1162). Er beschreibt seine Mutter als gesellig:

> „Sie (die Mutter, Anm. d. Verf.) ist sehr häuslich und verbringt viel Zeit mit ihrem Freund (der Lebensgefährte der Mutter, Anm. d. Verf.). Hin und wieder kommt Besuch." (Zeilen 1159–1160, vgl. 707–709)

Bei den sozialen Kontakten der Mutter stehen folgende Anlässe im Vordergrund:

> „Zum Kaffee, zu Geburtstagen, in der Sauna, im Urlaub, am Telefon, zum Weggehen." (Zeilen 1164–1165)

Herr Dachmann berichtet, dass sein Vater ebenfalls viele Freundschaften habe und diese in seiner Schulzeit, an seinem Arbeitsplatz, über gemeinsame Freizeitinteressen und seine Sportbegeisterung entstanden sind (Zeilen 715–716, 721–722). Seine Termine beim Ausgehen passt der Vater des Interviewpartners auch an seine Vaterrolle gegenüber den Halbbrüdern an:
 "*Eher selten etwas, er ist nicht der, der groß etwas unternimmt. Zumal er für meine Halbbrüder da sein muss. Er liest lieber ein gutes Buch.*" (Zeilen 724–725)

Bekannte aus seinem Wohnort trifft der Vater öfter. Ungefähr einmal pro Woche verbringt er seine Freizeit in der großen Stadt, in der heute auch die Mutter des Interviewpartners lebt (Zeilen 949–956). Auf meine Nachfrage erwähnt Fabian Dachmann, dass der Freundeskreis seines Vaters einerseits positive, andererseits auch schwierige Momente für diesen mit sich bringe:
 "*Sowohl als auch. Mit manchen versteht man sich besser, mit anderen redet man kaum ein Wort.*" (Zeilen 719–720)

Mit den Bekannten, zu denen auch Personen zählen, die sich weniger gern unterhalten, schaut der Vater gemeinsam öffentliche Übertragungen von Fußballspielen an. Teilweise fände auch ein Austausch zu diesem Sport statt (Zeilen 958–959).

IV.17.4.4 Konflikte und Verhaltensweisen während Meinungsverschiedenheiten innerhalb der Familie

Der Interviewpartner unterscheidet zwischen zwei Arten von Konflikten: einmal die seiner Eltern, die sich fast gar nicht mehr austauschen, und auf der anderen Seite seine eigenen Meinungsverschiedenheiten mit seiner Mutter oder seinem Vater.

Zu Streitigkeiten mit seiner Mutter während seiner Kindheit erzählt Herr Dachmann:
 "*Ja, es ging drum, dass ich in der Schule ordentlich arbeite oder ums Zimmeraufräumen. Es war kurz und heftig und dann auch wieder vorbei. Danach war das erledigt. Ja, und ich habe meist klein beigegeben.*" (Zeilen 1146–1148)

Beim Interviewpartner sorgten im Jugendalter beispielsweise folgende Äußerungen für Unmut:
„‚Trink nicht so viel, wenn du mal irgendwo hingehst!'" (Zeile 127)

Auf meine Nachfrage antwortet Fabian Dachmann, dass er darüber aus folgendem Grund verstimmt war:
„Dass der Elternteil genau weiß, dass ich das nicht mache, und es in Gegenwart von Bekannten und Freunden geschah." (Zeilen 729–730)

„Ja, das sagt sie (die Mutter, Anm. d. Verf.) bis heute. Aber jetzt stört mich das nicht mehr. Früher hat es mich sehr geärgert, heute nicht mehr." (Zeilen 968–969)

Der Interviewpartner vergleicht Streit mit seinen Halbbrüdern, als diese Kinder waren, mit heute – inzwischen sind beide im Jugendalter:
„Ja, früher ging das so: ‚Räum dein Zimmer auf!', ‚Geh nicht alleine in die Küche, verbrenn dich nicht, wenn der Herd eingeschaltet ist!' Und heute heißt es für sie: ‚22 Uhr genügt, sei pünktlich zu Hause, raucht nicht und trinkt keinen Alkohol, wenn der Vater nicht da ist', ‚Es braucht keine 60 Euro für eine Jacke'." (Zeilen 921–925)

Streit zwischen Fabian Dachmanns Vater und dessen drei Söhnen beschreibt der Interviewpartner wie folgt:
„Mein Vater wird dann auch mal laut und sagt ‚Nein!' und es gibt Hausarrest und so. Mein Vater kann streng sein. Wenn mein Vater richtig sauer ist, dann wird er sehr laut und dann ist das aber auch schnell wieder vergessen. Und so sind wir alle: meine Halbbrüder und ich auch. Dann gibt es drei Minuten Explosion und wenn wir uns wieder beruhigt haben, dann reden wir darüber und dann klären wir das. Meist ist das dann schnell erledigt. Ab und zu dauert es länger und wir müssen länger darüber reden." (Zeilen 984–991)

Die Eltern des Interviewpartners haben intensive Meinungsverschiedenheiten, sodass es ihm lieber ist, wenn sich beide nicht begegnen. Er berichtet, dass sich seine Mutter in Erziehungsfragen von seinem Vater alleingelassen gefühlt habe (Zeilen 101–102) und dass sein Vater Situationen mit seiner Mutter als nicht tragbar empfinde (Zeilen 103–105). Der Interviewpartner fügt hinzu, dass er sich bei seinem Vater nie erkundigt habe, was genau er mit diesen Aussagen meine (Zeilen 731–734). Den Kontakt seiner beiden Elternteile heute beschreibt Fabian Dachmann so:

> *„Und, puh, ja, es ist immer ziemlich schwer, also, die beiden (Fabian Dachmanns Mutter und Vater, Anm. d. Verf.) sprechen vielleicht einmal im Jahr miteinander, und dann ist es halt ... geht halt meistens auch nur um irgendwelche kleinen Lappalien, die sich dann wirklich irgendwie so hochreiten, dass sie dann wirklich sehr stark streiten, also, das ist ... mir ist es lieber, wenn die beiden gar nicht voneinander reden ..."* (Zeilen 105–109)

Die Erkrankung der Mutter wurde bisher nicht in die Auseinandersetzungen zwischen den getrennten Elternteilen hineingezogen:

> *„... da ist er (der Vater, Anm. d. Verf.) nicht der Typ für, dass er andere Leute damit konfrontiert, dass er mit irgendwelchen Behinderungen oder Ähnlichem ... hatte ja auch, ähm, dort gearbeitet, in dieser ... in dieser sozialen Einrichtung ..."* (Zeilen 325–328)

Diese Äußerung bezieht sich auf den Zivildienst, den der Vater geleistet hat.

IV.17.5 Verhaltensweisen Dritter allgemein und belastende Erfahrungen
IV.17.5.1 Reaktionen von Menschen außerhalb der Kernfamilie

Bedrückende Reaktionen wollte der Interviewpartner vermeiden:

> *„... wenn einen die ganze Zeit nur jemand von links und rechts ...: ‚Das tut mir ja so leid und das muss doch schwer für dich sein!' ... und das kann ich überhaupt nicht leiden."* (Zeilen 494–496)

Die Haltung der Großeltern mütterlicherseits gegenüber der Erkrankung der Mutter charakterisiert der Interviewpartner folgendermaßen:

"... also, die haben immer irgendwie so 'ne komische Meinung, dass sie eigentlich gar nichts sagen." (Zeilen 177–179)

Die helfenden Bekannten der Mutter zeigen sich gegenüber ihrer MS verständnisvoll. Fabian Dachmann erklärt sich dies damit, dass diese Personen in diesem Bereich auf positive Weise sensibel seien: *"Das sind halt auch ziemlich soziale Leute ..."* (Zeilen 509–510)

Ebenso ist das Arbeitsumfeld der Mutter gegenüber krankheitsbedingten Besonderheiten sehr aufgeschlossen:
"... dass sie sich krankschreiben lässt, und das sehen die auf der Arbeit ... das sehen die auch sehr locker, also, dass die dann wirklich sagen: ‚Ja, dann bleiben Sie lieber zu Hause, es ist dann halt besser für Sie', also, es wird schon toleriert, auf jeden Fall." (Zeilen 157–160)

Im Hinblick auf seine Arbeitskollegen hat der Interviewpartner andere Erfahrungen gemacht:
"... wenn ich da mal irgendwas hatte, dass ich dann nicht selber zum Arzt gegangen bin, sondern meiner Mutter hier zu Hause irgendwas geholfen habe, das wurde mir zum Vorwurf schon gemacht ..." (Zeilen 405–407)

Der Interviewte fügt hinzu, dass er seinen Vorgesetzten nicht über die Behinderung der Mutter informiert hat. Dies begründet er damit, dass sein Chef bereits in anderen Fällen Tod und Krankheit ins Lächerliche gezogen habe (Zeilen 467–470). Auf meine Nachfrage erläutert er, dass es sich bei den Arbeitskollegen, die seine Hilfe für seine Mutter als Ausrede auffassten, um ältere Mitarbeiter handelte, die auch von der MS der Mutter wüssten (Zeilen 737–742).

IV.17.5.2 Diskriminierungserfahrungen

Fabian Dachmann ist nicht bekannt, dass seine Mutter jemals infolge ihrer Behinderung diskriminiert worden ist:
"Also, ich hab das zumindestens noch nicht erlebt." (Zeile 382)

Unterwegs bemerkt Herr Dachmann keine besonderen Blicke, wenn er sich mit seiner Mutter bewegt. Dies erklärt er damit, dass

ihre Behinderung kaum sichtbar ist (Zeilen 383–386). Zugleich betont er, dass er auch mit seiner Mutter unterwegs war, als diese auf Stock, Rollstuhl oder Handbike zurückgegriffen hat (Zeilen 743–745). Auf meine Nachfrage, wie Passanten reagiert hätten, antwortet Herr Dachmann:
> „Da achte ich nicht drauf, wer ein Problem hat, der sollte wegsehen und es für sich behalten." (Zeilen 747–748)

Der Interviewpartner erzählt von negativen Erfahrungen mit seinem Vorgesetzten. Da Herr Dachmann diese selbst nicht „Diskriminierung" nennt, wurden sie unter IV.17.5.1 aufgeführt.

Auch im Zusammenhang mit seiner Fotoepilepsie fühlt sich der Interviewte nicht diskriminiert:
> „Nein, eigentlich nicht. Hier und da kam mal ein dummer Spruch wie ‚Epilepsie, aber happy', aber den verwende ich selber oft genug. So etwas stört mich nicht mehr." (Zeilen 750–752)

Fabian Dachmann ergänzt, dass er obige Bemerkung ungefähr im Alter von 15 Jahren gehört habe (Zeile 754).

IV.17.6 Technische, allgemeine und personelle Erleichterungen im Alltag
IV.17.6.1 Hilfsmittel und Umgangsweisen

Fabian Dachmann rechnet zum Zeitpunkt des Interviews damit, dass seine Mutter in Zukunft verstärkt auf Gehhilfen zurückgreifen muss. Im Jahr des Interviews ist die Mutter in eine Wohnung gezogen, die mit einem Aufzug erreichbar ist. Der Fahrstuhleingang liegt auf derselben Ebene wie die Parkplätze der Hausbewohner.

Bis zur Ausweitung ihres Gehvermögens im November 2009 nutzte Herrn Dachmanns Mutter folgende Hilfsmittel: Von 2005 an verwendete sie außerhalb ihrer Wohnung einen Gehstock und ein Handbike. Von 2007 bis zum Winter 2009 setzte sie einen Rollator und einen Rollstuhl für längere Strecken draußen ein. Auf das Festhalten an Einrichtungsgegenständen innerhalb der Wohnung griff sie nie zurück (Zeilen 1074–1076). Ihr Auto war nie auf reinen Handbetrieb umgerüstet (Zeilen 757–758).

Der Interviewpartner berichtet in einer Nachfrage von den gesundheitlichen Verbesserungen seiner Mutter: Seit November 2009 kann sie wieder frei gehen. Den Grund hierfür sieht er darin, dass seine Mutter mit einer Naturheilpraktikerin arbeitet, positives Denken anwendet und sich mit Verhaltensmustern aus ihrer Kindheit auseinandersetzt. Seit der Verbesserung ihres Gehvermögens hat sie alle oben genannten Hilfsmittel auf dem Dachboden verstaut (Zeile 1105).

Im Umgang mit seiner Fotoepilepsie setzt der Interviewpartner keine Hilfsmittel ein, versucht aber die Auswirkungen mit folgenden Verhaltensweisen positiv zu beeinflussen: So hält er ausreichend Abstand zu Bildschirmen und beim Diskothekenbesuch trägt er eine Sonnenbrille, um sich vor grellen und blitzenden Lichteffekten, wie zum Beispiel dem Stroboskop, zu schützen (Zeilen 1003–1006). Er erläutert, dass es keine Rolle spiele, ob er bei intensiver Sonneneinstrahlung eine Sonnenbrille trage oder nicht (Zeilen 1007–1008).

IV.17.6.2 Personelle Hilfen

Die Unterstützung von Dritten nutzt die Mutter zum Beispiel bei Besorgungen, wenn Helfende ihr die Einkaufstaschen abnehmen. Hingegen hat sie bei dem Umzug, der am kürzesten zurückliegt, angebotene Hilfe immer wieder zurückgewiesen:

> „… haben wir ja auch gesagt, dass sie nur kleine Dinge tragen soll. Das hat sie natürlich nicht gemacht, aber …" (Zeilen 254–255)

Auf meine Nachfrage, wer der Mutter dies nahegelegt habe, ergänzt der Interviewpartner:

> „Ihr Freund (der Lebensgefährte der Mutter, Anm. d. Verf.), meine Großmutter, ihre Freunde und natürlich ich." (Zeile 773)

Fabian Dachmann fügt hinzu, dass es sich bei den oben erwähnten Hilfen für seine Mutter um die Großmutter mütterlicherseits handelte (Zeilen 1009–1012).

Nachdem der Interviewpartner sowohl erzählt hatte, dass seine Mutter ihre Einkäufe selbst bewältige (Zeilen 767–770), als auch dass er diese für sie trage (Zeilen 66–68), erläutert er, dass sie allein zum Einkaufen fahre, wenn kein Helfer zur Verfügung steht. Ist eine unterstützende Person in ihrer Nähe, trägt diese die Ein-

kaufstaschen. Doch auch wenn ein Helfer vorhanden ist, lässt sich die Mutter die Ware nicht nach Hause bringen, sondern begleitet den Helfer in die Geschäfte (Zeilen 1015-1019).
Der Lebensgefährte der Mutter hilft ihr an zwei bis drei Tagen pro Woche (Zeilen 780-782, 1020-1023). Die gesamte Unterstützung ist unentgeltlich. Meist ist sie damit zufrieden, wie die Hilfen geleistet werden. Hierbei gibt es auch Ausnahmen:

„... wenn es ihr dann irgendwie nicht passt, dass dann irgendwas nicht stimmt, dann macht sie meistens das selber noch am Ende, also ..." (Zeilen 364-365)

Auf meine Frage, welche Person welchen Anteil der Unterstützung für seine Mutter übernimmt, antwortet Herr Dachmann:
„Ihr Freund um die 40 %, ich 40 %, Freunde 20 %." (Zeile 788)

Es kommt vor, dass die Mutter den Dank für freundschaftliche Dienste mit einem kleinen Geschenk zum Ausdruck bringt:
„... wie mal 'ne Tafel Schokolade oder irgendwie so was, dann revanchiert sie sich dann immer selber in irgend 'ner Art und Weise." (Zeilen 372-374)

Auf meine Nachfrage erklärt der Interviewpartner, eine Freundin der Mutter habe diese Süßigkeit als Dank erhalten (Zeilen 774-777).

IV.17.6.3 Unterstützung von Seiten des Kindes
Der Interviewte hilft seiner Mutter immer wieder außer Haus:
„Wenn ich da bin, dann komme ich immer mit." (Zeile 779)

„... in diesen kleinen Sachen, wie zum Beispiel Einkaufstaschen tragen et cetera ..." (Zeilen 67-68)

Kann er seiner Mutter einmal nicht unter die Arme greifen, sind stets andere Personen zur Stelle, die einspringen:
„... weil ich genau weiß, dass dann halt noch andere Leute da sind, die ihr helfen, dass es halt nicht nur ich bin, der da ist, sondern auch ihr Freund oder Bekannte helfen würden, wenn's ganz nötig wäre." (Zeilen 559-561)

Zum Zeitpunkt des Interviews stand Fabian Dachmann seiner Mutter ein- bis zweimal pro Woche zur Verfügung. Seit Oktober 2009 besucht er seine Mutter nur noch zweimal monatlich. Insofern ist der Umfang seiner Unterstützung für seine Mutter zurückgegangen (Zeilen 1024–1032).

Fabian Dachmann hat das Gefühl, seiner Mutter insgesamt eher zu wenig zu helfen. Dies resultiert seiner Meinung nach daraus, dass er separat wohnt und dass sie immer wieder Unterstützung ablehnt:

> *„… und ich möchte ja auch gerne mehr machen, nur, ich bin ja auch nicht immer da, und manchmal krieg ich dann halt auch gesagt: ‚Nein, ich mach das alleine!' (…) ich kann sie ja nicht zwingen …"* (Zeilen 550–554)

Der Interviewpartner denkt, dass seine Mutter das richtige Maß an Hilfen erhält bzw. erhalten hat:

> *„… und das ist auch, meiner Meinung nach, genau das Richtige, dass man jetzt nicht von links und rechts von allen möglichen Leuten betüddelt wird …"* (Zeilen 341–343)

IV.17.7 Reflexionen des Interviewten

IV.17.7.1 Auseinandersetzung mit dem Thema „Behinderung"

Nach einem Beinahe-Unfall während eines Besuchs wurde die Diagnose „Multiple Sklerose" bei der Mutter des Interviewpartners gestellt:

> *„… da wäre sie fast die Treppe runtergestürzt, und dann wurde das wohl später im Krankenhaus hier in der Stadt aufgeklärt, was das überhaupt ist."* (Zeilen 41–42)

Gefühlsmäßig hadert Fabian Dachmann mit dem Schicksal seiner Mutter:

> *„Das ärgert mich ein bisschen, das hat ausgerechnet jetzt sie getroffen …"* (Zeile 305)

Im Folgenden unterstreicht er, dass der Weg der Familie in der Annahme dieser Diagnose liege:

„... dann muss man das halt akzeptieren, wie das so ist, und versuchen, am ... bestmöglich damit klarzukommen." (Zeilen 306–308)

Schwierig sei dabei die Tatsache, dass es sich bei der Erkrankung der Mutter um einen schleichenden Prozess handelt (Zeile 47). Dass sie ihrer Situation aktiv begegnet und zum Beispiel Handbike fährt, begrüßt Herr Dachmann (Zeilen 94–95).
Seit seiner Kindheit ist er immer wieder mit Menschen mit Behinderungen in Berührung gekommen:
„... eine gute Bekannte von meiner Mutter ist blind." (Zeile 299)

Herr Dachmann hat auch Personen mit sogenannter geistiger Behinderung getroffen, da die Mutter in einer entsprechenden Einrichtung arbeitet. Zugleich ist ihm niemand bekannt, der wie sie an MS erkrankt ist (Zeilen 293–294).
Fabian Dachmann unterstreicht, dass sich seine Mutter einen normalen Umgang wünscht:
„... mit irgendwelchen Samthandschuhen anzufassen (...), das kann sie auch nicht haben." (Zeilen 449–451)

Der Interviewpartner schätzt seine Situation insofern als vergleichsweise einfach ein, als seine Mutter eine konstruktive Haltung gegenüber ihrer Behinderung einnimmt:
„Es ist auf jeden Fall erheblich leichter, wenn jemand selber damit umgehen kann, statt dass er sich in Selbsttrauer suhlt oder sonst irgendwas." (Zeilen 248–249)

Fabian Dachmann beobachtet sich selbst genau, um einen eventuellen Ausbruch von MS wahrzunehmen. Zugleich denkt er, dass er kein erhöhtes Risiko für die Erkrankung habe, da in seiner Familie außer der Mutter keine weitere Person davon betroffen ist und ihm gesagt wurde, dass MS nicht genetisch weitergegeben wird (Zeilen 513–520). Dem fügt er hinzu:
„Wenn es kommt, dann kommt es, dann ist es halt auch so ..." (Zeilen 523–524)

IV.17.7.2 Eigenes Leben und Sichtweisen von Fabian Dachmann

Dem Interviewpartner liegt nach der Trennung ein guter Kontakt zu beiden Elternteilen am Herzen:

> *„Unheimlich wichtig war halt, dass ich sowohl mit Mutter und Vater gut ausgekommen bin und (...) dass ich meinen Vater regelmäßig gesehen hab, was auch immer so war."* (Zeilen 4–7)

Insgesamt fühlt sich Herr Dachmann zu beiden Elternteilen gleichermaßen hingezogen:

> *„... ein kleines bisschen mehr zu meiner Mutter, weil ich ja hier auch schließlich dann aufgewachsen bin, aber im Grunde genommen hält sich das so ungefähr die Waage."* (Zeilen 277–279)

> *„Heute mache ich mein eigenes Ding, da gibt es zu keinem einen Überhang."* (Zeile 1039)

Er geht davon aus, dass die Behinderung seiner Mutter keine Auswirkungen auf seinen Umgang mit Schwierigem habe:

> *„Nö, also, ich hab genauso Probleme wie jeder andere, eigene, und da muss ich auch mit fertig werden, also, das verändert nichts."* (Zeilen 291–292)

Weiterhin denkt Fabian Dachmann, dass er keine Erfahrungen gemacht hat, mit denen er ohne die Behinderung seiner Mutter nicht konfrontiert gewesen wäre (Zeilen 237–240).

In seiner Kindheit und Jugend war es ihm möglich, verschiedene Freizeitaktivitäten auszuprobieren bzw. zu praktizieren:

> *„Ich hab 'ne ganze Zeit lang Tischtennis gespielt, dann Fußball, Handball ..."* (Zeilen 20–21)

Im American Football gelang es dem Interviewpartner, in die Jugendauswahl seines Bundeslandes aufgenommen zu werden. Aufgrund einer Knieverletzung musste er aber aufhören. Während seines Heranwachsens habe er gut gezeichnet:

> *„... wollte meine Mutter auch besonders das noch fördern, mit irgend'ner Kunstschule oder irgendwas, aber das wurde halt ... aus finanziellen Mitteln war das nicht möglich ..."* (Zeilen 224–226)

Auch seine Berufswahl wurde von beiden Elternteilen für gut befunden (Zeilen 229–235).

Heute hat der Interviewpartner das Gefühl, das für ihn ideale Maß an Nähe und Distanz zu seiner Mutter zu leben:
> *„Dadurch, dass ich meine eigene Wohnung hab, kann ich halt irgendwo auch 'nen gewissen Abstand zu dem Ganzen noch gewinnen, als wenn ich jetzt jeden Tag hier wäre."* (Zeilen 544–546)

Zusammenfassend stellt der Interviewte fest, dass er stets Rückhalt bei seiner Mutter und seinem Vater fand:
> *„... doch, es wurde eigentlich immer ... also, das, was ich gemacht habe, wurde eigentlich immer unterstützt."* (Zeilen 213–214)

V Synoptischer Quervergleich der Interviewdarstellungen – Präsentation des Erkenntnisgewinns

Im synoptischen Quervergleich werden Aussagen sowie unterschiedliche Erlebnisse und Wahrnehmungen der Interviewpartner gebündelt und vergleichend gegenübergestellt, um personenübergreifende Erkenntnisse meiner Studie formulieren zu können.

An dieser Stelle soll ein Überblick über die Bandbreite unterschiedlicher Erfahrungen der Interviewten gegeben werden. Falls dabei der Kontext unklar bleiben sollte, ist in den Interviewdarstellungen bzw. in den Interviewtexten Genaueres einsehbar. Habe ich Informationen nicht direkt mit Zeilenangaben aus den Interviewtexten belegt, so sind sie aus den biografischen Kurzfragebögen und aus den Memos entnommen, die sich im Anhang befinden.

V.1 Familienformen und Geschwisterzahl
V.1.1 Die familialen Lebensformen bzw. Geschwisterkinder der Herkunftsfamilien der Interviewpartner

Meine synoptischen Betrachtungen beginne ich mit den Familienkonstellationen, in denen die Interviewpartner aufgewachsen sind. Hierbei handelt es sich, wie bereits im Methodenteil dargelegt, nicht um einen quantitativen Fokus. Das bedeutet im Hinblick auf den Erkenntnisgewinn, dass keine Repräsentativität vorliegt. Zugleich ist zu vermuten, dass sich verschiedene Grundkonstellationen wiederholen.

Die Interviewpartner sind in unterschiedlichen Familienformen aufgewachsen[34]: Es kommt sowohl die klassische Kernfamilie mit Vater, Mutter und gegebenenfalls leiblichen Geschwistern[35] als auch das Heranwachsen bei alleinerziehenden Elternteilen[36] oder in Patchworkfamilien[37] vor. Habe ich eine Person bei verschiedenen Familienformen als Beispiel genannt, so durchlief diese als Kind und/oder Jugendlicher die genannten Formen familiären Zusammenlebens.[38]

Nun beleuchte ich die Anzahl der Heranwachsenden pro Herkunftsfamilie: Vier Interviewpartner sind ohne Geschwister aufgewachsen[39], acht hatten ein Geschwisterkind[40], drei hatten zwei[41] und zwei Gesprächspartnerinnen besaßen drei Geschwister[42]. Die getrennt lebenden Eltern einer Interviewpartnerin hatten bzw. haben insgesamt die Verantwortung für sechs[43] Kinder.

---

34   Vgl. II.2.1: NAVE-HERZ

35   Vgl. Interviewdarstellungen von ASTRID MÜLLER, CLARA LANGE, PIA WEISS, LENNART APELT, LIA DÖBEL, JENS HOFFMANN, SILKE HOLZ, ANDREA RIEGEL, PETER RATH, MARINA THOMA, MARIO KRÄFT, LYDIA MEYER, SIGRID PETERS, ANNALENA KÖNIG, BJÖRN SCHNEIDER, KEVIN SCHNEIDER und FABIAN DACHMANN.

36   Vgl. Interviewdarstellungen von CLARA LANGE, ANNALENA KÖNIG und FABIAN DACHMANN.

37   Vgl. Interviewdarstellungen von CLARA LANGE und FABIAN DACHMANN.

38   Vgl. Interviewdarstellungen von CLARA LANGE, ANNALENA KÖNIG und FABIAN DACHMANN.

39   Vgl. Interviewdarstellungen von ANDREA RIEGEL, MARIO KRÄFT, SIGRID PETERS und ANNALENA KÖNIG.

40   Vgl. Interviewdarstellungen von ASTRID MÜLLER, PIA WEISS, LENNART APELT, JENS HOFFMANN, SILKE HOLZ, PETER RATH, BJÖRN SCHNEIDER und KEVIN SCHNEIDER.

41   Vgl. Interviewdarstellungen von LIA DÖBEL und MARINA THOMA; auch FABIAN DACHMANN wuchs bei seinem Vater in einer Patchworkfamilie mit zwei Halbgeschwistern auf, also sind es – mit ihm selbst – insgesamt drei Kinder.

42   Vgl. CLARA LANGE und LYDIA MEYER (siehe Interviewdarstellungen der betreffenden Interviewpartner).

43   Die beschriebene Konstellation ist bei CLARA LANGE gegeben: große Tochter des Vaters, die neue Kernfamilie des Vaters mit Halbbruder,

V.1.2 Fazit

Die obige Zusammenschau unterstreicht, dass Mütter und Väter mit Körper- und/oder Sinnesbehinderungen nicht immer nur Eltern eines Kindes sind. Auch die Formen des Zusammenlebens können wechseln.

Es könnte vermutet werden, dass Mütter und Väter, die zwei- oder mehrfach Nachwuchs bekommen, stets diejenigen mit den leichtesten Beeinträchtigungen sind. Dass sich dies nicht zwangsläufig so präsentieren muss, zeigt meine Studie: In den Familien der Interviewpartner, die mit zwei oder mehr minderjährigen Geschwistern aufgewachsen sind, finden sich blinde, gehörlose und körperbehinderte Menschen in der Elternrolle. Die Verantwortung für drei leibliche Kinder hatten ein gehörloses Ehepaar[44] und ein blinder Vater[45] inne.

Die Elternschaft von Müttern und Vätern mit Körper- und/oder Sinnesbehinderungen, wie sie mir begegnet ist, stellt sich in Bezug auf die Familienformen und die Kinderzahl vielfältig dar, wie dies auch bei Familien mit Elternteilen ohne Behinderung vermutet werden kann.

V.2 Freizeitaktivitäten der Familien
V.2.1 Das Spektrum der Freizeitgestaltung der Familien

An dieser Stelle sollen gemeinsame Freizeitaktivitäten der Familienmitglieder in den Herkunftsfamilien der Interviewpartner beleuchtet werden: Existiert überhaupt freie Zeit für derartige Beschäftigungen? Ist es Elternteilen mit Behinderungen möglich, an gemeinsamer Freizeit teilzuhaben?

In den Interviewäußerungen wird eine größere Bandbreite an Freizeitgestaltungen angesprochen. Zuerst beschäftige ich mich mit den Reisezielen, danach widme ich mich den Hobbys. Mit den Urlaubsplanungen ihrer Herkunftsfamilie zeigt sich ASTRID MÜLLER zufrieden. Dabei ersparten Unterkünfte speziell

---

CLARA LANGE bei ihrer Mutter und deren drei Pflegekindern (siehe Interviewdarstellungen der betreffenden Interviewpartnerin).

44   Gemeint ist die Herkunftsfamilie von MARINA THOMA.
45   Es handelt sich um den Vater von CLARA LANGE.

für blinde Nutzer den Eltern zusätzlichen Planungsaufwand und den Kindern ermöglichten sie Freiheiten.[46]

Von Urlauben mit seinem nahezu blinden Vater und seiner blinden, hochgradig schwerhörigen Mutter erzählt auch MARIO KRÄFT. Verschiedene Nachbarländer wurden dabei angesteuert.[47] Für PIA WEISS' Herkunftsfamilie war der Sommerurlaub mit Verwandtenbesuch verbunden, bei dem die im Mittelmeerraum lebende Großmutter und zugleich die Heimat der Mutter besucht wurde.[48]

In allen Interviews wird eine große Bandbreite an Hobbys und Freizeitunternehmungen genannt: Tagesausflüge in die nähere Umgebung[49], Sport treiben[50], Objekte aus Holz anfertigen oder Modellbau[51], Musizieren[52], Wissensvermittlung[53], Kulturelles außer Haus verfolgen[54], Gesellschaftsspiele[55] und spaßiges Necken[56].

V.2.1.1 Vermeidung von Freizeitbeschäftigungen nahe der behinderungsbedingten Veränderungen?

In diesem Kapitel stehen Freizeitbeschäftigungen im Mittelpunkt, die scheinbar mit den Behinderungen der Elternteile kollidieren, aber dennoch von diesen auf eigene Art und Weise ausgeübt wurden.

46	ASTRID MÜLLER Zeilen 603–605	
47	MARIO KRÄFT Zeilen 346–347	
48	PIA WEISS Zeilen 693–694	
49	SILKE HOLZ Zeilen 95–96, PETER RATH Zeilen 1353–1355	
50	LENNART APELT Zeilen 928–929, 938–941, SILKE HOLZ Zeilen 92–94	
51	JENS HOFFMANN Zeilen 677–678	
52	KEVIN SCHNEIDER Zeilen 9–13, 75–77	
53	KEVIN SCHNEIDER Zeilen 421–425, ANNALENA KÖNIG Zeilen 386–391, 798–800	
54	LENNART APELT Zeilen 928–930	
55	LYDIA MEYER Zeilen 909–913	
56	ANDREA RIEGEL Zeilen 135–136	

Von ihrem hörbehinderten Vater, der in der Familie sang, wenn er ein Lied erfasst hatte,[57] berichtet LIA DÖBEL. Die Mutter von MARINA THOMA ist gehörlos, aber sie schaffte ein Klavier an und ließ ihre Tochter Klavierunterricht nehmen. Damals belastete es MARINA THOMA, dass ihre Eltern ihre musikalischen Fortschritte nicht über das Gehör verfolgen konnten, allerdings kann ihre Mutter tanzen, wenn ihr der Takt visuell verdeutlicht wird. Heute unterstützen MARINA THOMAs Eltern den Musikunterricht ihrer Enkelkinder finanziell.[58]

Die Vermutung, dass umfassende Bewegungsbehinderungen von Elternteilen automatisch zu einer eingeschränkten Freizeitgestaltung mit dem Nachwuchs führen, trifft auf ANNALENA KÖNIG und ihren Vater nicht zu: Beide pflegten ein verletztes Tier, bauten selbst Spielzeug und ließen ferngesteuerte Autos fahren. Die Interviewpartnerin erwähnt auch umfassendes Wissen, das ihr Vater vermittelte.[59]

V.2.1.1.1 Elterliche Haltungen gegenüber Sportarten beim Nachwuchs
Die Eltern mit Behinderungen aus meiner Studie wurden auf diese Weise aktiv: Das Inlineskaten lernte ANNALENA KÖNIG, indem sie sich am Elektrorollstuhl ihres Vaters festhielt. Ihre Mutter ist im Beinbereich nicht beeinträchtigt, lehrte die Tochter jedoch nicht das Fahren auf Inlineskates. Auch als die Interviewpartnerin es konnte, war sie häufiger mit ihrem Vater, der hoch querschnittsgelähmt ist, und ihren Inlinern unterwegs als mit ihrer Mutter.[60] Interessant finde ich, dass der „private Inlinerkurs" nicht ausschließlich auf verbaler bzw. theoretischer Ebene stattfand, sondern praktisch, und ANNAENA KÖNIG so das Inlineskaten tatsächlich lernte. Des Weiteren beteiligte sich LENNART APELTs blinde Mutter an Ballspielen ihrer Söhne.[61]

Die Ergebnisse meiner Studie zum Thema „Fußballspielen" erwiesen sich als vielschichtig: JENS HOFFMANNs Vater ist kör-

---

57 LIA DÖBEL Zeilen 45–46
58 MARINA THOMA Zeilen 290–295, 979–980, 1073–1077, 1145–1150
59 ANNALENA KÖNIG Zeilen 119–121, 779–782, 390–391
60 ANNALENA KÖNIG Zeilen 792–794
61 LENNART APELT Zeilen 78–87

perlich fit. Er schwimmt und fährt Fahrrad. Die Hörbehinderung scheint diesen sportlichen Aktivitäten nicht im Wege zu stehen. Allerdings bedauert JENS HOFFMANN, dass sein Vater seine Fußballbegeisterung nicht teilt und beide diesbezüglich kaum gemeinsam aktiv werden, was aber keine Folge der Beeinträchtigung ist.[62]

Zuerst zeigte LENNART APELT im Kindesalter keine besondere Begeisterung für Fußball. Dann wurde sein nicht behinderter Vater als Fußballtrainer aktiv und ließ den Interviewpartner immer wieder teilhaben, bis eine chronische Krankheit beim Sohn diesen stoppte[63] – die Ursache hierfür liegt somit eindeutig jenseits der Behinderung eines Elternteils.

Fußballspiele der Kindermannschaften ihrer Söhne verfolgten LENNART APELTs blinde Mutter und BJÖRN SCHNEIDERs Vater, der mit Multipler Sklerose lebt, als Zuschauer vor Ort.[64] Beide Elternteile mit Behinderungen zeigten so Interesse an dem sportlichen Hobby ihres Nachwuchses. Um an den Aktivitäten der Kinder teilzuhaben, müssen Elternteile diesen Sport also nicht unbedingt selbst ausüben. Es ist zu vermuten, dass nicht alle Mütter und Väter ohne Behinderungen selbst „kicken", deren Söhne und/oder Töchter Fußball spielen.

V.2.1.2 Weitergabe von Kulturgut und eigens kreierte Freizeitbeschäftigungen

Ein blinder Vater hat seinem Nachwuchs entweder aus Brailleschrift-Büchern Geschichten vorgelesen oder sich selbst welche ausgedacht. Auch wünschte sich CLARA LANGE immer wieder „Malstunden", bei denen sie die Bildmotive ihres Vaters erriet. Im Freien haben die beiden zudem ein Orientierungsspiel erfunden. Es bestand darin, dass sie sich bewusst verliefen. Danach suchten das kleine Mädchen und ihr blinder Vater den Rückweg. Der Interviewpartnerin bereiteten diese selbst gestalteten Spielformen viel Freude. Auch ihr Vater schien gerne auf derartige Weise kreativ zu sein. Dass behinderungsbedingte Einschränkungen bei diesen Beschäftigungen von ihm möglicherweise als stärker erlebt wer-

---

62 JENS HOFFMANN Zeilen 509–511, 49–51
63 LENNART APELT Zeilen 516–519
64 LENNART APELT Zeilen 936–937, BJÖRN SCHNEIDER Zeilen 41–42

den als bei eher akustisch ausgerichteten Freizeitaktivitäten, trübte scheinbar weder CLARA LANGEs Spaß an diesen Spielformen, noch minderte dies die Bereitschaft des Vaters, immer wieder mitzumachen.[65]

Das Freizeitverhalten von CLARA LANGEs Mutter stellt sich als konträr zu dem des Vaters dar: Auch die Mutter ist sehbehindert, jedoch spielt sie ungern und zieht einen Schwimmbadbesuch mit ihrem Nachwuchs jeder Spielidee vor.[66] Die persönlichen Vorlieben dieser Elternteile verdeutlichen, dass ein Mehr an Sehvermögen nicht immer zu einem Plus an Spielfreude führen muss.

Auch folgender Einzelfall unterstreicht, dass ein nicht behinderter Elternteil kein Garant für gemeinsam verbrachte Freizeit sein muss: So galt JENS HOFFMANNs Mutter vor ihren Veränderungen im Rückenbereich als „nicht behindert", aber die Interessen bzw. Hobbys von ihr und dem Interviewpartner klafften scheinbar zu weit auseinander.[67]

V.2.1.3 Fazit

Aus den eben dargestellten Biografieausschnitten lässt sich meines Erachtens folgende Erkenntnis ableiten: Ob Familienmitglieder gemeinsamen Freizeitaktivitäten nachgehen, muss in keinem direkten Zusammenhang mit elterlichen Körper- und/oder Sinnesbehinderungen stehen.

Die Vorstellung, dass Elternteile mit Körper- und/oder Sinnesbehinderungen Sport, Musik, Kunst o. Ä. keinen Raum bieten, Elternteile ohne Behinderung aber stets begeistert die Aktivitäten des Nachwuchses verfolgen, wurde in meiner Studie nicht bestätigt. Es zeigten sich beispielsweise auf dem Hintergrund der Fußballfrage de facto mehr bzw. andere Abstufungen: Ein körperlich nicht behinderter Vater fand keinen Gefallen daran, während Elternteile mit Körper- und/oder Sinnesbehinderungen diesem Hobby ihrer Kinder Wertschätzung entgegenbrachten.

---

65 CLARA LANGE Zeilen 331–340
66 CLARA LANGE Zeilen 341–348
67 JENS HOFFMANN Zeilen 333–338

V.2.2 Zuschreibungen und Modifikationen im Kontext familiären Freizeitverhaltens

Nun befasse ich mich mit weiteren Aspekten des Freizeitverhaltens der Interviewpartner und ihrer Herkunftsfamilien. Dabei bewege ich mich von Fremdeinschätzungen – etwa von Lehrern – hin zum Fokus des Nachwuchses.

Dass sich die Perspektive Dritter konträr zur innerfamiliären Wahrnehmung präsentieren kann, unterstreicht SIGRID PETERS' Erfahrung mit dem Schulpersonal. Sie sollte nicht am Heimatkundeunterricht teilnehmen. Dies begründeten die Lehrkräfte damit, dass die Interviewpartnerin infolge ihrer Körperbehinderung die regionale Umgebung nicht erkunden könne. Diese Fremdeinschätzung steht im Widerspruch zur Realität: SIGRID PETERS unternahm im Kindesalter mit ihren ebenfalls körperbehinderten Eltern an den Wochenenden stets Ausflüge.[68] Wie bereits in der Interviewdarstellung erwähnt, gelang es der Familie, eine höhere Schulbildung für sie durchzusetzen.

Nun komme ich auf interfamiliär unterschiedliche Attribuierungen hinsichtlich des Möglichen zu sprechen. Diese tangieren den Freizeitbereich.[69] Während die Eltern von MARIO KRÄFT sich infolge ihrer Sinnesbehinderungen nicht in der Lage sahen, am Legospiel teilzuhaben[70], beteiligte sich LENNART APELTs Mutter, die blind ist, an den Spielangeboten im Rahmen der Kindergeburtstagsfeiern ihrer Söhne.[71]

Des Weiteren galten in LYDIA MEYERs Herkunftsfamilie Tagesfahrten in die nähere Umgebung infolge der Gehbehinderung der Mutter als unmöglich. Dieser „Nichtmachbarkeit" lag zugrunde, dass die Mutter – außer in medizinischen Akutsituationen – nur sehr selten Gehhilfen verwendete. Über einen Rollstuhl verfügte sie nie. Dies steht im Gegensatz zu der Praxis von Familie SCHNEIDER: Der Vater nutzt für längere Strecken einen Rollstuhl oder ein Handbike. Somit wurden Tagesausflüge mit dem Nachwuchs möglich.[72]

---

68   SIGRID PETERS Zeilen 681–684
69   Attribuierungen, die die elterliche Behinderung betreffen, können unter V.7.1.1 nachgelesen werden.
70   MARIO KRÄFT Zeilen 148–153
71   LENNART APELT Zeilen 176–181
72   LYDIA MEYER Zeilen 95–97, BJÖRN SCHNEIDER Zeilen 67–69, 77

Eine Körper- oder Sinnesbehinderung gibt Aktivitätsgrenzen im Freizeitbereich folglich nicht per se vor, sondern die Familienmitglieder loten diese durch individuelle Betrachtung der Möglichkeiten unterschiedlich aus. Somit können konstruktive, an Machbarem orientierte Zuschreibungen eine vielfältige Freizeitgestaltung ermöglichen, während rein defizitorientierte, destruktive Attribuierungen den Zugang zu Hobbys zu verschließen drohen. Neben dem eben erwähnten Spielraum existierten bei den Interviewpartnern dennoch unerfüllte Freizeitwünsche, wie das nächste Kapitel zeigt.

V.2.2.1 Von den Interviewpartnern in der familiären Freizeitgestaltung Vermisstes

Dass ihre Kernfamilie einer Freizeitbeschäftigung gemeinsam nachginge, hätte sich ASTRID MÜLLER gewünscht. Oftmals seien ihre Eltern bzw. sie und ihre Schwester in der Freizeit getrennt aktiv gewesen. Zugleich gibt die Interviewpartnerin zu bedenken, dass sie mit ihrer Familie nie darüber gesprochen habe, wonach sie sich damals sehnte. Dennoch nahmen ihre Eltern an diesem Punkt im Laufe der Zeit Veränderungen vor: Sie schafften für die Enkelkinder Gesellschaftsspiele an, die sowohl kindgerecht sind als auch von blinden und sehenden Personen gleichermaßen gespielt werden können.[73]

Der Lebensraum Bauernhof stand bei einer Interviewpartnerin für Vermisstes, bei der anderen für „Abenteuer": Die gemeinsam betriebene Familienlandwirtschaft erlebte LYDIA MEYER als mühsam. Die Tätigkeiten dort nahm sie immer wieder als Pflichten wahr, denen sie nicht unbedingt gerne nachkam. Zudem habe ihre Mutter am Tagesende keine Energie mehr übrig gehabt, sodass diese nach der Arbeit kaum Hobbys ausübte.[74] Freizeitinteressen schienen in LYDIA MEYERs Herkunftsfamilie demnach keinen Platz zu haben.

Anders präsentieren sich LIA DÖBELs Erinnerungen an den Bauernhof einer befreundeten Familie, auf dem die Eltern der Interviewpartnerin einen Großteil ihrer Freizeit verbrachten: LIA

---

73 ASTRID MÜLLER Zeilen 544–557, 560–569
74 LYDIA MEYER Zeilen 454–457

DÖBEL erwähnt dies als positive Kindheitserinnerung und als interessante Form der Freizeitgestaltung.[75]

Der Grund für die beiden unterschiedlichen Erlebnisberichte liegt meines Erachtens darin, dass LYDIA MEYER auf dem elterlichen Hof gefordert war, die Tätigkeiten zu erledigen, die ihre Mutter behinderungsbedingt nicht bewältigen konnte. Kontrastierend nahm LIA DÖBEL den Hof der Freunde ihrer Eltern als spannende Lebenswelt wahr: Ihr Vater ist hörbehindert und hat sich landwirtschaftliche Arbeit auf diesem Hof quasi zu seiner „Wahlpflichtaufgabe" gemacht, dennoch ergaben sich für LIA DÖBEL keine Arbeiten, die sie stellvertretend für ihren Vater verrichten musste.

V.2.2.2 Veränderungen der Freizeitgestaltung infolge elterlicher Behinderung

Im Folgenden befasse ich mich mit der Frage, inwiefern Freizeitvorhaben im Hinblick auf die elterliche Behinderung adaptiert wurden. In BJÖRN SCHNEIDERs Familie wurden kürzere Spaziergänge, ein Zoobesuch und Spielenachmittage längeren Wanderstrecken vorgezogen, da den Vater Letztere infolge seiner Multiplen Sklerose zu sehr anstrengten.[76] Diese Familie machte immer wieder Freizeitmöglichkeiten ausfindig, an denen sich alle Mitglieder beteiligen konnten.

Hingegen ging LYDIA MEYERS Familie mit ähnlichen Belastungsmomenten anders um: Für Mutter der Interviewpartnerin blieben Ausflüge in die Natur oder Ähnliches ein Tabu.[77] Dennoch erlebte die Herkunftsfamilie gemeinsam gestaltete Freizeit: So habe die Interviewpartnerin mit ihrer Mutter Gesellschafts- und Kartenspiele gespielt, Letzteres auch mit ihrem Vater.[78] Es waren somit Hobbys gefunden worden, an denen die Mutter in vollem Umfang teilhaben konnte. Allerdings gestalteten sich die Freizeitangebote, die LYDIA MEYERs Mutter zugänglich waren, nicht sehr umfangreich.

---

75   LIA DÖBEL Zeilen 31–34
76   BJÖRN SCHNEIDER Zeilen 39–41, 14–18
77   Vgl. V.6.1.3
78   LYDIA MEYER Zeilen 909–913

Andere Einschränkungen gab es in PIA WEISS' Familie: Hier unternahmen Vater und Kinder früher gerne Radtouren. Der blinden Mutter war eine Teilnahme nicht möglich, da kein Tandem vorhanden war und vielleicht auch nicht die Möglichkeit bestand, ein solches wohnortnah auszuleihen.[79] Die Interviewpartnerin beschrieb diese Gesamtkonstellation recht neutral und hielt ihre Gefühle weitgehend im Hintergrund. Die Tatsache, dass die Mutter nicht an den Touren teilhaben konnte, resultiert meines Erachtens nicht direkt aus ihrer Blindheit, sondern sekundär – aus der Gegebenheit, dass kein Tandem organisiert werden konnte. Ähnlich zeigt sich die Freizeitgestaltung von PETER RATH: Als es seiner Mutter nicht mehr möglich war, längere Wege zu Fuß zu bewältigen, suchte er im Jugendalter den von ihm geschätzten Freizeitpark alleine auf.[80]

Die erwähnten Einschränkungen ergaben sich im obigen Absatz für die Elternteile mit Körper- und/oder Sinnesbehinderungen, nicht für die Interviewpartner, für die sich jeweils eine individuelle Lösung fand. Als Nächstes möchte ich noch eine Kernfamilie beleuchten, die Ausflüge so gestaltete, dass alle daran teilhaben konnten:

Die Organisation gemeinsamer Freizeit wurde in MARIO KRÄFTs Herkunftsfamilie den veränderten Voraussetzungen angepasst: Seine Eltern sind beide stark sehbehindert und dürfen daher keinen PKW steuern. Einerseits beschreibt MARIO KRÄFT, dass Ausflügen Grenzen gesetzt waren, zugleich erwähnt er, dass seine Eltern mit öffentlichen Verkehrsmitteln und/oder Taxis die gewünschten Ziele ansteuerten.[81] In nachfolgender Reflexion bündle ich meine Erkenntnisse zu diesem Themenbereich.

V.2.2.3 Fazit

Im Hinblick auf die Eingangsfragen muss festgestellt werden, dass in allen Familien aus meiner Forschung Freizeitbeschäftigungen praktiziert wurden, an denen auch der Elternteil bzw. die Elternteile mit Behinderung teilhaben konnten. Überwiegend war es der El-

---

79   PIA WEISS Zeilen 39–42
80   PETER RATH Zeilen 1350–1355
81   MARIO KRÄFT Zeilen 7–11, 480–482

tern- und der Kindergeneration möglich, Freizeitgenuss zu erleben, allerdings auf divergierende Weise. Das Spektrum der gewählten Hobbys ist vielfältig.

Natürlich ist es grundsätzlich denkbar, dass jenseits meiner Studie Mütter und Väter mit Körper- und/oder Sinnesbehinderungen existieren, die freizeittechnisch auf keinen gemeinsamen Nenner mit ihrem Nachwuchs kommen bzw. die keine Zeit zur freien Verfügung haben. In meiner Studie war dies jedoch nicht der Fall. Strukturell habe ich aus meiner Forschung folgende Erkenntnisse eruiert, die den Freizeitbereich während des Aufwachsens meiner Interviewpartner betreffen:

Bestand ein Freizeitwunsch, dem nicht alle Familienmitglieder nachkommen konnten, ging entweder nur ein Teil der Familie der gewünschten Beschäftigung nach oder es wurde weitergesucht, bis sich Barrierefreiheit und familiäre Freizeitinteressen deckten. Diese Erkenntnis gilt allerdings nur für diejenigen Elternteile, die ihre Körper- und/oder Sinnesbehinderung akzeptierten, nicht für Familien, bei denen diesbezüglich Tabuisierung dominierte. Dieses Verhalten stand einem Ausloten von Möglichkeiten nahe den Behinderungen zusätzlich entgegen, da verschiedene Hilfsmittel nicht ausprobiert werden konnten.

Wie bereits gezeigt wurde, definieren Familien auf verschiedene Weise, was behinderungsbedingt machbar ist und was nicht. [82] Sicher sind hierfür gewisse finanzielle Mittel eine Grundvoraussetzung, damit den Familien Wahlmöglichkeiten in Bezug auf ihre Freizeitgestaltung gegeben sind. Diesen vermögensbezogenen Aspekt schließt meine Studie weitestgehend aus, da die Töchter und Söhne während ihres Heranwachsens kaum Details zur Finanzsituation ihrer Elternhäuser wahrnahmen. Im nächsten Kapitel werfe ich einen Blick auf soziale Kontakte meiner Interviewpartner.

V.3 Das soziale Umfeld außerhalb der Kernfamilie

Neben den Freizeitbeschäftigungen im familiären Rahmen nahmen die Reaktionen von Freunden, Spiel- und Schulkameraden immer wieder Einfluss auf die Lebensqualität der Interviewpartner. In diesem Kapitel stelle ich die Frage, ob die elterliche Körper- und/oder

---

82 Vgl. V.2.2.2

Sinnesbehinderung die soziale Integration des Nachwuchses beeinflusst hat – und falls ja, in welcher Form.

V.3.1 Soziale Kontakte der Töchter und Söhne

Inwiefern sich die Interviewpartner in ihren sozialen Kontakten bestätigt bzw. abgelehnt fühlten, gehe ich im folgenden Abschnitt nach.

V.3.1.1 Belastungsmomente im zwischenmenschlichen Bereich

Meine Reflexionen beginne ich mit der Betrachtung belastender Erfahrungen wie Vermeidungshaltung, offene Ablehnung und partielles Unverständnis. Über emotional Ambivalentes bewege ich mich hin zu Erlebnissen, die Anerkennung evident werden ließen. Hierbei zeigt sich – dies nehme ich an dieser Stelle bereits vorweg – immer wieder Unerwartetes in den Biografien der Interviewpartner.

Die Befragten, mit denen ich mich nun befasse, gingen mit den Behinderungen ihrer Elternteile nicht offen um: MARINA THOMA versuchte die Gehörlosigkeit ihrer Eltern bei Gleichaltrigen nicht zu erwähnen. Nur eine sehr gute Freundin lud sie zu sich nach Hause ein. Als Gründe für ihr Verhalten gibt die Interviewpartnerin Schamgefühle an, einerseits wegen der Beeinträchtigungen ihrer Eltern und andererseits wegen deren vergleichsweise höheren Alters.[83] Bemerkenswert erscheint mir, dass MARINA THOMA das höhere Lebensalter ihrer Mutter und ihres Vaters in einem Atemzug mit deren Hörbehinderung nennt. Beide Faktoren schienen die Interviewpartnerin während ihres Heranwachsens in ähnlichem Umfang zu belasten, wobei der erste im schulischen Kontext interindividuell verbreiteter gewesen sein mochte als der zweite.

Ähnliche Verhaltensstrategien zeigte CLARA LANGE zur Zeit der Pubertät: Damals vermied die Interviewpartnerin, neue Bekannte über die Blindheit ihres Vaters zu informieren. Sie begründet das damit, dass sie kein Mitleid erhalten wollte. Vor und

---

83 MARINA THOMA Zeilen 42–46

nach ihrer Jugend ging sie offener mit den Behinderungen ihrer Eltern um.[84] Von derselben Intention geleitet, zog es FABIAN DACHMANN bis zum 19. Lebensjahr vor, andere Heranwachsende nicht über die Multiple Sklerose seiner Mutter zu unterrichten.[85]

Empfehlungen zur Diskretion gingen in der Familie von SILKE HOLZ von der Mutter aus: Sie riet der Tochter, die Schwerhörigkeit ihres Vaters in ihrer Klasse nicht zu erwähnen. Die Interviewpartnerin vermutet, dass ihr auf diese Weise abfällige Bemerkungen erspart werden sollten. Sie teilte die Einschätzungen ihrer Mutter nicht, hielt sich aber – mit Ausnahme bei sehr engen Bekannten – an obigen Ratschlag.[86]

Ob die eben erwähnten Interviewpartner von ihren Kameraden Freundlichkeit oder Skepsis erfahren hätten, wenn sie offen zur elterlichen Behinderung gestanden hätten, präsentiert sich in diesem Kontext als unbeantwortbar.

Im Gegensatz zu seiner Schwester hat JENS HOFFMANN an diesem Punkt den Weg der Offenheit gewählt. Nachdem er von manchen Bekannten Mitleid erlebte und von dieser Seite die Hörbehinderung seines Vaters als umfassend bezeichnet worden war, habe sich JENS HOFFMANNs Freundeskreis langfristig in die Richtung der Gleichaltrigen verändert, für die die Schwerhörigkeit seines Vaters kein Problem darstellte.[87] Im Anschluss beleuchte ich Konstellationen, in denen es zu negativen Reaktionen kam.

Belastungsmomente wurden in den folgenden Kontexten evident: Ein Erlebnis steht sehr am Rande meiner Forschung, da es dem Bruder eines Interviewpartners widerfahren ist, der nicht an meiner Studie teilnahm. Somit äußerte sich nicht der Betroffene selbst, sondern LENNART APELT beschreibt die Sicht des Geschwisterkinds. Während der Erzählende selbst positive Erfahrungen mit seinen Freunden und deren Eltern gemacht hat, erlebte er Folgendes mit: Eltern von Schulkameraden seines Bruders wollten Besuche ihrer Kinder in seiner Familie verhindern.[88] Als Grund hierfür gaben die anderen Eltern an, dass sie LENNART APELTs blinder Mutter nicht zutrauten, der Aufsichtspflicht gegenüber

---

84   CLARA LANGE Zeilen 397–408, 527–537
85   FABIAN DACHMANN Zeilen 85–87, 690–698
86   SILKE HOLZ Zeilen 115–121, 140–149
87   JENS HOFFMANN Zeilen 116–117, 99–102
88   LENNART APELT Zeilen 45–48

dem Nachwuchs nachzukommen. Als erkenntnisleitend empfinde ich innerhalb dieser Sekundärdarstellung, wie verschieden sich die Erfahrungen von Kindern derselben Familie gestalten können.

Nun komme ich zu Belastungsmomenten, welche eine Interviewpartnerin direkt erfuhr: PIA WEISS wurde von Kindergartenkindern wegen der Blindheit ihrer Mutter herabgesetzt. Dabei hätten sich ihre eigenen Gefühle von peinlicher Berührung hin zu Stolz auf die Leistungen ihrer Mutter gewandelt. Zu dieser mental-emotionalen Veränderung gelangte PIA WEISS, nachdem sie sich diskursiv mit ihren Eltern bezüglich der oben erwähnten Vorfälle auseinandergesetzt hatte[89]. Insgesamt betrachtet handelt es sich bei PIA WEISS um eine Person, die stets in soziale Gruppen integriert war. Belastendes erfuhr sie nur vereinzelt.[90]

Mit den Ressentiments von LYDIA MEYERs Peergroup, die indirekt im Zusammenhang mit der elterlichen Behinderung stehen, beschäftige ich mich im Folgenden: Einerseits betont LYDIA MEYER, dass sie nie infolge der Behinderung ihrer Mutter von ihren Schulkameraden zurückgewiesen wurde. Andererseits hätten ihre Altersgenossen kein Verständnis dafür gezeigt, wenn sie für ihre Mutter eine landwirtschaftliche Tätigkeit übernehmen musste. An solchen Tagen stand LYDIA MEYER nicht mehr für die Freizeitplanung Gleichaltriger zur Verfügung.[91] Zu gegenseitigem Einvernehmen zwischen der Interviewpartnerin und ihren gleichaltrigen Bekannten kam es an diesem Punkt nicht. LYDIA MEYERs Erfahrungen sind also von Ambivalenz gekennzeichnet.

Während alle bisher genannten Reaktionen zu einem gewissen Grad mit der elterlichen Körper- und/oder Sinnesbehinderung verwoben waren, unterstreichen FABIAN DACHMANNs Erlebnisse, dass sich Ausgrenzung auch unabhängig von der körperlichen Beeinträchtigung eines Elternteils ereignen kann: Der Interviewpartner wurde von einer recht geschlossenen Dorfjugend als Außenseiter behandelt.[92] Dies geschah, bevor die Multiple Sklerose bei seiner Mutter diagnostiziert wurde.

---

89 Vgl. II.3.1: LAMBECK: Die geäußerten Befürchtungen konnten von PIA WEISS' Familie meines Erachtens konstruktiv aufgelöst werden.
90 PIA WEISS Zeilen 56–58, 69–74, 170–179, 894–897, vgl. V.3.1.2.1
91 LYDIA MEYER Zeilen 306–312
92 FABIAN DACHMANN Zeilen 76–80, 671–673

Schlussfolgernd halte ich fest, dass sich Belastendes von Kameradenseite nicht zwangsläufig aus einer Körper- und/oder Sinnesbehinderung von Mutter oder Vater entwickeln muss. Letzteres unterstreichen die eben erwähnten Erfahrungen von FABIAN DACHMANN auf negative und die im Folgenden diskutierten Biografieausschnitte auf erbauliche Weise.

V.3.1.2 Als positiv erlebte Bekanntschaften und unterschiedliche emotionale Qualitäten sozialer Kontakte

Zuerst lege ich den Fokus auf rein konstruktive Momente gelebter Freundschaften und bewege mich danach in Richtung der sozialen Kontakte, die von den Interviewpartnern im Hinblick auf die Gefühlskomponenten als mehrschichtig wahrgenommen wurden.

Kann eine elterliche Körper- oder Sinnesbehinderung als Garant für eine Randposition der Töchter und Söhne in informellen sozialen Umgebungen gelten? Interviewpartner mit Elternteilen aus allen drei Behinderungsgruppen[93] gaben an, im Kindergarten- bzw. Schulalter viele Freundinnen und Freunde gehabt zu haben.[94] Während ihrer Grundschulzeit war ANNALENA KÖNIG in drei Schuljahren sogar zur Klassensprecherin gewählt worden. Hierbei handelte es sich um eine Regelschule.[95] Die „Ausgrenzungsbefürchtung" trifft also nicht auf alle Teilnehmer meiner Studie zu.

Des Weiteren unterstreichen einige Interviewpartner, dass sie im Zusammenhang mit der bzw. den Behinderungen des Elternteils oder gegebenenfalls beider Eltern nichts Unangenehmes erlebt hätten. Sie hätten sich nicht zu schämen gebraucht, ihnen wäre aus diesem Grund keine Ablehnung von Seiten Gleichaltriger widerfahren und sie hätten infolge der Beeinträchtigung ihrer

---

93   Gemeint sind Seh-, Hör- und Körperbehinderungen bzw. das kombinierte Auftreten dieser.

94   CLARA LANGE Zeilen 31–34, PIA WEISS Zeilen 165–170, LIA DÖBEL Zeilen 200–202, ANDREA RIEGEL Zeilen 195–199, SIGRID PETERS Zeilen 429–445, 369–370, 390, ANNALENA KÖNIG Zeilen179–185, KEVIN SCHNEIDER Zeilen 115–118

95   ANNALENA KÖNIG Zeilen 609–612

Mutter und/oder ihres Vaters keine Freunde verloren.[96] Die eben angeführten Erfahrungen stellen sich keinesfalls negativ dar. Vielmehr handelt es sich um Formen der Koexistenz der elterlichen Beeinträchtigungen und der Erfahrungen des Nachwuchses im jeweiligen sozialen Kontext. Wie sich die Kameraden der Töchter bzw. Söhne gegenüber den Elternteilen mit Behinderungen verhielten, beleuchte ich im Anschluss.

Das Auftreten von Freunden gegenüber den Elternteilen mit Körper- und/oder Sinnesbehinderungen sowie gegenüber deren Töchtern und Söhnen zeigte in manchen Kontexten Besonderheiten und schien somit von den Interaktionen der Kameraden mit Elternteilen ohne Beeinträchtigungen abzuweichen:

Gleichaltrige traten immer wieder mit kindlicher Neugier an die Söhne und Töchter der Elternteile mit einer Körper- und/oder Sinnesbehinderung heran. So erzählen Interviewpartner von Fragen ihrer Bekannten zur Behinderung oder zur Hilfsmittelnutzung. Nach einer kurzen, sachlichen Information hätten sich die Fragenden zufrieden gezeigt.[97] Auch PETER RATHs Spielkameraden zeigten sich offen und interessiert – dies geschah oft in Bezug auf die Gebärdensprachkenntnisse des Interviewpartners. Dieser hatte sich als Schüler eine Strategie zurechtgelegt und mittels dieser seine Antwort quasi standardisiert und effektiviert.[98]

In den folgenden beiden Fällen haben sich die Spielkameraden anders verhalten: JENS HOFFMANN und LYDIA MEYER wurden gemäß eigenen Aussagen nie von Gleichaltrigen Fragen über die Behinderung ihres Elternteils gestellt.[99] Ist Behinderung also auf andere Weise normal? ANNALENA KÖNIG erzählt zusammenfassend, dass sie auch von ihrem Vater vom Kindergarten abgeholt wurde, sich andere Kinder aber nie erkundigten, warum dieser einen Rollstuhl verwendete. Die Interviewpartnerin erklärt

---

96 ASTRID MÜLLER Zeilen 56-57, JENS HOFFMANN Zeilen 111-112, LIA DÖBEL Zeilen 62-66, CLARA LANGE Zeilen 31-34, ASTRID MÜLLER Zeilen 490-500, 483-485, PIA WEISS Zeilen 187-189, MARIO KRÄFT Zeilen 46-51, BJÖRN SCHNEIDER Zeilen 247-249, LENNART APELT Zeilen 18-21

97 KEVIN SCHNEIDER Zeilen 124-131, ANNALENA KÖNIG Zeilen 98-101, MARIO KRÄFT Zeilen 59-63, LIA DÖBEL Zeilen 61-66, PETER RATH Zeilen 77-79, 99, 1161-1164, ASTRID MÜLLER Zeilen 489-494

98 PETER RATH Zeilen 77-79, 86-87

99 JENS HOFFMANN Zeilen 671-674, LYDIA MEYER Zeilen 919-921

sich das damit, dass Kinder in Großstädten wie der ihren immer wieder Menschen sähen, die im Rollstuhl unterwegs sind.[100]

Von inklusiven Erfahrungen berichtet ANDREA RIEGEL: Ihre Regelschulklasse unternahm einen Tagesausflug zum Garten ihrer Eltern und fuhr an einem Hügel dort Schlitten. Die Mutter der Interviewpartnerin bereitete für alle Kinder Kakao zu. ANDREA RIEGEL erwähnt diesen Klassenausflug als gelungen. Schulkameraden und Lehrkraft schienen keine Berührungsängste gegenüber den gehörlosen Eltern zu zeigen.[101] Spekulierend nehme ich an, dass der Aktion der hohe Bekanntheitsgrad von ANDREA RIEGELs Vater am Wohnort entgegenkam und entsprechende Ängste vielleicht bereits im Vorfeld abgebaut bzw. reduziert worden waren. Diese und die übrigen Einzelerfahrungen bündle ich nun in einem Resümee.

V.3.1.3 Fazit

Die Lebenssituation der Söhne und Töchter von Elternteilen mit Behinderungen zeigt sich sehr individuell: Immer wieder wird von freundschaftlichen Netzwerken des Nachwuchses erzählt, doch zwei Befragte berichten auch von unterschiedlichen Formen der Ablehnung. Zugleich fand sich ein Interviewpartner unabhängig von der elterlichen Behinderung in einer Außenseiterposition unter Gleichaltrigen wieder. Einige der Gesprächspartner stehen offen zu den Beeinträchtigungen ihrer Elternteile, andere überlegen bewusst, wem sie welche Informationen anvertrauen, und weitere Interviewpartner bevorzugten es, während bestimmter Lebensphasen eine möglichst geringe Anzahl von Personen über die Behinderungen zu unterrichten.

Auf dem Hintergrund meiner Studie kann gesagt werden, dass eine Beeinträchtigung bei Mutter und/oder Vater nicht automatisch zum Ausschluss aus „Cliquen" führt oder zwangsläufig eine geringe Akzeptanz von Seiten Gleichaltriger nach sich zieht. Es zeigen sich auch Lebensmuster mit einem hohen Grad an sozialer Integration beim Nachwuchs.

---

100 ANNALENA KÖNIG Zeilen 233–237
101 ANDREA RIEGEL Zeilen 195–197

Des Weiteren drängt sich mir folgende Metareflexion zu den Erfahrungen der Töchter und Söhne von Elternteilen mit Körper- und/oder Sinnesbehinderungen auf: Nur Positives wird vermutlich kein Kind und kein Jugendlicher erfahren – auch ohne elterliche Behinderung nicht. Somit ist ein selbstbewusster Umgang mit Schwierigem für den Nachwuchs generell ein zu erlernendes Soft Skill, gerade in der Kommunikation mit unterschiedlichen Menschentypen. Zugleich erscheint es mir als konstruktiv, wenn bereits in jungen Jahren Muster erlernt werden, wie Belastungsmomente ins Selbstbild integriert werden können. Im Kontext elterlicher Behinderungen mag diese Sozialkompetenz unter Umständen früh erlernt werden, wie einzelne Erfahrungen meiner Interviewpartner verdeutlichen. In diesem Zusammenhang möchte ich unterstreichen, dass Schwarz-Weiß-Bilder, die die Lebenssituationen des Nachwuchses von Elternteilen mit Körper- und/oder Sinnesbehinderungen als reine Minusvariante sehen, in den Bereich der Vorurteile zu verweisen sind. Hierzu kann es zwar kommen, wie die Realitäten einzelner Interviewpartner immer wieder visualisierten, jedoch muss dies nicht eintreten.

V.3.2   Soziale Kontakte der Eltern

An dieser Stelle setze ich mich mit den Freundschaften der Elternteile der Interviewpartner auseinander: Hauptsächlich befasse ich mich damit, ob es sich jeweils um einen kleinen oder großen Bekanntenkreis handelt, und mit den Besonderheiten, die in diesem Kontext erzählt wurden. Begleitend stelle ich auch die Frage, ob Menschen, bei denen ebenfalls eine Behinderung vorliegt, bei den sozialen Kontakten bevorzugt wurden. Meine Betrachtungen beginne ich mit den Individuen, die über viele soziale Kontakte verfügen, und bewege mich dann hin zu den Elternteilen, deren Freundeskreise die Interviewpartner nicht als groß bezeichneten.

V.3.2.1   Freundeskreise

Die konstruktiven sozialen Kontakte von Müttern und Vätern werde ich im Folgenden unter divergierendem Fokus betrachten. Dabei fließen Hobbys, welche die Elternteile zusammen mit ihren

Freunden ausübten, kaum mit ein, da sich im Mittelpunkt meiner Forschung die Töchter und Söhne befinden.

V.3.2.1.1 Viele Freundschaften zu Personen mit und ohne Behinderungen

Einige Interviewpartner gaben an, dass ihre beiden Elternteile viele bzw. einige freundschaftliche Kontakte geknüpft haben und dass diese sowohl Menschen mit Beeinträchtigungen als auch ohne umfassten.[102] Bei FABIAN DACHMANNs Mutter handelt es sich um einen großen Freundeskreis von Personen mit und ohne Behinderung; der Vater verfügt ebenfalls über eine große Zahl freundschaftlicher Kontakte. Ob diese Menschen mit Beeinträchtigungen leben oder nicht, geht aus den Äußerungen des Interviewpartners nicht hervor. Weitere Interviewte berichten nur in Bezug auf ihre Mütter von einem großen Freundeskreis.[103] Unter den Elternteilen mit umfassenden Freundeskreisen befanden sich sowohl blinde, sehbehinderte, gehörlose und körperbehinderte als auch nicht behinderte Mütter und Väter. Bezeichnend finde ich auch die Tatsache, dass FABIAN DACHMANNs Mutter ihren neuen Lebenspartner erst kennengelernt hat, nachdem sie ihre Diagnose der Multiplen Sklerose erhielt.[104]

Obwohl umfassende Hörbehinderungen immer wieder als Erschwernis bei der Kommunikation gelten, gelingt es ANDREA RIEGELs gehörlosem Vater, mit überwiegend hörenden Personen freundschaftliche Kontakte aufzubauen. PETER RATH hingegen vermag nicht zu sagen, ob seine ähnlich beeinträchtigten Eltern mehr Kontakte zu ebenfalls gehörlosen oder zu nicht behinderten Personen unterhalten. Das lässt darauf schließen, dass Mutter und Vater des Interviewpartners nicht wenige normal hörende Menschen zu ihrem Freundeskreis zählen.[105]

---

102 ASTRID MÜLLER Zeilen 367–369, CLARA LANGE Zeilen 732–747, ANDREA RIEGEL Zeilen 262–268, PETER RATH Zeilen 598–609, FABIAN DACHMANN Zeilen 702–706, 295–297, 171–174, 715–722, KEVIN SCHNEIDER Zeilen 645–659
103 PIA WEISS Zeilen 836–843, ANNALENA KÖNIG Zeilen 816–827
104 FABIAN DACHMANN Zeilen 829–831, 710–712, vgl. biografischer Kurzfragebogen von FABIAN DACHMANN
105 PETER RATH Zeilen 604–608

Die im obigen Absatz genannten gehörlosen Elternteile praktizieren in sozialen Kontakten zu normal hörenden Personen vor allem das Lippenlesen und sie sprechen auch selbst in der Lautsprache. Freundschaften zwischen gehörlosen und normal hörenden Individuen sind also möglich. Da meiner Forschung ein qualitativer Blickwinkel immanent ist, können die geschilderten Einzelerfahrungen nicht auf alle Menschen, die als gehörlos gelten, übertragen werden. Ich vermute, dass sich die Kommunikation in Einzelfällen schwieriger gestalten könnte, wenn die Fähigkeiten im Lippenlesen oder Sprechen auf der Seite der gehörlosen Person bzw. die Offenheit des hörenden Gegenübers geringer sind.

Innerhalb der eigenen Verwandtschaft haben sich bei den beiden folgenden Elternteilen freundschaftliche Kontakte herauskristallisiert: Es handelt sich um BJÖRN SCHNEIDERs Vater und um LYDIA MEYERs Mutter. Aber während für den Erstgenannten sowohl Bekanntschaften als auch freundschaftliche Bindungen zu seinen Geschwistern bedeutsam sind,[106] ist LYDIA MEYERs Mutter fast ausschließlich zu der von ihr gegründeten Familie hin orientiert. Bei ihr scheint das Lebensmotto „Familie zuerst" vorzuherrschen. Auch die Tatsache, dass sie sich fast permanent am Rande der Erschöpfung bewegt, mag diese Haltung nähren.[107] Unter der nächsten Teilüberschrift beschäftige ich mich ausschließlich mit Kontakten zu Menschen mit vergleichbaren Beeinträchtigungen.

V.3.2.1.2 Dominanz von Kontakten zu Menschen mit ähnlichen Behinderungen?
Favorisieren die Mütter und Väter meiner Interviewpartner freundschaftliche Beziehungen zu Personen, bei denen eine ähnliche Behinderung vorliegt? Mit dieser Frage setze ich mich nun auseinander.

Bei ASTRID MÜLLERs nahezu blinden Eltern scheint dies der Fall zu sein. Als deren zentralen Bezugspunkt betrachtet sie Menschen, die stark sehbehindert sind. Aus der Perspektive der Interviewpartnerin lassen sich derartige Präferenzen auch verall-

---

106   BJÖRN SCHNEIDER Zeilen 317–319, 67–68
107   LYDIA MEYER Zeilen 931–932, vgl. V.6.2.2

gemeinern.[108] Des Weiteren dominieren im Freundeskreis von PIA WEISS' Mutter blinde Bekannte, wobei sie auch mit andersartig beeinträchtigten Personen und mit nicht behinderten freundschaftliche Kontakte pflegt.[109]

Auch bei spezifischen Treffpunkten ähnlich behinderter Menschen schienen sich die Elternteile einiger Interviewpartner besonders wohlzufühlen: In diesem Zusammenhang ist die örtliche Cochlea-Implantat-Gruppe, die die Eltern von JENS HOFFMANN und SILKE HOLZ besuchen,[110] ebenso zu nennen wie die katholische Gehörlosengemeinde im Leben von MARINA THOMAs Eltern.[111] Ebenfalls engagiert in Selbsthilfeinitiativen sind die Mütter von LENNART APELT und MARIO KRÄFT. Sowohl die blinde wie auch die hör- und sehbehinderte Mutter scheint Erfüllung in diesen Tätigkeiten zu finden. Die beiden Interviewpartner sprechen in diesem Zusammenhang von Kontakten, die sich daraus ergeben hätten.[112] Inwiefern diese Bekanntschaften Freunde der Eltern darstellen, muss jedoch offenbleiben. Im Folgenden wende ich meinen Fokus hin zu Freundeskreisen, die schwerpunktmäßig aus Personen ohne Beeinträchtigungen bestehen.

V.3.2.1.3 Vorwiegend nicht behinderte Freunde, Elternteile mit Hörbehinderungen in Gesellschaften und weitere soziale Kontakte

Zu den Elternteilen mit Beeinträchtigungen, die hauptsächlich soziale Kontakte zu Menschen ohne Behinderungen unterhalten, gehören in meiner Studie zwei Väter: LIA DÖBELs schwerhöriger Vater war ausschließlich mit nicht behinderten Personen befreundet.[113] In ähnlicher Weise umfasst der Freundeskreis von KEVIN SCHNEIDERs Vater nahezu nur Menschen ohne Handicap, abgesehen von einer Bekannten, die wie der Vater an Multipler Sklerose

---

108 ASTRID MÜLLER Zeilen 871–872
109 PIA WEISS Zeilen 613–618, 623–625, 836–840
110 JENS HOFFMANN Zeilen 568–574, SILKE HOLZ Zeilen 458–461
111 MARINA THOMA Zeilen 388–391, 566–571, 1136–1137, 1192–1194
112 LENNART APELT Zeilen 489–492, MARIO KRÄFT Zeilen 120–130
113 LIA DÖBEL Zeilen 697–700

erkrankt ist.[114] Nun befasse ich mich mit Elternteilen, für die das Knüpfen von Freundschaften kein müheloses Unterfangen darstellte. An dieser Stelle geht es um Elternteile mit Hörschädigungen und ihr Verhalten bei freundschaftlichen bzw. verwandtschaftlichen Treffen im größeren Rahmen: Der Vater von SILKE HOLZ empfindet das Hören mit seinen Cochlea-Implantaten in größeren Gruppen als schwierig und sucht diese daher eher selten auf.[115] Die gebärdenden Eltern von ANDREA RIEGEL bzw. von MARINA THOMA trafen sich privat stets gerne sowohl mit hörenden als auch mit gehörlosen Personen. Jedoch wird die Lautsprache von ANDREA RIEGELs Mutter von ihrem jeweiligen Gegenüber schlechter verstanden als die ihres Vaters.[116] Dies und die zurückhaltenden Charakterzüge der Mutter tragen dazu bei, dass vor allem der Vater der Interviewpartnerin Kontakte knüpft, während ihre Mutter es vorzieht, sich im bereits bestehenden Freundeskreis zu bewegen. Sie setzt also auf vertraute Mundbilder. Demgegenüber zeigten MARINA THOMAs gehörlose Eltern mitunter andere Vorlieben: Sie nahmen an größeren Menschenansammlungen wiederholt teil, indem sie die Faschingsveranstaltung einer hörenden Kirchengemeinde ansteuerten.[117]

Während ein Elternteil größere Gesellschaften mied, suchten andere Mütter und Väter mit ähnlichen Behinderungen diese auf. Dabei sollte keine der konträren Verhaltensweisen bewertet werden, vielmehr gilt es meines Erachtens, die Vorlieben beider Personenkreise anzuerkennen. Auch wenn in meiner Forschung von gebärdenden Elternteilen berichtet wurde, die gerne an größeren Gesellschaften teilnehmen, kann dies nicht auf alle Gebärdennutzer ausgeweitet werden. Als erkenntnisleitend bewerte ich die Tatsache, dass in meiner Studie Mütter und Väter ohne akustische Eindrücke nicht per se intensivere Barrieren in Gesellschaften erfahren haben als Elternteile, denen das künstliche Hören mit einem Cochlea-Implantat möglich war. Um den Nuancen der Ambivalenz in diesem Bereich gerecht zu werden, ist meiner Meinung nach zu

---

114 KEVIN SCHNEIDER Zeilen 650–651, 657–659

115 SILKE HOLZ Zeilen 257–260

116 ANDREA RIEGEL Zeilen 287–290

117 MARINA THOMA Zeilen 1217–1222, ANDREA RIEGEL Zeilen 278–283

konstatieren, dass kein Kommunikationsmedium der hörgeschädigten Elternteile als generell überlegen betrachtet werden kann. Im Folgenden spreche ich zwei stark spezialisierte Formen sozialer Treffpunkte an.

CLARA LANGEs blinder Vater ist in Rumänien aufgewachsen und kennt bis heute Menschen, die ebenfalls Verbindungen zu diesem Land und seinen Bewohnern unterhalten.[118] Der schwerhörige Vater von LIA DÖBEL und seine nicht behinderte Gattin waren wiederum viele Jahre mit einer Familie befreundet, die über eine Landwirtschaft verfügte, und halfen in ihrer Freizeit auf diesem Bauernhof.[119] In beiden Fällen schweißten gemeinsame Herkunft bzw. Ziele die Personen zusammen.

V.3.2.1.4 Teilfazit

Dass Elternteile mit Behinderungen ausschließlich freundschaftliche Kontakte zu Menschen unterhalten, bei denen ebenfalls eine Behinderung diagnostiziert worden ist, muss verneint werden. Fakt ist jedoch, dass Ähnlich- und Gleichbetroffene von einigen Müttern und Vätern meiner Forschung immer wieder gerne aufgesucht werden. An diesem Punkt unterstreiche ich meine deskriptive Perspektive: Selbstverständlich betrachte ich Freundschaften zu Personen mit und ohne Behinderungen als ethisch vollkommen gleichwertig. Im Folgenden widme ich mich weiteren Facetten zwischenmenschlicher Interaktion.

V.3.2.2 Weitere Momente sozialer Interaktion

Zwischen den Elternteilen und ihren Nachbarn, Arbeitskollegen und Verwandten kam es immer wieder zu freundschaftlichem Austausch. Neben positiv-erbaulichen Kontakten komme ich auch auf ambivalente Begegnungen zu sprechen.

---

118 CLARA LANGE Zeilen 740–742
119 LIA DÖBEL Zeilen 189–190, 679–681

V.3.2.2.1 Nachbarschaft

Die sozialen Kontakte im direkten Wohnumfeld wurden sehr unterschiedlich erlebt. Hierbei handelt es sich um folgende Bandbreite, bei der ich mit positiven Erfahrungen starte und mich dann zu Belastendem hinbewege:

Von guten nachbarschaftlichen Verbindungen ihrer Herkunftsfamilien berichten ASTRID MÜLLER, PIA WEISS, CLARA LANGE, ANNALENA KÖNIG und MARINA THOMA.[120] Darüber hinaus bestand eine sehr positive emotionale Beziehung zwischen MARINA THOMAs Herkunftsfamilie und der Nachbarin des Elternhauses: Der Kontakt war so intensiv, dass die Frau als Anlaufstelle fungierte, als die Interviewpartnerin während ihres Heranwachsens Sorgen hatte.[121] Weitere Details zur nachbarschaftlichen Unterstützung können unter V.6.2.1.2 nachgelesen werden. In ähnlichem Zusammenhang beschreibt SILKE HOLZ die Nachbarn ihres Elternhauses als sehr geduldig in der Kommunikation mit ihrem hörbehinderten Vater.[122]

Bisweilen zeigen sich auch ambivalente Erfahrungen mit den jeweiligen Nachbarn: Während PETER RATH diesbezüglich nur zusammenfassend von einer breiten Palette verschiedener emotionaler Qualitäten spricht, die seine Eltern in ihrer Nachbarschaft erlebt haben,[123] werden in den Äußerungen von KEVIN SCHNEIDER Einzelheiten klar, an denen sich entgegenkommendes und ignorierendes Verhalten der Nachbarn gegenüber seinem körperbehinderten Vater unterscheiden lässt: Während die einen bei Gartenarbeiten ihre Hilfe anbieten, zeigen andere keine Reaktionen.[124]

Bei ANDREA RIEGEL befanden sich die Großeltern väterlicherseits in der Rolle von Nachbarn, zu denen die Interviewpartnerin einen innigen Kontakt pflegte.[125] Ebenfalls in der direkten

---

120 ASTRID MÜLLER Zeilen 370–372, 502–504, PIA WEISS Zeilen 275–276, CLARA LANGE Zeilen 387–393, ANNALENA KÖNIG Zeilen 518–519, MARINA THOMA Zeilen 364–365

121 MARINA THOMA Zeilen 76–79, 312–325, 539–547, 552–563, 341–348, 367–368

122 SILKE HOLZ Zeilen 438–440, 489–493, 156–157, vgl. SILKE HOLZ Zeilen 371–373

123 PETER RATH Zeilen 1088–1090

124 KEVIN SCHNEIDER Zeilen 246–248

125 ANDREA RIEGEL Zeilen 142–145

Nachbarschaft fand sie ihre verbitterte Tante. Der Kontakt zu dieser gestaltete sich immer wieder problembelastet.[126] Somit hatte ANDREA RIEGEL zwei Verwandte als Nachbarn, die sich im Umgang emotional konträr präsentierten. Ansonsten haben ihre Eltern, die gehörlos sind, in ihrer Nachbarschaft überwiegend Normalität erfahren.[127] Jetzt bewege ich meinen Fokus auf Kontakte im Arbeitsleben.

V.3.2.2.2 Befreundete Arbeitskollegen und allgemeine Atmosphäre im beruflichen Umfeld

Der Übergang zwischen freundlich-kollegialen Gesprächen und Freundschaften, die am elterlichen Arbeitsplatz entstanden, scheint fließend zu sein. Insofern habe ich zwischenmenschlichen Austausch, der auf eine positive Gesamtatmosphäre schließen lässt, unter dieser Überschrift subsumiert, während ich auf belastende Kontakte am Arbeitsplatz unter V.5.2.1.1.2 eingehen werde.

Folgende Interviewpartner gaben an, dass ihre beiden Elternteile, bei denen allen eine Behinderung vorliegt, private Kontakte zu Personen pflegen, die sie an ihrem Arbeitsplatz kennengelernt haben: ASTRID MÜLLER, CLARA LANGE und PETER RATH.[128] Auch die Mutter von LYDIA MEYER hat ihre wenigen Freundschaften an ihren Arbeitsplätzen geknüpft.[129] Dieser Absatz verdeutlicht, dass stark sehbehinderte, blinde und gehörlose Elternteile durchaus Freunde über ihre beruflichen Aktivitäten finden können. Dies ist jedoch nur Menschen möglich, die die Chance erhalten, einen Beruf auszuüben, und dort auf Personen treffen, die ihnen freundlich begegnen. Letzteres ist nicht selbstverständlich, wie die Erfahrungen folgender Elternteile unterstreichen.

Während der Vater von KEVIN SCHNEIDER an seinem Arbeitsplatz Ambivalentes erlebte,[130] verbanden die Väter von MA-

---

126 ANDREA RIEGEL Zeilen 697–699
127 ANDREA RIEGEL Zeilen 423–432
128 ASTRID MÜLLER Zeilen 724–727, CLARA LANGE Zeilen 739–745, PETER RATH Zeilen 606–609, 1079–1081
129 LYDIA MEYER Zeilen 931–939
130 KEVIN SCHNEIDER Zeilen 317–329, 337–341

RINA THOMA[131] und ANDREA RIEGEL[132] mit den kollegialen Kommunikationen und Interaktionen an ihren Arbeitsplätzen ausschließlich Diskriminierendes. Kurz anmerken möchte ich, dass sich die sozialen Kontakte im Leben von ANDREA RIEGELs Vater äußerst divergierend präsentierten: Bei ihm steht ein großer privater Freundeskreis zu überwiegend nicht behinderten Personen dem informellen Ausschluss an seinem Arbeitsplatz entgegen.[133] Das bedeutet, von kommunikativen und sozialen Fähigkeiten bzw. Erfolgen in einem Lebenskontext kann nicht automatisch auf Positives in einem anderen Bereich geschlossen werden.

Die zwischenmenschlichen Gegebenheiten im Berufsleben der Eltern variieren erheblich: Während die beiden zuletzt genannten Väter weder auf Respekt noch auf Anerkennung stießen, wurde FABIAN DACHMANNs Mutter an ihrem Arbeitsplatz viel Verständnis für ihre vielen Arzttermine entgegengebracht, die notwendig wurden, nachdem bei ihr Multiple Sklerose diagnostiziert worden war.[134] Als Nächstes wird die Haltung verwandter Personen zu den Elternteilen mit Behinderung im Mittelpunkt stehen.

V.3.2.2.3 Innerfamiliäre Akzeptanz durch die Verwandtschaft
Bei der Diskussion der Qualität des Kontakts zwischen den Herkunftsfamilien der Interviewpartner und ihren Verwandten werde ich folgende Aspekte aussparen: Die innerfamiliären Hilfeleistungen können unter V.6.2.1.4 eingesehen, Konfliktsituationen unter V.4 und intrafamiliäre Diskriminierungen unter V.5.2.2.5 nachgelesen werden. Mein Fokus startet mit negativen Erfahrungen in Bezug auf die Akzeptanz und bewegt sich hin zu positiven Erlebnisberichten:

Als belastend empfand SILKE HOLZ das ausbleibende kommunikative Entgegenkommen entfernter Verwandter gegenüber ihrem hörbehinderten Vater.[135] Ähnliches erlebte SIGRID PETERS: Ihre Tanten und Cousinen begegneten ihr und ihren Eltern un-

---

131 Vgl. Interviewdarstellung von MARINA THOMA unter IV.10.5.2
132 Vgl. Interviewdarstellung von ANDREA RIEGEL unter IV.8.5.2
133 Vgl. V.3.2.1.1 und V.5.2.1.1.2
134 FABIAN DACHMANN Zeilen 157–160
135 SILKE HOLZ Zeilen 157–160, 578–590

sicher und befangen, sodass kein engerer zwischenmenschlicher Kontakt entstand.[136] Der Mutter von LYDIA MEYER kommunizierten die Großeltern väterlicherseits zeitlebens Ablehnung.[137] Des Weiteren können unter V.3.2.2.1 die Erfahrungen von ANDREA RIEGEL eingesehen werden, wobei die unterschiedlichen Stimmungslagen von Oma und Tante primär keine Reaktionen auf die Behinderungen von Frau RIEGELs Elternteilen darstellten, sondern eng mit der jeweiligen Lebenszufriedenheit der beiden Verwandten zusammenzuhängen schienen.

In der Mitte der Bandbreite befinden sich folgende Reaktionen: Die Eltern von FABIAN DACHMANNs Mutter hüllten sich bezüglich der Multiplen Sklerose ihrer Tochter in Schweigen[138] und innerfamiliär konträr erlebte ANNALENA KÖNIG ihre beiden Großelternpaare: Zu Oma und Opa väterlicherseits entstand kein tieferer Kontakt, während dieser zu den Eltern ihrer Mutter bis heute besteht.[139] Noch andere Konstellationen finden sich bei LIA DÖBELs Vater: Ihm wurde von seinen Schwiegereltern Anerkennung entgegengebracht.[140] Mein Augenmerk richte ich im nächsten Punkt auf das Vorliegen weniger zwischenmenschlicher Verbindungen.

V.3.2.3 Kaum gelebte Freundschaften

In meiner Forschung erfuhr ich auch von Elternteilen mit Körper- und/oder Sinnesbehinderungen, die nur wenige soziale Kontakte pflegten. Gründen hierfür gehe ich im nächsten Abschnitt nach.

Einige Gesprächspartner erwähnten, dass Freunde stets bzw. während einer bestimmten Lebensphase in den Hintergrund traten. Dies geschah aus variierenden Motivationen heraus:

So wurden in LYDIA MEYERs Herkunftsfamilie familiäre Bindungen grundsätzlich höher bewertet als freundschaftliche Kontakte. Insofern scheinen die Eltern nicht viele Freundschaften geknüpft zu haben. Von wenigen Bekannten war in LYDIA MEY-

---

136   SIGRID PETERS Zeilen 24–26, 37–41
137   LYDIA MEYER Zeilen 192–194, 205–207
138   FABIAN DACHMANN Zeilen 175–179
139   ANNALENA KÖNIG Zeilen 846–849
140   LYDIA MEYER Zeilen 193–194, LIA DÖBEL Zeilen 222–229

ERs Interview dennoch die Rede.[141] Vergleichbare Erfahrungen machte MARIO KRÄFTs Mutter: Bevor sie sich mit ihrer Hörsehbehinderung auseinandersetzte, durchlebte sie eine Phase, in der sie fast nichts außer Haus unternahm. Selten wurde sie von Freundinnen aufgesucht.[142] Um mögliche Vereinsamungstendenzen wird es im Folgenden gehen.

Inwiefern die Progredienz von elterlichen Beeinträchtigungen mit einer Reduktion gelebter Freundschaften einhergeht, eruiere ich an dieser Stelle. Grundsätzlich existiert das Phänomen, dass einstige Freunde so unsicher auf eine fortschreitende Behinderung reagieren, dass der Kontakt abbricht oder „einschläft". Dies ist LIA DÖBELs hörbehinderten Vater partiell widerfahren: Der Rückzug mancher Freunde geschah, als die Kommunikation mit ihm zunehmend schwieriger wurde. Zugleich blieben dem Vater Bekannte erhalten, die ihn heute beispielsweise zum Wandern treffen.[143] Somit fand dieser Elternteil sich nicht in völliger Vereinsamung wieder.

Während ihrer Kindheit zählte ANNALENA KÖNIGs Vater konstant fünf Personen zu seinen Freunden. Auf dem Hintergrund gesundheitlicher Verschlechterungen war es ihm nach der Trennung von der Mutter der Interviewpartnerin zunehmend seltener möglich, sein Bett zu verlassen. Ob sich der kleine Freundeskreis während der zunehmenden gesundheitlichen Belastungen weiter dezimierte oder konstant blieb, ist ANNALENA KÖNIG unbekannt.[144]

V.3.2.3.1 Teilfazit

Ich verbuche es als Zufall, dass sich kein Elternteil in meinem Perspektivausschnitt befand, der den Rückzug früherer Freunde als umfassend und einschneidend erlebt hat. Spekulierend vermute ich, dass Personen existieren, die beim Eintritt oder der Verschlechterung einer Körper- und/oder Sinnesbehinderung von Freunden verlassen werden, welche vormals als verlässlich wahrgenommen worden sind, ohne dass Erstere das mit neuen sozialen Kontakten

---

141   LYDIA MEYER Zeilen 931–932, 935–936
142   MARIO KRÄFT Zeilen 551–556, 724–728, 118–119
143   LIA DÖBEL Zeilen 656–657, 546–547, 703–706
144   ANNALENA KÖNIG Zeilen 821–827, 935–939, 1265–1267

ausgleichen können. Umfassende Aussagen hierzu können aus den Daten meiner Studie nicht herausgelesen werden. Meine Reflexion mündet jetzt in ein umfassendes Resümee.

V.3.2.4 Fazit

Von den Elternteilen meiner Studie, die mit einer Beeinträchtigung leben, werden Geselligkeit und Rückzug, aber auch unterschiedliche Arten freundschaftlicher Verbindungen genannt. Folgende Aussagen können über Elternteile mit Beeinträchtigungen und ihren Erfahrungsschatz auf dem Hintergrund meiner Forschung getroffen werden:

Die sozialen Kontakte der Elternteile sind so unterschiedlich, dass sie nicht unter einem Schlagwort zusammengefasst werden können. Sicher kann festgehalten werden, dass das Vorliegen einer Körper- und/oder Sinnesbehinderung nicht automatisch zur sozialen Isolation führen muss. Das heißt, dass Elternteile mit Behinderungen die Anzahl und die Qualität ihrer Freundschaften als zufriedenstellend erleben können.

Obwohl bei allen Arten von Körper- und Sinnesbehinderungen innerhalb meiner Forschung Einzelpersonen mit großen Freundeskreisen anzutreffen sind, die auch soziale Kontakte zu Menschen ohne Behinderungen unterhalten, scheinen sich für einige Personen mit Hörbehinderungen kommunikative Situationen in größeren Gruppen belastender und mit mehr Barrieren darzustellen als für Menschen mit anderen Körper- und/oder Sinnesbehinderungen. Diese Erfahrungen machten allerdings nicht alle hörbehinderten Elternteile meiner Studie.

Eine klare Trennlinie zwischen dem Vorliegen einer eher leichten Einschränkung und einer schwereren Behinderung ist aus meiner Beobachterperspektive nicht eindeutig zu ziehen. Bei den sich anschließenden Überlegungen betrachte ich den Totalausfall eines Sinnes bzw. das Betroffensein aller vier Extremitäten bei den Körperbehinderungen als schwere Beeinträchtigung. Auch Personen, bei denen lediglich kleine Wahrnehmungsreste übrig bleiben, die über einen Sinneskanal eingehen, rechne ich den Schwerbehinderten zu.

Innerhalb des oben explizierten Rasters sind die Mütter von CLARA LANGE und von ANNALENA König zu den weniger umfassend beeinträchtigten Elternteilen zu zählen. Beide halten sich in großen Freundeskreisen auf, allerdings haben die folgenden schwerer behinderten Menschen ähnlich viele Kontakte: Der Vater von CLARA LANGE, die Eltern von ASTRID MÜLLER und die Mutter von PIA WEISS sind in diesem Zusammenhang zu nennen.

In meiner Forschung zeigten sich demnach keine Tendenzen, dass Menschen mit schwereren Behinderungen zwangsläufig sozial vereinsamen. Ebenso wenig gilt für meine Studie, dass Elternteile mit leichteren Beeinträchtigungen immer über eine größere Anzahl von Freunden verfügen als Menschen mit umfassenderen Behinderungen. Tatsache ist hier jedoch, dass meine Interviews keine Personen erreichten, die in Institutionen für Menschen mit Behinderungen lebten. Zu sozialen Konflikten dieser Menschen kann meine Forschung somit keine Aussagen treffen – zu unterschiedlichen Standpunkten in den Familien meiner Interviewpartner jedoch schon.

V.4 Streit, Meinungsverschiedenheiten und Konfliktmanagement innerhalb der Familien

Grundsätzlich gehe ich davon aus, dass verschiedene Standpunkte und Konfliktpotenzial als Elemente menschlichen Zusammenlebens betrachtet werden müssen. Die Intensität dieser Phänomene variiert meines Erachtens zwischen einer konstruktiven Klärung bis hin zu einer immensen Zusatzbelastung, die unter Umständen dauerhaft anhält.

V.4.1 Verhaltensweisen in Konflikten innerhalb der Kernfamilie

Im Mittelpunkt stehen in diesem Kapitel Auseinandersetzungen innerhalb der Kernfamilien der von mir befragten Töchter und Söhne. Am Rande werde ich Verhaltensweisen von Großeltern einbeziehen, die sich im Wohnraum der Herkunftsfamilien zeigten. Zudem setze ich mich mit der Frage auseinander, ob die elterliche Körper- und/oder Sinnesbehinderung in innerfamiliären Konflikten eine Rolle spielt oder nicht – und wenn ja: welche? Grundsätzlich interessiere ich mich dabei für verschiedene Facetten konflikträchtiger Situationen wie zum Beispiel Streit zwischen einem

Elternteil und dem Nachwuchs, Geschwisterkonflikte und das elterliche Auftreten bei Streitfällen und Konfliktanlässen.

V.4.1.1 Streitbezogene Agitationsstrukturen

Meinen Überblick beginne ich mit Meinungsverschiedenheiten zwischen Interviewpartnern und Elternteilen. Das Verhalten während sich zuspitzender Streitsituationen zeigte sich in den Herkunftsfamilien unterschiedlich.

Zuerst sind die Elternteile zu nennen, die sich nie bzw. kaum mit dem Nachwuchs streiten: Hierzu zählen die Väter von ANNALENA KÖNIG[145] und MARINA THOMA. Die zuletzt Genannte konkretisiert, dass ein hohes Maß an Gutmütigkeit zu dieser Haltung ihres Vaters geführt habe.[146] Als Vertreterin des weiblichen Geschlechts zeigt die Mutter von ANDREA RIEGEL analoge Verhaltensweisen: Auch sie ist nahezu nie in Konflikte involviert.[147] Handelt es sich bei den oben Erwähnten um Elternteile mit Körper- und/oder Sinnesbehinderungen, so gilt der Vater von PIA WEISS als nicht behindert. Seine Tochter formulierte, dass er sich aus Konflikten zurückziehe, da er mit diesen nicht umgehen könne.[148]

Innerhalb der aufzuzeigenden Bandbreite bewege ich mich weiter zu einem Elternteil, bei dem die im Streit diskutierten Fakten durchaus modifiziert werden konnten: So änderte CLARA LANGEs Mutter während eines Konflikts bisweilen ihre Ansichten und ließ sich mitunter von den Überzeugungen der Interviewpartnerin beeinflussen.[149]

Nun komme ich auf Elternteile zu sprechen, die ihre Positionen während Meinungsverschiedenheiten vergleichsweise unverrückbar und mit Nachdruck vertreten: So gelang es KEVIN SCHNEIDERs Vater stets, seine Ansichten durchzusetzen.[150] Des Weiteren vertrat CLARA LANGEs Vater seine Perspektive so konsequent, dass einmal Gesagtes in Diskussionen nicht verändert

---

145 ANNALENA KÖNIG Zeilen 841–845
146 MARINA THOMA Zeilen 1182–1183
147 ANDREA RIEGEL Zeilen 630, 320–321
148 PIA WEISS Zeilen 474–477
149 CLARA LANGE Zeilen 763–765
150 KEVIN SCHNEIDER Zeilen 662, 159–161

werden konnte. Dies war mit einem Time-out kombiniert, bei dem die Interviewpartnerin von ihrem Vater früher in ihr Kinderzimmer verwiesen wurde, bis sie wieder ruhiger geworden war.[151] Wiederum redet FABIAN DACHMANNs Vater mit seinem Nachwuchs immer wieder „Tacheles", was als kurzes, lautes und reinigendes Gewitter umschrieben werden kann.[152] Eine Steigerung erfährt das eben beschriebene Verhaltensmuster in LYDIA MEYERs Familie: Hier mussten sich während des Aufwachsens der Interviewpartnerin alle Familienmitglieder den Sichtweisen ihres Vaters unterordnen. Bei ihm liegt keine Behinderung vor.[153]

Auch Elternverhalten, das zwischen beiden Extremen liegt, wurde von meinen Interviewpartnern erwähnt. Die Verhaltensmuster sind zu verschieden, als dass sie auf einen Nenner gebracht werden können. Mütter und Väter mit Körper- und/oder Sinnesbehinderungen agieren im Streit sehr unterschiedlich:

Konträren Verhaltensmustern in Konfliktsituationen folgten die Eltern von CLARA LANGE, ANDREA RIEGEL und PIA WEISS: Die Väter der zuerst genannten Interviewpartnerinnen diskutieren Meinungsverschiedenheiten ebenso aus wie die Mutter von PIA WEISS, während sich ANDREA RIEGELs Mutter und PIA WEISS' Vater möglichst nicht in Streitsituationen begeben.[154] In diesem Zusammenhang muss auch CLARA LANGEs Mutter angeführt werden, die sich durchaus in Konflikten vorfindet, hier jedoch eine ausgleichend-diskursive Strategie ohne Zusatzlautstärke wählt. Somit verfügen CLARA LANGE, ANDREA RIEGEL und PIA WEISS jeweils über einen „streitunlustigen", nachgiebigeren und einen in Konflikten selbstbewusst auftretenden Elternteil.[155]

Abschließend komme ich auf FABIAN DACHMANNs getrennt lebende Eltern zu sprechen: Sie gehen sich aus dem Weg bzw. befinden sich immer wieder in Meinungsverschiedenheiten, auch wenn sie sich nur kurz und pragmatisch wegen Angelegenheiten, die ihren Sohn betreffen, kontaktieren.[156] Auch ANNALENA KÖ-

---

151 CLARA LANGE Zeilen 753–759
152 FABIAN DACHMANN Zeilen 984–987
153 LYDIA MEYER Zeilen 386–388, 948–949
154 ANDREA RIEGEL Zeilen 320–323, 630–632
155 CLARA LANGE Zeilen 756–758, 763–765, ANDREA RIEGEL Zeilen 320–323, 628–632, PIA WEISS Zeilen 108–110, 473–477
156 FABIAN DACHMNANN Zeilen 105–109

NIGs Eltern sind nach dem Scheitern ihrer Beziehung in eine Art „Rosenkrieg" getreten, der es der Interviewpartnerin unmöglich machte, den Kontakt zu ihrem Vater aufrechtzuerhalten. Bei ihren Versuchen hierbei fand sich ANNALENA KÖNIG auf unangenehme Weise zwischen den Vorwürfen ihrer Elternteile wieder.[157] Hingegen hielten derartig extreme zwischenmenschliche Aversionen FABIAN DACHMANN nicht davon ab, einen guten Kontakt zu seinen beiden Elternteilen zu halten. Über gelebte Meinungsverschiedenheiten zwischen CLARA LANGEs geschiedenen Elternteilen ist mir zu wenig bekannt, als dass ich diesen Aspekt einbringen könnte. Tatsache ist jedoch, dass die Interviewpartnerin zu keinem der beiden den Kontakt verloren hat.[158]

V.4.1.2 Elternteile mit Hörbehinderungen während Auseinandersetzungen

In Kernfamilien mit gehörlosen Eltern erscheint in Dezibel messbare Lautstärke als ungeeigneter Indikator für die Intensität der ausgetragenen Konflikte. Als einerseits leise und andererseits gebärdensprachlich sehr intensiv beschreibt PETER RATH die Meinungsverschiedenheiten in seinem Elternhaus, während er aufgewachsen ist. Die inhaltlichen Fragen, um die es ging, wurden in dieser Familie erst nach der Eskalationsphase ausdiskutiert.[159] Im Gegensatz zu oben erwähnten Eltern gebärdete ANDREA RIEGELs Vater im Streit zwar intensiv, setzte jedoch zugleich seine Stimme ein, mit der er auch sehr laut wurde.[160] Von einem Streit mit ihrer Mutter, bei dem sie diese lautsprachlich als „blöde Kuh" beschimpft habe, erzählt MARINA THOMA. Die Mutter habe dies unmittelbar von den Lippen abgelesen. Somit bestand bei der Rezeption und den Reaktionsmöglichkeiten von MARINA THOMAs Mutter in dieser Situation kein Unterschied zu einer Mutter mit Hörvermögen. Im Nachhinein beschreibt die Interviewpartnerin

---

157 ANNALENA KÖNIG Zeilen 946–949
158 CLARA LANGE Zeilen 162–163, 3–5, 311–313, 610–614, 718–720, 967–972
159 PETER RATH Zeilen 411–419, 377–383
160 ANDREA RIEGEL Zeilen 348–352

ihre Mutter in Konflikten als sehr geduldig.[161] Dass im physikalischen Sinne leise Konflikte nicht ausschließlich von gehörlosen Elternteilen ausgetragen werden, unterstreichen CLARA LANGEs Erfahrungen mit ihrer sehbehinderten Mutter, die im Konfliktfall ihre sonst moderate Sprechlautstärke nicht potenziert.[162]

Nun komme ich zu der Frage, wie sich Elternteile mit unterschiedlichen Hörbehinderungen bei Meinungsverschiedenheiten verhielten. Während die gehörlosen Elternteile meiner Forschung in Streitsituationen eher unmittelbar handelten[163], erwähnen zwei Interviewpartner mit schwerhörigen Vätern folgende Vorgehensweise: LIA DÖBELs Mutter erzählte ihrem Gatten nach einem Streit die Einzelheiten, die der Vater zuerst nicht mitbekommen hatte.[164] Ähnlich verliefen Meinungsverschiedenheiten zwischen SILKE HOLZ und ihrem Vater. Darüber hinaus berichtet die Interviewpartnerin, dass sie teilweise auch ihren Kopf von ihrem Vater abgewandt habe, sodass er das von ihr Gesprochene nicht dechiffrieren konnte, da er auf das Lippenbild angewiesen war. Zudem sprach SILKE HOLZ lauter und schneller, wenn Emotionen sie aufwühlten. Sie erklärte ihrem Vater ihre Sichtweisen nach der Eskalationsphase eines Konflikts, wenn sie sich wieder in einer ruhigeren Verfassung befand.[165] Der Bruder der Interviewpartnerin erwähnt, dass der Vater sich manches bei Bedarf habe wiederholen lassen und seine Entscheidung zur jeweiligen Thematik danach getroffen habe.[166] Inwieweit sich JENS HOFMANN und SILKE HOLZ während Konfliktsituationen mit ihrem hörbehinderten Vater unterschiedlich verhielten, geht aus V.4.1.3 hervor. Der Rolle der elterlichen Behinderung während Auseinandersetzungen widme ich mich im Folgenden.

---

161 MARINA THOMA Zeilen 1100–1102, 536–537, 894–896
162 CLARA LANGE Zeilen 1001–1005
163 Vgl. II.1.5: STOKOE, BOYES BRAEM
164 LIA DÖBEL Zeilen 17–19
165 SILKE HOLZ Zeilen 25–28, 109–112, 76–78
166 JENS HOFFMANN Zeilen 198–202

V.4.1.3 Das „Ausnutzen" der Behinderung des Elternteils für eigene Vorteile

Nun stellt sich die Frage, ob bzw. inwiefern die Interviewpartner die Körper- und/oder Sinnesbehinderungen ihrer Mütter und/oder Väter während eines Streits zu ihren Gunsten nutzten – diesbezüglich kristallisierten sich diese Haltungen heraus:

Zur ersten Gruppe zählen JENS HOFFMANN, LYDIA MEYER, ANNALENA KÖNIG und KEVIN SCHNEIDER, die betonten, dass sie so etwas nie gemacht hätten und niemals tun würden.[167] Hier wurde ein Verhaltens- bzw. Überzeugungsmuster gewählt, dem Respekt vor dem Elternteil mit der Beeinträchtigung zugrunde liegt.

Der zweiten Gruppe ordne ich die Interviewpartner zu, bei denen die Behinderungen in Maßen zu eigenen Vorteilen oder zu kleineren Racheaktionen verwendet wurden. Dabei hat jedoch meines Erachtens keine der involvierten Personen ernsthaft Schaden davongetragen. Hierunter subsumiere ich beispielsweise ASTRID MÜLLERs Aussage: An exakte Details kann sich die Interviewte nicht mehr erinnern, aber sie vermutet, die Blindheit ihrer Eltern im Streitfall folgendermaßen ausgenutzt zu haben: So wies sie beim Führen von Vater oder Mutter nicht auf eine Bordsteinkante hin oder ging am Briefkasten, den der Elternteil ansteuerte, vorbei. Darüber hinaus erwähnt ASTRID MÜLLER, dass sie ihren Unmut in ihrer Mimik gezeigt hätte, die ihre Eltern visuell nicht wahrnehmen konnten.[168] Des Weiteren verheimlichte CLARA LANGE zunächst erfolgreich, dass sie sich ihre Frisur selbst geschnitten hatte. Allerdings unterstreicht die Interviewpartnerin, dass sie in den meisten Fällen so großen Respekt vor ihrem Vater hatte, dass sie seine Behinderung nicht ausnutzte.[169] LENNART APELT entwendete in seiner Herkunftsfamilie Kekse. Auch seine blinde Mutter bemerkte dies nicht sofort, aber später.[170] Auf ähnliche Weise nutzte SILKE HOLZ den Kuraufenthalt ihrer Mutter: Sie holte sich bei ihrem Vater eine Erlaubnis für etwas, das ihre Mutter bereits

---

167 JENS HOFFMANN Zeilen 203–207, ANNALENA KÖNIG Zeilen 143–147, LYDIA MEYER Zeilen 389–391, KEVIN SCHNEIDER Zeilen 189–191
168 ASTRID MÜLLER Zeilen 164–167, 170–172
169 CLARA LANGE Zeilen 102–104, 107–111, 1065–1066
170 LENNART APELT Zeilen 309–315

untersagt hatte. Aufgrund seiner Hörbehinderung war dem Vater das Telefonieren nicht möglich. Bis der persönliche Austausch der Eheleute erfolgen würde, wäre ihr Vergehen schon „verjährt", kalkulierte die Interviewpartnerin bereits im Vorfeld ein.[171] Hinsichtlich der zuletzt genannten Aktion ist auch dieser Dialog während eines anderen Interviews interessant: BJÖRN SCHNEIDER unterstrich zuerst, dass er die Gehbehinderung seines Vaters nie zu seinen Gunsten verwendet habe. Dann ließ er einfließen, dass er in einem Moment der Verstimmung seinen Vater zu Hause einmal bewusst gemieden habe. Hierfür stieg BJÖRN SCHNEIDER die Treppe empor, da er wusste, dass dies seinem Vater nicht möglich ist.[172] Die eben aufgezeigte Gesprächsentwicklung verknüpft meines Erachtens die erste und zweite Haltung: Das heißt, einerseits hat der Befragte sich die Behinderung seines Vaters zunutze gemacht, andererseits ging es hier lediglich um Streitvermeidung und nicht direkt um persönliche Vorteile. Resümierend stelle ich fest, dass sich sowohl unter dem Nachwuchs von Elternteilen mit Seh- und Hör- als auch unter den Kindern von Elternteilen mit Körperbehinderung welche befinden, die die Beeinträchtigung von Mutter oder Vater für eigene Vorteile instrumentalisierten.

Bei der dritten Verhaltensvariante eskalierten Konflikte in der Herkunftsfamilie schon mal, aber zugleich fühlen sich die Interviewpartner zu dem Elternteil, mit dem sie sich intensiver stritten, emotional stärker hingezogen. Dies trifft auf SILKE HOLZ[173] und ANDREA RIEGEL[174] zu, welche sich stärker mit ihren Vätern verbunden fühlen, sowie auf PIA WEISS[175], welche zu ihrer Mutter ein besonderes Verhältnis hat. Dieses Erlebensmuster existiert also sowohl in gemischtgeschlechtlichen als auch in gleichgeschlechtlichen Elternteil-Kind-Konstellationen. Die bei den Müttern und Vätern vorliegenden Behinderungen divergieren ebenfalls: Bei den beiden erstgenannten Interviewpartnern handelt es sich um den Nachwuchs von Elternteilen mit Hörbehinderungen und bei der zuletzt erwähnten Interviewten um die Tochter einer blinden Mutter. Intensiver Streit scheint im beschriebenen Rahmen auch als

---

171   SILKE HOLZ Zeilen 221–225, 230–232
172   BJÖRN SCHNEIDER Zeilen 147–152
173   SILKE HOLZ Zeilen 71–72, 48, 81–86, 109–112, 38–43, 24–28
174   ANDREA RIEGEL Zeilen 630–632
175   PIA WEISS Zeilen 799–802, 9–23

"reinigendes Gewitter" zu fungieren und nicht per se der Eltern-Kind-Beziehung zu schaden. Innerhalb der eben dargestellten Aspekte erscheint mir erkenntnisleitend, dass die befragten Geschwister, also JENS HOFFMANN und SILKE HOLZ sowie BJÖRN und KEVIN SCHNEIDER, bezüglich ihrer Verhaltensweisen in familiären Konflikten in unterschiedliche Subgruppen einzuordnen sind. Jeweils ein Geschwisterteil war von dem Gedanken, die elterliche Behinderung für seine Präferenzen zu verwenden, entsetzt. Der zweite Teil des Geschwisterpaars griff auf diese Strategie durchaus zurück. Aus diesen Tatsachen leite ich ab, dass man aufgrund von Verhaltensmustern eines Sprösslings nicht auf Patterns aller Kinder derselben Familie schließen kann. Die Persönlichkeit des Nachwuchses und divergierende Erwartungshaltungen von Elternteilen mochten an diesem Punkt auch zu unterschiedlichen Ausgangssituationen geführt haben. In den Herkunftsfamilien einiger Interviewpartner fand Streit nicht nur zwischen Eltern und Nachwuchs, sondern in den Mehrkindfamilien auch zwischen den Geschwisterkindern statt, wie ich nun zeige.

V.4.1.4 Geschwisterkonflikte
Meinen Fokus richte ich zuerst auf Streitverhalten und danach auf Geschwisterkinder, zwischen denen es kaum zu "Reibereien" kam:
  Im ersten Fall wurden verbotene Aktionen des Geschwisterkindes, die den Eltern behinderungsbedingt nicht aufgefallen waren, zum Gegenstand von Geschwisterkonflikten: Die eine Schwester drohte, den Eltern diese unerlaubte Tätigkeit mitzuteilen, wenn die andere Schwester sich den Vorstellungen der ersten nicht fügte. Hierbei handelte es sich um angemalte Tapete in der Herkunftsfamilie von ASTRID MÜLLER.[176]
  Verschiedene Interviewpartner erzählten auch von Streit unter den Geschwistern, ohne dass Elternteile involviert waren: LIA DÖBEL betonte hierbei das Temperament der drei Schwestern.[177] Von körperlich und verbal ausgetragenen Kontroversen mit ihren

---

176 ASTRID MÜLLER Zeilen 175–178
177 LIA DÖBEL Zeilen 109–117

Brüdern sprach MARINA THOMA[178] und von Streitereien mit ihrem nächstjüngeren Bruder berichtet LYDIA MEYER.[179] Auch KEVIN SCHNEIDER stritt sich mit seinem Bruder während seiner Kindheit, und zwar besonders um Spielsachen.[180] Konflikte existierten ebenfalls zwischen CLARA LANGE und dem ersten Pflegekind, das in die Familie ihrer Mutter kam. Hier handelte es sich um Streit, der entstand, als die Pflegetochter Grenzen nicht akzeptieren konnte und Dinge benutzte, die CLARA LANGE gehörten.[181]

Kaum Konflikte zwischen den Geschwistern traten bei SILKE HOLZ[182] auf. In ihrer Familie blieb intensiver Streit auf sie und auf ein Elternteil beschränkt. Auch bei CLARA LANGE gab es eher wenig Auseinandersetzungen unter den Geschwistern. Mit den zwei jüngeren Pflegekindern aus der Familie ihrer Mutter stritt sie sich nicht, da der Altersunterschied groß war. CLARA LANGE gab eher die Ratschläge einer erwachsenen Person, als sich wie ein Kind zu streiten.[183] In den nächsten Kapiteln betrachte ich weitere Aspekte der Konflikte.

V.4.2 Streitursachen in Eltern-Kind- und in Eltern-Großeltern-Konstellationen

Es bleibt noch zu klären, welche Inhalte der Streit in den Herkunftsfamilien meiner Interviewpartner hatte und welche Intentionen und Konstellationen dahintersteckten, die die Konflikte nährten.

V.4.2.1 Sachthemen als Streitanlässe in den Kernfamilien

Die Mutter und der Vater von LENNART APELT befanden sich in Kontroversen über divergierende Behandlungsmethoden für die

---

178 MARINA THOMA Zeilen 1104–1105
179 LYDIA MEYER Zeilen 471–474
180 KEVIN SCHNEIDER Zeilen 671–674
181 CLARA LANGE Zeilen 1079–1084
182 SILKE HOLZ Zeilen 210–213
183 CLARA LANGE Zeilen 773–776

Rheumaerkrankung des Interviewpartners[184]. Dagegen entstanden in PETER RATHs Herkunftsfamilie wiederholt Meinungsverschiedenheiten bei der Anschaffung moderner technischer Geräte. Die Mutter des Interviewten begründete ihre kritisch-ablehnende Haltung damit, dass sie früher auch ohne die jeweilige Erfindung gelebt habe. Da es nicht nur um Techniken ging, die gehörlose Personen nicht adäquat nutzen können, muss – auch für den Sohn – offenbleiben, ob die beschriebene Technikfeindlichkeit mit der Behinderung der Mutter in Verbindung stand oder nicht.[185]

Einige Konflikte, in denen sich Interviewpartner vorfanden, wurden während der Pubertät entfacht: LIA DÖBEL vertrat damals oft eine Perspektive, die von der elterlichen abwich.[186] Bei PETER RATH, KEVIN SCHNEIDER und ANDREA RIEGEL wurde mit den Eltern über Rückkehrzeiten nach dem Ausgehen diskutiert bzw. forderten die Mutter und/oder der Vater diese ein. Die zuletzt genannte Interviewpartnerin stritt sich auch wegen einer heimlichen Übernachtung ihres damaligen Freundes im Elternhaus mit ihrem Vater. ANDREA RIEGEL bezeichnet diese Konflikte um Sachthemen als gewöhnlich.[187] In ähnlichen Meinungsverschiedenheiten fand sich FABIAN DACHMANN während seines Aufwachsens bei seiner alleinerziehenden Mutter wieder: Hier ging es um schulisches Lernen, um die Ordnung seines Zimmers und später auch über Verhaltensregeln zum Ausgehen.[188] Ebenfalls nicht fremd waren SIGRID PETERS Teenagerkonflikte in ihrer Herkunftsfamilie: Hier war beispielsweise die traditionelle Frauenrolle das Thema, welche die Mutter für ihre Tochter favorisierte. Diesen Weg wollte die Interviewpartnerin für sich nicht wählen.[189] Als weitere Streitinhalte zwischen SIGRID PETERS und ihrer Mutter fungierten unterschiedliche Geschmäcker in Bezug auf Kleidung und Frisuren.[190] In einer Familie, in der bei jedem Familienmit-

---

184   LENNART APELT Zeilen 295–297
185   PETER RATH Zeilen 184–186, 212–216, 196–200, 179–181, 192–194
186   LIA DÖBEL Zeilen 132–135
187   PETER RATH Zeilen 140–145, 148–149, 1082–1084, KEVIN SCHNEIDER Zeilen 678–682 ANDREA RIEGEL Zeilen 613–618, 343–344
188   FABIAN DACHMANN Zeilen 1146–1148, 127, 729–730
189   SIGRID PETERS Zeilen 571–578
190   SIGRID PETERS Zeilen 585–592

glied eine Körperbehinderung vorliegt, kann es also zu ähnlichen Meinungsverschiedenheiten kommen, wie diese sich vermutlich auch in Familien ohne Behinderungen präsentieren. Während es sich bei den eben beschriebenen Auseinandersetzungen zwischen Elternteilen und Nachwuchs um normale Auseinandersetzungen im Jugendalter gehandelt haben dürfte, möchte ich abschließend auf Konflikte zwischen einzelnen Interviewpartnern und Elternteilen hinweisen, die Überforderungssituationen beinhalteten, welche sich direkt bzw. sekundär aus der elterlichen Körper und-/oder Sinnesbehinderung ergaben: Diese können unter V.6.3.3 nachgelesen werden. Im nächsten Abschnitt vertiefe ich meine Betrachtungen zu den Auslösern der Streits.

V.4.2.2 Metareflexion zu Streitanlässen

Folgende Interviewpartner gaben an, dass der Streit, der sich allgemein zwischen ihnen und ihren Elternteilen ereignete, in keinem Zusammenhang mit der elterlichen Behinderung stand: LIA DÖBEL[191], JENS HOFFMANN[192], LYDIA MEYER[193], SIGRID PETERS[194] und ANNALENA KÖNIG[195]. Die Konflikte während ihrer Jugendzeit mit den Eltern ordnen MARIO KRÄFT und PETER RATH als im üblichen Rahmen befindlich ein.[196] Eine weitere Interviewpartnerin beschreibt sich während ihrer Teenagerjahre als sehr ungeduldig, was destruktive Auswirkungen auf die innerfamiliäre Interaktion hatte. Heute bereut MARINA THOMA ihre damaligen heftigen Verhaltensweisen.[197] Hingegen sieht ANDREA RIEGEL eine wesentliche Streitursache bei ihrem Vater: Sie attestiert ihm Schwierigkeiten, ihre zunehmende Selbstständigkeit anzuerkennen. Hieraus resultierte die Motivation, vor ihrem Va-

---

191 LIA DÖBEL Zeilen 132–135
192 JENS HOFFMANN Zeilen 199–200
193 LYDIA MEYER Zeilen 471–474, 479–483
194 SIGRID PETERS Zeilen 593–596
195 ANNALENA KÖNIG Zeilen 137–142
196 MARIO KRÄFT Zeilen 111–116, PETER RATH Zeilen 1232–1233, 339–342
197 MARINA THOMA Zeilen 538–540

ter Wesentliches zu verbergen.[198] Die innerfamiliären Meinungsverschiedenheiten schienen sich bei manchen Interviewpartnern in der Pubertät zu kumulieren. Des Weiteren konstatiert JENS HOFFMANN, dass in seinem Elternhaus Konflikte entstanden, indem die Kinder versuchten, ihre Eltern von ihrer Perspektive zu überzeugen.[199]

Im Folgenden befasse ich mich mit zwei inhaltlich sehr unterschiedlichen Argumentationsgängen: Während PIA WEISS sich und ihrer Mutter ein ausgeprägtes Temperament zuschreibt, das immer wieder zu Eskalationen führe,[200] analysiert LYDIA MEYER Folgendes: Sie geriet mit ihren Eltern gerade deshalb in Meinungsverschiedenheiten, weil diese nicht streiten wollten. Selbstbewusst habe sie sich – im Gegensatz zu ihren Geschwistern – über die Erwartung ihres Vaters hinweggesetzt, wonach sich der Nachwuchs seiner Position anschließen sollte.[201] In ihrer Herkunftsfamilie war es unter den erwachsenen Mitgliedern Usus, Kontroversen nicht auszuagieren. Zusammenfassend kann festgestellt werden, dass die erstgenannte Interviewpartnerin in Konflikte ging, weil ihre Mutter dies auch so machte. Die zweitgenannte Frau stritt sich, da ihre Elternteile Konfrontationen vermieden.

Die Begründungen, wie es zu Meinungsverschiedenheiten kam, sind keinesfalls homogen und decken eine immense Bandbreite ab. Unter der nächsten Überschrift nehme ich Generationenkonflikte ins Visier.

V.4.2.3 Belastendes Verhalten von Seiten der Großeltern

Streitpotenzial bot sich in den Familien meiner Studie nicht nur zwischen der Eltern- und der Kindergeneration, sondern auch zwischen den Großeltern und den Müttern bzw. Vätern der Interviewpartner. Bei welchen Gelegenheiten sich diese wie konstituierten, beleuchte ich nun.

Das erste Beispiel stammt aus dem Elternhaus von ASTRID MÜLLER. Dort lebte eine Oma, die von der Interviewpartnerin

---

198 ANDREA RIEGEL Zeilen 613–618, 343–344
199 JENS HOFFMANN Zeilen 190–192
200 PIA WEISS Zeilen 14–17, 799–802
201 LYDIA MEYER Zeilen 386–388, 948–949, 163–165

als sehr energisch beschrieben wurde. Diese Großmutter erledigte auch Tätigkeiten, die ASTRID MÜLLERs blinde Mutter selbst verrichten wollte. Die Oma entschied also, welche Unterstützung Letztere nötig hatte – die diesbezüglichen Äußerungen der Mutter schienen für die Großmutter keine Rolle zu spielen. Die Interviewpartnerin beschreibt diesen Konflikt als so intensiv, dass sie davon die gesamte Persönlichkeitsentwicklung ihrer Mutter beeinträchtigt sieht. Dieser als „emotionaler Schwelbrand" existierende Konfliktherd im Wohnraum der Familie erlosch mit dem Tod der Oma.[202] Somit gab es – wie ich aus der Retro- und Vogelperspektive konstatiere – keine Lösung dieses Streits.

Ein weiterer Interviewpartner hat Erfahrungen mit einer Oma, die in seinem Elternhaus lebte, gesammelt: Es handelt sich um die Großmutter mütterlicherseits von MARIO KRÄFT. Mutter und Oma des Interviewpartners kochten abwechselnd für alle Personen des Haushalts. Hierbei zeigten sich immer wieder Meinungsverschiedenheiten zwischen den beiden Frauen. MARIO KRÄFT erklärt sich diese damit, dass beide unterschiedlichen Generationen angehören. Die Oma ist inzwischen verstorben.[203]

Ähnlich wie in der Familie von ASTRID MÜLLER richteten sich auch die Großeltern von LENNART APELT nicht nach den Bedürfnissen der Mutter, was Hilfen betraf: So hätte die blinde Mutter des Interviewten den Tisch für die Gäste bei sich zu Hause bevorzugt selbst gedeckt, doch die Großeltern erledigten dies für sie. Der Interviewpartner gab zu bedenken, dass diese Verhaltensweisen von Oma und Opa dazu führten, dass seine Mutter sich in diesen Momenten weder wohlfühlen noch im positiven Sinne „gebraucht fühlen" konnte.[204] Spekulierend vermute ich, dass es zu dieser „hilfstechnischen Überreaktion" kam, um Unsicherheiten zu überspielen oder weil die Großeltern sich als besonders aufmerksam und fürsorglich präsentieren wollten. Jedenfalls übersahen Oma und Opa die immanenten Bedürfnisse der Mutter in der oben beschriebenen Konfliktsituation: Ihr ging es nicht nur um den gedeckten Tisch, sondern darum, einen tatsächlich notwendigen Beitrag für alle zu leisten. Die Mutter befand sich in der Rolle der Gastgeberin und wurde dieser durch die unerwünschte Hilfe

---

202 ASTRID MÜLLER Zeilen 111–112, 124–127, 824–832
203 MARIO KRÄFT Zeilen 102–110, 83–97
204 LENNART APELT Zeilen 249–254, 260–263

der Großeltern ein Stück weit enthoben. Per se hätte eine vergleichbare Konfliktsituation auch einem Elternteil ohne Behinderung widerfahren können. Allerdings bleibt es meines Erachtens offen, ob diese Formen partieller informeller Entmündigung, bei denen es zum Aufoktroyieren vorgefertigter Lösungen kommt, Familienmitgliedern mit Behinderungen eher widerfahren als sogenannten nicht behinderten Personen. Statt den eben diskutierten Formen subtiler Unterdrückung sind Umgangsformen vorzuziehen, bei welchen Elternteile mit Körper- und/oder Sinnesbehinderungen die Chance zur aktiven Selbstbestimmung, zum souveränen Handeln und zur Übernahme von Verantwortung für den Haushalt und den Nachwuchs erhalten. Hierzu gehört auch eine gemeinsame Konsensfindung. Im Folgenden bündle ich die obigen Einzelerfahrungen.

V.4.3 Fazit

Ein Teil meiner Frage, die ich zu Beginn dieses Themenkomplexes aufgeworfen habe, kann verneint werden: Bei den Elternteilen mit Körper- und/oder Sinnesbehinderungen der interviewten Töchter und Söhne existiert kein spezifisches Verhaltensmuster in Bezug auf Konfliktsituationen. Ebenso stellten verschiedene Interviewpartner fest, dass die Beeinträchtigung von Mutter und/oder Vater im Streit der Kernfamilie keine Rolle spielt. Schwerwiegende Konflikte können entstehen, wenn der Nachwuchs die an ihn herangetragenen Unterstützungserwartungen als überfordernd erlebt. Als eine ungesunde Haltung nehme ich die eingeforderte Unterordnung unter die Meinung eines Vaters wahr. Hier handelte es sich jedoch um einen nicht behinderten Elternteil.

Bei der Performanz der Elternteile meiner Forschung in Streitsituationen ist ein breites Spektrum zu beobachten: Den Extrempunkt der einen Seite stellt hierbei das Unvermögen dar, sich in Konflikten zu vertreten. Weiterhin zeigen sich leise, laute, zurückhaltende, diskursive sowie durchsetzungsstarke Verhaltenselemente. Auffällig ist, dass sich auch Elternteile ohne Behinderung aus meiner Studie Konfliktsituationen mitunter nicht gewachsen fühlen. Unvermögen und Schwäche in Auseinandersetzungen müssen also nicht zwangsläufig bei Elternteilen mit Körper- und/oder Sinnesbehinderungen auftreten.

Allerdings ziehen ausgetragene Auseinandersetzungen nicht nur negative Begleiterscheinungen nach sich: So erlebten zwei Interviewpartner, die sich mit ihren beeinträchtigten Elternteilen intensiv stritten, zugleich eine Maximierung ihrer Zuneigung zu diesen. Die Betreffenden avancierten zur favorisierten elterlichen Bezugsperson. Hieraus leite ich die Erkenntnis ab, dass Kontroversen die zwischenmenschlichen Beziehungen in Familien langfristig auch zu verbessern vermögen.

Die Streitanlässe, denen sich die Interviewten gegenübersahen, standen – abgesehen von den Überforderungssituationen beim Helfen – nicht direkt im Zusammenhang mit elterlichen Körper- und/oder Sinnesbehinderungen. Stattdessen schienen die Durchsetzung elterlicher Erziehungsprinzipien sowie verschiedene Perspektiven von Familienmitgliedern als Streitursachen zu fungieren. Bei ihren Handlungsplanungen im Streitfall instrumentalisierten manche Interviewpartner die Behinderung von Elternteilen in einem gewissen Rahmen. Diese Aktionen schienen jedoch stets in einen umfassenden Respekt vor der betreffenden Mutter bzw. dem Vater eingebettet zu sein. Eine Intensivierung dieser Aktionen kam für den Nachwuchs, dem ich begegnet bin, nicht infrage. Die Haltungen der Interviewpartner weisen somit eine gewisse Variabilität auf: Während für die einen das „Ausnutzen" der elterlichen Beeinträchtigung in geringem Maße vertretbar war, wiesen andere dies mit Nachdruck von sich.

Dem Vertreten der eigenen Position kommt meines Erachtens auf folgendem Hintergrund große Bedeutung zu: In den Kernfamilien meiner Forschung ereigneten sich nicht nur zwischen den Interviewpartnern und deren Müttern und/oder Vätern, sondern mitunter auch zwischen Elternteilen und Großeltern, Geschwisterkindern bzw. zwischen Expartnern Konflikte. Die Initiation von Kontroversen kann sich demnach multimodal ereignen. Zur effektiveren Performanz während Konflikten scheinen hörbehinderte Elternteile, bei denen u. a. die Lautsprache als Streitmedium fungiert, die kommunikative Vergewisserung als zentrales Element zu nutzen: Entscheidungen werden überwiegend erst getroffen, wenn dieser Schritt bereits erfolgt ist. Bemerkenswert ist auch der umfassende Aktionsspielraum gehörloser Elternteile während Konflikten in gebärdensprachdominierten Kernfamilien. Beeinträchtigte Mütter und Väter haben immer wieder Möglichkeiten, für den Nachwuchs als konstruktive Rollenmodelle in Konfliktsituationen zu fungieren. Falsche Rücksichten, wie zum Beispiel das Entschuldigen von Fehlverhalten mit der vorliegenden Behinderung, spielten bei meinen Interviewpartnern in Streitfällen keine Rolle. Weitere Aspekte zu Verhaltensweisen in Konflikten sind unter V.5.2 subsumiert: Dort werden Diskriminierungserfahrungen diverser Genese diskutiert. Zuerst widme ich mich aber dem Umgang mit Dritten.

V.5   Reaktionen von Menschen außerhalb der Kernfamilie
In dieses Kapitel habe ich die Erfahrungen der Interviewpartner aufgenommen, die nicht schon unter V.3 „Das soziale Umfeld außerhalb der Kernfamilie", V.4 „Streit, Meinungsverschiedenheiten und Konfliktmanagement innerhalb der Familien" oder V.6.2 „Personelle Unterstützung" zu finden sind.

Im Folgenden spreche ich Neutrales und Positives an sowie unangenehme Reaktionen Dritter, denen die betroffenen Interviewpartner keine allzu große Bedeutung beigemessen haben. Stark belastende Begegnungen dagegen sind grundsätzlich unter V.5.2 „Diskriminierungserfahrungen" zu finden.

V.5.1   Begegnungen mit Fremden
Mit Personen der Öffentlichkeit, dem Verkaufspersonal in Läden sowie den Lehrkräften an Schulen haben die Interviewten unterschiedliche Erfahrungen gemacht. Aber auch andere zwischenmenschliche Kommunikationen und Interaktionen, die bisher noch nicht dargestellt wurden, die aber sehr aufschlussreich in Bezug auf meine Forschungsfragen sind, werden expliziert. Meinen synoptischen Abriss beginne ich mich dem unhöflichen Verhalten Fremder gegenüber den Interviewpartnern und ihren Eltern.

Das Anstarren kommt bei verschiedenen Personen meiner Forschung zur Sprache: Gegenüber ASTRID MÜLLERs blinden Eltern waren fremde Restaurantbesucher die Akteure. Die Interviewpartnerin fühlte sich dabei unwohl.[205] Analoge Verhaltensweisen

---

205   ASTRID MÜLLER Zeilen 737–739

erlebte BJÖRN SCHNEIDER[206] in einem anderen Kontext, ebenso die beiden folgenden Interviewten. Die Reaktionen auf das Nachstarren variierten intrapersonal nach Lebensphase und interpersonal – hierbei stelle ich CLARA LANGEs und PIA WEISS' individuelle Antworten gegenüber, da diese inhaltlich konträr ausfallen: Während ihrer Kindheit hat die erstgenannte Betroffene das Passantenverhalten neutral wahrgenommen, im Jugendalter Scham gespürt und heute als Erwachsene rufen derartige „durchbohrende Blicke" bei ihr keine besonderen Gefühle mehr hervor.[207] Im Gegensatz zu PIA WEISS hat CLARA LANGE nie äußerlich auf die aufdringliche Mimik der Passanten reagiert.

Wie schon CLARA LANGE, veränderte auch PIA WEISS ihre Reaktionsmuster gegenüber intensiv nachschauenden Fremden mit dem Lebensalter: Während ihrer Kindheit lief die Interviewpartnerin einige Meter hinter ihrer blinden Mutter her, um Dritten zu signalisieren, dass sie nicht dazugehöre. Dies hatte den Nebeneffekt, dass sich ihre Mutter verletzt fühlte, was nicht die Intention der Tochter war. PIA WEISS bedauerte das, da sie bei ihrer Mutter keine negativen Emotionen auslösen wollte.[208] Später eignete sich die Interviewte folgende Reaktion auf Passantenblicke an, die sie auch heute noch anwendet: Sie gibt den Blick dem jeweiligen Fremden ebenso intensiv zurück, wie er sie erreicht hat. Dies hat meistens zur Folge, dass die Betreffenden ihr aufdringliches Verhalten umgehend einstellen.[209] Meines Erachtens hat PIA WEISS während ihrer Erfahrungsgeschichte die Perspektiven gewechselt: Sie bewegte sich vom Objekt hin zum Subjekt, von der Ohnmacht gegenüber Belastendem hin zu aktiven Gestaltungsmöglichkeiten in unangenehmen Situationen. Im Gegensatz zu den Erlebnissen der bisher genannten Interviewpartner wurde LYDIA MEYERs Mutter nie mit starrenden Passantenblicken konfrontiert,[210] obwohl Dritte ihren ungleichmäßigen Gang sehen konnten. Nicht jede visible Behinderung erfährt in öffentlichen Kontexten also

---

206 BJÖRN SCHNEIDER Zeilen 117–120
207 CLARA LANGE Zeilen 382–383, 1008–1012
208 PIA WEISS Zeilen 281–288, 302–312, 318–320
209 PIA WEISS Zeilen 288–289
210 LYDIA MEYER Zeilen 184–186

eine Reaktion. Die Verhaltensweisen Dritter scheinen nach Ort und Situation sowie nach individuellem Denkmuster zu variieren.

V.5.1.1 Reaktionen in Geschäften und Institutionen

Läden stellten immer wieder einen Sammelpunkt für Reaktionen Dritter dar, ebenso die Schulen, die von den Töchtern und Söhnen der Elternteile mit Körper- und/oder Sinnesbehinderung besucht wurden. Welche Erfahrungen meine Interviewpartner und ihre Herkunftsfamilien hier machten, beleuchte ich im Positiven wie im Ambivalenten.

Von entgegenkommender Bedienung ihrer nahezu blinden bzw. gehörlosen Elternteile in Geschäften berichteten ASTRID MÜLLER und ANDREA RIEGEL. Hierbei war auch die individuelle Ausgangssituation der Elternteile berücksichtigt worden.[211] Des Weiteren erfuhr LYDIA MEYERs Mutter, die mit einer Körperbehinderung lebt, in Verkaufssituationen stets gewöhnliche Reaktionen.[212] Somit fand ich im Rahmen meiner Studie in jeder Gruppe der Körper- und Sinnesbehinderungen jeweils eine Person vor, die sich in der Geschäftswelt als aufmerksam bedienter Kunde fühlte. An dem Punkt muss bedacht werden, dass sich gemäß der von mir verfolgten Methodik nicht jeder Interviewte zu jedem Teilaspekt äußerte. Aus den fehlenden Einschätzungen weiterer Interviewpartner zu diesem Thema darf jedoch nicht auf ein Nichterleben solcher Situationen geschlossen werden. Von den Befragten nicht Artikuliertes muss somit offenbleiben. Im folgenden Abschnitt werden Erlebnisse angeführt, bei denen Positives und Belastendes eng miteinander verwoben ist.

Ein Geschwisterpaar erzählte von unterschiedlichen Reaktionen Dritter auf ihren hörbehinderten Vater in Geschäften: Engpässe bei der Verständigung entstanden für den schwerhörigen Vater von JENS HOFFMANN, als das Verkaufspersonal sich der Ware zuwandte, die es präsentierte, sodass Ersterer das Lippenbild nicht mehr erkennen konnte. Zugleich informierte die Familie des Interviewten die Gesprächspartner bei einer Kundenberatung nicht immer über Hörbehinderung des Vaters, da sie dies nicht jedem

---

211 ASTRID MÜLLER Zeilen 740–742, ANDREA RIEGEL Zeilen 423–432
212 LYDIA MEYER Zeilen 179–183

Fremden erzählen wollte. Dies trug sicher dazu bei, dass das beratende Geschäftspersonal nicht adäquater auf die Hörsituation des Vaters eingehen konnte.[213] Die Schwester, SILKE HOLZ, schätzt das Verhalten von Ladenpersonal ihrem Vater gegenüber als vergleichsweise entgegenkommend ein: Dies sei insbesondere dann spürbar gewesen, wenn sich in einer Situation herausstellte, dass der Vater schlecht bis kaum hören konnte.[214]

Bei den genannten Geschwistern wird meines Erachtens eine unterschiedliche Akzentuierung beim Erleben deutlich: Für JENS HOFFMANN scheint im Vordergrund zu stehen, bewusst zu entscheiden, wer die medizinischen Diagnosen seines Vaters erfährt und wer nicht. Die Schwester des Interviewpartners dagegen beleuchtet die Kommunikationssituation in Geschäften, nachdem die Verkäufer über die akustische Ausgangslage ihres Vaters Bescheid wussten. Insofern sind beide Erfahrungsausschnitte meiner Meinung nach nicht direkt vergleichbar.

Innerfamiliär unterschiedliche Erfahrungen mit dem Verkaufspersonal in Geschäften machten PETER RATHs gehörlose Eltern: Der Interviewpartner nennt verschiedene Facetten, die er nicht genauer expliziert.[215] Dies impliziert meines Erachtens eine Bandbreite unterschiedlicher Reaktionen, keine rein positiven Erfahrungen. Wie sich diese Erlebnisse genau darstellten, muss offenbleiben.

Teilweise belastende Erfahrungen machten auch MARINA THOMAs gehörlose Eltern. Ihnen wurde von Geschäftspersonal wiederholt sehr laut direkt in die Ohren gesprochen. Dies behinderte das Absehen von den Lippen. Zugleich erfuhren MARINA THOMAs Eltern immer dann eine normale Behandlung in Geschäften, wenn dem Gegenüber die Gehörlosigkeit verborgen blieb.[216] Scheinbar löste das Wissen um die Behinderung der Eltern einen Drang zur Überkompensation bei den Verkäufern aus[217]. Somit stellen die eben geschilderten Erfahrungen einen Kontrast zu denen von SILKE HOLZ innerhalb dieses Kapitels dar.

---

213 JENS HOFFMANN Zeilen 217–220
214 SILKE HOLZ Zeilen 152–156
215 PETER RATH Zeilen 1085–1087
216 MARINA THOMA Zeilen 1205–1208
217 Vgl. II.1.3: SCHRAMME

Im Folgenden werden unterschiedliche Reaktionsweisen im Schulkontext vorgestellt, wobei ich meinen Überblick mit den belastenden Verhaltensweisen starte. Hierbei ist eine Deutschlehrerin zu nennen, die beim Ermahnen die Gehörlosigkeit der Eltern mit dem aktuell kritisierten schulischen Fehlverhalten von MARINA THOMA verwob. Das erlebte die Betroffene als sehr unangenehm. Zwischen ihren vielen informellen Nebengesprächen im Klassenzimmer und den Hörbehinderungen ihrer Eltern sieht die Interviewpartnerin – auch im Rückblick – keinerlei Zusammenhang. Vielmehr vermutet sie, dass die Lehrkraft damals die kommunikativen Potenziale der Deutschen Gebärdensprache (DGS) weit unterschätzte.[218] Somit geschah die gedankliche Verknüpfung der Deutschlehrerin an diesem Punkt wahrscheinlich aus Unkenntnis.

Wie stark der Kontakt zum schulischen Lehrpersonal variieren kann, verdeutlicht eine andere Erfahrung von MARINA THOMA: So fühlte sich diese von einer Mathematiklehrerin freundlich akzeptiert, die derselben katholischen Kirchengemeinde angehörte wie ihre Eltern.[219] Ähnlich ambivalente Schulerlebnisse widerfuhren ANNALENA KÖNIG: Hier stand ein Sekundarstufenlehrer den Tatsachen ablehnend gegenüber, dass bei ihrer Mutter eine Körperbehinderung vorlag[220], es sich um einen alleinerziehenden Elternteil handelte und dass die Interviewte privat dazu erzogen worden war, selbstständig zu denken.[221] Analog zu MARINA THOMAs Erlebnissen stellte jene skeptische Lehrkraft auch bei ANNALENA KÖNIG die Ausnahme dar, während sich das weitere Lehrpersonal normal verhielt.

Unerwartetes erlebte PIA WEISS bei einer Biologielehrerin: Diese hielt die Unterschrift für gefälscht, mit welcher die blinde Mutter der Interviewpartnerin die Entschuldigung unterzeichnet hatte. Als PIA WEISS das Missverständnis aufklärte, entschuldigte sich die Lehrkraft wiederholt bei der Tochter.[222]

Die nun aufgeführten Interviewpartner machten in den folgenden Situationen neutrale bzw. tendenziell positive Erfahrungen in schulischen Institutionen: LENNART APELT ist unschlüssig, ob

---

218 MARINA THOMA Zeilen 241–244, 249–250
219 MARINA THOMA Zeilen 261–264
220 Vgl. II.1.3.1: FEUSER
221 ANNALENA KÖNIG Zeilen 558–566, 569–570
222 PIA WEISS Zeilen 256–265, vgl. II.1.3: SCHRAMME

seine Grundschullehrer seine Lernfortschritte besonders intensiv betrachteten, seit diese von der Blindheit seiner Mutter wussten. Zugleich empfand der Interviewpartner das Lehrerverhalten ihm gegenüber nicht anders als gegenüber seinen Mitschülern.[223] Diese Normalität erschien ihm wichtig. Einen positiven Eindruck gewann auch JENS HOFFMANN von seiner früheren Schule, und zwar bezüglich der Elternarbeit: Die Lehrkräfte sprachen mit seinem hörbehinderten Vater gut artikuliert, sodass die Kommunikation funktionierte.[224] Verständnisvoll und großzügig im Hinblick auf außerschulische Zusatzdienste, die ANDREA RIEGEL und KEVIN SCHNEIDER für ihre Elternteile mit Behinderung erledigten, zeigten sich die Lehrkräfte der beiden, wenn beispielsweise Hausaufgaben aus diesem Grund fehlten.[225] Unabhängig von der oben erwähnten Skepsis einer Lehrkraft schien ANNALENA KÖNIGs Mutter, bei der eine Contergangeschädigung vorliegt, das Vertrauen der weiteren Eltern in der Klasse ihrer Tochter zu genießen, da sie zur Elternvertreterin gewählt worden war.[226] Sehr positiv reagierte ein Mathematiklehrer von PIA WEISS: Er zeigte sich vom Blindenführhund der Mutter beeindruckt.[227] Die Freundlichkeit, das Verständnis sowie das Entgegenkommen in den eben dargestellten Situationen sind einerseits positiv zu bewerten, doch zugleich frage ich mich, ob es sich hierbei mitunter nicht um überspielte Unsicherheit im Sinne von „überdosierten" positiven Reaktionen handelte[228].

V.5.1.2 Unbefangenheit und vorurteilsbehaftete Reaktionen Fremder

Dieser Absatz widmet sich der offenen, positiven Haltung von Seiten Dritter, die folgende Interviewte bzw. deren Elternteile bezüglich ihrer nicht ganz alltäglichen Lebensumstände erlebt haben: So bescheinigt PIA WEISS Kindern, die sie neu kennenlernte, oft eine

---

223 LENNART APELT Zeilen 657–660
224 JENS HOFFMANN Zeilen 210–213
225 ANDREA RIEGEL Zeilen 663–665, KEVIN SCHNEIDER Zeilen 249–258
226 ANNALENA KÖNIG Zeilen 612–615, 619–623
227 PIA WEISS Zeilen 268–269
228 Vgl. II.1.3: SCHRAMME

positive Offenheit.[229] Im folgenden Fall wurde die Neugier fremder Kinder von belastenden Erfahrungen mit deren Eltern begleitet: In der Öffentlichkeit trafen BJÖRN SCHNEIDER und sein Vater, der längere Strecken mit dem Rollstuhl bewältigt, überwiegend auf aufmerksame und hilfsbereite Menschen.[230] Zu den wenigen negativen Erfahrungen gehörten Eltern fremder Familien, die ihren Kindern empfahlen, ihre Aufmerksamkeit weg von dem Mann im Rollstuhl zu lenken.[231] BJÖRN SCHNEIDERs Vater wandte sich in solchen Fällen erklärend direkt an diese Kinder.[232] Das Verhalten der unbekannten Eltern in diesem Beispiel weist Parallelen zu den Diskriminierungserfahrungen von ANDREA RIEGELs gebärdender Familie auf.[233]

Eine Dichotomie an Emotionen erlebte ANNALENA KÖNIG. Sie unterscheidet die erfahrenen Reaktionen nach geografischen Räumen: Während ihrer alleinerziehenden Mutter, bei der eine visible Körperbehinderung vorliegt, in der Kleinstadt, wo sie aufwuchs, häufig Skepsis entgegengebracht wurde, erlebt die Interviewpartnerin ihre Elternteile in der Großstadt als Variante der Normalität, die nicht primär als abweichend wahrgenommen wird.[234]

Rein positive Umgangsweisen und Reaktionen erlebten die Eltern der folgenden Interviewpartner in den jeweils genannten Kontexten: Im Heimatdorf von MARIO KRÄFT beggnen die Leute seinen Eltern sehr freundlich[235] und wenn fremde Menschen von dem ehrenamtlichen Projekt von BJÖRN SCHNEIDERs Vater erfahren, der mit einer Körperbehinderung lebt, erntet dieser großen Respekt für sein Engagement.[236] Diese Reaktion stufe ich als natürlich ein, da die positive Aufmerksamkeit der Dritten an eine konkrete Leistung des Elternteils gekoppelt ist. Sicher können sich natürliche positive Reaktionen auch ohne Leistungsaspekt ereig-

---

229 PIA WEISS Zeilen 654–655
230 BJÖRN SCHNEIDER Zeilen 336–339
231 BJÖRN SCHNEIDER Zeilen 77–80
232 BJÖRN SCHNEIDER Zeilen 80–82
233 Vgl. Interviewdarstellung von ANDREA RIEGEL IV.8.5.2
234 ANNALENA KÖNIG Zeilen 648–658, 682–694
235 MARIO KRÄFT Zeilen 444–452
236 BJÖRN SCHNEIDER Zeilen 357–362

nen. Worum es sich genau handelte, kann jedoch im Nachhinein oft nicht mehr spezifiziert werden. Die bisherigen Einzelerfahrungen lasse ich an dieser Stelle in eine weitere Synopse münden.

V.5.1.3 Fazit

Einerseits bestanden Unsicherheiten und Unkenntnis von Seiten Dritter gegenüber den Elternteilen, bei denen eine Körper- und/oder Sinnesbehinderung vorliegt. Andererseits traten vormals fremde Personen freundlich, offen, interessiert und mit Wertschätzung an diese Elternteile heran. Analog zu den Erfahrungen mit Verwandten sind die Erlebnisse mit Fremden ebenso heterogen. Da zu den Mitgliedern der Kernfamilie aber wesentlich intensiverer Kontakt besteht als zu fremden Dritten, sind die positiven und negativen Erfahrungen im erstgenannten Bereich höher zu gewichten. Das bedeutet: Der erbauliche Effekt von freundschaftlichem Umgang innerhalb der Herkunftsfamilie der Interviewpartner ist vermutlich stärker als der negative Effekt von belastenden Begegnungen in der Öffentlichkeit. In Bezug auf diese Hypothese mag sicher auch der Umkehrschluss eine interessante These darstellen: Die Belastung durch schwierige familiäre Kontakte[237] ist wahrscheinlich höher als die Entlastung durch respektvolle und positive Begegnungen mit fremden Dritten. Zu den äußerst negativen Erfahrungen der Interviewten und ihrer Herkunftsfamilien komme ich im nächsten Kapitel.

V.5.2 Diskriminierungserfahrungen

Die Herkunftsfamilien meiner Interviewpartner fanden sich unterschiedlichen Demütigungen gegenüber. Die Erfahrungen variieren bezüglich der Orte, Täter, Rahmenbedingungen und der erlebten Intensität.

---

237 Vgl. V.5.2.2.5

V.5.2.1 Kontexte diskriminierender Übergriffe

Auf dem Hintergrund einer enormen Bandbreite unterschiedlicher Diskriminierungserfahrungen ist es meiner Meinung nach wichtig, diese Übergriffe nicht nach ihrer objektiven Schwere zu ordnen – dies erscheint mir sowieso unmöglich –, sondern dass sie jeweils aus dem individuellen Fokus der Betroffenen nachvollzogen werden. Dem Rezipienten empfehle ich hier Empathie anstatt bewertende Kommentierung oder gar Hierarchiebildung bezüglich der dargestellten Einzelfälle.

Zu Herabsetzungen von Interviewpartnern und deren Eltern kam es in verschiedenen Lokalitäten. Neben der Schulverwaltung geschahen Diskriminierungen auch an der elterlichen Arbeitsstelle, in Läden und in der Öffentlichkeit.

Im Folgenden handelt es sich um Anordnungen der Schulverwaltung, welche als diskriminierend empfunden wurden: Von Amts wegen sollte SIGRID PETERS, bei der eine Körperbehinderung vorliegt, der Regelschulbesuch verwehrt werden, stattdessen wurde institutionelle Separierung in Form von Förderschulbesuch bzw. Haus- und Einzelunterricht vorgeschlagen. Diese Entscheidung erlebten die Eltern der Interviewpartnerin als strukturelle Gewalt von institutioneller Seite und handelten, indem sie Rechtsmittel dagegen anwandten. Der Familie gelang es, den Regelschulbesuch der Tochter auf dem Umweg der Justiz zu erstreiten. Die von Seiten der Verwaltung befürchteten kognitiven, sozialen, berufsbezogenen und wissenschaftspropädeutischen Barrieren sowie die heraufbeschworenen Hürden im Bereich der Mobilität traten bei SIGRID PETERS' Regelschulbesuch schlussendlich nicht ein.[238] Ich vermute, dass der Rechtsweg die betroffene Familie nicht wenig Kraft gekostet hat.

Im Folgenden zeige ich zuerst berufliche Situationen, in denen Elternteile nicht als gleichwertige Arbeitskraft wahrgenommen wurden. Diesen Erfahrungen stelle ich im Anschluss kontrastierend positive Momente gelungener Inklusion gegenüber. Für die Präsentation dieser Dichotomien habe ich mich entschieden, um die Variabilität vorgefundener Realitäten in diesem Bereich hervorzuheben.

Bei den Belastungsmomenten im Arbeitsleben möchte ich zunächst ANDREA RIEGELs Mutter erwähnen: Diese ging bei der

---

238 SIGRID PETERS Zeilen 252–258, 303–320, 265–267

Vergabe eines Arbeitsplatzes leer aus und erfuhr im Nachhinein, dass die ausgeschriebene Stelle an jemanden ohne Behinderung vergeben worden war.[239] Auch der Vater der Interviewpartnerin haderte mit seinen Arbeitsbedingungen: Um sich den Herabsetzungen seiner Kollegen zu entziehen, wählte er den vorzeitigen Ruhestand, da er das Mobbing der Mitarbeiter nicht länger ertragen konnte.[240] An dieser Stelle möchte ich folgende Tatsache als erkenntnisleitend vermerken: Wie bereits unter V.3.2.1.1 dargestellt, handelt es sich bei ANDREA RIEGELs Vater um eine sehr kommunikative Persönlichkeit, die im privaten Bereich eine große Anzahl freundschaftlicher Kontakte knüpft. Soziale und kommunikative Kompetenzen einer Person mit Körper- und/oder Sinnesbehinderung sind also keine Garantie für ihre Integration am Arbeitsplatz, sondern auch die übrigen Mitarbeiter müssen hierzu ihren Beitrag leisten. Jede Seite dieser Medaille ist auf ihren „Counterpart" angewiesen. Den Totalausfall der einen Komponente kann die verbliebene nicht ausgleichen.

Von Schwierigkeiten mit den Arbeitskollegen des Vaters berichtet auch das Geschwisterpaar SILKE HOLZ und JENS HOFFMANN: Als ihr Vater eine CI-Operation hatte, kommentierten die Mitarbeiter dies in unwürdiger Weise. Die Veränderungen in seinen Innenohren führten außer zur primären Gehörlosigkeit auch zu Unsicherheiten bezüglich des Gleichgewichtssinns. Insofern wäre der Einbau einer Hebebühne möglich gewesen, die ein Kostenträger finanziert und die dem Vater viele Handgriffe an seinem Arbeitsplatz erleichtert hätte. Infolge unsachlicher Skepsis im Mitarbeiterbereich war dieses Hilfsmittel nie eingebaut worden. Vom Neid der Kollegen hinsichtlich des besonderen Kündigungsschutzes für Menschen mit Behinderungen, unter den auch sein Vater fiel, berichtet JENS HOFFMANN.[241] Dennoch ist sein Vater zurzeit arbeitssuchend, da die Firma, in der er früher tätig war, als Folge von Insolvenz nicht mehr existiert. Somit brachte der vermeintliche „Auslöser" der kollegialen Eifersucht dem Elternteil von SILKE HOLZ und JENS HOFFMANN keinerlei Vorteile.[242] Schlussend-

---

239 ANDREA RIEGEL Zeilen 244–248
240 ANDREA RIEGEL Zeilen 236–243
241 SILKE HOLZ Zeilen 441–444, JENS HOFFMANN Zeilen 697–701, 224–227, 704–708
242 JENS HOFFMANN Zeile 710

lich muss ich an dieser Stelle konstatieren, dass derartige Gesetzgebungen im Bereich des Arbeitslebens nicht geschaffen wurden, um Personen mit Behinderungen gegenüber Menschen ohne diesen zu übervorteilen. Vielmehr sollen zusätzlicher Kraftaufwand sowie Barrieren, die sich Arbeitenden mit Körper- und/oder Sinnesbehinderungen in den Weg stellen, ausgeglichen werden. Daher wird dieses Phänomen vom Gesetzgeber auch als Nachteilsausgleich tituliert.

Des Weiteren bestehen Diskriminierungen am Arbeitsplatz von KEVIN SCHNEIDERs Vater: Die meisten seiner Mitarbeiter trauen ihm weniger Leistung zu als anderen Fachkräften mit derselben Qualifikation und Praxiserfahrung. Dies belastet den Elternteil immer wieder.[243]

Unterschiedliche Erfahrungen mit Arbeitskollegen haben beide Elternteile von MARINA THOMA gemacht: Der Vater war im Hotel als Hausmeister nicht mit Namen, sondern nur als „der Taubstumme" bekannt und musste das Auto des Chefs waschen, was nicht zu seinem Tätigkeitsbereich gehörte.[244] Im Gegensatz zu MARINA THOMAs Vater fand ihre Mutter als Haushaltshilfe in einem Priesterseminar sehr gute Arbeitsbedingungen und nette Kollegen vor. Sie wurde für ihre Arbeit wertgeschätzt sowie zu Betriebsfeiern und Ausflügen eingeladen.[245] Beide Elternteile von PETER RATH, die auch gehörlos sind, wurden an ihren Arbeitsplätzen ebenfalls nicht diskriminiert.[246]

V.5.2.1.1 Teilfazit

Hätte bei SIGRID PETERS keine Behinderung vorgelegen, so wäre die Schulverwaltung nicht autorisiert gewesen, die Schülerin von dem Bildungsort auszuschließen, welchen die Eltern favorisierten. Ob derartige Elternwünsche erfüllt werden oder nicht, korreliert also immer wieder damit, ob beim betreffenden Nachwuchs eine Beeinträchtigung vorliegt oder nicht. Die Kernfamilie der Inter-

---

243   KEVIN SCHNEIDER Zeilen 316–319
244   MARINA THOMA Zeilen 1045–1047, 1092–1096
245   MARINA THOMA Zeilen 1048–1051, 1112–1118, vgl. II.1.3.2: PRIESTLEY
246   PETER RATH Zeilen 1091–1097

viewpartnerin machte somit die Erfahrung, dass Schüler mit und ohne Behinderung nicht immer gleich behandelt werden.

Die Erlebnisse der Elternteile aus meiner Forschung, die im Berufsleben Fuß fassen konnten, variieren interindividuell enorm bezüglich der Qualität sozialer Interaktionen am Arbeitsplatz. Hierbei reichte die Bandbreite von der perfekten Integration mit „Wohlfühlfaktor", den der betreffende Elternteil auch bei geselligen Veranstaltungen über die beruflichen Aufgaben hinaus mit den Kollegen genießen konnte, bis hin zu Diskriminierungen, bei denen auch Mobbing trotz sozialer Kompetenzen des Opfers anzutreffen war. Obwohl Elternteile mit Hörbehinderungen am Arbeitsplatz immer wieder Belastendes erfuhren, wäre es auf dem Hintergrund meiner Studie unsachgemäß, die Schlussfolgerung zu ziehen, dass die Komponenten „Berufsleben" und „Schwerhörigkeit bzw. Gehörlosigkeit" zwangläufig ein destruktives Junktim eingehen müssen. So hat eine gehörlose Mutter umfassende Zufriedenheit an einem per se hochkommunikativen Arbeitsplatz gefunden. Interessanterweise handelte es sich hierbei nicht um eine speziell für Menschen mit Hörbehinderungen kreierte Arbeitsumgebung.

V.5.2.2 Täter, die Herabwürdigendes ausagierten

Belastendes berichteten die Interviewpartner aus der Verwaltung, aus Läden und dem öffentlichen Raum. Danach komme ich auf Diskriminierungen innerhalb von verwandtschaftlichen Beziehungen zu sprechen.

Von Diskriminierungserfahrungen im wirtschaftlich-bürokratischen Bereich erzählt beispielsweise PETER RATH, der seinem Vater dabei half, das Schreiben eines Fernsprechunternehmens zu beantworten. Der Interviewpartner erhielt dabei weder die notwendigen Auskünfte von dem Unternehmen noch einen höflichen Vorschlag, wie Datenschutz und die Gehörlosigkeit des Vaters in Einklang gebracht werden konnten, damit das Fernsprechunternehmen das von ihm Eingeforderte erhält.[247]

Das bedeutet in der Metaperspektive, dass das „Wie" im Zweifelsfall privatisiert wird: Wer Kunde des Telekommunikationsunternehmens bleiben möchte, steht unter dem Druck, die gefor-

---

247 PETER RATH Zeilen 855–864

derten Daten zu bringen. Kann jemand die nicht ganz alltägliche Sprache in dem Formular nicht lexisch korrekt dechiffrieren, solle er seine Unklarheiten telefonisch mit den Mitarbeitern des Unternehmens klären. Der Nutzer, dem die Kontaktaufnahme mittels Fernsprecher infolge einer Hörbehinderung unmöglich ist, muss selbst kreativ werden, um zu einem korrekt ausgefüllten Formular zu gelangen. Strukturell ähnlich verlief ein Problem in der Herkunftsfamilie von MARINA THOMA: Sie empfand das immense Zeitfenster als diskriminierend, das die Zuständigen in Anspruch nahmen, bis der Rentenantrag des Vaters anerkannt wurde.[248]

Von ungeduldigen und unhöflich kommunizierenden Verkäufern berichtet LIA DÖBEL im Hinblick auf ihren nahezu gehörlosen Vater. Zu diesen Verhaltensweisen kommt es, wenn ihr Vater Gesprochenes immer wieder nicht nachvollziehen kann und Wiederholungen benötigt.[249] Hingegen beschreibt ANNALENA KÖNIG, wie die Unsicherheit des Geschäftspersonals zu Diskriminierung führen kann: Eine Kassiererin habe ihrer Mutter ungefragt den Geldbeutel aus der Hand genommen.[250] Die mentalen Überzeugungen der Mutter im Anschluss an dieses Erlebnis können unter V.5.2.3.1 eingesehen werden.

Einige Verhaltensweisen fremder Dritter führen dazu, dass sich Elternteile mit Behinderung nicht als uneingeschränkt erwünschte Personen fühlen können. Entwürdigendes Verhalten von Passanten wie das Starren wird zum Beispiel von ANNALENA KÖNIG erwähnt, deren Mutter mit einer Contergenschädigung auf die Welt kam.[251] Ähnliche Erfahrungen mit intensiv nachblickenden Dritten hat SIGRID PETERS mit ihrer Familie gemacht.[252] Zu den belastenden Verhaltensweisen von Seiten Fremder gehörte während der 60er und Anfang der 70er Jahre bei SIGRID PETERS das Zustecken von Geld, wahrscheinlich im Sinne von Almosen.[253] Eine sich besonders menschenunwürdig verhaltende Frau kam früher in einem Kaufhaus auf die Interviewpartnerin zu und zog ihr ungefragt das Hosenbein hoch, scheinbar um Näheres über ihre

---

248 MARINA THOMA Zeilen 216–224
249 LIA DÖBEL Zeilen 69–74, 76–81
250 ANNALENA KÖNIG Zeilen 510–513
251 ANNALENA KÖNIG Zeilen 932–934
252 SIGRID PETERS Zeilen 136–139
253 SIGRID PETERS Zeilen 186–188

Füße zu erfahren.[254] Einmal erlebte ANDREA RIEGELs gebärdende Familie andere Eltern, die den Kontakt ihres Nachwuchses zu den gehörlosen Eltern verhindern wollten.[255] Auch wurden gegenüber ANNALENA KÖNIG wiederholt von älteren Kirmesbesuchern Kommentare geäußert, dass es für die Interviewpartnerin viel schöner wäre, mit zwei nicht behinderten Elternteilen unterwegs zu sein.[256]

Neben eindeutig identifizierbaren Tätern werden Elternteile mit Behinderungen auch mit Formen indirekter, struktureller Gewalt gestoppt. Hierunter subsumiere ich diejenigen Diskriminierungen, die zwar verantwortlichen Ämtern oder Geschäftsführungen, jedoch nicht agierenden Einzelpersonen zugeschrieben werden können, wie zum Beispiel bauliche Barrieren: BJÖRN SCHNEIDER berichtet, dass sein Vater im Rollstuhl ein öffentliches Gebäude und einen Kinosaal im ersten Stock nicht nutzen konnte, da beide nicht rollstuhlgerecht ausgebaut waren.[257] Öffentliche Verkehrsmittel sind wiederholt nicht auf die Erfordernisse von Elternteilen mit Behinderung ausgelegt: Beispielsweise wurde es CLARA LANGEs Vater verwehrt, mit seinem Blindenführhund das Zugrestaurant zu betreten,[258] und bei KEVIN SCHNEIDERs Vater, der auf den Rollstuhl angewiesen ist, kam die Hubvorrichtung der Deutschen Bahn nicht pünktlich.[259] Den eben aufgezeigten Diskriminierungen im Baubereich scheint das Potenzial immanent zu sein, neben Einzelpersonen auch ganze Familien bei ihren Freizeitvorhaben zu stoppen.

Bei Diskriminierungserfahrungen ist häufig von herabqualifizierenden, unwürdigen Begriffen die Rede, so zum Beispiel bei MARINA THOMA, die es ablehnt, dass ihr Vater „taubstumm" genannt wird.[260] Hier scheint das Erleben der einzelnen Interviewpartner zu divergieren, da andere – nicht nur ältere Interviewte – diesen Begriff mitunter selbst auf neutral anmutende Weise

---

254 SIGRID PETERS Zeilen 177–180
255 ANDREA RIEGEL Zeilen 165–170
256 ANNALENA KÖNIG Zeilen 505–509
257 BJÖRN SCHNEIDER Zeilen 350–352, 341–344
258 CLARA LANGE Zeilen 795–800, 1021–1028
259 KEVIN SCHNEIDER Zeilen 299–303
260 MARINA THOMA Zeilen 233–236

verwenden.²⁶¹ Ob die Semantik des Begriffs „taubstumm" stark defizitorientiert ausgerichtet ist, muss meines Erachtens im Einzelfall festgestellt werden. Zudem ist der Terminus ungenau, da gehörlose Menschen immer wieder das Sprechen erlernen und ihre Stimme einsetzen. Dies gilt beispielsweise für die Elternteile meiner Studie²⁶² – auf sie trifft „stumm" nicht zu. Verwendet jemand diesen Begriff dagegen neutral im Hinblick auf sich selbst oder seine Familienmitglieder, so hat diese Wortwahl meines Erachtens individuell ihre Berechtigung: Tatsache ist jedenfalls, dass der eine sich von einer Formulierung diskriminiert fühlt, während weitere Menschen mit ähnlichen Behinderungen diese unbeirrt verwenden.²⁶³

Ein weiteres Feld, in dem Diskriminierungserfahrungen stattfanden, stellt die Verwandtschaft dar: LYDIA MEYERs Mutter, bei der eine Körperbehinderung vorliegt, wurde von ihren Schwiegereltern permanent herabgewürdigt, solange diese lebten. Diese Demütigungen erlebte die Mutter aus nächster Nähe, da die verwandtschaftlichen Mobbingtäter mit ihr unter einem Dach wohnten.²⁶⁴ Ebenso fand sich der hörbehinderte Vater von SILKE HOLZ belastenden Verhaltensweisen von Verwandten gegenüber: Hierbei handelte es sich um unqualifizierte Bemerkungen bezüglich seiner Schwerhörigkeit. Darüber hinaus strengten sich diese Personen laut SILKE HOLZ nur wenig an, Kommunikationen mit dem Vater aufzubauen.²⁶⁵ Im Gegensatz zu LYDIA MEYERs Mutter war der Vater von SILKE HOLZ diesen diskriminierenden Interaktionen seltener ausgesetzt, da es sich bei den Akteuren um entfernte Verwandte handelte, denen die Familie nicht so häufig begegnete. Auf dem Hintergrund dieser Erfahrungen muss die Annahme ins Reich der Mythen verwiesen werden, dass nur fremde Personen Diskriminierungen ausüben. Im Folgenden befasse ich mich damit, wie die betreffenden Elternteile auf derartige Angriffe reagierten.

---

261   SILKE HOLZ Zeilen 331–332
262   Vgl. die Interviewdarstellungen von MARINA THOMA, ANDREA RIEGEL und PETER RATH
263   Vgl. III.6.2
264   LYDIA MEYER Zeilen 972–974
265   SILKE HOLZ Zeilen 157–160

V.5.2.3 Offensive Reaktionen

Grundsätzlich sind unterschiedliche Verhaltensweisen nach einem Diskriminierungserlebnis möglich. Bei den betroffenen Elternteilen meiner Studie lasse ich mich von der Frage leiten, ob sich bestimmte Strukturen herauskristallisieren.

ANNALENA KÖNIGs Mutter forderte mit ihrer Stimme eindeutig und energisch ihren Geldbeutel zurück, nachdem das Kassenpersonal ihr Portemonnaie ohne Erlaubnis an sich genommen hatte. Sie machte verbal klar, dass es sich um eine Grenzüberschreitung handelte.[266] In diesem Fall hat die Mutter der Interviewpartnerin die Diskriminierungserfahrung also kommentiert, als nicht akzeptabel etikettiert und die Kontrolle über die Situation zurückerlangt. Spekulierend bleibt meiner Meinung nach zu hoffen, dass dem Kassenpersonal die intensive verbale Gegenattacke im Gedächtnis haften geblieben ist und dass dieses Erlebnis bei der Kassiererin zu einer konstruktiven Verhaltensänderung gegenüber Kunden mit Behinderungen geführt hat.

Ebenso nahm SIGRID PETERs Kernfamilie, wie unter V.5.2.1.1.1 expliziert, die Zuschreibungen Dritter und die damit verbundene Beschneidung der Bildungschancen der Tochter nicht einfach hin. Die Eltern integrierten die diskriminierenden Aussagen nicht in das Persönlichkeitsbild, das sie sich von ihrer Tochter gemacht hatten. Sie nahmen also keine Opferhaltung ein, im Gegenteil: Sie stellten die Aussagen infrage. Dass es sich hierbei um Schul- und Verwaltungspersonal handelte, das in seiner Rolle durchaus einen autoritären Eindruck hinterlassen kann, schien den Eltern der Interviewpartnerin nicht zu imponieren.

Natürlich ist intensiv verfolgtem Protest keine Erfolgsgarantie immanent, allerdings stellt die Auflehnung der Eltern eine Möglichkeit dar, eine aktiv-gestaltende Haltung innerhalb von Kontroversen bzw. als Antwort auf Entwürdigendes einzunehmen. Diese mag den betroffenen Individuen ein Gefühl von Handlungsmacht verleihen.

Es liegen unterschiedliche mentale Überzeugungen der Betroffenen zu Grunde. So maßen den Diskriminierungen folgende Eltern nicht viel Bedeutung bei: Die Mutter und der Vater von ANNALENA KÖNIG lenkten die eigene Wahrnehmung bewusst

---

266 ANNALENA KÖNIG Zeilen 510–513, 866–868

auf andere Lebensthemen.[267] Statt sich mit Schimpfen auf die zweifellos unschönen Erlebnisse zu stürzen und das Belastende damit zu konservieren oder gar zu intensivieren, verzichteten die Eltern der Interviewpartnerin auf die Annahme der Opferrolle. Stattdessen fungierten sie als konstruktive Rollenmodelle im Umgang mit Belastungsmomenten. Solche Elternpersönlichkeiten existieren meiner Vermutung nach auch ohne Behinderung. Die Anleitung zu einem Umgang mit derartigen Anfeindungen betrachte ich als wegweisende Lektion in der Eltern-Kind-Interaktion. Das eben angesprochene Elternverhalten ist meines Erachtens beispielhaft für eine gelungene lebenspraktische Erziehung. Mit der Häufigkeit herabwürdigender Momente setze ich mich nun auseinander.

An dieser Stelle frage ich mich, ob Diskriminierungserfahrungen sich allgegenwärtig präsentieren. Jedoch nicht alle Interviewpartner berichten von derartigen Vorfällen, die ihren Eltern widerfuhren: So ist es ASTRID MÜLLER unbekannt, ob ihre Mutter und/oder ihr Vater früher infolge ihrer Sinnesbehinderungen diskriminiert wurden.[268] Des Weiteren haben MARIO KRÄFT und FABIAN DACHMANN bisher keine Diskriminierungen ihrer Eltern erlebt.[269] Auf der anderen Seite des Spektrums steht der Vater von SIGRID PETERS, der miterlebt hat, wie Menschen mit Behinderungen zur Zeit des Nationalsozialismus Lebensrecht und Menschenwürde abgesprochen wurden. Er hat selbst das Schicksal einiger Personen verfolgt, die aus diesem Grund aus dem Wohnort „verschwanden".[270]

Die Erfahrungen im Kontext meiner Studie reichen also von gar keiner miterlebten Diskriminierung bis hin zu den immensen Verbrechen gegen die Menschlichkeit von Seiten der Nationalsozialisten.

---

267 ANNALENA KÖNIG Zeilen 497–509, 540–543
268 ASTRID MÜLLER Zeilen 477–480
269 MARIO KRÄFT Zeilen 571–573, FABIAN DACHMANN Zeilen 381–382
270 SIGRID PETERS Zeilen 227–235

V.5.2.4 Fazit

Zusammenfassend muss festgehalten werden, dass sich die Diskriminierungserlebnisse der Familien der Interviewpartner sehr unterschiedlich gestalteten. So gab es Arbeitskollegen, die mit anderen Konditionen, wie zum Beispiel einem besonderen Kündigungsschutz wegen einer Behinderung, nicht angemessen umgehen konnten. Es bedienten Verkäufer, die nicht die Geduld aufbrachten, jemandem, der schlecht hört, etwas wiederholt zu erklären. Diese Erfahrungen zeigen, dass in der gegenwärtigen Gesellschaft anscheinend immer wieder von standardisierten Menschen mit gleichen Grundfähigkeiten ausgegangen wird. Zugleich wurde evident, dass Deutschland kein Land ist, in dem bauliche Barrieren für Menschen mit Behinderungen bereits komplett beseitigt sind.

Allerdings berichteten die Interviewpartner nicht ausschließlich von einem Leben mit Diskriminierendem. Aus den Interviewaussagen war oft erfahrene Lebensqualität herauszuhören.[271] Im nächsten Kapitel reflektiere ich verschiedene Formen der Unterstützung.

V.6 Technische, allgemeine und personelle Erleichterungen im Alltag

Im Folgenden fokussiere ich die Hilfsmittel, welche Eltern mit Beeinträchtigungen verwendeten. Zugleich komme ich auf die Kontexte des jeweiligen Einsatzes zu sprechen.

V.6.1 Technische Hilfen

Beim Vorstellen der sächlichen Unterstützungsformen orientiere ich mich an der Leitfrage, ob die betreffenden Mütter und Väter mit ähnlichen Handicaps dieselben Hilfsmittel favorisieren oder nicht.

---

271 Vgl. V.2, V.3.1.2.1, V.3.1.2.2 und V.3.2

V.6.1.1 PC-Nutzung als individuelle Geschmacksache

Bei den Elternteilen mit Sehbehinderungen bedurfte es mancher Veränderungen und einer spezifischen Einführung, ehe sich für sie der Zugang zur Computerverwendung eröffnete. Ob sie diese Möglichkeiten für sich nutzen konnten oder nicht, damit befasse ich mich im Folgenden.

Ein blindes Elternpaar gewöhnte sich noch im höheren Alter an die Computernutzung: ASTRID MÜLLERs Mutter und Vater verwenden privat Scanner und Sprachausgabe des PCs.[272] Mit diesem Zusatzgerät und der entsprechenden Software arbeitet auch CLARA LANGEs blinder Vater zu Hause.[273] Eine blinde Mutter setzt ihre elektronische Punktschriftzeile am liebsten gleichzeitig mit der Sprachausgabe ein. Dieses Vorgehen erlebt sie als am effektivsten.[274]

Nicht an der Computernutzung interessiert ist MARIO KRÄFTs stark sehbehinderter Vater.[275] Insofern belegte er diesbezüglich keine Kurse. Seine stark hör-und sehbehinderte Gattin hat sich währenddessen intensiv in den Umgang mit dem PC und den spezifischen Hilfsmitteln für hörsehbehinderte Nutzer eingearbeitet.[276] Zusammenfassend lässt sich feststellen: Manche sehbehinderte Elternteile finden einen Zugang zum PC, andere nicht.

Für einen hörbehinderten Vater dient die E-Mail-Funktion seines Computers als Möglichkeit, Absprachen zu treffen.[277] Im Gegensatz zu den Elternteilen mit Sehbehinderungen kann der Vater mit der Hörbehinderung die marktübliche Computerausstattung verwenden. Im Folgenden interessiere ich mich für die Verwendungskontexte technisch-manueller Unterstützungsmöglichkeiten.

V.6.1.2 Variierender Einsatz von Hilfsmitteln und Umgangsweisen

Zuerst widme ich mich der interindividuell differierenden Hilfsmittelverwendung: In einer Familie erleben beide blinde Elternteile

---

272 ASTRID MÜLLER Zeilen 747–749
273 CLARA LANGE Zeilen 824–826
274 PIA WEISS Zeilen 903–905
275 MARIO KRÄFT Zeilen 296–303
276 MARIO KRÄFT Zeilen 240–244
277 LIA DÖBEL Zeile 491

den Langstock als unterschiedlich hilfreich: ASTRID MÜLLERs Vater läuft außer Haus mit diesem Hilfsmittel, ihre Mutter nicht.[278] Auch die Verwendung von Büchern im Punktschriftformat divergiert bei diesem Ehepaar: Ein Elternteil genießt Bücher in Brailleschrift, der Ehepartner nicht.[279] Ebenso hat CLARA LANGEs Vater keine Verwendungsfreude in Bezug auf Punktschrift, obwohl er über die entsprechenden Kenntnisse verfügt.[280]

Des Weiteren lassen sich auch intraindividuell parallel eingesetzte Hilfsmittel beobachten. Bei den folgenden Personen ist der Visus nahezu bzw. vollständig ausgefallen. Zugleich zeigen sie Präferenzen für mehrere mediale Formate: Die Interviewpartner erzählen von ihren Müttern, die in ihrer Freizeit sowohl auf Hörbücher als auch auf Lesestoff in Blindenschrift zurückgreifen.[281] Bei einer blinden Mutter geht der Trend zu kleinen Zusatzgeräten, die sie darüber informieren, ob das elektrische Licht in Zimmern ein- oder ausgeschaltet ist. Sie verwendet auch ein Farberkennungsgerät beim Umgang mit Kleidungsstücken und eine Vorrichtung zur Identifikation von Geldscheinen.[282] Hierauf verzichtet CLARA LANGEs Vater, der ebenfalls blind ist. Stattdessen fragt er das Kassenpersonal in den Geschäften, um welche Geldscheine es sich handelt.[283]

In den Familien mit gehörlosen Elternteilen herrschten folgende Kommunikationssysteme vor: So war eine Dominanz der DGS in den Herkunftsfamilien von ANDREA RIEGEL und MARINA THOMA[284] anzutreffen. Bei der zuletzt genannten Familie wurde diese im Wechsel mit Lautsprache verwendet.[285] Hingegen kamen im Elternhaus von PETER RATH überwiegend Lautsprachunterstützende Gebärden (LUG) zum Einsatz.[286] Und die Familien

---

278 ASTRID MÜLLER Zeilen 752–753
279 ASTRID MÜLLER Zeilen 804–806
280 CLARA LANGE Zeilen 592, 1055–1056
281 ASTRID MÜLLER Zeilen 568–569, 754–755, 805–806, PIA WEISS Zeilen 761–762
282 PIA WEISS Zeilen 499–500, 492–495, 507–511
283 CLARA LANGE Zeilen 910–912
284 ANDREA RIEGEL Zeilen 105–108, MARINA THOMA Zeilen 1025–1027
285 MARINA THOMA Zeilen 1028–1029
286 PETER RATH Zeilen 442–454

von LIA DÖBEL sowie von JENS HOFFMANN und SILKE HOLZ konzentrierten sich im Umgang mit den ertaubten Vätern auf die gesprochene Sprache.[287] Elternteile mit Hörbehinderungen setzen also verschiedene Sprachmedien ein. Sogar innerhalb einer Kernfamilie können die Präferenzen zwischen Hörbehinderten variieren. Im Kontext gehörloser Mütter und Väter werden unterschiedliche Grade der Zugänglichkeit zur Schriftsprache evident: So können sich MARINA THOMAs Eltern umfassend in der Schriftsprache verständigen. Für sie stellt das Faxen mit den erwachsenen Kindern eine interessante Kommunikationsmöglichkeit dar.[288] Hingegen beschreibt ANDREA RIEGEL die Schriftsprachkenntnisse ihrer Eltern als eingeschränkt, weshalb es beim Faxen wiederholt zu Missverständnissen gekommen sei.[289] Im Hinblick auf die Elternteile meiner Studie vermochte die Schriftsprache teilweise Tore zu öffnen, teilweise auch nicht.

Eine Ursache für die variierenden Kompetenzen bei der schriftsprachlichen Kommunikation mag in den unterschiedlichen Ertaubungszeitpunkten liegen: Während beide Elternteile von ANDREA RIEGEL gehörlos geboren wurden, verloren MARINA THOMAs Mutter und Vater ihr Gehör mit einem bzw. vier Jahren. Sie konnten also im Baby- bzw. im Kindesalter die Lautsprache über ein normales Gehör erlernen. Es ist anzunehmen, dass ihnen dies einen Vorsprung in der mündlichen und schriftlichen Kommunikation verschaffte.[290] Vergleichbares gilt für PETER RATHs Eltern, die mit ihren Kindern vor allem lautsprachbegleitend gebärdeten und nie reine Gebärdensprache verwendeten: Hier sind die beiden Elternteile im Alter von acht bzw. neun Jahren ertaubt.[291] Allerdings darf die Ertaubungsalter-These nicht verabsolutiert werden und es wäre eine detaillierte Untersuchung nötig, warum Spracherwerb in einem Fall umfassender gelingt als im anderen Fall.

---

287 LIA DÖBEL Zeilen 69–70, 486–488, JENS HOFFMANN Zeilen 72–75, 117–118, SILKE HOLZ Zeilen 20–23
288 MARINA THOMA Zeilen 413–422, 1121–1124
289 ANDREA RIEGEL Zeilen 594–598
290 Vgl. biografischer Kurzfragebogen von ANDREA RIEGEL und von MARINA THOMA
291 Vgl. biografischer Kurzfragebogen von PETER RATH

V.6.1.3 Selbstablehnung führt zur Nutzung weniger Hilfsmittel

Seit seiner Ertaubung hadert LIA DÖBELs Vater mit seinem Schicksal.[292] Das Headset seines Cochlea-Implantats trägt er, doch hierüber erhält er nur wenige akustisch informative Eindrücke.[293] Untertitel, soweit vorhanden, schaltet der Vater zu, und auf die Möglichkeit, mit seinem Computer zu mailen, greift er zurück.[294] Abgesehen von diesen gemäß meinem Eindruck wenigen Erleichterungen verwendet er keine Hilfen. So hat der Vater bei sich Zuhause auf die Anschaffung einer Lichtsignalanlage für die Türklingel verzichtet.[295] Auch in Unterhaltungen bittet er nicht darum, für ihn Unverständliches zu verschriftlichen.[296]

Ein ähnliches Bild zeigt sich bei einer Mutter, die ihre körperlichen Einschränkungen bisher zeitlebens ablehnt: So hat sich LYDIA MEYERs Mutter für weite Laufstrecken, Spaziergänge oder Radtouren mit der Familie keine für sie praktikablen Lösungen zurechtgelegt. Dadurch war sie von privaten Touren in die Natur ausgeschlossen, die sie mit den zehn Jahre lang verwendeten Krücken nicht bewältigen konnte.[297] Das Lebensmotto scheint darin zu bestehen, alles möglichst ohne Unterstützung zu bewältigen. Öffnet sich für diese Mutter keine weitgehend hilfefreie Variante, neigt sie zum Verzicht.

Im Kontrast zu der Nicht-Lösung von LYDIA MEYERs Mutter stehen die Strategien anderer Familien: Der Vater von BJÖRN und KEVIN SCHNEIDER ist auf kürzeren Strecken im Haus und auf ebenerdigen Gehwegen mit seinem Rollator unterwegs. Auf längeren Strecken wechselt er in einen Rollstuhl und ist, kombiniert mit Zugfahren, auch etliche Kilometer von seinem Zuhause entfernt privat mobil.[298] Das Fahrradfahren genießt er mit seinem Handbike.[299] Des Weiteren bewegt sich ANNALENA KÖNIGs Va-

---

292 LIA DÖBEL Zeilen 120–124, 248–251
293 LIA DÖBEL Zeilen 69–70, 493
294 LIA DÖBEL Zeilen 482–483, 491
295 LIA DÖBEL Zeilen 473–475, 707–709
296 LIA DÖBEL Zeilen 572–574
297 LYDIA MEYER Zeilen 168–169, 175–176, 536–541, 746–751, 978–979
298 BJÖRN SCHNEIDER Zeilen 34–35, 67–68, KEVIN SCHNEIDER Zeilen 45–46, 299–300, 727–729
299 KEVIN SCHNEIDER Zeilen 562–563

ter außerhalb seines Wohnraums mit einem Elektrorollstuhl fort. Dies erweiterte seinen Bewegungsradius, an dem sich seine Familie immer wieder beteiligte.[300] Schlussendlich führte der geringe Grad der Hilfsmitteladaption bei LYDIA MEYERs Mutter an ihre Ausgangslage zu einer umfassenderen sekundären Mobilitätseinschränkung für sie und ihre Familie als bei den zuletzt genannten Elternteilen.

V.6.1.4 Fazit

Die Einzelsituationen verdeutlichen, dass Elternteile mit ähnlichen Körper- oder Sinnesbehinderungen nicht stets denselben Umgang mit Hilfsmitteln entwickeln. So werden technische Vorrichtungen von Müttern und Vätern mit vergleichbaren medizinischen Diagnosen manchmal als Erleichterung und in anderen Fällen als wenig praktikabel erachtet. Infolge individueller Erfahrungen haben sich unterschiedliche Vorlieben und Ablehnungen herausgebildet. Vor diesem Hintergrund kann nicht eine bestimmte Hilfsmittelauswahl als ideal vorgegeben werden. Dazu sind die Lebenswelten zu verschieden.

Allerdings könnte die Selbstablehnung der Beeinträchtigung negative Auswirkungen auf Qualität und Passung der technischen Hilfsmittel haben, sofern diese überhaupt zum Einsatz kommen. Auch die Managementstrategien des Elternteils kann dies bisweilen tangieren. Die Ressourcen scheinen vor diesem Hintergrund nicht vollständig ausgeschöpft zu werden. Es ist zu vermuten, dass in diesem Fall auch die Lebensqualität und der Freizeitgenuss auf der Strecke bleiben.

Das Annehmen der persönlichen Situation stellt also einen notwendigen Schritt zu einem als zufriedenstellend erlebten Hilfsmitteleinsatz dar. Neben den bereits beleuchteten manuellen, mechanischen und elektronischen Unterstützungsmöglichkeiten spielen assistierende Personen immer wieder eine Rolle im Kontext der elterlichen Körper- und/oder Sinnesbehinderung. Darauf komme ich im Folgenden zu sprechen.

---

300 ANNALENA KÖNIG Zeilen 985–987, 792–793

V.6.2 Personelle Unterstützung

V.6.2.1 Von den Betreffenden als hilfreich erlebte personelle Unterstützung

Das Delegieren von Tätigkeiten, die im Privathaushalt anfallen, wurde in den Herkunftsfamilien der Interviewpartner unterschiedlich betrachtet und gehandhabt: In ASTRID MÜLLERs Familie stand man dem Weiterleiten von Arbeiten positiv gegenüber. So ließen sich ihre Eltern, die blind sind, von ihren eigenen Mietern, von Freunden des Vaters, von einem Geschwister und von einem Schwager bei schriftlichen Arbeiten und bei Bürokratischem helfen. Dies geschah im Einvernehmen, bis einige Bekannte des Vaters verstarben.[301] Diese Eltern erlebten das Annehmen von Hilfe aus verschiedenen Richtungen nicht als unangenehm.

Im Kontrast dazu bestand das Ideal in LYDIA MEYERs Herkunftsfamilie darin, dass Hilfen möglichst von Familienmitgliedern geleistet werden. An Nachbarn delegierte die Mutter keine Tätigkeiten. Die zu erledigenden Dienste wurden von den Elternteilen auch weitgehend nicht angesprochen. Die Familienmitglieder sollten den Hilfsbedarf im erwünschten Moment sehen und anbieten.[302] Diese implizite, verschwiegene Organisation ist meines Erachtens problematisch, weil Unterstützer dadurch keine Modifikationswünsche äußern können. In den nachfolgenden Subkapiteln beleuchte ich genauer, welche Unterstützung von Partnern, Nachbarn, Freunden, Großeltern und Kindern erbracht wurden.

V.6.2.1.1 Unterstützung vom Partner

Ein Modell stellen Hilfeleistungen von Seiten der jeweiligen Gattin oder des Gatten dar: Liegt beim Ehepartner keine Behinderung vor, so hilft dieser immer wieder seinem Partner, der mit einer Beeinträchtigung lebt. Beispielsweise übernahm der Vater von PIA WEISS das Besorgen von Nahrungsmitteln für die vierköpfige Familie, bei der die Mutter blind ist.[303] Eine ähnliche Rolle

---

301 ASTRID MÜLLER Zeilen 193–200
302 LYDIA MEYER Zeilen 141–144, 567–568, 553–554, 1005–1007
303 PIA WEISS Zeilen 910–912

übernimmt auch der neue Partner von FABIAN DACHMANNs Mutter in der Lebensgemeinschaft der beiden.[304]

Ist der Vater schwerhörig oder gehörlos und greift die Familie nicht auf Gebärdensprachsysteme zurück, so fungiert der normal hörende Elternteil als Kommunikationshilfe in der Lautsprache: Die Mütter von LIA DÖBEL und SILKE HOLZ kommen dieser Aufgabe in großem Umfang nach.[305] Obige Beispiele verdeutlichen, dass das eben beschriebene Hilfssystem bei Elternteilen mit Seh-, Hör- und Körperbehinderung anzutreffen ist.

V.6.2.1.2 Vielfältige Hilfe aus der Nachbarschaft

In den nun vorgestellten Familien spielt nachbarschaftliche Unterstützung eine zentrale Rolle: So verrichteten die Nachbarn für CLARA LANGEs blinden Vater handwerkliche Arbeiten.[306] Für BJÖRN SCHNEIDERs an Multipler Sklerose erkrankten Vater transportieren verschiedene Nachbarn schwere Blumenerdepackungen im privaten Garten,[307] und ist LIA DÖBELs Mutter verhindert, so übernehmen Anwohner für den ertaubten Vater Kommunikatives.[308] Auch PETER RATHs gehörlose Eltern wurden bei zwei zentralen Aufgaben von Nachbarn unterstützt: einerseits bei Telefonaten,[309] andererseits schrieben die Eltern einer benachbarten Klassenkameradin bei Schulelternabenden das Wichtigste für sie mit.[310] Eine noch andere Form nachbarschaftlicher Unterstützung erhielt MARINA THOMA. Die Nachbarin ihrer gehörlosen Eltern erklärte der Interviewpartnerin früher die „hörende Welt".[311] Zwischen beiden bestand ein enges Vertrauensverhältnis.[312] Über sie und eine Professorin in ihrem Studium wurde sich die Inter-

---

304 FABIAN DACHMANN Zeilen 256–258, 502–504, 559–561
305 LIA DÖBEL Zeilen 11–21, 261–263, SILKE HOLZ Zeilen 251–253
306 CLARA LANGE Zeilen 389–391
307 BJÖRN SCHNEIDER Zeilen 374–376
308 LIA DÖBEL Zeilen 494–497
309 PETER RATH Zeilen 1114–1116
310 PETER RATH Zeilen 752–755
311 MARINA THOMA Zeilen 341–348, 318–326, 313–315
312 MARINA THOMA Zeilen 327–329

viewpartnerin bewusst, dass gehörlose Eltern eine Variante der Normalität darstellen, mit der man zurechtkommen könne.[313] Die beiden fungierten quasi als „Vehikel", um die heranwachsende MARINA THOMA zu einer positiven Haltung gegenüber den gehörlosen Eltern zu führen. Bemerkenswert erscheint mir, dass sich dies im Austausch mit Personen vollzog, die außerhalb der Familie standen. Die Interviewpartnerin schien in den Gesprächen mit der Nachbarin bzw. mit der Professorin einen anderen Blickwinkel in Bezug auf ihre Familie eingenommen zu haben, vielleicht einen differenzierteren, von einer Vogelperspektive aus. Diese Metaebene führte MARINA THOMA zu einer neuen Gesamtsicht ihrer gehörlosen Eltern.

Wie der obige Abriss zeigt, sind die nachbarschaftlichen Hilfen sehr unterschiedlich. Die Interviewpartner und ihre Herkunftsfamilien wirkten mit der Unterstützung von Nachbarn, sofern sie darauf zurückgriffen, zufrieden. Meines Erachtens lässt sich an dieser Stelle ein hohes Maß an Freiwilligkeit ablesen: Es besteht für die Nachbarn kein Druck, ihre Hilfe anzubieten, und bei Unzufriedenheit mit den erbrachten Diensten kann darauf verzichtet werden. Verwandte scheinen immer wieder eine höhere Verpflichtung zu fühlen, Eltern mit Körper- und/oder Sinnesbehinderungen zu unterstützen.[314] Allerdings sind nachbarschaftliche Hilfen nicht im Voraus planbar. Sie müssen sich im Einvernehmen entwickeln.

V.6.2.1.3 Helfende Freunde von Elternteilen

Wie bei der eben beleuchteten nachbarschaftlichen Unterstützung handelt es sich bei den Diensten durch Freunde ebenfalls um eine Form freiwilliger Hilfe. Beispielsweise holte CLARA LANGEs Mutter eine enge Bekannte, wenn sie selbst ins Krankenhaus musste. Die Person betreute die Interviewpartnerin in den Ausnahmesituationen, als diese noch ein Kind war.[315] Ob die Vertraute für diese Dienste eine finanzielle oder materielle Anerkennung von CLARA LANGEs Mutter erhielt, ist mir unbekannt. In einem anderen Fall bekommt die Bekannte eine Bezahlung, wenn sie für ANNALENA

---

313 MARINA THOMA Zeilen 76–81, 186–204, 1078–1083
314 Vgl. V.4.2.3
315 CLARA LANGE Zeilen 144–157

KÖNIGs Mutter, bei der eine Conterganschädigung vorliegt, die Einkäufe trägt.[316]

Aus beiden Konstellationen informeller personaler Unterstützung geht hervor, dass die Befreundeten wiederholt für die oben genannten Aufgaben zur Verfügung standen. Parallel zur Nachbarschaftshilfe entwickeln sich mitunter derartige freundschaftliche Netzwerke. Sie basieren auf Freiwilligkeit. Umfang, Konditionen und gegebenenfalls Revisionen und Modifikationen der zu erbringenden Hilfen werden von beiden Beteiligten ausgehandelt. Wird bei Unzufriedenheit keine Lösung gefunden, so können diese Verbindungen wieder aufgelöst werden. Fest einplanbar ist das Entstehen solcher Freundschaftsdienste – insbesondere bei einem Wohnortwechsel – allerdings nicht. In den oben angeführten Situationen waren die helfenden Personen noch dazu bereit, eine „Portion Unterstützung" wiederholt zu leisten. Im folgenden Punkt gehe ich auf personale Dienste ein, die von Verwandten erbracht werden.

V.6.2.1.4 Innerfamiliäre Unterstützung

Zu dem Kreis helfender Personen zählten immer wieder auch Oma und Opa meiner Interviewpartner. Dabei beleuchte ich zuerst die Tätigkeiten, die von den Großeltern verrichtet wurden.

Die Kernfamilie von LENNART APELT wurde beim Wickeln der Babys und bei der Vorbereitung von Kindergeburtstagsfeiern unterstützt.[317] Und musste die Mutter von SILKE HOLZ im Krankenhaus behandelt werden, fungierten die Großeltern als Haushalts- und Familienhilfe. Neben dem Wäschewaschen gingen sie auch an das Telefon.[318] Des Weiteren half MARIO KRÄFTs Oma im Haus der Großfamilie, in dem sie lebte. Bei was sie seinen Eltern – neben dem „Kochen im Generationenwechsel" – genau half, ist jedoch unbekannt.[319]

Bei den beschriebenen großelterlichen Hilfen bleibt offen, ob bzw. zu welchem Anteil sie der gesamten Familie oder vorwiegend

---

316 ANNALENA KÖNIG Zeilen 426–430, 1037–1038
317 LENNART APELT Zeilen 249–254
318 SILKE HOLZ Zeilen 271–273, 571–573, 601–602
319 MARIO KRÄFT Zeilen 508–513

einem Elternteil mit Behinderung zugutekamen. Es ist anzunehmen, dass Eltern ohne Behinderung sich in den oben erwähnten Bereichen ebenfalls von den Großeltern der Kinder unter die Arme greifen lassen.

Nun komme ich zu einer Hilfeleistung, die zu einem gewissen Anteil als behinderungsspezifisch betrachtet werden kann: Die Großeltern einer Interviewpartnerin wohnten im Nachbarhaus und unterstützten ANDREA RIEGELs Eltern, als deren Tochter im Kindesalter die Lautsprache erlernte.[320] Mutter und Vater der Interviewten sind gehörlos und kommunizieren am sichersten in der Deutschen Gebärdensprache (DGS). In ANDREA RIEGELs Familie fungierten die Großeltern als Fachleute für lautsprachliche Fragen. Zugleich erfolgte auch der natürliche kindliche Spracherwerb bei Kommunikationen und Interaktionen mit Oma und Opa. Letztlich kann auch in diesem Fall die Unterstützung der Eltern nicht eindeutig vom natürlichen Umgang der Großeltern mit Ersteren abgegrenzt werden.

An folgende Verwandte wurden ebenfalls Aufgaben delegiert: Bei PETER RATH haben an der lautsprachlichen Erziehung von ihm und seinem ebenfalls hörenden Bruder Onkel und Tanten mitgewirkt.[321] In einer vergleichbaren Funktion befand sich eine Tante, die MARINA THOMAs Brüdern das Hineinwachsen in die Lautsprache erleichterte. Diese Person fungierte auch als innerfamiliäre Hausaufgabenbetreuung.[322] Hilfe von Geschwistern erhielt BJÖRN SCHNEIDERs gehbehinderter Vater. Bei Reisen zu Familienfeiern sorgten sie für einen möglichst reibungslosen Ablauf der Fahrt und lösten Mobilitätsprobleme.[323] Während ich bei dieser Familie den Eindruck gewinne, dass geselliges Beisammensein und Unterstützung bei Mobilitätsbarrieren miteinander verwoben sind, betont SIGRID PETERS, dass sich ihre Herkunftsfamilie nur in Ausnahmesituationen von Cousinen und Tanten unter die Arme greifen ließ, etwa bei Restaurierungsarbeiten oder als die Mutter der Interviewten krank war und der Haushalt gemanagt werden musste.[324]

---

320 ANDREA RIEGEL Zeilen 115–116
321 PETER RATH Zeilen 482–489
322 MARINA THOMA Zeilen 108–109
323 BJÖRN SCHNEIDER Zeilen 63–65
324 SIGRID PETERS Zeilen 26–30

Bei Tätigkeiten, die spezieller auf die Bedürfnisse von Elternteilen mit Beeinträchtigungen zugeschnitten sind, kommt immer wieder ein allgemein menschlicher Aspekt dazu, sodass beides nicht klar voneinander getrennt werden kann. Als Nächstes stehen helfende Fachkräfte im Mittelpunkt.

V.6.2.1.5 Allgemeine und behinderungsspezifische Dienstleistungen

Als bezahlte Dienstleistungen erwähnen meine Interviewpartner die Unterstützung der Herkunftsfamilie durch eine Tagesmutter[325], einen Babysitter[326] und eine Reinigungskraft[327]. Diese drei Formen zur Entlastung der Eltern sind meines Erachtens primär familien- und nicht per se behinderungsspezifisch. Mütter und Väter ohne Beeinträchtigung nutzen diese ebenfalls immer wieder.

Die nun fokussierten Assistenzleistungen beziehen sich sowohl auf das Berufs- als auch auf das Privatleben von Elternteilen mit Körper- und/oder Sinnesbehinderungen: Über eine Assistenz am Arbeitsplatz verfügten CLARA LANGEs blinder Vater[328], PIA WEISS' blinde Mutter[329] und ANNALENA KÖNIGs Mutter, die mit einer Körperbehinderung lebt[330]. Des Weiteren bekam die sehbehinderte Mutter von CLARA LANGE einen Dienstwagen mit Fahrer gestellt, um ihr Flexibilität zu ermöglichen.[331] Derartige personale Hilfen schaffen für Personen mit einer Behinderung oftmals die Bedingung dafür, einer Erwerbstätigkeit nachgehen zu können.

Den Assistenzgedanken[332] traf ich auch im Familienleben mancher Interviewpartner an: Seit ihrer Erblindung greift die hör- und sehbehinderte Mutter von MARIO KRÄFT auf Assistenzleistungen zurück.[333] ANNALENA KÖNIGs Vater benötigt zudem

---

325 CLARA LANGE Zeile 705
326 LENNART APELT Zeilen 231–233
327 ANNALENA KÖNIG Zeilen 419, 424–426, 1031–1032
328 CLARA LANGE Zeilen 1097–1100
329 PIA WEISS Zeilen 531–534
330 ANNALENA KÖNIG Zeilen 1285–1291
331 CLARA LANGE Zeilen 930–932
332 Vgl. II.3.6
333 MARIO KRÄFT Zeilen 728–729

eine 24-Stunden Assistenz[334] und zusätzlich Haushaltshilfen[335]. Bei einer weiteren Familie waren nacheinander ungefähr zehn Zivildienstleistende beschäftigt, als die Kinder der blinden Mutter klein waren.[336] Die sogenannten „Zivis" waren in LENNAR APELTs Herkunftsfamilie bei Einkäufen, Arztbesuchen, Kindergeburtstagsfeiern und bei der Organisation von Freizeitbeschäftigungen für die Kinder im Einsatz.[337]

Insgesamt bin ich dem Phänomen begegnet, dass meine Interviewpartner kaum über die finanziellen und metaorganisatorischen Details der im Haushalt präsenten Assistenz Bescheid wussten. Dies erkläre ich mir damit, dass meine Gesprächspartner die Hilfskräfte insbesondere während ihrer Kindheit erlebten, in der man sich derartigen Fragen entwicklungsgemäß noch nicht widmet. Somit sind die Aussagen meiner Interviewpartner keine geeigneten Indikatoren hinsichtlich folgender Aspekte im Kontext von Assistenz: Bewilligung, elterliche Zufriedenheit mit dem Leistungsspektrum, Mitsprache des Elternteils bei der Ausgestaltung der Tätigkeiten und hinsichtlich der Bedarfsdeckung. Es handelte sich sowohl um familiäre, ehrenamtliche als auch um bezahlte Assistenzkräfte. Hier wurde evident, dass durch eine individuell angepasste Auswahl an Unterstützungen emotionaler Stress und Überforderungen reduziert oder gar vermieden werden können. Dass Hilfeleistung nicht immer im Einvernehmen mit den Hilfsempfängern vonstattengeht, beleuchte ich unter der nächsten Überschrift.

V.6.2.2 Ablehnung personeller Hilfe

Mitunter berichteten Interviewpartner von Elternteilen, die auf bezahlte Assistenz oder generell auf Unterstützung verzichten. Beispielsweise würde LYDIA MEYERs Mutter von ihrer Krankenkasse eine Haushaltshilfe bezahlt bekommen, nimmt dies jedoch nicht in Anspruch. Sie erledigt diese Arbeiten auch heute noch selbst, obwohl sie bereits seit Jahren über die hierfür benötigten Kräfte

---

334 ANNALENA KÖNIG Zeilen 1133–1134, 999–1003
335 ANNALENA KÖNIG Zeilen 439–452, 1004–1006
336 LENNART APELT Zeilen 70–77
337 LENNART APELT Zeilen 152–159, 117, 103–109

nicht mehr verfügt.³³⁸ Diese Haltung mag im Zusammenhang mit dem Ausblenden der körperlichen Einschränkungen stehen. Die Mutter scheint sich kaum Gedanken darüber zu machen, wie sie ihren Alltag für sich selbst schmerzfreier und effektiver gestalten könnte. Die Interviewpartnerin sieht in der Retroperspektive für ihre Mutter Pflege, Unterstützung im Haushalt und Assistenz darüber hinaus als unabdingbar.³³⁹ In diesem Fall führte das Motto, die Aufgaben möglichst aus eigener Kraft zu bewältigen, nicht zu einem verantwortungsbewussten Umgang mit den eigenen Ressourcen.

Dafür, dass keine Hilfen von außen angenommen werden, gibt es verschiedene Gründe: Beispielsweise war der Beruf des Gebärdensprachdolmetschers in der DDR noch nicht etabliert. Diese Möglichkeit existierte also für die gehörlosen Elternteile von PETER RATH³⁴⁰ und MARINA THOMA³⁴¹ lange Zeit nicht. Zwei Elternteile greifen trotz Verfügbarkeit nicht auf professionelle Hilfsangebote zurück: Stattdessen fixieren sich die Väter von LIA DÖBEL und SILKE HOLZ auf ihre Gattinnen, die sehr oft als ihre Kommunikationsmanagerinnen agieren. Von welchen sekundären Konstellationen dies umrahmt sein kann, expliziere ich unter V.6.2.3.3. Auch in einer weiteren Familie halfen bisher nie professionelle Kräfte. Genaueres zu dieser Situation in KEVIN SCHNEIDERs Herkunftsfamilie³⁴² kann unter V.6.3.4 nachgelesen werden.

Nun komme ich auf Elternteile mit einer umfassenden Sehbehinderung zu sprechen, die Unterstützung nicht generell ablehnen, jedoch im Hinblick auf den folgenden Aspekt einschränken: Sie greifen nicht bzw. nicht mehr auf Führhunde für blinde und stark sehbehinderte Menschen zurück. In diesem Zusammenhang sind ASTRID MÜLLERs und MARIO KRÄFTs Eltern zu nennen. Sie sind alle nahezu blind, MARIO KRÄFTs Mutter ist zusätzlich schwerhörig. Es ist mir nicht bekannt, warum bei ihnen Blindenführhunde nicht zum Einsatz kamen.³⁴³ Einen nachvollziehbaren Grund, warum ihr Vater nach der guten Zusammenarbeit mit

---

338 LYDIA MEYER Zeilen 595–597, 588–590
339 LYDIA MEYER Zeilen 157–160, 603–608
340 PETER RATH Zeilen 1120–1121
341 MARINA THOMA Zeilen 1125–1126
342 KEVIN SCHNEIDER Zeilen 207–208, 576–577
343 ASTRID MÜLLER Zeilen 802–803, MARIO KRÄFT Zeilen 686–687

einem Blindenhund auf weitere dieser Tiere verzichtet hat, führt CLARA LANGE an: Nach dem überraschenden Tod seines zweiten Führhunds wünschte der Vater keine weiteren dieser stark unter Stress stehenden Tiere.[344]

V.6.2.3 Begleiterscheinungen von Assistenznahme und informeller Hilfe

In diesem Kapitel befasse ich mich mit Nebeneffekten von Unterstützungssituationen. Dabei wird es um die innerfamiliäre Rollenverteilung, gesellschaftliche Attribuierungen und Unterstützung in Personalunion bzw. per Delegation gehen.

Zuerst widme ich mich der Rolle von Dienstleistern innerhalb von Familien: ANNALENA KÖNIG berichtet, dass es von der Elternseite her zu vermeiden galt, dass der Nachwuchs Elternteile und Assistenzkräfte gegeneinander ausspielt. So machten die Eltern ihr im Kindesalter klar, dass sie auf die Assistenzkräfte hören müsse, wenn sie sich in deren alleiniger Begleitung befinde. Die Interviewpartnerin bestätigte, dass sie sich über diese Regel nie hinweggesetzt habe. Zu einem Kompetenzwirrwarr kam es daher innerhalb dieser Familie nicht.[345] Dass die Tochter sich an die Vorgaben hielt, könnte daran gelegen haben, dass die Anweisungen von den Eltern klar, eindeutig und nachvollziehbar formuliert sowie mit Nachdruck vorgetragen worden waren.

Eine weitere interessante Erkenntnis erschloss sich mir aus folgender Konstellation: Als ihre Söhne klein waren, ließ sich LENNART APELTs blinde Mutter von Zivildienstleistenden unterstützen. Der Interviewpartner erwähnt, dass er die Kontakte zu den „Zivis" als sehr positiv erlebte.[346] Zu manchen habe er als erwachsener Mann weiterhin Kontakt.[347] Ebenso fungierten die Zivildienstleistenden immer wieder als „Ersatzpapa".[348] Der nicht behinderte Vater verbrachte viel Zeit in seiner Firma, war beruflich selbstständig. Dadurch nahmen die Zivildienstleistenden mitunter die Stelle des arbeitsbedingt abwesenden und zugleich nicht behin-

---

344 CLARA LANGE Zeilen 853–857, 907–909, 1089–1091
345 ANNALENA KÖNIG Zeilen 460–464, 1033–1036
346 LENNART APELT Zeilen 140–144
347 LENNART APELT Zeilen 138–139
348 LENNART APELT Zeilen 129–131

derten Vaters ein. Hier verschwimmen meiner Meinung nach die Grenzen zwischen der Hilfe für einen Elternteil mit Behinderung und allgemeiner Unterstützung in der Familienarbeit.

Die Zusammenschau folgender Attribuierungen sind meines Erachtens auf gesellschaftlicher Ebene interessant: Während die Großeltern einer Interviewpartnerin für den blinden Vater den Wohnungsputz erledigten und dies damit begründeten, dass diese Tätigkeit ohne Augenlicht mühsam sei,[349] berichtet LENNART APELT davon, dass seine blinde Mutter im Familienhaushalt stets allen Aufgaben – also auch der Reinigung – wie eine sehende Mutter nachgekommen ist.[350] An diesem Punkt vermute ich, dass die gesellschaftliche Erwartungshaltung an eine erblindete Mutter höher sein kann als an einen Vater ohne Augenlicht. Die Tendenz, den häuslichen Bereich dem weiblichen Geschlecht zuzuschreiben, fasse ich als eine Denkweise auf, der immer wieder Einzelpersonen anhängen[351].

V.6.2.3.1 Hilfeleistung als Ein-Personen-Unternehmung und Alternativen

Für die Einschätzung des Unterstützungsbedarfs spielt es eine zentrale Rolle, auf wie vielen Schultern dieser verteilt wird und ob professionelle Kräfte mit einbezogen werden. Erbringt hauptsächlich ein Familienmitglied die behinderungsbedingte Hilfe für einen Elternteil,[352] so herrscht in der Familie erhöhte Angst, wie sich die Situation verändern würde, wenn derjenige seine Dienste nicht mehr leisten könnte. Diese Konstellation war bei LIA DÖBEL[353] und bei SILKE HOLZ[354] bezüglich der ertaubten Väter und ihrer Gattinnen gegeben.

Eine geradezu konträre Situation beim Einsatz von Hilfen wird in der Herkunftsfamilie von ANNALENA KÖNIG evident: Beide Elternteile greifen auf bezahlte Assistenz und auf verschiedene Hilfspersonen zurück. So herrschen in dieser Familie Vertrauen

---

349 CLARA LANGE Zeilen 424–430
350 LENNART APELT Zeilen 60–63
351 Vgl. II.2.2: KASPER/SCHMIDT, CYBA
352 LIA DÖBEL Zeilen 437–438
353 LIA DÖBEL Zeilen 662–663
354 SILKE HOLZ Zeilen 251–253

und folgende Gewissheit vor: Fällt eine Hilfskraft aus, wird auf eine andere zurückgegriffen. Funktioniert Unterstützungsplan A nicht, entwickeln die Betroffenen einen Plan B.

Beim Vergleich von Fixierung auf eine innerfamiliäre Hilfskraft und auf größere Netzwerke fällt Folgendes auf: Für mehr emotionalen Stress scheint die erstgenannte Variante zu sorgen. Meine Einschätzung wird von ANNALENA KÖNIGs Aussage untermauert: In ihrer Mutterfamilie habe die Unterstützung für ihre contergangeschädigte Mutter auch dann geklappt, als die Interviewpartnerin ein Jahr im Ausland verbracht hat. Die Familie griff stets auf unterschiedliche Unterstützungsformen zurück: So waren eine 24-Stunden-Assistenz für den Vater, eine Assistenz für die Mutter am Arbeitsplatz, eine Reinigungskraft für Letztgenannte, die Haushaltshilfe des Vaters und eine bezahlte Freundin präsent. Auch nach der Trennung griffen beide Elternteile auf vielfältige Formen personeller Unterstützung zurück. Aus der Retroperspektive zieht ANNALENA KÖNIG die Bilanz, dass die Unterstützung dem Bedarf ihrer Eltern angemessen gewesen sei. Meines Erachtens muss jedoch angemerkt werden, dass dieses effektive und vielfältige Unterstützungsmodell nur funktionieren kann, wenn ein ausreichendes Budget von den Zuständigen bewilligt wird. Da ANNALENA KÖNIGs Mutter über eine Erwerbsarbeit Geld verdient, hat sie möglicherweise einen größeren Entscheidungsspielraum für privat finanzierte Assistenz.

In der Unterstützungssituation von FABIAN DACHMANNs Mutter dominierten dagegen Personen aus dem informellen Netzwerk: So erledigte der neue Lebensgefährte der Mutter 40 Prozent der behinderungsbedingten Bedarfe seiner Partnerin, FABIAN DACHMANN ebenfalls 40 Prozent und Bekannte der Mutter 20 Prozent. Die Zahlen wurden von dem Interviewpartner so zugeordnet.[355] Dieser Einzelfall unterstreicht meines Erachtens, dass die behinderungsbedingten Bedarfe nicht zwangsläufig von einem einzigen Familienmitglied geschultert werden müssen. Wurden helfende Freunde von ANNALENA KÖNIGs Mutter finanziell entlohnt,[356] erfolgte die Unterstützungsarbeit für FABIAN DACH-

---

355 FABIAN DACHMANN Zeilen 785–788
356 Vgl. V.6.2.1.3

MANNs Mutter auf freiwilliger Basis und ohne Bezahlung – abgesehen von kleinen Geschenken.[357]

V.6.2.4 Die Wahrnehmung des personellen Unterstützungsbedarfs von Seiten der Mutter oder des Vaters

Im Folgenden beleuchte ich die Quantität von in Anspruch genommener Unterstützung unter Einbezug des individuellen sowie des familiären Kontextes. Dabei wird die Einschätzung von Seiten der Interviewpartner im Vordergrund stehen. So viel möchte ich schon mal vorwegnehmen: Während einige Elternteile dabei zusätzliche körperliche Beeinträchtigungen auf sich nehmen, stellt sich für die anderen die Frage, wie sie sich Hilfe organisieren. Mit den Letztgenannten befasse ich mich zuerst.

Hier geht es um die Gratwanderung zwischen dem Einsatz personaler Hilfen und dem Wunsch der betreffenden Elternteile, Aufgaben aus eigener Kraft zu erledigen. Genauere Informationen zu den erhaltenen Hilfeleistungen können den Interviewdarstellungen entnommen werden.

Eine Interviewpartnerin vergleicht den Unterstützungsbedarf ihrer Mutter mit der Lebenssituation von deren blinden Bekannten. Vor diesem Hintergrund resümiert PIA WEISS, dass ihre Mutter selbstbestimmt entscheide, was sie mit bzw. ohne Hilfe erledigt, und insgesamt wolle die Mutter nicht zu viele Hilfen.[358] Auch in PETER RATHs Herkunftsfamilie lebten die Eltern sehr aktiv. Es war ihnen wichtig, so viel wie möglich aus eigener Kraft zu bewältigen. Einerseits waren in der DDR bezahlte Assistenzleistungen für Menschen mit Behinderungen unbekannt, andererseits vermutet PETER RATH, dass seine Eltern diese auch nicht gewollt hätten, da für seine Mutter und seinen Vater die eigene Selbstständigkeit einen äußerst wichtigen Wert darstellt.[359]

Interessant finde ich, dass die eben angeführten Elternteile weder ihre Unterstützungsbedarfe leugnen noch vollständig auf Hilfsangebote verzichten. Den Reflexionen von PIA WEISS' Mutter

---

357 FABIAN DACHMANN Zeilen 780–782, 1020–1023, 372–374, 774–777
358 PIA WEISS Zeilen 599–601, 614–615
359 PETER RATH Zeilen 1117–1121

ist meines Erachtens ein hoher Grad an realistischem Bewusstsein für die eigenen Kräfte und Ressourcen zu eigen. Die Annahme bzw. Ablehnung von Hilfsangeboten ist keine beliebige Entscheidung. Wie weitreichend die Konsequenzen aus letzterer Auswahloption sein können, zeigen folgende Erfahrungen:

So verzichtete LYDIA MEYERs Mutter auf Assistenzleistungen und Haushaltshilfen, obwohl diese Möglichkeiten für sie greifbar gewesen wären. Statt diese Unterstützung in Anspruch zu nehmen, überfordert sie chronisch ihren Körper.[360] Ähnliche Erfahrungen auf unfreiwilliger Basis machte die Mutter von SIGRID PETERS: Die Interviewpartnerin hat den Eindruck, dass sich ihre körperbehinderte Mutter weitere körperliche Beeinträchtigungen zugezogen hat, indem sie alle im Haushalt anfallenden Tätigkeiten selbst übernahm.[361] Derartige Unterstützungsformen finanziert zu bekommen, war damals in den 1960er Jahren in der Bundesrepublik Deutschland nicht möglich, zudem existierte die Assistenzidee hierzulande noch nicht. Im nächsten Absatz fasse ich die einzelnen Facetten personaler Hilfen zusammen.

V.6.2.5 Fazit

Im Kapitel zur personalen Unterstützung wurden sehr verschiedene Umgangsweisen und Organisationsformen sichtbar: Die Palette reicht von voll bezahlten bis hin zu freiwilligen Hilfskräften. Selbst bei ähnlichen Behinderungen kann die Hilfe für die betreffenden Mütter und Väter sehr unterschiedlich ausgestaltet sein. Jedoch sind die Elternteile mit der Unterstützung keineswegs immer zufrieden bzw. werden Hilfen bisweilen anders als gewünscht ausgeführt. Oder es ergibt sich folgende Konstellation: Die Mutter oder der Vater möchte eine Tätigkeit selbst ausführen, aber andere Personen greifen ihm bzw. ihr dabei „unter die Arme". Wieder andere leugnen ihren Unterstützungsbedarf.

Abschließend möchte ich noch auf die unterschiedliche Struktur der Unterstützungsleistungen von Laien und professionellen Personen zu sprechen kommen. Damit verbunden ist die

---

360 LYDIA MEYER Zeilen 588–596
361 SIGRID PETERS Zeilen 664–672

Frage, warum professionelle Assistenz vonnöten ist, wenn auch Nicht-Ausgebildete oder gar Verwandte einspringen können. Dies beantwortet eine Interviewpartnerin so: SIGRID PETERS erwartet von bezahlter Assistenz heutzutage hochwertige Unterstützungsleistungen, die in vollem Umfang ihrem Bedarf und ihren Intentionen entsprechen. Dem werden helfende Angehörige überwiegend nicht gerecht.[362] Zu den Letztgenannten möchte ich auch Freiwillige allgemein zählen. Darüber hinaus vermute ich, dass Professionelle – nach einer bedarfsdeckenden Bewilligung – zudem in einem größeren zeitlichen Umfang tätig sein können als Laienhelfer.

V.6.3 Unterstützung der Elternteile von Seiten der Interviewpartner

Nun befasse ich mich mit den Hilfen, die vom Nachwuchs für den jeweiligen Elternteil geleistet werden. Im Zentrum steht die Situation meiner Interviewpartner im Kindes- und Jugendalter. Bisweilen gehe ich auch auf die Lage im Erwachsenenalter ein. Anmerken möchte ich, dass dieses Kapitel sich ausschließlich mit behinderungsbedingten Zusatzleistungen befasst, nicht mit kindlicher Mithilfe im Haushalt allgemein. Bei meinem Abriss steigt der Umfang der Unterstützung stetig an.

V.6.3.1 Nahezu keine Hilfen vom Nachwuchs für Mutter und/oder Vater

Dieser Unterpunkt enthält Informationen über Familien, in denen die Kinder kaum besondere Handgriffe für ihre Elternteile mit Körper- und/oder Sinnesbehinderungen leisteten und wo wenig oder keine außergewöhnliche Rücksichtnahme erforderlich war. Dass auf die Tatkraft des Nachwuchses selten oder nicht zurückgegriffen wurde, hat vielfältige Ursachen, die in den nächsten Abschnitten aufgezeigt werden.

Während der Kindheit von LENNART APELT wurde seine Familie von Zivildienstleistenden unterstützt, sodass er in dieser Phase für seine blinde Mutter kaum Hilfen erbringen musste. In diesem Zusammenhang konstatiert der Interviewpartner, dass er im Jugendalter den Familieneinkauf übernommen habe, als die

---

362 SIGRID PETERS Zeilen 636–639

sogenannten „Zivis" nicht mehr da waren.³⁶³ Zugleich äußert er, dass er seine Möglichkeiten als Kind und Jugendlicher infolge der Blindheit der Mutter in keiner Weise als eingeschränkt wahrgenommen habe.³⁶⁴

Eine deutliche, lippenbetonte Artikulation eigneten sich LIA DÖBEL und ihre Schwestern an. Zudem wiederholten sie das Eingebrachte bei Bedarf mehrfach, als sich der Hörstatus des Vaters verschlechterte. Darüber hinaus wurden von ihnen im Großen und Ganzen keine Hilfen für den Vater erbeten – diese erbrachte die Mutter der Familie.³⁶⁵ Diese Struktur findet sich auch in der Familie von JENS HOFFMANN und SILKE HOLZ wieder: Die Interviewpartner beschreiben dieselben kommunikativen Standards für ihren Vater³⁶⁶ wie LIA DÖBEL. Ebenfalls übernahm die Mutter der beiden einen Großteil der Unterstützung für ihren Gatten, was den Nachwuchs dieser Aufgaben enthob³⁶⁷. Die Verbesserung des Hörstatus dieses Vaters hatte jedoch eine Lockerung der eben explizierten Kommunikationsregeln zur Folge.³⁶⁸

Wird Kindern gehörloser Eltern stets aufgetragen, als Vermittler zwischen der gebärdenden und der lautsprachlichen Welt zu fungieren? Beispielsweise wurde PETER RATH selten gebeten, ein Telefonat für seine Eltern zu führen.³⁶⁹ Auch bei Behördenangelegenheiten musste er nicht einspringen.³⁷⁰ Eine Ursache dafür liegt in einer recht umfassenden Selbstständigkeit seiner Mutter und seines Vaters.

Auch MARINA THOMA musste für ihre Eltern fast nie dolmetschen oder andere kommunikative Aufgaben übernehmen.³⁷¹ Einer der Gründe mag darin liegen, dass diese Dienste eher an

---

363 LENNART APELT Zeilen 219, 222–225
364 LENNART APELT Zeilen 272–278
365 LIA DÖBEL Zeilen 581–586, 691–692, 658–662, 261–265
366 JENS HOFFMANN Zeilen 73–76, 125–128 , SILKE HOLZ Zeilen 19–23
367 JENS HOFFMANN Zeilen 354–358, SILKE Holz Zeilen 250, 164–166, 76–79, 204–207
368 JENS HOFFMANN Zeilen 129–131
369 PETER RATH Zeilen 1234–1236, 557–561
370 PETER RATH Zeilen 574–578, 591–595, 820–822
371 MARINA THOMA Zeilen 409–411, 426–429, 1138–1140

die älteren Geschwister der Interviewpartnerin delegiert wurden.[372] Benötigten MARINA THOMAs Eltern Hilfe im kommunikativ-bürokratischen Bereich, so wandten sie sich an Beratungsstellen vom Gehörlosenbund oder von der katholischen Gehörlosengemeinde.[373] Die beiden Beispiele unterstreichen, dass sich sogenannte CODA-Kinder nicht automatisch in der Rolle eines permanenten Laiendolmetschers vorfinden.

Dass die Regelungen im Erwachsenenalter variieren können, unterstreicht ein Vergleich von PETER RATHs und MARINA THOMAs Situation: Heute unterstützt PETER RATH seine Eltern bei den vielfältigen Anträgen, die seit dem Ende der DDR notwendig geworden sind.[374] Währenddessen übernehmen MARINA THOMAs Kinder Dienste für ihre im Nachbarhaus wohnenden Großeltern.[375] Hier erfolgte die Neuverteilung also direkt in die dritte Generation – anders als bei PETER RATH, der im Erwachsenenalter verstärkt Aufgaben für seine Eltern erledigt.

Wurden früher Hilfen erbeten, so betrafen diese kaum die Hör-, sondern die progrediente Gehbehinderung von PETER RATHs Mutter: Der Interviewpartner und sein Vater übernahmen den Familieneinkauf.[376] Auch hier lasteten die Aufgaben nicht vollständig auf dem Sohn, sondern er wechselte sich mit seinem Vater ab.

V.6.3.1.1 Steigt mit dem Pflegebedarf der Elternteile der Hilfsumfang der Kinder?

ANNALENA KÖNIG wuchs mit zwei körperbehinderten Elternteilen auf. Zugleich musste sie für diese kaum Dienste erledigen, da Assistenten und Haushaltshilfen sie erbrachten.[377] Allerdings wurde bei ihren Interviewaussagen transparent, dass sie während ihrer Kindheit manchen Handgriff – zum Beispiel während des gemeinsamen Spiels mit ihrem Vater – ausführte, da ihr dieser

---

372 MARINA THOMA Zeilen 369–372
373 MARINA THOMA Zeilen 1134–1137
374 PETER RATH Zeilen 1131–1135, 578–586
375 MARINA THOMA Zeilen 991–994
376 PETER RATH Zeilen 773–777
377 ANNALENA KÖNIG Zeilen 318–320, 323–324

leichter fiel als ihm.³⁷⁸ Zugleich konstatiert die Interviewpartnerin, dass ihr Tribut zum Haushalt ein gewöhnliches Maß umfasste: Sie übernahm vorwiegend die Tätigkeiten, die ihrer Mutter schwerfielen, sah aber stets die Möglichkeit³⁷⁹ gegenüber ihrer Mutter, eine Bitte abzulehnen.³⁸⁰ Diese Option hatte auch MARINA THOMA bei ihren gehörlosen Eltern.³⁸¹ Als ANNALENA KÖNIG ein Jahr im Ausland verbrachte, organisierte die Mutter sich so, dass sie ohne die Unterstützung ihrer Tochter zurechtkam.³⁸²

Wiederum handelte es sich bei SIGRID PETERS um eine freie Entscheidung, ihre verwirrte Großmutter zu beaufsichtigen.³⁸³ Abgesehen davon erwähnt die Interviewpartnerin an keiner Stelle, dass sie Tätigkeiten für ihre körperbehinderten Eltern ausführen musste. Das Faktum, dass in dieser Kernfamilie alle drei Mitglieder mit einer körperlichen Beeinträchtigung lebten, führte nicht automatisch dazu, dass die Tochter in die Bewältigung des Unterstützungsbedarfs ihrer Eltern einbezogen oder damit gar überfordert wurde.³⁸⁴ Als Grund hierfür vermute ich, dass die Eltern sehr kreativ auf unterschiedliche Lösungsmöglichkeiten zurückgriffen.³⁸⁵ Die Eingangsfrage ist somit zu verneinen: Geschickte Organisation des Unterstützungsbedarfs entlastet den Nachwuchs. Auf diesem Hintergrund kann der elterlichen Bitte um die kindliche Mithilfe ein locker-flexibler Aufforderungscharakter innewohnen.

V.6.3.1.2 Fazit

Zusammenfassend stelle ich fest, dass sich aus der Schwere der Behinderung eines Elternteils nicht per se umfassende Hilfen von Kindesseite ergeben. Die Option, eine Anfrage abzulehnen, hat den aus der Unterstützungssituation resultierenden Druck vom

---

378 ANNALENA KÖNIG Zeilen 325–329
379 ANNALENA KÖNIG Zeilen 1057–1060, 277–279
380 ANNALENA KÖNIG Zeilen 272–273
381 MARINA THOMA Zeilen 480–484
382 ANNALENA KÖNIG Zeilen 1051–1053, 253–255
383 SIGRID PETERS Zeilen 51–52, 112–115
384 SIGRID PETERS Zeilen 26–32
385 Vgl. V.6.2.1.4 und V.5.2.1.1.1

Nachwuchs genommen. Auch das Erleben einer Tochter, dass sich die Mutter während des Auslandsaufenthalts der Interviewten gut selbst managen konnte, hat die Situation entspannt.

Die Basis für einen solch individuell-flexiblen Umgang mit innerfamiliären, persönlichen Hilfen scheint mir bei der Schaffung eines effektiven, bedarfsdeckenden Hilfsnetzwerks von Seiten der Elternteile zu liegen, das von mehreren Unterstützern geschultert wird. Bei den Kindern meiner Forschung waren die zu erbringenden Dienste für Mutter und/oder Vater von unterschiedlichen Emotionen begleitet, wie die nächsten Kapitel zeigen.

V.6.3.2 Akzeptanz der Unterstützung für den Elternteil/die Elternteile

Ob die kindliche Bejahung der Hilfeleistungen mental-emotionale Veränderungen beim jeweiligen Interviewpartner zur Folge hatte, eruiere ich unter dieser Unterüberschrift. Dabei lenke ich meinen Fokus von einer positiven Haltung hin zur inneren Ablehnung dieser Hilfen.

Die Eltern von ASTRID MÜLLER sind blind, daher sollten die Interviewpartnerin und ihre Schwester Informationen vom Blindenbund auf Kassette sprechen. Hierum baten ihre Eltern sie ab dem elften Lebensjahr. Ebenso gehörte das Führen von Mutter und Vater außer Haus zu den Diensten der Mädchen, seitdem diese das Alter von drei Jahren überschritten hatten. Äußerten die Schwestern einmal Unmut, so bemühten sich die Elternteile um eine Modifikation der Konditionen. Die Möglichkeit, dass die Töchter diese Aufgaben nicht mehr erledigten, bestand jedoch nicht.[386]

Im Nachhinein bilanziert ASTRID MÜLLER, dass sie die oben erwähnten Unterstützungsleistungen als bewältigbar betrachtet. Auch heute als berufstätige Mutter von vier Kindern erwähnt sie, dass sie ihren Eltern immer wieder gerne helfe, sofern ihr schmales Zeitbudget ausreiche.[387]

Ähnlich wie ASTRID MÜLLER sollte CLARA LANGE für ihren blinden Vater bereits im Kindesalter alltägliche Handgriffe verrichten: Hierzu gehörten das Sortieren der Post und das Finden

---

386 ASTRID MÜLLER Zeilen 224–227, 237–239, 770–771, 261–266
387 ASTRID MÜLLER Zeilen 274–282, 303–307, 866–870

bestimmter Waren im Supermarkt.[388] Die Interviewpartnerin gab zu, dass sie diese Unterstützungsleistungen als unangenehm erlebte, wenn sie sich als Kind mit ihren Freundinnen treffen wollte.[389] In diesen Situationen strebte ihr Vater einen Kompromiss an, der sowohl seinen Wunsch als auch den der Tochter berücksichtigte.[390] Infolge dieser Dienste erlebte CLARA LANGE ihr Können und ihre Wichtigkeit für die Familie als positiv. Im Nachhinein drückt sie das sogar im Komparativ aus: Sie fühlte sich von größerer Bedeutung für ihre Eltern, als wenn diese alle Verrichtungen selbst hätten erledigen können. Ähnlich empfand SILKE HOLZ in vergleichbarem Kontext.[391] Die Situationen unterstreichen meiner Meinung nach den Wunsch vieler Kinder, aktiv zu werden. Voraussetzung ist natürlich, dass das zu Erledigende an den jeweiligen Entwicklungsstand des Nachwuchses angepasst wird. Auf diesem Hintergrund kann das Agieren in realen Lebenszusammenhängen die Entwicklung von Selbstwirksamkeitserfahrung beflügeln.

Auch PIA WEISS unterstützt ihre blinde Mutter immer wieder bei alltäglichen Verrichtungen.[392] Nur in manchen Augenblicken fühlte sich die Interviewpartnerin von deren Bitten gestört.[393] Diese vorübergehende Unlust schreibt PIA WEISS ihren unterschiedlichen Stimmungen beim Heranwachsen zu, nicht jedoch der Sinnesbehinderung ihrer Mutter.[394] Zugleich unterstreicht die Interviewte, dass sie Hilfen für ihre Mutter als Selbstverständlichkeit erlebe: Sie habe bereits die berufliche Assistenz ihrer Mutter vertreten und sei für ihre Unterstützung entlohnt worden.[395] Ähnliche Erfahrungen hierzu können unter V.7.1.4.2 nachgelesen werden.

Ein weiterer Interviewpartner erachtet sein Maß an Hilfe für sinnvoll: Zwar nimmt FABIAN DACHMANN seiner Mutter

---

388 CLARA LANGE Zeilen 238–243, 1134–1138, 247–252, 748–750
389 CLARA LANGE Zeilen 885–888
390 CLARA LANGE Zeilen 271–273
391 CLARA LANGE Zeilen 464–469, vgl. SILKE HOLZ Zeilen 264–268
392 PIA WEISS Zeilen 523–524, 547–549
393 PIA WEISS Zeilen 573–580
394 PIA WEISS Zeilen 773–775
395 PIA WEISS Zeilen 540–544, 565–572

beispielsweise das Tragen der Einkäufe ab,[396] aber da er die Rolle des Helfers nicht alleine bekleide – so werden auch der neue Lebenspartner seiner Mutter oder ihre Bekannten unterstützungstechnisch aktiv – empfindet er diese Aufträge als bewältigbar.[397] Die Gesamtmenge der Hilfen, die seine Mutter erhält, erachtet FABIAN DACHMANN als angemessen – übertrieben viele Hilfeleistungen hält er für ungesund.[398] Eine interessante Situation erlebte der Interviewpartner, als er für die Unterstützung seiner Mutter bereitstand: Sie lehnte dies ab und wollte das zu Erledigende aus eigener Kraft bewerkstelligen. An diesem Punkt erlebte ich den Interviewten unentschlossen. Als Fazit fungierte dann die Einsicht, dass er seiner Mutter nicht gegen ihren Willen helfen könne.[399]

V.6.3.2.1 Fazit

Bei den bisher dargestellten Einzelfällen handelte es sich ausnahmslos um kindliche und jugendliche Hilfen, die sich innerhalb eines gewissen Rahmens bewegten. Im Nachhinein beschrieben die Interviewpartner den Aufwand für diese Unterstützungen überwiegend als „handhabbar". In diesen Tätigkeiten hatten manche von ihnen positive Entwicklungschancen für sich gesehen. Dass dies nicht so sein muss, sondern aus Hilfswünschen auch Überlastungen entstehen können, zeige ich im Anschluss.

V.6.3.3 Überforderung beim Helfen im Kindes- bzw. Jugendalter

An dieser Stelle gehe ich auf Belastungssituationen ein, wie sie von einzelnen Interviewpartnern angesprochen wurden. So erhielt ANDREA RIEGEL von ihren gehörlosen Eltern den Auftrag, Telefonate und den Schriftverkehr mit Ämtern zu übernehmen, als sie ungefähr acht Jahren alt war – dies hat die Interviewpartnerin als sehr unangenehm erlebt.[400] Damals hätte sie sich ein Geschwister-

---

396 FABIAN DACHMANN Zeilen 66–68, 778–779
397 FABIAN DACHMANN Zeilen 555–561, 785–788
398 FABIAN DACHMANN Zeilen 341–343
399 FABIAN DACHMANN Zeilen 551–554
400 ANDREA RIEGEL Zeilen 26–35, 41–45, 712–716

kind gewünscht, das sie bei derartigen Aufträgen unterstützt und mit dem sie darüber hätte sprechen können.[401] Auf dem Hintergrund halte ich es für bemerkenswert, dass die Interviewte nicht an eine erwachsene Person oder an die Großeltern im Nebenhaus denkt, die diesen Unterstützungsbedarf hätten abdecken können. Für ANDREA RIEGEL schien die Art der Erledigung also von größerer Wichtigkeit gewesen zu sein als eine Delegation der Arbeit. Gegenüber ihrem Vater hat sie die Überforderungssituation im Nachhinein angesprochen. Er äußerte Reue.[402] Ihm sei damals nicht klar gewesen, welche Belastung die kommunikativen Hilfen für seine Tochter darstellten. Heute, als erwachsene Person, erledigt die Interviewpartnerin wieder kommunikative Dienste für ihre Eltern, soweit das ihr Terminkalender zulässt.

Während ihres Heranwachsens fühlte sich eine weitere Interviewpartnerin überfordert: LYDIA MEYER wurden damals die Aufgaben übertragen, die ihre Mutter infolge ihrer Körperbehinderung nicht mehr bewältigen konnte.[403] Somit fungierte die Tochter unfreiwillig auch als eine weitere mütterliche Bezugsperson für ihre jüngeren Geschwister.[404] Sie resümiert, dass sie die Hilfsdienste für ihre Mutter immer als verpflichtend betrachtet habe – somit war es für LYDIA MEYER unmöglich, ihre Zusatzaufgaben zu hinterfragen oder gar abzulehnen.[405] Zudem wurde in ihrer Herkunftsfamilie der Unterstützungsbedarf der Mutter tabuisiert.[406] Gegenwärtig hat die Schwester von LYDIA MEYER die Dienste übernommen, die früher der Interviewten oblagen.[407]

Inwiefern KEVIN SCHNEIDER die vielen Handgriffe, die er für seinen Vater erledigt, mitunter als belastend erlebt, kann unter V.6.3.4 nachgelesen werden.

Den oben explizierten Belastungssituationen sind meines Erachtens folgende Parallelen zu eigen: Änderungen der Unterstützungsmodalitäten konnten zum gegebenen Zeitpunkt von den

---

401 ANDREA RIEGEL Zeilen 85–91
402 ANDREA RIEGEL Zeilen 50–55
403 LYDIA MEYER Zeilen 306–319
404 LYDIA MEYER Zeilen 483–491
405 LYDIA MEYER Zeilen 118–121
406 LYDIA MEYER Zeilen 21–39, 558–563, 492–497
407 LYDIA MEYER Zeilen 525–528, 616–618

Interagierenden weder besprochen noch realisiert werden. In der jeweiligen Familie existierte auch kein Alternativkonzept zur Deckung elterlicher Bedarfe durch andere Personen.

V.6.3.4 Ambivalente Haltungen des Nachwuchses gegenüber Hilfen für die Elternteile

Bei SILKE HOLZ wurden unterschiedliche Emotionen bei der Unterstützung für ihren Vater, der mit einer Sinnesbehinderung lebt, evident: Sie fühlte sich wertgeschätzt, ernst genommen und anerkannt, als sie während eines Kuraufenthalts ihrer Mutter Telefonate für ihren Vater erledigte.[408] Neben diesem Hochgefühl erlebte es die Interviewpartnerin im Kindesalter als sehr unangenehm, das Verkaufspersonal in den Läden selbst anzusprechen, da ihr Vater damals Sprachäußerungen ihm fremder Personen nahezu nicht verstehen konnte.[409] In ihrem Fall stehen sich zwei Gefühle diametral entgegen. SILKE HOLZ schien sich einmal in diesem und einmal in jenem Erleben zu befinden. Dabei versuchte sie in der Interviewsituation nicht, beide Gefühlsqualitäten argumentativ miteinander zu verknüpfen. Wie unter V.6.3.3 nachgelesen werden kann, fühlte sich ANDREA RIEGEL von den an sie herangetragenen Aufträgen immer wieder überfordert. Hierzu konträr zeigen sich die Situationen von PETER RATH und MARINA THOMA, die unter V.6.3.1.3 eingesehen werden können. Die Rollen des helfenden Nachwuchses präsentieren sich hier interindividuell ambivalent. Die Gehörlosigkeit beider Eltern brachte also nicht automatisch eine Überforderungssituation des helfenden Nachwuchses mit sich.

Unsicher, welche Rolle seine vielen Handgriffe für seinen Vater spielen, ist sich KEVIN SCHNEIDER. Zu diesen Tätigkeiten zählen Botengänge genauso wie das Tragen eines Kaffeetabletts. Der Interviewpartner spürt ein hohes Maß an Verantwortung gegenüber seinem Vater. Er vermutet, dass seine Mutter die Dienste für ihren Gatten übernähme, wenn er aus dem Elternhaus auszie-

---

[408] SILKE HOLZ Zeilen 267–268
[409] SILKE HOLZ Zeilen 496–500

hen würde.[410] Insgesamt zeigt sich der Interviewpartner hin- und hergerissen: Einerseits würden ihm die unterstützenden Handgriffe für seinen Vater wiederholt zu viel, andererseits stehe er fast immer für diesen zur Verfügung. Dies begründet KEVIN SCHNEIDER damit, dass er sich in die Situation seines Vaters hineinversetze: Läge beim Interviewpartner eine Körperbehinderung vor, so wäre er auch auf derartige Hilfen angewiesen.[411] Wäre unbemerktes Delegieren seiner gegenwärtigen Unterstützungsleistungen möglich, so würde er 40 Prozent abgeben.[412] Davon abgesehen fügt er hinzu, dass er sich mit seinem Vater dennoch gut verstehe.[413]

Ambivalenz im Kontext von Unterstützung kann sich bis zur Ineffektivität steigern: So verfasste MARINA THOMAs mittlerer Bruder die Deutschaufsätze für die Interviewpartnerin.[414] Er schien seiner Schwester helfen zu wollen, aber diese resümierte im Nachhinein, dass diese Aktivitäten ihre Inkompetenz auf diesem Gebiet konservierten.

V.6.3.5 Fazit

Die Bedarfe und die Unterstützungskonstellationen in den erwähnten Familien variieren stark: Die Bandbreite reicht von nahezu keinen spezifischen Handgriffen für den Elternteil mit der Körper- und/oder Sinnesbehinderung bis zur expressis verbis artikulierten Überforderung von Seiten der Kinder. Wie bereits aufgezeigt, divergierte auch der Umgang mit Belastungskonstellationen. Dabei war die kommunikative Interaktion manchmal der erste Schritt zur Veränderung dieser Situation. Dagegen führte die Tabuisierung von Hilfsbedarfen dazu, dass Überforderungsstrukturen weiterhin existierten. Zudem begegnete ich Interviewpartnern, die sich als ge-, aber nicht als überfordert betrachteten und aus den Hilfeleistungen für ihre Eltern Bedeutung und Ich-Stärke rekrutierten.

---

410 KEVIN SCHNEIDER Zeilen 470–473, 201–204, 173–174, 193–199, 219–221
411 KEVIN SCHNEIDER Zeilen 224–227, 213–217
412 KEVIN SCHNEIDER Zeilen 709–711
413 KEVIN SCHNEIDER Zeilen 522–524
414 MARINA THOMA Zeilen 306–311

In den Familien meiner Forschung stellen Hilfeleistungen oft keine „Einbahnstraße" dar, die ausschließlich zu der betroffenen Mutter oder dem jeweiligen Vater hinführen. Stattdessen gewährten einige Interviewpartner Einblicke in familiäre Unterstützungsstrukturen, bei denen Elternteile mit einer Körper- und/oder Sinnesbehinderung ihrem Nachwuchs helfen. Dies findet innerhalb unterschiedlicher Lebensbereiche statt, wie im Folgenden nachgelesen werden kann.

V.6.4   Elterliche Hilfen für den Nachwuchs
V.6.4.1   „Anschubhilfe" für die Töchter und Söhne von Seiten der Elternteile mit Körper- und/oder Sinnesbehinderung

Innerfamiliäre Unterstützung erhielt beispielsweise CLARA LANGE von ihrer sehbehinderten Mutter im Fach Deutsch, das deren Stärke darstellt, und von ihrem Vater in Mathematik.[415] Als Intention fungierte dabei, dass die Tochter möglichst gute Leistungen in diesen Fächern erzielen möge.[416] Wie aus V.7.1.1 hervorgeht, hat PIA WEISS von ihrer Mutter ebenfalls „häusliche Nachhilfe" erhalten. Im Hause SCHNEIDER betreute der an Multipler Sklerose erkrankte Vater das schulische Lernen seiner beiden Söhne im Fach Englisch, während sich die nicht behinderte Mutter um Fragen im Fach Deutsch kümmerte.[417] Überdies hat der körperbehinderte Vater der Söhne SCHNEIDER ein Studium absolviert, ebenso der Vater von CLARA LANGE und die Mutter von PIA WEISS – beide sind vollblind. Die Elternteile meiner Studie, die über einen höheren Bildungsabschluss verfügten, konnten den schulischen Lernprozess ihrer Kinder umfassend pädagogisch begleiten.[418]

Umgekehrt sahen sich die Mütter und Väter nur eingeschränkt bzw. gar nicht in der Lage, ihren Sprösslingen in schulischen Fragen zu helfen, die eine praktische berufliche Tätigkeit erlernt und einen entsprechenden Schulabschluss anvisiert hatten.

---

415   Vgl. auch V.7.1.1
416   CLARA LANGE Zeilen 858–862
417   BJÖRN SCHNEIDER Zeilen 190–192, 194–196, KEVIN SCHNEIDER Zeilen 475–477
418   Vgl. biografischer Kurzfragebogen von CLARA LANGE, PIA WEISS, BJÖRN SCHNEIDER und KEVIN SCHNEIDER

In diesem Zusammenhang sind die Eltern von ASTRID MÜLLER[419] und ANDREA RIEGEL[420] zu nennen. Bei letzterem Elternpaar handelt es sich um Absolventen der Schule für Gehörlose, der damals sogenannten „Sondervolksschule". Das dort erworbene Wissen und die in dieser Bildungsform geschulten Fähigkeiten reichten bei ANDREA RIEGELs Eltern nicht, um ihrer Tochter im Realschulunterricht durch häusliche Tipps beizustehen. Diese bildungstechnische Benachteiligung resultierte demnach aus eingeschränkten Kenntnissen der Eltern und nicht primär aus deren Sinnesbehinderung.

Der elterliche Rat bezog sich nicht nur auf schulisches Lernen, vielmehr wurden unterschiedliche Lebenserfahrungen an den Nachwuchs kommuniziert: So versorgte SIGRID PETERS' Vater seine ebenfalls körperbehinderte Tochter mit Handlungsvorschlägen, wie sie reagieren könne, wenn sie von nicht behinderten Spielkameraden zurückgelassen werde. Die Umsetzung der Vorschläge wurde der Tochter überlassen.[421] An einer anderen Stelle im Alltagsleben gab CLARA LANGEs Vater Anleitungen: Er brachte seiner Tochter Orientierungsstrategien auf Bahnhöfen und allgemein für den außerhäuslichen Bereich bei.[422] Auch das selbstbewusste „Sich-Vertreten" am Telefon zeigte er der Interviewpartnerin.[423] Diese betont, dass sie ihrem blinden Vater nur halb so viele Hilfen entgegengebracht habe wie dieser ihr.[424] Ihre Bilanz unterstreicht meines Erachtens, dass sich in der Familie das Eltern-Kind-Verhältnis nicht umkehrte: Auch wenn ein minderjähriges Kind einen Elternteil unterstützt, kann der Respekt für diesen erhalten bleiben. Es müssen nicht zwangsläufig Parentisierungstendenzen eintreten.

V.6.4.2 Fazit

Es wurde evident, dass Mütter und Väter mit einer Beeinträchtigung ihrem Nachwuchs durchaus zur Seite stehen können. Hier-

---

419 ASTRID MÜLLER Zeilen 19–24, 33–38
420 ANDREA RIEGEL Zeilen 633–639
421 SIGRID PETERS Zeilen 366–380
422 CLARA LANGE Zeilen 288–291
423 CLARA LANGE Zeilen 282–287, 276–279
424 CLARA LANGE Zeilen 279–281

bei scheint sich schulische „Anschubhilfe" für Elternteile dann als machbar zu gestalten, wenn diese selbst über einen höheren Bildungsabschluss verfügen. Rückhalt von Mutter und Vater wurde in den Familien meiner Interviewpartner immer wieder – auch außerhalb des Bereichs Schule – gegeben. Die in diesem Abschnitt angeführten Unterstützungssituationen stehen meiner Meinung nach für Momente direkter, indirekter, praktischer und ideeller Hilfen, die die Töchter und Söhne von ihren Elternteilen mit Körper- und/oder Sinnesbehinderungen erhalten haben. Gesamtgesellschaftlich betrachtet – auch auf dem Hintergrund der in der Einleitung meiner Studie erwähnten Skepsis – scheinen die Unterstützungsmomente von Elternteilen mit Körper- und/oder Sinnesbehinderungen für ihren Nachwuchs so gut wie nicht aufzutauchen. Ich vermute, dass sich eine Vielzahl von Personen derer nicht bewusst ist. Im nächsten Kapitel betrachte ich die Ansichten meiner Interviewpartner gegenüber der elterlichen Behinderung.

V.7 Reflexionen der Interviewpartner

Dieses letzte Kapitel befasst sich zunächst mit den Haltungen der interviewten Töchter und Söhne gegenüber den elterlichen Körper- und Sinnesbehinderungen. Danach werde ich die eigene Lebenssituation des Nachwuchses aus dessen Perspektive fokussieren.

V.7.1 Auseinandersetzung mit dem Thema „Behinderung"

Als Leitfrage fungiert im Folgenden, welche Einstellungen und welche Überzeugungen, Bedürfnisse, Ängste und Chancen die Interviewpartner im Kontext der Beeinträchtigungen des Elternteils bzw. der Elternteile sahen. Diesen Abriss beginne ich mit einer Betrachtung, wie in den Herkunftsfamilien der Interviewpartner die elterliche Körper- und/oder Sinnesbehinderung wahrgenommen wurde.

V.7.1.1 Beeinträchtigungen als Konstrukt, nicht einheitlich wahrgenommen

Die Diagnosen der blinden und der gehörlosen Elternteile präsentieren sich sehr ähnlich. Sprachen die Töchter und Söhne demnach in vergleichbarer Weise über die Beeinträchtigungen?

In einer Familie mit einem hörbehinderten Vater ist der interviewte Sohn einseitig ertaubt, nachdem auf dessen einem Ohr bereits eine mehrjährige und umfassende Hörminderung vorlag.[425] JENS HOFFMANN spricht in diesem Zusammenhang nicht von einer „Behinderung".[426] Seine Schwester SILKE HOLZ dagegen betrachtet den einseitigen 100-prozentigen Hörverlust ihres Bruders sehr wohl als „Behinderung".[427] Intrafamiliär gab es also eine variierende Attribuierung. Bemerkenswert ist, dass ein anderes Familienmitglied die Beeinträchtigung als schwerwiegender einstuft als der Betroffene. Analog verfährt FABIAN DACHMANN, der die bei ihm diagnostizierte Fotoepilepsie ebenfalls nicht als „Behinderung" tituliert.

Im Folgenden gehe ich der Leitfrage nach, welche Tätigkeiten Elternteilen mit Körper- und/oder Sinnesbehinderungen jeweils möglich sind und welche nicht. Diese Einschätzung kann keinesfalls pauschal für alle Familien gegeben werden: Während ASTIRD MÜLLER feststellt, dass ihre blinden Eltern mit ihr nicht Diktat üben und die Fehler im klassischen Sinne korrigieren konnten,[428] zieht PIA WEISS ihre blinde Mutter ihrem nicht behinderten Vater vor, wenn es um Schulisches geht. Diese Vorliebe begründet die Interviewpartnerin damit, dass ihr Vater schnell die Geduld verliere und insgesamt recht perfektionistisch sei.[429] Auch CLARA LANGE schätzt schulische Unterstützung von ihrem blinden Vater: Sie liest die Aufgabenstellung vor und ihr Vater erklärt den Rechenweg. Hierfür kämen alle Teilbereiche der Mathematik einschließlich des Stoffes der zehnten Klasse infrage.[430] Die Möglichkeiten von

---

425 JENS HOFFMANN Zeilen 432–436, 449–450
426 JENS HOFFMANN Zeilen 436–442, vgl. biografischer Kurzfragebogen von JENS HOFFMANN unter 4.3
427 Vgl. biografischer Kurzfragebogen von SILKE HOLZ unter 4.4
428 ASTRID MÜLLER Zeilen 33–35
429 PIA WEISS Zeilen 46–53, 823–827
430 CLARA LANGE Zeilen 862–866

blinden Elternteilen werden also interpersonal und interfamiliär heterogen wahrgenommen. Die eben angeführten Beispiele illustrieren meines Erachtens, dass keine generellen Aussagen bezüglich aktiver Beteiligungsmöglichkeiten blinder Elternteile bei der Hausaufgabenhilfe[431] getroffen werden können. Die Erfahrungen der Interviewpartner gehen weit auseinander. Unterschiedliche Attribuierungen zeigen sich auch beim Thema Reisegenuss: Während der gehörlose Vater von LIA DÖBEL dem Verreisen ohne seinem Gehörsinn nichts Positives abgewinnen könne,[432] macht die blinde Mutter von PIA WEISS gerne Städtereisen. Ihre Blindheit scheint angenehmen Erlebnissen bei diesen Unternehmungen nicht im Wege zu stehen.[433] Die anfängliche Irritation von PIA WEISS auf meine wiederholte Nachfrage zum Urlaubserleben ihrer Mutter drückt meines Erachtens aus, dass der Letztgenannten die Lebenseinstellung von LIA DÖBELs Vater fremd ist.

Die Tatsache, dass diese beiden Elternteile Urlaubsreisen so unterschiedlich wahrnehmen, könnte auch mit der sehr konträren Selbstakzeptanz zusammenhängen: LIA DÖBELs Vater scheint seine umfassende Spätbehinderung nie als Teil seiner selbst angenommen zu haben, die Mutter von PIA WEISS lebt dagegen seit Geburt mit einer Frühbehinderung. Zugleich ist ihr eine konstruktive Lebenseinstellung zu eigen, die das Positive in den Mittelpunkt rückt.[434]

Was Elternteilen mit ähnlichen Behinderungen in ihren jeweiligen Lebenssituationen möglich ist und was nicht, variiert stark von Fall zu Fall, wie die oben dargestellten Beispiele zeigen. Im Folgenden setze ich mich mit den „Mindsets" auseinander, die in den Herkunftsfamilien meiner Interviewpartner im Kontext der elterlichen Behinderung evident werden.

---

431   Vgl. V.6.4
432   LIA DÖBEL Zeilen 417–426
433   PIA WEISS Zeilen 833–835, 698–703
434   Vgl. Interviewdarstellungen von LIA DÖBEL und PIA WEISS

V.7.1.2 Tabuisierung contra Akzeptanz der Behinderung in der jeweiligen Kernfamilie

Dieser Abschnitt diskutiert sowohl negative als auch konstruktive Haltungen gegenüber der Körper- und/oder Sinnesbehinderung des betreffenden Elternteils. Familiäre und individuelle Wahrnehmungen der Interviewpartner gehen dabei meines Erachtens ineinander über.

Innerhalb der bereits angedeuteten Erfahrungsvarianz der Interviewten nähere ich mich zuerst den Betrachtungswinkeln, die in der Beeinträchtigung des Elternteils mitunter eine Schwierigkeit sehen.

Zunächst stehen Situationen im Mittelpunkt, die von den Interviewpartnern als unangenehm wahrgenommen wurden. Zum Beispiel denkt ANDREA RIEGEL an laute Essgeräusche ihrer Eltern außer Haus ungern zurück[435] und MARINA THOMA belastet immer wieder das Schwarz-Weiß-Denken ihrer Eltern, das sie mit deren Gehörlosigkeit in Verbindung bringt.[436] Hieraus zog die zuletzt Genannte später eine indirekt konstruktive Konsequenz: An ihrem Arbeitsplatz bemüht sie sich, die „Graunuancen" zu verdeutlichen, wenn sie dort „Alles-oder-Nichts-Einstellungen" begegnet.[437]

An einem weiteren Punkt fühlte sich MARINA THOMA unbehaglich. So stand sie im Kindesalter ihrer musikalischen Förderung von Seiten ihrer gehörlosen Eltern kritisch gegenüber. Sie fühlte ihre Fähigkeiten hierbei nicht wirklich gewürdigt.[438] Heute erzählt die Interviewpartnerin vom Musikunterricht für ihre eigenen Kinder, den ihre Eltern für ihre Enkel bezahlen – wobei sich hier die damalige Unzufriedenheit von MARINA THOMA nicht wiederholt. Dies liegt meines Erachtens daran, dass sich neben den gehörlosen Großeltern nun hörende Eltern befinden.[439] Eine weitere Interviewpartnerin empfindet die progrediente Behinderung ihres Vaters als äußerst belastend: ANNALENA KÖNIG besucht ihren Wahl-Vater nach dessen Trennung von ihrer Mutter kaum

---

435 ANDREA RIEGEL Zeilen 480–486
436 MARINA THOMA Zeilen 512–519
437 MARINA THOMA Zeilen 525–528
438 MARINA THOMA Zeilen 290–295, 1160–1165
439 MARINA THOMA Zeilen 979–984

noch.[440] Dies mögen die Vorwürfe, die sich beide Elternteile einander lieferten, zusätzlich gefördert haben.[441]

Die oben aufgeführten Belastungsmomente sind meiner Meinung nach sowohl mit den Lebenssituationen als auch mit der Behinderung des jeweiligen Elternteils verwoben – mal mehr, mal weniger. Spekulierend konstatiere ich, dass der Kontakt zum Vater sich womöglich anders gestaltet hätte, wenn ANNALENA KÖNIG nicht mit Uneinigkeiten zwischen Mutter und Vater konfrontiert worden wäre. Unangenehme Konstellationen müssen also nicht ausschließlich aus Beeinträchtigungen resultieren. Vielmehr bestimmt meines Erachtens die Fusion von Lebenslagen, Denkmustern und Attribuierungsprozessen hinsichtlich Körper- und/oder Sinnesbehinderungen den individuell-interaktiven Moment einer Lebenssituation. Nun bewege ich meinen Fokus zu Elternteilen, die mit ihrem Handicap hadern.

V.7.1.2.1 Lebenslange Selbstablehnung und Verleugnungsprozesse
An dieser Stelle widme ich mich den Erfahrungen der Interviewpartner, deren Mutter und/oder Vater bisher nicht mit den Facetten der eigenen Behinderung Frieden schließen konnten: So beklagt LYDIA MEYER, dass ihre Eltern den Wunsch haben, möglichst alles alleine zu schaffen, und dass ihre Mutter nicht offen zu ihrer Körperbehinderung steht.[442] Diese Einstellung der Mutter ist bis zur Gegenwart unverändert geblieben.

Andererseits betont LYDIA MEYER, dass sie sich emotional zu ihrer Mutter mehr hingezogen fühlt als zu ihrem Vater. Meine Frage, ob sie sich eine andere Mutter gewünscht hätte, verneint die Interviewpartnerin und ergänzt, dass sie lieber ihren nicht behinderten Vater „ausgewechselt" hätte. An ihrem Vater kritisiert sie sein dominantes Auftreten bei gleichzeitiger Unsicherheit und dass seine Schriftsprachkenntnisse eingeschränkt seien.[443] Die körperlichen Beeinträchtigungen ihrer Mutter und der immer wieder als destruktiv beschriebene familiäre Umgang mit diesen beeinfluss-

---

440 ANNALENA KÖNIG Zeilen 940–942
441 ANNALENA KÖNIG Zeilen 1121–1123, 946–949
442 LYDIA MEYER Zeilen 1081–1087, 558–563
443 LYDIA MEYER Zeilen 1027–1029, 1056–1058

ten also nicht LYDIA MEYERs Wertschätzung ihrer Mutter: Sympathien und Antipathien entstehen nicht vorwiegend aufgrund der Behinderung bei einem Elternteil. Hinsichtlich der Wahrnehmung ihrer Elternteile steht für die Interviewpartnerin deren Persönlichkeit im Vordergrund.

Die Tabuisierung in ihrer Herkunftsfamilie setzte sich gegenüber LYDIA MEYERs Spina bifida fort: Ihre Eltern gaben ihr den Tipp, diese leichte Behinderung mit extrahoher Badekleidung zu vertuschen. Dem widersetzte sich die Interviewpartnerin im Jugend- und Erwachsenenalter, indem sie offen zu den Veränderungen an ihrem Rücken stand. Insofern hat sie eine Haltung zu körperlichen Behinderungen eingenommen, die dem Standpunkt ihrer Eltern konträr entgegensteht. Diese Überzeugung hat sie auch aktiv gelebt.[444]

Obwohl LIA DÖBELs Vater während der Kindheit und Jugend seiner drei Töchter ein humorvoller Charakter zugeschrieben wird, lehnt er sich seit seiner Ertaubung bis heute selbst ab.[445] Dennoch beschreibt die Interviewte keine identitätsverwirrenden Auswirkungen des „Mindsets" ihres Vaters auf ihre Person. Ein Grund hierfür könnte der Umstand sein, dass die Pejorisierung des väterlichen Selbstwertgefühls erst nach ihrem Auszug eintrat. Zudem hat die Interviewpartnerin selbst eine Familie gegründet, die sie beansprucht.

Es ist zu vermuten, dass sich die Nichtakzeptanz der Beeinträchtigung durch den betreffenden Elternteil auf die seelische Gesundheit aller Familienmitglieder auswirkt, insbesondere auf minderjährigen Nachwuchs. Dass Familien mit elterlichen Behinderungen stark divergierend umgehen, zeige ich unter der nächsten Überschrift.

V.7.1.2.2 Emotional variierende und konstruktive Haltungen im Kontext der Behinderung von Mutter oder Vater

Im Folgenden befasse ich mich mit Interviewpartnern, die die Elternpersönlichkeit und das elterliche Handicap entweder innerhalb

---

444 LYDIA MEYER Zeilen 625–627, 645–670
445 LIA DÖBEL Zeilen 122–125, 432–440

einer Dichotomie unterschiedlicher Gefühle oder überwiegend positiv wahrnehmen. Die Selbstwahrnehmung eines Elternteils kann sich im Verlauf der Zeit wandeln: So hat sich die Mutter von MARIO KRÄFT die Akzeptanz ihres Selbst erst erarbeitet. Diese Veränderung begrüßt der Interviewte, dessen Mutter mit einer kombinierten Hör- und Sehbehinderung lebt. Der Sohn wünscht sich aus der Retroperspektive, dass seine Mutter schon früher zu Frieden mit ihrem Selbst gefunden hätte. Ihrer Vorbildfunktion wäre sie dann gerechter geworden,[446] vermutet der Interviewpartner. Die Selbstakzeptanz eines Elternteils stellt also einen Dreh- und Angelpunkt über die betreffende Person hinaus dar. Dadurch hat diese Selbstwahrnehmung direkte Auswirkungen auf die übrigen Familienmitglieder. Dies unterstreiche ich im Folgenden im Positiven.

Nun betrachte ich Mütter und Väter, bei denen eine Körper- und/oder Sinnesbehinderung vorliegt und deren Persönlichkeit Merkmale von Stärke aufweist. So hat sich ANNALENA KÖNIG der umfassenden Autorität ihrer Mutter bereits im Kindesalter untergeordnet, das heißt, bei wichtigeren Dingen hat sie sich nicht widersetzt. Die primär verbale Durchsetzungskraft ihrer körperbehinderten Mutter beschreibt die Interviewte als enorm.[447] Zudem attestiert sie ihr eine immense Ausstrahlung.[448]

Des Weiteren erwähnt CLARA LANGE, dass ihre Eltern ihre kindlichen Fragen zu deren Behinderungen stets beantwortet hätten: Sie hatten ihre Beeinträchtigungen souverän expliziert. Nach kurzer Zeit fühlte sich die Interviewpartnerin mit den erhaltenen Informationen so zufrieden, dass sie nicht weiter nachhakte.[449] Für die eben erwähnten Eltern scheint es nicht schwierig zu sein, zu ihren Behinderungen zu stehen und diese ihrem Nachwuchs zu kommunizieren. An dieser Stelle verweise ich kontrastierend auf die Erlebnisse von LYDIA MEYER.[450] Wiederum konstatiert

---

446 MARIO KRÄFT Zeilen 527–540
447 ANNALENA KÖNIG Zeilen 1260–1262, 1076–1077, 1255–1258, 1297–1298
448 ANNALENA KÖNIG Zeilen 891–895, 859, 862
449 CLARA LANGE Zeilen 205–219
450 Vgl. V.7.1.2.1.2

BJÖRN SCHNEIDER, dass sein Vater seine Körperbehinderung so angenommen habe, wie sie sich darstelle.[451]
Wichtig sei, die gesamte Persönlichkeit der Elternteile wahrzunehmen und nicht ausschließlich auf die Behinderungen fixiert zu sein, empfiehlt CLARA LANGE. Sie rät also, beide Gegebenheiten anzunehmen, wie sie sich präsentieren.[452] FABIAN DACHMANN resümiert, dass die Selbstakzeptanz des Elternteils mit einer Beeinträchtigung die Interaktionen im direkten Umfeld erleichtere.[453] Es ist somit durchaus möglich, dass sich Mütter und Väter mit einer Behinderung zu einer starken Persönlichkeit entwickeln.

V.7.1.3 Mentale Integration der elterlichen Behinderung von Seiten des Nachwuchses

Durch das Zusammenleben mit einem beeinträchtigten Elternteil hat sich bei manchen Interviewpartnern die Wahrnehmung verändert. Mit diesen neuen Perspektiven befasse ich mich unter der nächsten Überschrift.

V.7.1.3.1 Gewichtung der elterlichen Beeinträchtigung

Die Trennung und Scheidung ihrer Eltern hat CLARA LANGE als wesentlich belastender erlebt als die Blindheit ihres Vaters und die Sehbehinderung ihrer Mutter.[454] Die Sinnesbehinderungen beider Elternteile lagen bereits vor der Geburt der Tochter vor. Mutter und Vater standen zu ihren Beeinträchtigungen. Zu ähnlichen Schlüssen gelangt MARINA THOMA: Obwohl sie sich in der Pubertät mit der Gehörlosigkeit ihrer Eltern teilweise unwohl fühlte, störte sie stärker die Tatsache, dass ihre Mutter und ihr Vater im DDR-Vergleich älter waren als viele andere Eltern.[455]

---

451 BJÖRN SCHNEIDER Zeilen 354–356, 478–480
452 CLARA LANGE Zeilen 583–587
453 FABIAN DACHMANN Zeilen 246–249
454 CLARA LANGE Zeilen 3–5, 311–327, 162–163
455 MARINA THOMA Zeilen 66–71

Aus diesen Bewertungen eruiere ich folgende Erkenntnisse: Während Scheidung und späte Elternschaft in der gegenwärtigen deutschen Gesellschaft nicht selten als verbreitete Normalität vorkommen, werden Mütter und Väter mit einer Körper- und/oder Sinnesbehinderung immer wieder skeptisch betrachtet.[456] Nun nehmen die beiden Interviewpartnerinnen diese Komponenten aus der Retroperspektive aber mit umgekehrter Gewichtung für ihr Leben wahr. Möglicherweise macht ähnlich betroffener Nachwuchs mitunter vergleichbare Erfahrungen.

Ambivalent erzählt PIA WEISS von den Möglichkeiten ihrer Mutter: Einerseits berichtet sie stolz, was ihre Mutter erreicht hat, wie sie sich immer wieder beruflich steigert und selbstbewusst Aufgaben angeht.[457] Andrerseits kritisiert die Interviewpartnerin einzelne Gegebenheiten: Zum Beispiel wäre es ihr lieber gewesen, wenn ihre Mutter ihren ersten Büstenhalter im Teenageralter sehend mit ihr im Geschäft ausgesucht hätte.[458] Dennoch konnte die Mutter tastend den Stoff und den Sitz des Textils bewerten. Im Endeffekt erlebte die Interviewpartnerin ihre sehbehinderte Mutter beim Thema Kleidung als hilfreicher als den nicht behinderten Vater, der hier zurückhaltend blieb und andere Interessen hatte. Einerseits konnte er hier nicht als Ausgleich für die Sehbehinderung der Mutter fungieren,[459] andererseits vermute ich spekulierend, dass bei der Auswahl dieser sehr femininen Miederware der Elternteil vom anderen Geschlecht nicht willkommen gewesen sein mag.

Das Beispiel von PIA WEISS' Kleidungsauswahl unterstreicht, dass eine Behinderung sich teilweise im Fähigkeitsprofil eines Menschen niederschlägt. So konnte die Mutter den ersten Büstenhalter im Laden nicht visuell wahrnehmen. Zugleich nutzte sie ihre Möglichkeiten, Interesse an der Kleidungsauswahl ihrer Tochter zu bekunden, was die Interviewpartnerin als Anteilnahme ihrer Mutter an ihren damaligen Interessen auffasste. Ihrem Vater ohne Behinderung gelang dies im Bereich Kleidung allgemein nicht. Nun komme ich zur Wahrnehmung der elterlichen Beeinträchtigung im Familienalltag.

---

456   Vgl. Einleitung
457   PIA WEISS Zeilen 714–716
458   PIA WEISS Zeilen 127–132
459   PIA WEISS Zeilen 154–155

V.7.1.3.2 Elterliche Behinderung als Variante der Normalität

Einige meiner Interviewpartner erleben die Behinderung ihrer Eltern seit jeher als normal, teilweise begründen sie dies mit der Präexistenz der Beeinträchtigungen vor ihrer Geburt: Hierzu gehören ASTRID MÜLLER, CLARA LANGE, LENNART APELT, JENS HOFFMANN und SIGRID PETERS.[460] Auch aus KEVIN SCHNEIDERs Perspektive gehören die körperlichen Einschränkungen seines Vaters zum Alltag. Dabei handelt es sich um eine Spätbehinderung des Elternteils: Einerseits liegt der Ausbruch der Erkrankung vor KEVIN SCHNEIDERs Geburt, andererseits hat der Interviewpartner körperliche Veränderungen bei seinem Vater infolge der Multiplen Sklerose (MS) bereits bewusst miterlebt. Dennoch empfindet er dessen Behinderung als Variante der Normalität.[461] Im Gegensatz hierzu erwähnt FABIAN DACHMANN eine Art Wut, dass gerade bei seiner Mutter eine MS-Erkrankung aufgetreten ist.[462] Anders als KEVIN SCHNEIDER beobachtete er bereits den Ausbruch der Krankheit. Aus derselben medizinischen Diagnose können somit divergierende emotionale Reaktionen resultieren. Allerdings erwähnt FABIAN DACHMANN, dass seine Mutter Normalität im Umgang mit ihrer Behinderung erwarte.[463] Während der Jugendzeit war der Blickwinkel mancher Interviewpartner auf die elterliche Behinderung verändert. Dem widme ich mich jetzt.

V.7.1.3.3 Veränderte Wahrnehmung während bzw. nach der Pubertät

Häufig stellt das Heranwachsen eines Kindes zum Erwachsenen eine Krisensituation dar, die von jedem individuell gemeistert werden muss. Dies gilt vermutlich unabhängig von einer elterlichen Beeinträchtigung. Im Folgenden zeige ich, wie Töchter und Söhne von Elternteilen mit Körper- und/oder Sinnesbehinderungen in

---

460 ASTRID MÜLLER Zeilen 142–143, 471–472, CLARA LANGE Zeilen 321–323, LENNART APELT Zeilen 559–561, JENS HOFFMANN Zeilen 79–83, SIGRID PETERS Zeilen 121–123
461 KEVIN SCHNEIDER Zeilen 135–137
462 FABIAN DACHMANN Zeile 305
463 FABIAN DACHMANN Zeilen 448–451

dieser Zeit ihren betroffenen Müttern und/oder Vätern begegnen. Gab es hier andere Reaktionsweisen als in der Kindheit? Die Neucodierung von Passantenblicken bei PIA WEISS und CLARA LANGE zur Zeit der Pubertät kann unter V.5.1.1.1 nachgelesen werden. Beide empfanden die Neugier solcher Fremden im Jugendalter belastender als in anderen Lebensphasen. Des Weiteren waren ASTRID MÜLLER Essensflecken auf der Kleidung ihrer blinden Eltern während des Heranwachsens unangenehm.[464] Ähnlich empfand LIA DÖBEL im Jugendalter die für ihren schwerhörigen Vater notwendigen sprachlichen Wiederholungen.[465] Vergleichbare Situationen erlebte JENS HOFFMANN. Im Nachhinein bereut er, manche Kommunikationen damals nicht zum intendierten Ende gebracht zu haben. Inzwischen hat der Interviewpartner seine Haltung verändert und betrachtet das ausführliche und vollständige Gespräch als unabdingbar.[466] Das im Jugendalter erprobte Verhalten wurde bei ihm zugunsten einer effektiveren Haltung gelöscht. Der Zwischenschritt während der Pubertät reiht sich in einen Weg ein, der zu einer rücksichtsvollen Persönlichkeit geführt hat.

Während der Jugendjahre änderten sich also die Gewichtungen bei manchen Interviewpartnern: Die Grenze, was als „peinlich" wahrgenommen wurde und was nicht, sensibilisierte und verschob sich. Erlebnismomente, denen die Interviewten zuvor kaum oder keine Bedeutung beimaßen, gerieten in den Fokus der Aufmerksamkeit. Das gilt auch für Aspekte der elterlichen Behinderung. Allerdings scheinen die individuellen Um- und Neudefinitionen während der Adoleszenz immer wieder nur ein „Durchgangsstadium" darzustellen: Als junge Erwachsene fanden die Interviewpartner häufig zu einer gelassenen Haltung gegenüber Behinderungsspezifischem ihrer Elternteile zurück. Diese drei Phasen können zwar nicht generalisiert werden, doch vermute ich, dass es sich hierbei um ein häufiger anzutreffendes, supraindividuelles Pattern handelt.

---

464   ASTRID MÜLLER Zeilen 81–87
465   LIA DÖBEL Zeilen 11–16
466   JENS HOFFMANN Zeilen 139–158

V.7.1.4 Gefühle und Fragen im Kontext der elterlichen Beeinträchtigung

V.7.1.4.1 Verstärkte Angst um den betreffenden Elternteil

Existieren neben Momenten der Normalität[467] auch spezifische Verhaltensweisen der Interviewten gegenüber der elterlichen Behinderung über die Pubertät hinaus?

In diesem Zusammenhang veranschaulicht CLARA LANGE, dass sie sich mehr Sorgen um ihre Elternteile mache, als sie dies von Gleichaltrigen mit Eltern ohne Behinderungen annehme. Diese Ängste beziehen sich beispielsweise auf mögliche Unfälle im Straßenverkehr, denen ihr blinder Vater ausgesetzt sein könnte. Diese Befürchtungen ziehen sich durch Kindheit, Jugend und Erwachsenenalter der Interviewpartnerin.[468] Auch ASTRID MÜLLER spürte bereits während ihres Heranwachsens eine immense Verantwortung gegenüber ihren Eltern, die ebenfalls blind sind.[469]

Während sich diese Ängste bei CLARA LANGE fernab von eingetretenen Befürchtungen zeigen, manifestieren sie sich bei LENNART APELT sehr realitätsnah: Bei einer Notfallsituation seiner infolge von Diabetes erblindeten Mutter hatte der Interviewpartner die Bewusstlosigkeit für ihr Ableben gehalten.[470] Ein gesteigertes Verantwortungsgefühl gegenüber dem Elternteil mit einer Körper- und/oder Sinnesbehinderung kann demnach sowohl diffus auftreten als auch im Kontext konkreter Lebensereignisse.

V.7.1.4.2 Das Aufwachsen als Fähigkeitstraining

ASTRID MÜLLER betrachtet es heute als positiv, dass sie unterschiedlichste Probleme adäquat lösen könne. Hierfür sei sie durch ihr Aufwachsen mit blinden Eltern trainiert worden.[471] Vergleichbare Erfahrungen können unter V.6.3.2 nachgelesen werden. Deskriptiv wird der Selbstständigkeitsgedanke von MARIO KRÄFT ebenfalls eingebracht: Das geschieht – durch Nachfrage eruiert – mit positivem Impetus. Auch PIA WEISS beschreibt ein frühes Selbstständigwerden, das sie mit der Blindheit ihrer Mutter in

---

467 Vgl. V.7.1.3.2
468 CLARA LANGE Zeilen 893–896, 1127–1130, 568–570
469 ASTRID MÜLLER Zeilen 3–12
470 LENNART APELT Zeilen 727–744, 763–767
471 ASTRID MÜLLER Zeilen 285–288

Verbindung bringt, allerdings denkt sie manchmal negativ darüber, was sie nicht näher ausführt.[472] Einer weiteren Kompetenz, die Interviewte mitunter erwarben, widme ich mich nun. Inwiefern das Aufwachsen bei Elternteilen mit Behinderung zu einer rücksichtsvolleren Performanz gegenüber Menschen in ihrer Vielfalt führte, diskutiere ich im Folgenden. Eine flexible Haltung gegenüber Personen mit Auffälligkeiten attestieren sich ANNALENA KÖNIG und LIA DÖBEL infolge ihres Großwerdens mit den elterlichen Behinderungen.[473] Im Hinblick auf Interaktionen mit Menschen, bei denen eine Hörbehinderung vorliegt, schreibt sich SILKE HOLZ eine gewisse Lockerheit und Kompetenz zu. Doch gilt dies nicht für ihren Umgang mit Personen, bei denen andere Veränderungen existieren als bei ihrem Vater.[474] In ähnlichem Zusammenhang konstatiert BJÖRN SCHNEIDER seine Sensibilisierung für Situationen, die für Rollstuhlfahrer schwierig sein könnten, seit sein Vater auch zu diesen zählt.[475]

Aus diesem Unterpunkt leite ich diese Hypothese ab: Der Nachwuchs von Elternteilen mit Körper- und/oder Sinnesbehinderungen nimmt deren spezifische Bedürfnisse während des Aufwachsens intensiv wahr. Details dieser Erfahrungen lassen sich immer wieder auf beeinträchtigte Personen außerhalb der Herkunftsfamilie konstruktiv übertragen. Dies gilt besonders für Fremde mit ähnlichen Behinderungen. Im Kontext anderer Beeinträchtigungen fühlen sich einzelne Interviewpartner durchaus auch ratlos. Mit einer möglichen Weitergabe der elterlichen Behinderung auf genetischem Weg setze ich mich im Folgenden auseinander.

V.7.1.4.3 Der Umgang mit der „Vererbungsfrage"

In diesem Unterpunkt beleuchte ich die Einstellungen der Interviewpartner zu der Thematik, ob die elterliche Körper- und/oder

---

472   MARIO KRÄFT Zeilen 478–490, PIA WEISS Zeilen 323–337
473   ANNALENA KÖNIG Zeilen 350–359, 1089–1092, LIA DÖBEL Zeilen 233–247
474   SILKE HOLZ Zeilen 343–347, 349–352, 501–505
475   BJÖRN SCHNEIDER Zeilen 460–467

Sinnesbehinderung an sie und an ihre Kinder weitergegeben werden kann. Die erste Gruppe von Interviewten hat herausgefunden, dass eine Vererbung in ihrem Fall nicht geschehen kann. Die Fakten zeigten sich so bei PIA WEISS und den SCHNEIDER-Brüdern.[476] Bei den sich anschließenden Beispielen liegt eine genetische Weitergabe im Bereich des Möglichen: Als bisher normal hörende Tochter gehörloser Eltern sieht sich ANDREA RIEGEL einerseits „ausgerüstet" für ein Leben mit Gehörlosigkeit, Lippenlesen und Deutscher Gebärdensprache (DGS),[477] andererseits bewertet sie für sich ein Leben mit vollem Hörvermögen höher. Zudem gestalte sich die Kommunikation dann für alle Beteiligten angenehmer.[478] Auch bei einer weiteren Interviewpartnerin konnte familiäre Vererbung nicht ausgeschlossen werden: So bereitet CLARA LANGE die körperliche Erkrankung, die bei ihrer Mutter zusätzlich zur Sehbehinderung diagnostiziert wurde, Unbehagen bezüglich der Vererbung an sie selbst. Als effektiven Umgang hiermit propagiert die Interviewpartnerin, sich von den Befürchtungen nicht leiten zu lassen.[479] In ähnlichen Gegebenheiten fand sich MARIO KRÄFT vor: Seine Mutter ist infolge eines stark ausgeprägten Syndroms hochgradig hörbehindert und blind. Einerseits hat der Interviewte ärztlich untersuchen lassen, ob bei seiner Tochter eine Veranlagung zum Ausbruch vorliegt – hier war der Test negativ. Zugleich zeigt er sich gelassen gegenüber einer möglichen eigenen Erkrankung an dem Syndrom. Er betrachtet Sorgen im Vorfeld als überflüssig. Würde bei ihm diese Diagnose gestellt werden, so ginge er eben damit um. Ähnlich betrachtet FABIAN DACHMANN die Vererbungsfrage.[480] Kommt also der Ausschluss eines Vererbungsrisikos für die eigene Person nicht infrage, führt dies bei einigen Interviewten nicht zu anhaltender Panik.

---

476 PIA WEISS Zeilen 644–647, BJÖRN SCHNEIDER Zeilen 265–271, KEVIN SCHNEIDER Zeilen 259–264, 285–296

477 Vgl. Interviewdarstellung und biografischer Kurzfragebogen von ANDREA RIEGEL

478 ANDREA RIEGEL Zeilen 550–553

479 CLARA LANGE Zeilen 559–564

480 MARIO KRÄFT Zeilen 459–462, 208–211, FABIAN DACHMANN Zeilen 513–521

Zwei weitere Interviewpartner wollten ebenfalls wissen, ob sich die Diagnose bei ihnen und ihrem Nachwuchs wiederholen könne: Von ärztlicher Seite wurde dies für LIA DÖBELs[481] und für JENS HOFFMANNs[482] Familie verneint. Hier war jeweils bei zwei Familienmitgliedern dasselbe Sinnesorgan betroffen, ohne dass hier genetisch ein Zusammenhang bestand. Daraus leite ich eine Warnung vor voreiligen Rückschlüssen aus der Außenperspektive ab.

Nun komme ich auf eine Konstellation zu sprechen, für deren Vermeidung immer wieder Personen aus der Gesellschaft plädieren: So hätte SIGRID PETERS' Mutter ihre erwachsene Tochter gerne in der Mutterrolle gesehen,[483] obwohl in der Kernfamilie jedes Mitglied mit einer Körperbehinderung lebt. Osteogenesis imperfecta, im Volksmund auch „Glasknochenkrankheit" genannt, wurde bereits vom Vater an die Interviewpartnerin weitergegeben.[484] Das Leben der Familie scheint sich so zu gestalten, dass sie keinen Grund sieht, ihrer Tochter von Enkelkindern abzuraten. Die Interviewpartnerin selbst wurde jedoch nicht Mutter. Der genaue Grund hierfür bleibt unbekannt. Pränatale Diagnosen spielten hierfür gemäß der Interviewten keine Rolle.[485] Im Kontext der Lebenssituation von SIGRID PETERS' Herkunftsfamilie wird meines Erachtens evident, dass sich eine Kernfamilie, in der alle Mitglieder mit einer Körperbehinderung leben, nicht per se als negativ, extrem belastet oder unglücklich präsentieren muss.[486]

Die Perspektiven der Töchter und Söhne auf die Vererbungsfrage weisen eine gewisse Vielfalt auf. Einige haben bereits von medizinischer Seite „Entwarnung" bekommen, aber auch jene, bei denen Vererbungsmöglichkeit besteht, haben sich einen konstruktiven Umgang mit dieser Thematik angewöhnt. Jetzt richte ich mein Augenmerk auf ähnlich betroffene Kinder.

---

481   LIA DÖBEL Zeilen 394–408, 336–346
482   JENS HOFFMANN Zeilen 464–466
483   SIGRID PETERS Zeilen 571–575
484   Vgl. biografischer Kurzfragebogen von SIGRID PETERS
485   SIGRID PETERS Zeilen 571–575, 560–564, vgl. biografischer Kurzfragebogen von SIGRID PETERS
486   Vgl. Interviewdarstellung von SIGRID PETERS

V.7.1.4.4 Bedürfnis, Gleichaltrige aus Familien mit behinderten Elternteilen zu treffen?

An diesem Punkt setze ich mich damit auseinander, ob meine Interviewpartner einen Drang verspürten, den Nachwuchs von anderen Elternteilen, bei denen ebenfalls eine Körper- und/oder Sinnesbehinderung vorlag, kennenzulernen.

Während ihres Aufwachsens war einer Interviewten ein Kind bekannt, deren Mutter auf einen Rollstuhl angewiesen war – CLARA LANGE fühlte keine besondere Nähe zu ihm.[487] Scheinbar sah sie keinen Bedarf, sich mit einem Kind auszutauschen, dessen Eltern mit ähnlichen Beeinträchtigungen leben. Genau umgekehrt verhält es sich bei ANDREA RIEGEL: Sie fühlt sich seit jeher mit den Kindern anderer gehörloser Eltern verbunden.[488] Ähnlichkeiten zeigen sich bei BJÖRN und KEVIN SCHNEIDER, die gerne an einer Sportfreizeit für Kinder von Eltern mit Multipler Sklerose teilnahmen.[489]

Aus den obigen Darstellungen wird erkennbar, dass bei Kindern von Elternteilen mit Behinderungen nicht automatisch ein hohes Interesse besteht, Nachwuchs mit ebensolchen Eltern kennenzulernen und etwas mit diesem gemeinsam zu unternehmen. Bei einigen Kindern besteht diese Neugier, bei anderen nicht.

V.7.1.4.5 Positive Gesamtwahrnehmung ihres Aufwachsens bei dem betreffenden Elternteil

Nachdem belastende Einschätzungen aus der Retroperspektive von mir bereits diskutiert wurden,[490] komme ich nun zu den Aussagen von Interviewpartnern, die eine erbauliche Gesamtbilanz bezüglich ihres Aufwachens bei Müttern und/oder Vätern mit Körper- und/oder Sinnesbehinderungen gezogen haben.

Immense Energien resultierten bei SIGRID PETERS aus der positiven Grundeinstellung, die sie in ihrer Kernfamilie erleb-

---

487 CLARA LANGE Zeilen 547–548, 934–939
488 ANDREA RIEGEL Zeilen 301–303
489 BJÖRN SCHNEIDER Zeilen 474–476, KEVIN SCHNEIDER Zeilen 405–410
490 Vgl. V.3.1.1.2, V.2.2.3, V.7.1.4.4, V.7.1.3.3, V.5.2

te. Diese schien dabei zu helfen, Widerstände zu überwinden.[491] Sehr zufrieden äußerte sich ebenfalls ASTRID MÜLLER: Würde man das Familienleben und die elterlichen Behinderungen in eine Waagschale werfen, so dominierte bei ihr eindeutig Ersteres.[492] Auch LENNART APELT und ANNALENA KÖNIG kommen zu einer positiven Gesamtbilanz: Beide sprechen von einer erfüllten Kindheit und Jugendzeit. Infolge der Beeinträchtigungen ihrer Elternteile hätten sie auf nichts verzichten müssen.[493] Darüber hinaus fühlt LENNART APELT eine sehr intensive Verbindung zu seiner Mutter, da diese ihn austrug, obwohl die medizinischen Fachleute ihr das Gegenteil empfohlen hatten.[494] Und ANNALENA KÖNIG expliziert, dass sich stets eine Möglichkeit aufgetan habe, das, was man intendierte, in irgendeiner Weise zu tun.[495]

Abschließend komme ich auf weitere sehr positive Gefühle zu sprechen, die von einigen Interviewpartnern im Hinblick auf ihre Eltern angeführt wurden: PIA WEISS spricht gerne von ihrer blinden Mutter und fühlt Stolz.[496] Vergleichbare Gefühle äußerten ANDREA RIEGEL und PETER RATH.[497]

V.7.1.4.6 Fazit

Was mit einer Behinderung möglich ist und was nicht, wo sich die betroffenen Elternteile sowie ihre Töchter und Söhne eingeschränkt fühlen und wobei sie Freiheiten und Freude erleben, stellt sich sehr divergierend dar. Meine Studie zeigt, dass schwierige Einstellungen eines Elternteils nicht zwangsläufig zu dessen vollständiger Ablehnung durch die Kinder führen müssen. Die Mutter von LYDIA MEYER und der Vater von LIA DÖBEL stehen in Bezug auf

---

491   SIGRID PETERS Zeilen 716–724, 686–695
492   ASTRID MÜLLER Zeilen 508–510
493   LENNART APELT Zeilen 781–783, 794–803
494   LENNART APELT Zeilen 786–789
495   ANNALENA KÖNIG Zeilen 105–108
496   PIA WEISS Zeilen 401–405, 637–638, 715–716, vgl. V.7.1.3.1
497   ANDREA RIEGEL Zeilen 402–407, vgl. PETER RATH Zeilen 35–37 hinsichtlich seiner Kenntnisse in der Deutschen Gebärdensprache bzw. Lautsprachbegleitenden Gebärden

ihr beeinträchtigtes Selbstbewusstsein der blinden Mutter von PIA WEISS innerhalb des Spektrums diametral entgegen. Für die Zukunft wäre es meiner Meinung nach auch denkbar, dass positive Wertungen der Kinder von Elternteilen mit Körper- und/oder Sinnesbehinderungen an weitere Betroffene kommuniziert und diese zu Umwertungen inspiriert werden, falls bei ihnen destruktiv-negative Attribuierungen und Handlungsweisen dominieren. Die Analyse dieses Aspekts geht über die primären Ziele meiner Forschung hinaus und könnte in Form weiterer Projekte erfolgen. Individuelle Facetten des Nachwuchses stehen im Folgenden im Mittelpunkt.

V.7.2 Eigenes Leben und Einstellungen der Interviewpartner
An dieser Stelle widme ich mich den Reflexionen der Töchter und Söhne meiner Studie bezüglich ihrer Intentionen, Ziele und Enttäuschungen im Kontext ihrer eigenen Lebensvorstellungen. Ob bzw. inwiefern hier auch die elterliche Behinderung hineinspielt, werde ich ebenfalls diskutieren.

V.7.2.1 Berufswahl: von der elterlichen Behinderung beeinflusst?
In diesem Abschnitt gehe ich der Frage nach, ob die Interviewpartner infolge ihres Aufwachsens bei mindestens einem Elternteil mit Behinderung eine Erwerbsarbeit im sozialen Tätigkeitsfeld ausgewählt haben.

V.7.2.1.1 Beruf im sozialen Bereich
Folgende Interviewte etablierten sich in einem beruflichen Metier, das einem sozialen Aufgabenfeld zugeordnet wird: So äußerte PETER RATH bereits im Kindesalter, dass er Lehrer an einer Schule für Gehörlose werden möchte. Hierbei fungierten die Gebärdenvokabeln, die er bereits im Elternhaus erlernt hatte, als zusätzliche Kompetenz, die der Betreffende bis heute in seinem Berufsleben

einsetzt.[498] Des Weiteren ließ sich BJÖRN SCHNEIDER als Gesundheits- und Krankenpfleger ausbilden[499] und PIA WEISS absolviert nicht nur das Studium eines sozialen Fachgebiets, sondern strebt auch denselben Beruf wie ihre blinde Mutter an. Gemäß der Interviewpartnerin handelt es sich dabei um ein zufälliges Zusammentreffen der Interessen.[500]

Unabhängig von der Blindheit ihrer Eltern entschied sich auch ASTRID MÜLLER für den Beruf der Krankenschwester. Ausschlaggebend war für die Interviewte, dass sie bereits während der Ausbildung Geld verdiente und somit schon zu dieser Zeit alleine leben konnte.[501] Ein wesentlicher Grund für einen Beruf im sozialen Tätigkeitsfeld kann also pragmatischer Natur sein.

Selbst negative Erfahrungen mit den Eltern mindern nicht zwangsläufig die Attraktivität des Sozialberufs: Obwohl LYDIA MEYER das Aufwachsen mit ihrer körperbehinderten Mutter als belastend empfand, schloss sie eine berufliche Tätigkeit mit Menschen mit Behinderungen nie kategorisch aus. Die ausgebildete Erzieherin, Sozialtherapeutin und Diplom-Sozialpädagogin ist gegenwärtig außerhalb der Behindertenarbeit tätig. Dies habe sich so ergeben.[502] Die offene Haltung gegenüber sozialen Aufgaben mag die Interviewpartnerin als Kontrastprogramm und als Offensive gegenüber den Schwierigkeiten im Elternhaus gewählt haben.

V.7.2.1.2 Berufliches Tätigkeitsfeld außerhalb des sozialen Bereichs gefunden

Die folgenden Berufsentscheidungen unterstreichen, dass nicht jedes Kind eines Elternteils mit Körper- und/oder Sinnesbehinderung seine eigene Profession im Sozialen findet.

---

498   Vgl. Interviewdarstellung und biografischer Kurzfragebogen von PETER RATH
499   Vgl. Interviewdarstellung und biografischer Kurzfragebogen von BJÖRN SCHNEIDER
500   PIA WEISS Zeilen 340–342
501   ASTRID MÜLLER Zeilen 528–530, 512–516
502   Vgl. Interviewdarstellung und biografischer Kurzfragebogen von LYDIA MEYER, vgl. auch LYDIA MEYER Zeilen 375–381, 850–852, 873–878

Die Idee, einen Beruf im sozialen Tätigkeitsfeld zu ergreifen, war an MARIO KRÄFT immer wieder herangetragen worden. Der Interviewpartner widersetzte sich diesen Vorstellungen, da ihn Handwerkliches stärker begeisterte, und absolviert nun eine Lehre als Kfz-Mechatroniker.[503] Bei KEVIN SCHNEIDERs Überlegungen zur Berufswahl stand dessen Sprachbegabung im Vordergrund[504] und FABIAN DACHMANN hat eine Ausbildung als Fachkraft im Bereich Lagerlogistik gewählt.[505]

Eine gesteigerte Aufmerksamkeit für Menschen mit Kommunikationsbehinderungen attestiert sich JENS HOFFMANN. Dennoch ist er gegenwärtig als Einzelhandelskaufmann im PC-Bereich tätig.[506] Auch seine Schwester wählte keinen sozialen Beruf, sondern entschied sich für Veterinärmedizin. Doch konnte sie die Erfahrungen aus der Kommunikation mit ihrem ertaubten Vater bereits einbringen, wenn sie diesen Kundenkreis bedient.[507]

V.7.2.1.3 Weggestrebt und doch in einem sozialen Tätigkeitsbereich angelangt

Im Folgenden befasse ich mich mit dem beruflichen Werdegang einer Frau, die zunächst keinem sozialen Beruf nachgehen wollte, aber letztlich dort angelangte. In ihrer Person vereinen sich die beiden zuvor dargestellten Situationen. Nach ihrem Schulabschluss verspürte MARINA THOMA den Wunsch nach Distanz zur Welt der Gebärdenden.[508] Sie ließ sich als Köchin ausbilden.[509] Infolge eines Zufalls orientierte sich die Interviewpartnerin später wieder

---

503 MARIO KRÄFT Zeilen 609–614, vgl. auch Interviewdarstellung und biografischer Kurzfragebogen von MARIO KRÄFT

504 KEVIN SCHNEIDER Zeilen 475–480, 484–485

505 Vgl. Interviewdarstellung und biografischer Kurzfragebogen von FABIAN DACHMANN

506 JENS HOFFMANN Zeilen 385–396, vgl. Interviewdarstellung und biografischer Kurzfragebogen

507 SILKE HOLZ Zeilen 349–351, vgl. Interviewdarstellung und biografischer Kurzfragebogen von SILKE HOLZ

508 MARINA THOMA Zeilen 694–703

509 Vgl. Interviewdarstellung und biografischer Kurzfragebogen von MARINA THOMA

um und machte ihre Gebärdensprachkenntnisse zum zentralen Standbein ihres Berufslebens.[510] Gegenwärtig ist MARINA THOMA auch Gebärdensprachdolmetscherin, Universitätsdozentin im Fachbereich Deutsche Gebärdensprache (DGS) und Diplom-Sozialpädagogin. Hier fungiert die Beratungsmöglichkeit in Deutscher Gebärdensprache als gefragte Zusatzqualifikation, was einen Wettbewerbsvorteil darstellt. Die in ihrem Elternhaus erworbenen Kenntnisse in DGS legten somit den Grundstein für ihre aktuelle berufliche Tätigkeit. Unter der nächsten Überschrift steht die Elternsicht auf die Berufswünsche des Nachwuchses im Zentrum.

V.7.2.1.4 Haltung der Eltern gegenüber der Berufswahl des Interviewpartners

Nun folge ich diesen Leitfragen: Wie verhielten sich die Mütter und Väter der Interviewpartner während deren Berufswahl? Welche Prämissen spielten für die Elternteile hierbei eine zentrale Rolle? Dabei beobachte ich, ob sich ein Verhaltensmuster herauskristallisiert, dem die Mütter und Väter mit Beeinträchtigungen weitgehend folgen.

Die Eltern von ASTRID MÜLLER[511], PIA WEISS[512] und FABIAN DACHMANN[513] standen hinter der Berufswahl ihrer Sprösslinge. Bemerkenswert finde ich dies insbesondere beim zuletzt genannten Sohn: Seine Mutter und sein Vater gehen sich gegenwärtig aus dem Weg. Ihr seltener Kontakt ist seit ihrer Trennung stark belastet. Doch in der Frage der Berufswahl ihres Sohnes vertreten sie dieselbe Ansicht. Des Weiteren fühlten sich LIA DÖBEL, JENS HOFFMANN, SILKE HOLZ und BJÖRN SCHNEIDER in dieser Phase von ihren Eltern gut begleitet.[514]

Der Vater von KEVIN SCHNEIDER machte bei einem gemeinsamen Brainstorming zur Berufswahl einen Vorschlag, den der Interviewpartner einige Zeit als Ziel antizipierte. Es handelte

---

510 MARINA THOMA Zeilen 705–712
511 ASTRID MÜLLER Zeilen 511–522
512 PIA WEISS Zeilen 344–347
513 FABIAN DACHMANN Zeilen 229–235
514 LIA DÖBEL Zeilen 156–158, JENS HOFFMANN Zeilen 327–330, SILKE HOLZ Zeilen 179–186, BJÖRN SCHNEIDER Zeilen 158–160

sich um das Berufsbild des Fremdsprachenübersetzers.[515] Die Idee des Vaters orientierte sich stark am Fähigkeitsprofil des Sohnes. Inzwischen hat sich der Interviewpartner von dieser Zielsetzung wieder entfernt. Der Grund hat nichts mit seinem Vater und dessen Behinderung zu tun. Vielmehr hat KEVIN SCHNEIDER erfahren, dass in diesem Metier professionelle Fertigkeiten in mindestens zwei Fremdsprachen verlangt werden. Dem steht im Wege, dass sich der Interviewte bisher nur für das Englische begeistern kann.[516] Nun komme ich auf familiäre Dissonanzen bei der Berufswahl der Töchter und Söhne zu sprechen.

Mitunter spielten andere Prämissen als die Vorlieben des Nachwuchses im Berufsfindungsprozess eine Rolle: So war es für PETER RATHs Mutter und Vater entscheidend, dass ihr Sohn die begonnene Ausbildung zu Ende führt – das gewählte Tätigkeitsfeld trat dabei in den Hintergrund.[517] Ein weiteres Elternpaar riet seiner Tochter von ihren Abiturplänen ab und bewegte ANDREA RIEGEL dazu, einen Beruf im Büro auszuüben. Für diese Vorentscheidung war das bei einer Bürotätigkeit verdiente Geld ausschlaggebend.[518] So wurde die Interviewpartnerin quasi vom Gegenteil ihrer ursprünglichen Ziele überzeugt und verfolgte diese Idee dann auch. Bei den Eltern von LYDIA MEYER war wiederum wichtig, dass die Ausbildung auf einem Papier bescheinigt wurde.[519] Im Folgenden reflektiere ich meine Erkenntnisse zur Berufsentscheidung.

V.7.2.1.5 Fazit

Im Hinblick auf die Berufswahl der Interviewpartner fällt auf, dass sich nicht alle ausnahmslos in einem sozialen Tätigkeitsfeld wiederfinden. Zudem verdeutlichen die Ausbildungsgeschichten von ANDREA RIEGEL und MARINA THOMA, dass die Entscheidungsfindung auch als Entwicklung betrachtet werden muss, die

---

515 KEVIN SCHNEIDER Zeilen 475–480, vgl. auch Interviewdarstellung und biografischer Kurzfragebogen von KEVIN SCHNEIDER
516 KEVIN SCHNEIDER Zeilen 596–598, 691–694
517 PETER RATH Zeilen 314–325
518 ANDREA RIEGEL Zeilen 433–437
519 LYDIA MEYER Zeilen 414–417

nicht vollständig kontrolliert werden kann. So veränderten die Interviewpartner mit der Zeit ihre berufliche Sichtweise.

Des Weiteren können die Fertigkeiten im Bereich der Deutschen Gebärdensprache (DGS) beziehungsweise der Lautsprachunterstützten Gebärden (LUG), die im Elternhaus erworben wurden, als Sprungbrett in einen spezifischen Beruf fungieren, tun dies jedoch nicht immer, wie ANDREA RIEGELs Werdegang unterstreicht.[520]

Auffallend ist, dass die Eltern nicht alle ein Berufsbild im sozialen Sektor favorisieren. Zugleich konnte eine gewisse Sensibilisierung, die sich aus dem Aufwachsen bei Elternteilen mit Körper- und Sinnesbehinderungen ergeben hat, auch in nicht per se sozialen Berufsfeldern effektiv genutzt werden. Hier verweise ich auf die Erfahrungen von PETER RATH und MARINA THOMA: Beide betonen, dass sie stets Acht geben müssten, nicht zu viel und allerorts helfen zu wollen.[521] Um Dritten nicht unerwünschte Hilfe zuteilwerden zu lassen, schalten diese Interviewpartner eine Selbstreflexion hinsichtlich der Notwendigkeit der Unterstützung dazwischen. MARINA THOMA spricht von einem Lernprozess, bei dem sie internalisiert habe, dass sie nicht alle irdischen Problemstellungen alleine schultern bzw. lösen könne.[522] Mit Mangelzuständen, die der Nachwuchs im Kontext der elterlichen Beeinträchtigung erfuhr, befasse ich mich als Nächstes.

V.7.2.2 Während Kindheit und Jugend Vermisstes
In diesem Abschnitt lenke ich meine Aufmerksamkeit auf Wünsche, die weitgehend unbeachtet geblieben sind. Ich beginne mit illusorischen und materiellen Sehnsüchten und bewege mich anschließend zu emotional-seelischen Bedürfnissen hin.

Zuerst widme ich mich Träumen, die vom Wünschenden als unrealistisch eingestuft wurden: PIA WEISS beschreibt diese während ihres Aufwachsens als realitätsfern. Über alles, was sie tatsächlich benötigte, verfügte sie.[523] Zudem hätte sie ihre Ferien

---

520 Vgl. Interviewdarstellung von ANDREA RIEGEL
521 PETER RATH Zeilen 968–969, MARINA THOMA Zeilen 733–734
522 MARINA THOMA Zeilen 735–740
523 PIA WEISS Zeilen 681–684

gerne auch in anderen Ländern als in der Heimat ihrer Großmutter mütterlicherseits verbracht. Diese Sehnsucht hängt jedoch meines Erachtens nicht mit der Behinderung der Mutter zusammen.[524] Die unerfüllten Wünsche von MARIO KRÄFT resultierten ebenfalls nicht aus den Beeinträchtigungen seiner Eltern, sondern stellten sich illusorisch dar: So wünschte sich der Interviewpartner, über sehr viel Geld zu verfügen.[525]

Im Gegensatz zu den eben erwähnten Interviewpartnern wurde im Folgenden realer Mangel verspürt: So vermisste ASTRID MÜLLER einen größeren materiellen Spielraum ihrer Eltern. Wäre dieser vorhanden gewesen, hätte sie sich Markenkleidung gekauft.[526] Das Utopische und ihren damaligen Status quo verbindet CLARA LANGE: Einerseits hätte sie im Kindesalter gerne ihren Spielsachenbesitz erweitert gesehen, andererseits reflektiert sie, dass die Nicht-Erfüllung mancher materieller Wünsche für eine gesunde kindliche Entwicklung notwendig sei und aufs Leben vorbereite.[527] Somit vereint die Interviewpartnerin beide obigen Perspektiven in ihrer Person.

Als Leitfrage fungiert nun, welche unerfüllten emotionalen Grundbedürfnisse erlebt wurden und inwiefern diese mit der elterlichen Behinderung in Verbindung standen. So vermisste LYDIA MEYER in ihrer Herkunftsfamilie Offenheit und ein Gefühl von Geborgenheit.[528] Diesen Erfahrungen stellte sich die Interviewte in einer Therapie.[529] Zugleich kam sie zu der Überzeugung, dass sie einen vergleichbaren Mangel in ihrer eigenen Familie nicht entstehen lassen möchte.[530] Die Interviewpartnerin hat somit aus den Belastungsmomenten der Vergangenheit positive Konsequenzen gezogen.

Die Reaktion in LYDIA MEYERs Elternhaus bestand darin, die Körperbehinderung weitestmöglich zu verheimlichen und zu leugnen. Daher konnte dem Bedarf der Interviewpartnerin nach

---

524   PIA WEISS Zeilen 688–694

525   MARIO KRÄFT Zeilen 180–182

526   ASTRID MÜLLER Zeilen 586–589, 777–780

527   CLARA LANGE Zeilen 504–509, 190–191, 510–511

528   LYDIA MEYER Zeilen 1083–1087

529   LYDIA MEYER Zeilen 956–962

530   LYDIA MEYER Zeilen 786–791

Offenheit und Gespräch nicht nachgekommen werden. Insofern können ihre unerfüllten Bedürfnisse als sekundäre Folge des mütterlichen Handicaps betrachtet werden. Dass die Eltern in diese Strukturen des „Wegschiebens", des „Nicht-dazu-Stehens" und der Überforderung gerutscht sind, ist auf dem Hintergrund meiner Forschungsergebnisse jedoch keine unausweichliche Option.[531] Meinen Fokus lenke ich nun auf das Aufwachsen mit Gebärdensprachsystemen.

V.7.2.3 Bevorzugte Kommunikationssysteme bilingual aufgewachsener Töchter und Söhne hörbehinderter Elternteile

An dieser Stelle möchte ich kurz die drei Interviewpartner fokussieren, die mit zwei gehörlosen Elternteilen und Deutscher Gebärdensprache (DGS) bzw. Lautsprachunterstützenden Gebärden (LUG) aufgewachsen sind. Der Mikrokosmos dieser Familien weist Parallelen zur Kommunikationssituation auf Martha`s Vineyard auf[532]. In diesem Zusammenhang frage ich mich darüber hinaus, ob sich die Vorlieben im Hinblick auf diese Sprachsysteme und damit einhergehende Schwierigkeiten bei diesen Interviewpartnern synchron entwickelt haben.

Es handelt sich um ANDREA RIEGEL, MARINA THOMA und PETER RATH. Alle drei Personen sind normal hörend. Schon im Kindergartenalter vermochte ANDREA RIEGEL sich in der Lautsprache adäquat auszudrücken.[533] Zeitgleich verwendete die Interviewpartnerin in ihrem Elternhaus überwiegend DGS. Sie fühlt sich unter Hörenden wohler als in der gebärdensprachlich orientierten Welt.[534]

Im Gegensatz hierzu gestaltete sich das Hineinwachsen in die Lautsprache für MARINA THOMA schwieriger:[535] So konnte sie einige ihrer sprachlichen Unklarheiten erst während ihres Studiums ausräumen.[536] Bis heute fühlt sich MARINA THOMA der

---

531   Vgl. V.7.1.2.1.2, V.7.1.2.3.2
532   Vgl. II.1.6: GROCE
533   ANDREA RIEGEL Zeilen 121–123
534   ANDREA RIEGEL Zeilen 523–524
535   MARINA THOMA Zeilen 116–118
536   MARINA THOMA Zeilen 127–137

Gebärdensprache näher als gesprochenem Deutsch.[537] Für Peter Rath wiederum hatten vereinzelte unkorrekte Aussprachevarianten seiner gehörlosen Eltern – insbesondere von Eigennamen – unangenehme Konsequenzen: Die zunächst unbemerkt übernommenen Aussprachefehler führten zu unerwünschten Erlebnissen vor seiner Schulklasse.[538] Diese Schwierigkeit stand in direktem Zusammenhang mit der Gehörlosigkeit der Eltern. Seine Position im Rahmen seiner Bilingualität beschreibt PETER RATH so: Sowohl die hörende als auch die gebärdende Welt sind für seine Selbstzufriedenheit bis heute von zentraler Bedeutung.[539] Inwiefern Gebärdensprachkenntnisse bei der Erwerbstätigkeit der Töchter und Söhne eine Rolle spielen, kann unter V.7.2.1.3 und unter V.7.2.1.1 nachgelesen werden.

Die Haltungen zu gebärdenorientierten Kommunikationssystemen wurden von den drei Interviewten konträr gelebt. Einer favorisiert das eine Kommunikationsmittel, ein weiterer ein anderes und der Dritte hat Sympathien für beide entwickelt. Bezüglich des Hineinwachsens in die Lautsprache traten somit je nach Interviewpartner keine, überschaubare oder immense Schwierigkeiten auf. Nun komme ich auf das zu sprechen, was vom Nachwuchs während des Aufwachsens als gelungen betrachtet wurde.

V.7.2.4 Positives Feedback für die Elternteile von Seiten des Nachwuchses

Abgesehen von den bereits diskutierten Kritikpunkten erwähnten meine Interviewpartner viele positive Aspekte im Kontext ihres Aufwachsens bei Mutter und/oder Vater mit einer Körper und/oder Sinnesbehinderung. Die noch nicht erwähnten werde ich im Folgenden aufzeigen, wobei ich mich zuerst auf Handlungsweisen und danach auf Persönlichkeitsmerkmale konzentriere.

In diesem Textabschnitt gehe ich darauf ein, welche Qualitäten ihrer Mütter und Väter die Interviewten als besonders beeindruckend und wegweisend wahrnahmen. Hierbei kommen sie auf unterschiedlichste Facetten zu sprechen: So setzt ANDREA RIEGEL die intensive Elternliebe als Ideal, dem sie später in der

---

537 MARINA THOMA Zeilen 145–154, 160–162, 758–766
538 PETER RATH Zeilen 496–498
539 PETER RATH Zeilen 654–662

Mutterrolle nacheifern möchte.[540] Während ihrer Kindheit und Jugend freuten sich SILKE HOLZ, ANNALENA KÖNIG und BJÖRN SCHNEIDER über den Freiraum, den ihre Eltern ihnen gewährten, und über das Vertrauen, das ihnen von diesen entgegengebracht wurde.[541] Auch bezüglich des elterlichen Eingehens auf persönlichen Bedürfnisse des Nachwuchses berichten einige Interviewpartner Positives: So erlebte ANNALENA KÖNIG das Erziehungsverhalten ihrer Eltern als stark auf ihre Selbstständigkeit hin ausgerichtet, was sie begrüßte.[542] Und bezüglich seiner Rheumaerkrankung in hohem Maße von beiden Elternteilen verstanden fühlt sich LENNART APELT.[543] Handelte dieser Abschnitt vom Auftreten der Mütter und Väter gegenüber dem Nachwuchs, so befasse ich mich nun mit den Eigenschaften der Elternteile.

Im Hinblick auf Charakterzüge dienten folgende Elternteile als Orientierungshilfe für ihren Nachwuchs[544]: Als starke Persönlichkeit erlebt CLARA LANGE ihre sehbehinderte und an Endometriose erkrankte Mutter, die für sie als Vorbild fungiert.[545] Sehr beeindruckt sind heute PIA WEISS, SILKE HOLZ und ANNALENA KÖNIG von ihren Elternteilen mit Behinderungen.[546] Besonders fasziniert zeigt sich die Letztgenannte davon, dass die Persönlichkeit ihres Vaters stets von Ruhe und Souveränität geprägt ist.[547] Die eben genannte Interviewpartnerin[548] sowie MARIO KRÄFT[549], LIA DÖBEL[550] und ANDREA RIEGEL[551] spürten

---

540 ANDREA RIEGEL Zeilen 404–407
541 SILKE HOLZ Zeilen 514–518, 3–4, ANNALENA KÖNIG Zeilen 3–11, 36–38, BJÖRN SCHNEIDER Zeilen 287–289, 293–297
542 ANNALENA KÖNIG Zeilen 245–246, 373–374
543 LENNART APELT Zeilen 487–488
544 Vgl. II.2.7: SAAL, KELLER
545 CLARA LANGE Zeilen 170–173, vgl. biografischer Kurzfragebogen von CLARA LANGE
546 PIA WEISS Zeilen 714–716, SILKE HOLZ Zeilen 136–137, ANNALENA KÖNIG Zeilen 1099–1104, 673–679, 339–340
547 ANNALENA KÖNIG Zeilen 1095–1098
548 ANNALENA KÖNIG Zeilen 132–134
549 MARIO KRÄFT Zeilen 163–165
550 LIA DÖBEL Zeilen 145–149
551 ANDREA RIEGEL Zeilen 373–375

in ihren Elternhäusern Unterstützung hinsichtlich eigener Belange. Eine Interviewte setzt das Erlebte in einen Vergleich: So bewertet PIA WEISS das Selbstbewusstsein ihrer blinden Mutter als höher als ihr eigenes.[552]

Während des Aufwachsens bei Elternteilen mit Körper- und/oder Sinnesbehinderung kommt also weniger den körperlichen Veränderungen per se die Rolle eines Nährbodens für Schwieriges zu. Entscheidend ist vielmehr der mental-verhaltenstechnische Background der betreffenden Mutter bzw. des jeweiligen Vaters. Die Erkenntnisse meiner Studie werden im Folgenden abschließend reflektiert und schlagwortartig präsentiert.

---

552 PIA WEISS Zeilen 404–406, 636–643

VI Zusammenfassende Darstellung des Erkenntnisgewinns dieser Untersuchung

VI.1 Gesamtresümee

Meinen Fokus lenke ich nachfolgend zuerst auf die Erfahrungen von Interviewpartnern, bei deren Mutter oder Vater umfassende bzw. mehrfache Beeinträchtigungen vorliegen. Fakt ist, dass die erlebte Elternschaft im Kontext von Schwer- und Mehrfachbehinderungen, die den Körper- und Sinnesbehinderungen zugeordnet werden, vom Nachwuchs nicht zwangsläufig als negativ beschrieben wird. In der Retroperspektive gelangten Interviewte diesbezüglich zu überwiegend positiven Einschätzungen ihrer Elternpersönlichkeiten: Dies stellte sich in der Eltern-Kind-Beziehung einer blinden und zugleich hochgradig schwerhörigen Mutter bzw. eines Vaters mit einer Tetraplegie so dar. Letzterer war freiwillig von der Stieftochter zum „Wahl-Vater" gekürt worden. Das eben angerissene Beispiel stellt meines Erachtens die Vorurteile, die ich an den Anfang der Studie gestellt habe, auf den Kopf: Dort werden Elternteile mit Körper- und/oder Sinnesbehinderungen quasi als Eltern „non grata" verstanden. Als Fazit der Synopse bleibt meines Erachtens festzustellen, dass die Zufriedenheit des Nachwuchses mit der gelebten Elternschaft nicht per se vom Grad der Behinderung der Mutter und/oder des Vaters abhängig ist. Grundsätzlich ist also auch Zufriedenheit mit stärker beeinträchtigten Elternteilen möglich. Im nächsten Absatz wende ich mich der Gesamtheit der Interviewpartner, unabhängig vom Grad der elterlichen Behinderung, zu.

Nun richte ich mein Augenmerk auf die Fragestellung, ob das Einstellungs- und Verhaltensrepertoire der Töchter und Söhne von Müttern und/oder Vätern mit Körper- und/oder Sinnesbehinderungen aus meiner Forschung nahezu identisch ausgeprägt ist. Diese Frage muss meines Erachtens in dieser Generalität verneint werden. Allerdings existieren partielle Parallelen zwischen den biografischen Momenten, Denk- und Handlungsweisen einzelner Interviewpartner immer wieder. Zugleich scheint sich eine Tatsache als „Damoklesschwert" im Hinblick auf die Erziehungszufriedenheit von erwachsenen Töchtern und Söhnen von Elternteilen mit Körper- und/oder Sinnesbehinderungen herauszukristallisieren: Dominiert bei einer Mutter oder einem Vater eine tabuisierende Selbstwahrnehmung in Bezug auf die eigene Beeinträchtigung, so kann dies den Eltern-Kind-Kontakt nachhaltig negativ beeinflussen. Diese Faktorenkonstellation kann sich entweder dauerhaft oder temporär zeigen. Der zuletzt genannte Fall liegt vor, wenn ein Elternteil mit einer Körper- und/oder Sinnesbehinderung bewusst seine Einstellung gegenüber seiner Behinderung verändert. Die neuen Überzeugungen können den vorangegangenen diametral entgegenstehen.

Insofern scheint mir der individuelle Modus von Erleben, Wahrnehmen und Verhalten des betreffenden Elternteils mit einer Körper- und/oder Sinnesbehinderung als weitreichender Faktor im Hinblick auf den Nachwuchs zu fungieren. Der Einfluss der Eltern auf die Kinder, das Tradieren von Werten und Lebensweisen, ist also primär vom individuellen elterlichen Lebenskonzept geprägt anstatt von der medizinischen Diagnose[553]. Die in meinem synoptischen Quervergleich gegenübergestellten Erfahrungen fasse ich unter der sich anschließenden Überschrift schlagwortartig zusammen.

VI.1.1 Die zentralen Ergebnisse meiner Studie als Kurzabriss

1. Elternschaft beim gleichzeitigen Vorliegen einer Körper- und/oder Sinnesbehinderung wird von den erwachsenen Töchtern und Söhnen individuell betrachtet und bewertet: in keinem Fall durchgehend negativ.
2. Als belastend wurden insbesondere ein Mangel an Unterstützungsmöglichkeiten bzw. das Ablehnen von Hilfsangeboten und eine ungleiche Verteilung von Hilfen auf wenigen Schul-

---

553 Vgl: HERMES 2004, S.181

tern – meist enger Familienangehöriger, teilweise auch der eigenen Kinder – eingeschätzt.
3. Die Interviewpartner zeichneten ein Gesamtbild ihres Aufwachsens, das sowohl Wertschätzung, Freude und Dankbarkeit als auch ein klares Benennen von Schwierigem beinhaltete.
4. Als unangenehme Erfahrungen wurden verschiedene gesellschaftliche Reaktionen auf die Körper- und/oder Sinnesbehinderungen der Elternteile benannt.
Das bedeutet, dass Belastendes nicht zwangsläufig aus der Körper- und/oder Sinnesbehinderung der Mutter oder des Vaters resultiert, sondern praktisch durch Zuschreibungen Dritter erlebt werden kann.
5. Die erwachsenen Töchter und Söhne von Elternteilen mit Körper- und/oder Sinnesbehinderungen aus meiner Forschung vertraten nie eine reine Schwarz-Weiß-Sicht, sondern eine sehr differenzierte Perspektive in Bezug auf ihr Elternhaus, in die Erbauliches und Belastendes integriert wurde.
6. Während der Pubertät und zu Beginn des Erwachsenseins wurde Abstand zum Elternhaus immer wieder als notwendig betrachtet. Die Töchter und Söhne reagierten in dieser Phase mitunter sehr feinfühlig auf alles, worauf sie von Gleichaltrigen bezüglich ihrer Eltern angesprochen wurden bzw. gefragt werden könnten. Diese Rezeptionsvariante verschwand immer wieder während weiterer Phasen des Erwachsenenalters.
7. Einen beruhigenden Effekt hatten Hilfen für den Elternteil mit der Körper- und/oder Sinnesbehinderung, die während der Abwesenheit des Nachwuchses, zum Beispiel während eines Auslandsaufenthaltes, weiterhin funktionierten.
8. Entlastende Hilfen scheinen grundsätzlich von unterschiedlichster Seite, zum Beispiel von Nachbarn oder von Professionellen, möglich zu sein. Liegen keine Überforderungen vor, so können die Töchter und Söhne schon früh an realen Aufgaben wachsen, die sie eigenverantwortlich für ihre Elternteile mit Körper- und/oder Sinnesbehinderungen übernehmen. Es besteht die Chance für den Nachwuchs, hierbei selbstständiger und selbstbewusster zu werden.
9. Umfassendere Behinderungen führen nicht automatisch zu stärker belasteten Eltern-Kind-Beziehungen und schränken

den Aktionsradius der betreffenden Familien nicht per se ein, wenn ausreichend Assistenz zur Verfügung steht.
10. Elternschaft mit Körper- und/oder Sinnesbehinderung kann genauso mit Höhen und Tiefen, Freude und Enttäuschungen, Wertschätzung und Verzweiflungsmomenten gelebt werden wie ohne Behinderung.

VI.1.2 Rückbezug der Erkenntnisse aus dem Kurzabriss auf theoretische Elemente meiner Forschung
Mit meinen Forschungsergebnissen habe ich Neuland betreten. Dennoch sind meinen Erkenntnissen Aspekte immanent, die bereits in den Teilen I und II meiner Studie genannt wurden. Diese beleuchte ich im Folgenden punktuell:

Die Aussagen der Punkte 1, 3 und 10 spiegeln meines Erachtens die Überzeugungen von CAMPION und ANTONOVSKY wider, die ressourcenorientiert ausgerichtet sind und ihren Fokus auf die Qualität gemeinsam verbrachter Zeit lenken, also auf die Möglichkeiten[554]. Des Weiteren wird – wie aus Punkt 2 hervorgeht – das Schultern des Hilfsbedarfs von einzelnen oder wenigen Personen als belastend erlebt. Einerseits betrifft diese Feststellung die Bewilligung von bedarfsdeckenden Assistenzleistungen[555] und adäquaten Hilfsmitteln[556]. Andererseits bin ich in meiner Studie auf Elternteile gestoßen, die bereitstehende Mittel zur Finanzierung von Haushaltshilfen ablehnten. Um Unterstützung anzunehmen, ist also auch ein entsprechendes Mind-Set notwendig.

Punkt 4 erstreckt sich auf die Stigmatisierung und Strategien im Umgang mit Menschen mit Behinderung, wie sie GOFFMAN, ROHRMANN und SCHRAMME beschrieben haben[557]. Die Erfahrungen der Interviewpartner sind hier stark von belastenden Umwelten dominiert. Dies zieht meines Erachtens das Postulat eines gelebten sozialen Modells von Behinderung[558] nach sich. Im fünften Punkt kommen Vielschichtigkeit und Multiperspektivität

---
554 Vgl. II.3.3, insbesondere CAMPION und ANTONOVSKY
555 Vgl. II.3.6
556 Vgl. II.3.5
557 Vgl. II.1.2.2: GOFFMAN, II.1.2.4: ROHRMANN, II.1.3: SCHRAMME
558 Vgl. II.1.1.3

von Seiten der Interviewpartner zur Sprache. So wurden Lebenswelten jenseits von Klischees und Schlagwörtern evident[559]. Auch wenn mit Elternteilen mit sogenannten geistigen Behinderungen und mit einer narrativen Methodik andere Schwerpunkte gesetzt wurden, sehe ich in der erkenntnisleitenden Detailfülle eine Parallele zur Dissertation PRANGENBERGs[560].

Unter Punkt 6 wird deutlich, dass sich Belastendes immer wieder weder überdauernd noch unverrückbar zeigt: Vielmehr verändert sich die Wahrnehmung des Nachwuchses innerhalb verschiedener Lebensphasen. Große Probleme während der Pubertät erfuhren immer wieder Lösungen und verschwanden mitunter völlig[561].

Die beruhigende Wirkung effektiver und bedarfsdeckender Unterstützungsstrategien spricht aus den Punkten 7 und 8[562]. Die hier implizierte Wachstumschance für Kinder und Jugendliche von Elternteilen mit Körper- und/oder Sinnesbehinderungen an wohldosierten Aufgaben der realen Welt stellt eine völlig neue Erkenntnis dar. Auch Punkt 9 war bisher in der Literatur unerwähnt: Die kindliche Zufriedenheit kann sich also unabhängig von der Schwere der elterlichen Körper- und Sinnesbehinderung einstellen. Meine Reflexion mündet in Assoziationen, die die Zukunft betreffen.

VI.2 Ausblick

Der eingangs erwähnte Mythos, dass Elternteile mit Körper- und/oder Sinnesbehinderungen für deren Kinder eine reine und garantierte Minusvariante bedeuten, hat sich in meiner Forschung nicht bestätigt. Zugleich weise ich darauf hin, dass sich bedarfsdeckende Assistenzleistungen familienentlastend auswirken. Hier appelliere ich, diese nicht nur beizubehalten, sondern auch schnell, bedarfsgerecht und möglichst unbürokratisch zu bewilligen. Dabei gilt es meines Erachtens nicht nur, das Benötigte für den betreffenden Elternteil bereitzustellen, sondern darüber hinaus den Zusatz- und Mehraufwand im Rahmen gelebter Mutter- und/oder

---

559   Vgl. II.3.1
560   PRANGENBERG 2003
561   Vgl. Einleitung meiner Dissertation
562   Vgl. II.3.6

Vaterschaft zu bedenken und adäquate Assistenzleistungen zu inkludieren sowie deren Finanzierung zu übernehmen. Die Inhalte der UN-Konvention könnten so auf Augenhöhe mit den betreffenden Familien umgesetzt werden.[563] An dieser Stelle gebe ich zu bedenken, dass die Familien aus meiner Forschung durchgehend keinem Multiproblemmilieu zuzuordnen waren. Hinsichtlich einer solchen besonders belasteten Umgebung können anhand meiner Studie keine Aussagen formuliert werden. Es wäre jedoch wissenschaftlich interessant, diese besondere Faktorenkonstellation in einem weiteren Forschungsprojekt zu beleuchten.

VI.3 Schlussgedanken

Meine Studie inklusive der Darstellungen, Auswertungen und Erkenntnisse war mir nur möglich, da mich die Interviewpartner sehr offen an ihren Erfahrungen teilhaben ließen. Für jede einzelne Begegnung bin ich sehr dankbar, und ich freue mich, dass mir so viele Facetten des jeweiligen Lebensweges mitgeteilt wurden. So ist meines Erachtens ein sehr vielschichtiges Bild zum Thema „Lebenswelten von Töchtern und Söhnen von Elternteilen mit Körper- und/oder Sinnesbehinderungen" entstanden. Es wurde sowohl Erfreuliches als auch Belastendes angesprochen. Zudem ist mit meiner Arbeit ein Pool entstanden, der weiteren Familien Ideen zum Umgang mit Einzelsituationen vermitteln könnte. Ebenso mag diese Sammlung sie zu ihren eigenen Lösungen und Managementstrategien zu inspirieren.

---

563 BEAUFTRAGTER DER BUNDESREGIERUNG FÜR DIE BELANGE BEHINDERTER MENSCHEN 2009.

VII Literaturverzeichnis

Antonovsky, A.: Salutogenese. Zur Entmystifizierung der Gesundheit. Tübingen: dgtv-Verlag 1997.

Arbeitsgemeinschaft für Evangelische Schwerhörigenseelsorge (Hrsg.): Einführung in die Schwerhörigenseelsorge. Hamburg: Verlag hörgeschädigte kinder 2000.

Baer, N./Domingo, A./Amsler, F.: Diskriminiert. Gespräche mit psychisch kranken Menschen und Angehörigen zur Qualität des Lebens: Darstellung, Auswertung, Konsequenzen. Bonn: Psychiatrie-Verlag 2003.

Bargfrede, S./Blanken, I./Pixa-Kettner, U.: „Dann waren sie sauer auf mich, dass ich das Kind haben wollte ..." Eine Untersuchung zur Lebenssituation geistigbehinderter Menschen mit Kindern in der BRD. Baden-Baden: Nomos Verlag 1996.

Bartz, E.: Das Persönliche Budget. Ein Handbuch für Leistungsberechtigte. Von A wie Antragstellung bis Z wie Zielvereinbarung. Herausgegeben vom Forum selbstbestimmter Assistenz behinderter Menschen, ForseA e. V. Berlin, Ingelfingen 2006.

Baumann-Hölzle, R.: Entscheidungsfreiheit und der Zwang zum perfekten Kind. In: Kind, C./Braga, S./Studer, A. (Hrsg.): Auswählen oder Annehmen? Pränatal- und Präimplantationsdiagnostik – Testverfahren am werdenden Leben. Zürich: Chronos Verlag 2010, S. 105–116.

Beauftragter der Bundesregierung für die Belange behinderter Menschen (Hrsg.): „alle inklusive!" Die neue UN-Konvention. Übereinkommen über die Rechte von Menschen mit Behinderungen. Berlin 2009.

Becker, M.: Klänge aus dem Schneckenhaus. Cochlea-Implantat-Träger erzählen. Norderstedt: Books on Demand 2008.

Beck-Gernsheim, E.: Auf dem Weg in die postfamiliale Familie. Von der Notgemeinschaft zur Wahlverwandtschaft. In: Beck, U. (Hrsg.): Riskante Freiheiten. Individualisierung in modernen Gesellschaften. Frankfurt am Main: Suhrkamp Verlag 1994, S. 115–138.

Benesch, F.: Eheprobleme bei Blinden und hochgradig Sehbehinderten. In: Kluge, K.-J./Sparty, L. (Hrsg.): „Sollen, können, dürfen Behinderte heiraten?" Schriftenreihe Bundesarbeitsgemeinschaft Hilfe für Behinderte, Bd. 11. Bonn: Rehabilitationsverlag 1977, S. 153–158.

Bernhardt, R.: Lebenslagen ehemaliger Förderschüler. Biografische Rekonstruktionen nachschulischer Lebensverläufe. Bad Heilbrunn: Verlag Julius Klinkhardt 2010.

Biderman, B.: Wired for Sound. A Journey into Hearing. Toronto: Trifolium Books 1998.

Blochberger, K.: Behinderte Elternschaft – der Bruch eines Tabus. In: Interessenvertretung Selbstbestimmt Leben e. V. (Hrsg.): Selbstbestimmt Leben – das Original. Neun Interviews aus der Behindertenbewegung. Jena: ISL e.V. 2006, S. 24–27.

Bloom, A.: Leben mit Assistenz – Paradiesische Zustände. In: Hermes, G. (Hrsg.): Traumland USA? Zwischen Anti-Diskriminierung und sozialer Armut. Kassel: bifos e.V. 1998, S. 53–65.

Blumer, H.: Symbolic Interactionism. Perspective and Method. Berkely, Los Angeles, London: University of California Press 1998.

Bock, T./Buck, D./Esterer, I.: Mitteilungen über den Wahnsinn. Bonn: Balance buch + medien verlag 2007.

Bock, T./Deranders, J. E./Esterer, I.: Stimmenreich. Mitteilungen über den Wahnsinn. Versuche der Verständigung von Psychose-Erfahrenen, Angehörigen und Psychiatrie- MitarbeiterInnen im Hamburger Psychose-Seminar. 5. Auflage. Bonn: Psychiatrie-Verlag 1996.

Boll, S.: Gegen den Zeitgeist der Machbarkeit – zur Pränatalen Diagnostik. In: Hermes, G. (Hrsg.): Krücken, Babys und Barrieren. Zur Situation behinderter Eltern in der Bundesrepublik. Kassel: bifos e. V. 2001, S. 69–77.

Boll, S. u. a. (Hrsg.): Geschlecht: behindert, besonderes Merkmal: Frau. Ein Buch von behinderten Frauen. 3. Auflage. Neu-Ulm 2002.

Boos-Waidosch, M.: Die Centers for Independent Living und das Prinzip des Peer Counseling. In: Hermes, G. (Hrsg.): Traumland USA? Zwischen Anti-Diskriminierung und sozialer Armut. Kassel: bifos e. V. 1998, S. 45–52.

Boyes Braem, P.: Einführung in die Gebärdensprache und ihre Erforschung. 3. Auflage. Hamburg: Signum Verlag 1998.

Buchinger, H.: Die Entwicklung der Sonderschulen für Gehörlose. In: Liedtke, M. (Hrsg.): Behinderung als pädagogische und politische Herausforderung. Historische und systematische Aspekte. Bad Heilbrunn: Verlag Julius Klinkhardt 1996, S. 187–207.

Buggenhagen, M.: Schweres Schicksal? Leichtathletin! Autobiografie. Berlin: Verlag Neues Leben 2010.

Bundesministerium der Justiz/juris GmbH (Hrsg.): Gesetze im Internet. URL: http://www.gesetze-im-internet.de, zuletzt abgerufen am 20.04.2013.

Bundesministerium für Familie, Senioren, Frauen und Jugend (Hrsg.): Schwangerschaftskonfliktgesetz. URL: http://www.bmfsfj.de/BMFSFJ/gesetze,did=70182.html, zuletzt abgerufen am 21.01.2012, wird Quelle: 2012a.

Bundesministerium für Familie, Senioren, Frauen und Jugend (Hrsg.): Das Elterngeld. URL: http://www.bmfsfj.de/bmfsfj/generator/BMFSFJ/familie,did=76746.html, zuletzt abgerufen am 22.01.2012, wird Quelle: 2012b.

Bundesverband behinderter und chronisch kranker Eltern e. V. (Hrsg.): Ideenwettbewerb Barrierefreie Kinder- und Babymöbel 2003. Spezielle Möbel für behinderte und chronisch kranke Eltern. Hannover: bbe e. V. 2004.

Bundesverband behinderter und chronisch kranker Eltern e. V. (Hrsg.): Behinderte Eltern. URL: http://www.behinderte-eltern.de, zuletzt abgerufen am 02.02.2012.

Campion, M. J.: The Baby Challenge. Handbook on Pregnancy for Women with a physical Disability. London, New York: Routledge 1990.

Charlton, J. I.: Nothing about us without us. Disability Oppression and Empowerment. Berkeley: University of California Press 1998.

Clark, G.: Cochlear Implants. Fundamentals & Applications. Modern Acoustics and Signal Processing. New York: Springer Verlag 2003.

Cloerkes, G.: Soziologie der Behinderten. Eine Einführung. 3. Auflage. Heidelberg: Universitätsverlag Winter 2007.

Corbin, J. M./Strauss, A.: Basics of Qualitative Research. Techniques and Procedures of Developing Grounded Theory. Los Angeles u. a.: Sage Publications 2008.

Cyba, E.: Geschlecht und soziale Ungleichheit. Konstellationen der Frauenbenachteiligung. Opladen: Verlag Leske und Budrich 2000.

Degener, T.: Behinderte Frauen und Internationale Rechte. In: Interessenvertretung Selbstbestimmt Leben e. V. (Hrsg.): Dokumentation European Conference for Disabled Women. Self-Determined Living for Disabled Women in Europe. Munich 15th–18th August 1996. 2. Auflage. Kassel 1998: ISL e. V., S. 52–61.

Degener, T.: „Behinderung neu denken". Disability Studies als wissenschaftliche Disziplin in Deutschland. In: Hermes, G./Köbsell, S. (Hrsg.): Disability Studies in Deutschland. Behinderung neu denken! Dokumentation der Sommeruni 2003. Kassel: Bildungs- und Forschungsinstitut zum selbstbestimmten Leben Behinderter 2003, S. 23–26.

Deutsche Arbeitsgemeinschaft für Evangelische Gehörlosenseelsorge (Hrsg.): Gehörlos – nur eine Ohrensache? Aspekte der Gehörlosigkeit. Seedorf bei Hamburg: Signum Verlag 2001.

Deutscher Ethikrat (Hrsg): Präimplantationsdiagnostik. Stellungnahme. Berlin 2011.

Dudenredaktion (Hrsg.): Duden: Das Fremdwörterbuch. Bearbeitet vom Wissenschaftlichen Rat der Dudenredaktion 1990. Reihe: Der Duden in 12 Bänden. Das Standardwerk zur deutschen Sprache, Bd. 5. 5. Auflage. Mannheim u. a.: Dudenverlag 1990.

Dudenredaktion (Hrsg.): Duden: Die deutsche Rechtschreibung. Das umfassende Standardwerk auf der Grundlage der neuen amtlichen Regeln. Reihe: Der Duden in 12 Bänden. Das Standardwerk zur deutschen Sprache, Bd. 1. Mannheim: Bibliographisches Institut 2006.

Eichmann, H./Hansen, M./Heßmann, J. (Hrsg.): Handbuch Deutsche Gebärdensprache. Sprachwissenschaftliche und anwendungsbezogene Perspektiven. Seedorf bei Hamburg: Signum Verlag 2012.

Feuser, G./Meyer, H.: Integrativer Unterricht in der Grundschule. Ein Zwischenbericht. Solms: Verlag Jarick Oberbiel 1986.

Feuser, G.: „Geistigbehinderte gibt es nicht!" Projektionen und Artefakte in der Geistigbehindertenpädagogik. In: Geistige Behinderung. Fachzeitschrift der Bundesvereinigung Lebenshilfe für geistig Behinderte. 1/1996, S. 18–25.

Finzen, A.: Psychose und Stigma. Stigmabewältigung. Zum Umgang mit Vorurteilen und Schuldzuweisungen. 2., überarbeitete Auflage. Bonn: Psychiatrie-Verlag 2001.

Flick, U.: Qualitative Forschung. Theorie, Methoden, Anwendung in Psychologie und Sozialwissenschaften. 5. Auflage. Reinbek bei Hamburg: Rowohlt Verlag 2000.

Forum selbstbestimmter Assistenz behinderter Menschen e. V.: ForseA URL: http://www.forsea.de, zuletzt abgerufen am 01.02.2012.

Frevert, U.: Persönliches Budget aus der Sicht des Bundesverbandes Interessenvertretung Selbstbestimmt Leben Deutschland (ISL e.V.). In: AHA e.V./Windisch, M. (Hrsg.): Persönliches Budget. Neue Form sozialer Leistung in der Behindertenhilfe und Pflege. Nutzerorientierung oder Sparzwang? Neu-Ulm: AG SPAK Bücher 2006, S. 92–98.

Funke-Johannsen, S.: Blicke auf Behinderung aus medizinischer und sozialer Perspektive. In: Hermes, G./Köbsell, S. (Hrsg.): Disability Studies in Deutschland. Behinderung neu denken! Dokumentation der Sommeruni 2003. Kassel: Bildungs- und Forschungsinstitut zum selbstbestimmten Leben Behinderter 2003, S. 76–77.

Gárate, M.: Beschulung cochlea-implantierter Kinder in einer ASL/Englisch-bilingualen Umgebung. In: Das Zeichen 26: 91/2012, S. 348–363.

Githagui, N.: Sorge dich nicht, mein Sohn. Ein kenianisches Leben im Rollstuhl. Autobiografie. Aus dem Englischen übersetzt und kommentiert von Anna-Claudia Guimbous. Berlin: Pro BUSINESS 2010.

Glaser, B. G./Strauss, A. L.: Grounded Theory. Strategien qualitative Forschung. 3., unveränderte Auflage. Bern: Huber Verlag 2010.

Glennie, E./Norris, P.: Good Vibrations. My Autobiography. Evelyn Glennie. London u. a.: Hutchinson 1990.

Glofke-Schulz, E.-M.: Löwin im Dschungel. Blinde und Sehbehinderte Menschen zwischen Stigma und Selbstwerdung. Gießen: Psychosozial-Verlag 2007.

Goffman, E.: Stigma. Notes on the Management of spoiled Identity. Pentice-Hall: Englewood Cliffs 1963.

Goffman, E.: Stigma. Über Techniken der Bewältigung beschädigter Identität. Frankfurt am Main: Suhrkamp 1975.

Goodley, D.: Disability Studies. An interdisciplinary Introduction. Los Angeles u. a.: Sage Publications 2011.

Groce, N. E.: Jeder sprach hier Gebärdensprache. Erblich bedingte Gehörlosigkeit auf der Insel Martha's Vineyard. 2., überarbeitete Auflage. Hamburg: Signum Verlag 2005.

Hansen, E.: Soziale Leistungen zwischen Sparzwang und Nutzerorientierung. In: AHA e. V./Windisch, M. (Hrsg.): Persönliches Budget. Neue Form sozialer Leistung in der Behindertenhilfe und Pflege. Nutzerorientierung oder Sparzwang? Neu-Ulm: AG SPAK Bücher 2006, S. 15–29.

Heiden, H.-G.: Von Barrierefreiheit zum Design für Alle! Eine neue Philosophie der Planung. In: Hermes, G./Rohrmann, E. (Hrsg.): „Nichts über uns – ohne uns!" Disability Studies als neuer Ansatz emanzipatorischer und interdisziplinärer Forschung über Behinderung. Neu-Ulm: AG SPAK Bücher 2006, S. 195–210.

Henninger, A./Steiner, G.: Handbuch der Ignoranz. Schwarzbuch „Deutsche Bahn AG". Herausgegeben von MOBILE – Selbstbestimmtes Leben Behinderter e. V. Neu-Ulm: AG SPAK Bücher 2003.

Hepp, P.: Die Welt in meinen Händen. Ein Leben ohne Hören und Sehen. Berlin: List Verlag 2005.

Hermes, G. (Hrsg.): Krücken, Babys und Barrieren. Zur Situation behinderter Eltern in der Bundesrepublik. 2. Auflage. Kassel: bifos e. V. 2001.

Hermes, G.: Behinderung und Elternschaft leben – kein Widerspruch! Eine Studie zum Unterstützungsbedarf körper- und sinnesbehinderter Eltern in Deutschland. Neu-Ulm: AG SPAK Bücher 2004.

Hermes, G.: Der Wissenschaftsansatz Disability Studies. Neue Erkenntnisgewinne über Behinderung? In: Hermes, G./Rohrmann, E. (Hrsg.): Nichts über uns – ohne uns! Disability Studies als neuer Ansatz emanzipatorischer und interdisziplinärer Forschung über Behinderung. Neu-Ulm: AG SPAK Bücher 2006, S. 15–30.

Hinz, A./Petrusch, R./Wagner, H.-V.: Schwerstbehinderte Kinder in Integrationsklassen. Bericht über eine Fachtagung. Marburg an der Lahn: Lebenshilfe-Verlag 1992.

Hirschberg, M.: Behinderung im internationalen Diskurs. Die flexible Klassifizierung der Weltgesundheitsorganisation. Frankfurt am Main, New York: Campus Verlag 2009.

Hollweg, U.: Integration hochgradig hörbeeinträchtigter Kinder in Grundschulklassen. Neuwied, Berlin: Luchterhand Verlag 1999.

Holz, G.: Armut bei Kindern und Jugendlichen in Deutschland. Eine Lebenslage mit vielen Belastungen und wenigen Chancen. In: TPS – Theorie und Praxis der Sozialpädagogik. Leben, Lernen und Arbeiten in der Kita. Evangelische Fachzeitschrift für die Arbeit mit Kindern. 10/2011, S. 4–10.

Jantzen, W.: Allgemeine Behindertenpädagogik, Bd. 1: Sozialwissenschaftliche und psychologische Grundlagen. Weinheim: Beltz Verlag 1987.

Jarmer, H.: Schreien nützt nichts. Mittendrin statt still dabei. München: Südwest Verlag 2011.

Jürgens, A.: 5 Jahre Benachteiligungsverbot – eine juristische Bilanz. Referat bei der Tagung des „Netzwerk Artikel 3" am 13.11.1999 in Berlin. URL: http://www.netzwerk-artikel-3.de/dokum/referat.pdf, zuletzt abgerufen am 09.01.2012.

Juristischer Informationsdienst: Strafgesetzbuch. Gesetzesstand: 10. Januar 2012. URL: http://dejure.org/gesetze/StGB/218a.html, zuletzt abgerufen am 21.01.2012.

Kahle, H.: Rausgerissen. Familie – Studium – journalistische Tätigkeit trotz Behinderung. Mainz: Grünewald Verlag 1996.

Kasper, H./Schmidt, A.: Schnittstelle Familie und Beruf. Wie gehen besonders Führungskräfte damit um? In: Frey, D./Rosenstiel, L. v. (Hrsg.): Wirtschaftspsychologie. Göttingen: Beltz Verlag 2007, S. 235–282.

Keller, F.: Rosa Luxemburg. Denken und Leben einer internationalen Revolutionärin. Wien: Promedia Verlag 2005.

Keller, H.: The Story of my Life. With her Letters (1887–1901) and a Supplementary Account of her Education, including Passages from the Reports and Letters of her Teacher, Anne Mansfield Sullivan by John Albert Macy. New York, Garden City: Doubleday & Company 1905.

Kestner, K./Hollmann, T.: Das große Wörterbuch der Deutschen Gebärdensprache. Deutsch – DGS/DGS – Deutsch. [CD-ROM]. Herausgegeben vom Bundeselternverband gehörloser Kinder e. V. Schauenburg: Karin Kestner 2011.

Kind, C./Braga, S./Studer, A. (Hrsg.): Auswählen oder Annehmen? Pränatal- und Präimplantationsdiagnostik – Testverfahren an werdendem Leben. Zürich: Chronos Verlag 2010.

Kluge, F.: Etymologisches Wörterbuch der deutschen Sprache. Berlin: Gruyter Verlag 2002.

Kluge, K.-J./Sparty, L. (Hrsg.): „Sollen, können, dürfen Behinderte heiraten?" Schriftenreihe Bundesarbeitsgemeinschaft Hilfe für Behinderte, Bd. 11. Bonn: Rehabilitationsverlag 1977.

Knippert, U. u. a.: Alexander SchulAtlas. Sekundarstufe 1. Konzeption und Bearbeitung von U. Knippert u. a. Gotha und Stuttgart: Klett-Perthes Verlag 2002.

Knop, J.: Sie werden uns doch bemerken müssen ... Geschichten aus einem behinderten Leben. Hannover: SOAK Verlag 1981.

Knop, J.: Lasst mich wie ich bin. 2. Auflage. Bonn: Reha-Verlag 1988.

Knop, J.: Es hat sich gelohnt, Mutter! Autobiografische Begebenheiten eines spastisch Gelähmten. Remagen: Reha-Verlag 2005.

Kobi, E. E.: Diagnostik in der heilpädagogischen Arbeit. 5., überarbeitete Auflage. Luzern: Edition SZH der Schweizerischen Zentralstelle für Heilpädagogik 2003.

Köbsell, S.: Integration/Inklusion aus Sicht der Disability Studies: Aspekte aus der internationalen und der deutschen Diskussion. In: Rathgeb, K. (Hrsg.): Disability Studies. Kritische Perspektiven für die Arbeit am Sozialen. Perspektiven kritischer sozialer Arbeit. Wiesbaden: VS Verlag für Sozialwissenschaften 2012, S. 39–54.

Kottmann, B.: Selektion in die Sonderschule. Das Verfahren zur Feststellung von sonderpädagogischem Förderbedarf als Gegenstand empirischer Forschung. Bad Heilbrunn: Verlag Julius Klinkhardt 2006.

Krebs, U.: Behinderungsgrad als Kontext-Funktion. Das Beispiel der Pflanzerkultur der Gogo in Tansania. In: Liedtke, M. (Hrsg.): Behinderung als pädagogische und politische Herausforderung. Historische und systematische Aspekte. Bad Heilbrunn: Verlag Julius Klinkhardt 1996, S. 61–73.

Kumpf, W.: Mögliche Eheprobleme bei Hörgeschädigten. In: Kluge, K.-J./Sparty, L. (Hrsg.): „Sollen, können, dürfen Behinderte heiraten?" Schriftenreihe Bundesarbeitsgemeinschaft Hilfe für Behinderte, Bd. 11. Bonn: Rehabilitationsverlag 1977, S. 107–111.

Kuse, S.: Immunologische und thrombophile Ursachen für Prä-Eklampsie und HELLP- Syndrom. Issum: Arbeitsgemeinschaft Gestose-Frauen e. V. 2002.

Laborit, E.: Le Cri de la Mouette. Paris : Pocket Jeunesse 2003.

Lambeck, S.: Behinderte Eltern mit Pflege- oder Adoptivkindern. In: Hermes, G. (Hrsg.): Krücken, Babys und Barrieren. Zur Situation behinderter Eltern in der Bundesrepublik. Kassel: bifos 2001 e. V., S. 45–53.

Lane, H.: Mit der Seele hören. Die Lebensgeschichte des taubstummen Laurent Clerc und sein Kampf um die Anerkennung der Gebärdensprache. München: Deutscher Taschenbuch Verlag 1990.

Leidner, R./Neumann, P./Rebstock, M. (Hrsg.): Von Barrierefreiheit zum Design für Alle. Erfahrungen aus Forschung und Praxis. Arbeitsberichte der Arbeitsgemeinschaft für Angewandte Geographie Münster e. V., Heft 38. Münster: Arbeitsgemeinschaft für Angewandte Geographie Münster e. V. 2007.

Lenz, A.: Kinder psychisch kranker Eltern. Göttingen: Hogrefe 2005.

Lindmeier, B./Lindmeier, C.: Pädagogik bei Behinderung und Benachteiligung. Band 1: Grundlagen. Stuttgart: Kohlhammer Verlag 2012.

Link, J.: Schichttypische Benachteiligung im allgemeinen Bildungswesen. Ein Vergleich zwischen Kanada und Deutschland. Wiesbaden: VS Verlag für Sozialwissenschaften 2011.

Lisofsky, B./Schmitt-Schäfer, T.: Hilfeangebote für die Kinder psychisch kranker Eltern – Kooperation versus spezialisierte Einrichtungen. In: Schone, R./Wagenblass, S. (Hrsg.): Kinder psychisch kranker Eltern zwischen Jugendhilfe und Erwachsenenpsychiatrie. Soziale Praxis, Bd. 21. 2. Auflage. Weinheim, München: Juventa Verlag 2006, S. 19–30.

Lyden, J.: Tochter der Königin von Saba. Aus dem Schattenreich meiner Mutter. Berlin: Ullstein Verlag 1999.

Mattejat, F./Lisofsky, B. (Hrsg.): Nicht von schlechten Eltern: Kinder psychisch kranker Eltern. 3., korrigierte Auflage. Bonn: Balance buch + medien verlag 2011.

Mayer, M.: Lautsprachunterstützendes Gebärden. Eine Handreichung für Eltern und ErzieherInnen. Karlsruhe: Loeper Literaturverlag 2007.

Mayring, P.: Einführung in die qualitative Sozialforschung. Eine Anleitung zu qualitativem Denken. 5. Auflage. Weinheim, Basel: Beltz Verlag 2002.

Meyer, T.: Potential und Praxis des Persönlichen Budgets. Eine Typologie von BudgetnutzerInnen in Deutschland. Wiesbaden: VS Verlag für Sozialwissenschaften 2011.

Millett-Gallant, A.: Performing Amputation: The Photographs of Joel-Peter Witkin. In: Henderson, B./Ostrader, N. (Hrsg.): Understanding Disability Studies and Performance Studies. London, New York: Routledge 2010, S. 8–42.

Mitterauer, M.: Entwicklungstrends der Familie in der europäischen Neuzeit. In: Nave-Herz, R./Markefka, M. (Hrsg.): Handbuch der Familien- und Jugendforschung, Bd. 1: Familienforschung. Neuwied, Frankfurt am Main: Luchterhand Verlag 1989, S. 179–194.

Mürner, C./Sierck, U.: Krüppelzeitung. Brisanz der Behindertenbewegung. Neu-Ulm: AG SPAK Bücher 2009.

Nave-Herz, R.: Familie heute. Wandel der Familienstrukturen und Folgen für die Erziehung. 3. Auflage. Darmstadt: Primus Verlag 2007.

Nave-Herz, R.: Familie heute. Wandel der Familienstrukturen und Folgen für die Erziehung. 4. Auflage. Darmstadt: Wissenschaftliche Buchgesellschaft 2009.

Parrinder, P./Wells, H. G.: The Country of the blind and other Stories. London: Penguin Books 2007.

Pasquale, J.: Die Arbeit der Mütter. Verberuflichung und Professionalisierung moderner Mutterarbeit. Weinheim, München: Juventa Verlag 1998.

Peter, C./Raith-Kaudelka, S./Scheithauer, H.: Gemeinsam in zwei Welten leben. Ratgeber für gehörlose Eltern. Mit DVD. Weinheim, Basel: Beltz Verlag 2010.

Peuckert, R.: Familienformen im sozialen Wandel. 7., vollständig überarbeitete Auflage. Wiesbaden: VS Verlag für Sozialwissenschaften 2008.

Pixa-Kettner, U. (Hrsg.): Elternschaft von Menschen mit geistiger Behinderung. Dokumentation einer Fachtagung am 9. und 10. März 1995 an der Universität Bremen. Bremen: Universitäts-Buchhandlung 1995.

Pixa-Kettner, U. (Hrsg.): Tabu oder Normalität? Eltern mit geistiger Behinderung und ihre Kinder. 2. Auflage. Heidelberg: Universitätsverlag Winter 2008.

Pixa-Kettner, U.: Elterliche Kompetenzen bei Eltern mit geistiger Behinderung: Ein Widerspruch in sich oder Anlass für einen Perspektivenwechsel? In: Jugendhilfe 3/2006, S. 121–128.

Prangenberg, M.: Zur Lebenssituation von Kindern, deren Eltern als geistig behindert gelten: Eine Exploration der Lebens- und Entwicklungsrealität anhand biografischer Interviews und Erörterung der internationalen Fachliteratur. Dissertation der Universität Bremen 2003.

Priestley, M.: Disability. A Life Course Approach. Cambridge: Polity Press 2003a.

Priestley, M.: Worum geht es bei den Disability Studies? Eine britische Sichtweise. In: Waldschmidt, A. (Hrsg.): Kulturwissenschaftliche Perspektiven der Disability Studies. Tagungsdokumentation. Kassel: bifos e. V. 2003b, S. 23–35.

Radtke, P.: Der Sinn des Lebens ist gelebt zu werden. Warum unsere Gesellschaft behinderte Menschen braucht. München: Verlag Sankt Michaelsbund 2007.

Rogers, J./Matsumura, M.: Mother-to-be. A Guide to Pregnancy and Birth for Women with Disabilities. New York: Demos 1991.

Rohrmann, E.: Krise der Behindertenpädagogik oder Krise der Sonderpädagogiken? In: Teilhabe. Die Fachzeitschrift der Lebenshilfe 4/2011a, S. 169–171.

Rohrmann, E.: Mythen und Realitäten des Anders-Seins. Gesellschaftliche Konstruktionen seit der frühen Neuzeit. 2., überarbeitete und erweiterte Auflage. Wiesbaden: VS Verlag für Sozialwissenschaften 2011b.

Rösner, H.-U.: Jenseits normalisierender Anerkennung. Reflexionen zum Verhältnis von Macht und Behindertsein. Frankfurt am Main, New York: Campus Verlag 2002.

Saal, F.: Leben kann man nur sich selber. Texte 1960–1994. Herausgegeben von Rudi Tarneden. Düsseldorf: Verlag Selbstbestimmtes Leben 1994.

Saal, F.: Warum sollte ich jemand anderes sein wollen? Erfahrungen eines Behinderten. Edition Jakob van Hoddis. 2. Auflage. Neumünster: Paranus Verlag 2011.

Sandfort, L.: „Hol' Papa mal 'n Bier!" In: Hermes, G. (Hrsg.): Krücken, Babys und Barrieren. Zur Situation behinderter Eltern in der Bundesrepublik. Kassel: bifos e. V. 2001, S. 157–160.

Scheller, G.: Die Wende als Individualisierungsschub? Umfang, Richtung und Verlauf des Individualisierungsprozesses in Ostdeutschland. Wiesbaden: VS Verlag für Sozialwissenschaften 2005.

Schramme, T.: Psychische Behinderung: natürliches Phänomen oder soziales Konstrukt? In: Cloerkes, G. (Hrsg.): Wie man behindert wird. Texte zur Konstruktion einer sozialen Rolle und zur Lebenssituation betroffener Menschen. Heidelberg: Universitätsverlag Winter 2003, S. 53–81.

Schroedter, E. (Hrsg.): Das Allgemeine Gleichbehandlungsgesetz (AGG) im Spiegel der europäischen Antidiskriminierungspolitik. Berlin 2007.

Schulze-Gattermann, H.: Kosten-Nutzen-Analyse der Cochlea-Implantation bei Kindern. Berlin u. a.: Springer Verlag 2002.

Statistisches Bundesamt (Hrsg.): Statistisches Jahrbuch 2010. Für die Bundesrepublik Deutschland. Wiesbaden 2010.

Stierle, S.: Reichtum & Armut: eine Verteilungsfrage. Hamburg: VSA Verlag 2010.

Stokoe, W. C.: Sign Language Structure. An Outline of the Visual Communication System of the American Deaf. Silver Spring: Linstok 1993.

Strauss A./Corbin, J.: Grounded Theory: Grundlagen Qualitativer Sozialforschung. Weinheim: Beltz Psychologie Verlags Union 1996.

Swiller, J.: Den Wandel annehmen: Cochlea-Implantate und das neue Paradigma der Gehörlosengemeinschaft. In: Das Zeichen 26: 91/2012, S. 312–323.

Tervooren, A.: Der verletzliche Körper. Überlegungen zu einer Systematik der Disability Studies. In: Waldschmidt, A. (Hrsg.): Kulturwissenschaftliche Perspektiven der Disability Studies. Tagungsdokumentation. Kassel: bifos e. V. 2003, S. 37–48.

Trendel, M.: Praxisratgeber Persönliches Budget. Mehr Selbstbestimmung für behinderte Menschen. Mit Beiträgen zur Begleitforschung von Dr. Heidrun Metzler, Universität Tübingen. Regensburg: Walhalla Fachverlag Rechtshilfe 2008.

Unverzagt, G./Hurrelmann, K.: Wenn Kinder immer alles haben wollen. Weniger ist mehr. Neuausgabe als Taschenbuch. Freiburg: Herder Verlag 2005.

Vonier, A.: Cochlea-implantierte Kinder gehörloser bzw. hochgradig hörgeschädigter Eltern. Dissertation der Universität München. Heidelberg: Median Verlag 2008.

Voss, H. v.: Arme Kinder, reiches Land. Ein Bericht aus Deutschland. Reinbek bei Hamburg: Rowohlt Verlag 2008.

Voss, S./Kestner, K.: Gebärdensprachdolmetscher im Regelschulunterricht. Von den Vorteilen und der Machbarkeit der Inklusion. In: Das Zeichen 27: 93/2013, S. 138–141.

Waidosch, L.: Meine Mutter sitzt im Rollstuhl. In: Hermes, G. (Hrsg.): Krücken, Babys und Barrieren. Zur Situation behinderter Eltern in der Bundesrepublik. 2. Auflage. Kassel: bifos e. V. 2001, S. 241–243.

Waite, H. E.: Öffne mir das Tor zur Welt! Das Leben der taubblinden Helen Keller und ihrer Lehrerin Anne Sullivan. Stuttgart: Verlag Freies Geistesleben 1986.

Wates, M.: Disabled Parents. Dispelling the Myths. A National Childbirth Trust Guide. Cambridge: Radcliffe Medical Press 1997.

Wells, H. G.: Das Land der Blinden. Ausgewählte Erzählungen. Zürich: Diogenes Verlag 1976.

Wheatley, E.: Medieval Constructions of Blindness in France and England. In: Davis, L. J. (Hrsg.): The Disability Studies Reader. 3. Auflage. New York, London: Routledge 2010, S. 63–73.

WHO (Hrsg.): International Classification of Functioning, Disability and Health (ICF). URL: http://www.who.int/classifications/icf/en, zuletzt aufgerufen am 13.05.2013, wird Quelle 2013a.

WHO (Hrsg.): Anhang 5: ICF und Menschen mit Behinderungen. URL: http://www.dimdi.de/dynamic/de/klassi/icf/kodesuche/onlinefassungen/icfhtml2005/zusatz-09-anh-5-menschen-mit-behinderung.pdf, zuletzt aufgerufen am 11.05.2013, wird Quelle 2013b.

Witzel, A.: Das problemzentrierte Interview. Forum Qualitative Social Research, Bd. 1, Nr. 1, Art. 22 – Januar 2000. URL: http://qualitative-research.net/index.php/fqs/ article/view/29, zuletzt abgerufen am 25.11.2011.

Witzel, A.: Verfahren der qualitativen Sozialforschung. Überblick und Alternativen. Frankfurt am Main, New York: Campus Verlag 1982.

VIII Anhang

VIII.1 Einwilligungserklärung

Ort:_____

Datum:_____

Hiermit willige ich ein, dass das Interview mit mir auf Minidisk aufgezeichnet wird. Die Inhalte der Minidisk werden in einen PC eingetippt.
   Während des gesamten Arbeitsprozesses werden meine Daten absolut vertraulich behandelt. In der schriftlichen Promotion werden alle Namen und Orte verfremdet.

_____

Unterschrift

VIII.2 Kurzfragebogen zu biografischen Eckdaten

1. Zu interviewende Person

Vorname:

Nachname früher:

Nachname heute:

Geburtsjahr:

Geburtsort:

2. Wohnorte der Familie mit dem Elternteil/den Elternteilen in chronologischer Reihenfolge

1. Wohnort:

2. Wohnort:

3. Wohnort:

4. Wohnort:

5. Wohnort:

Weitere Wohnorte:

Wohnort heute:

3. Personen im damaligen Haushalt

Welche Personen **wohnten damals in Ihrer Familie** (bitte zu den jeweiligen Familienzusammensetzungen obige Wohnortnummern dazuschreiben!)?

Gab es neben Eltern/Elternteilen Omas, Onkel, Tanten, Geschwisterkinder oder sonstige Personen, die in der damaligen Familie lebten?

4. Behinderungen von Familienmitgliedern

4.1 Mögliche Behinderungen der eigenen Mutter

Hat Ihre Mutter eine Behinderung?	ja	nein

Falls ja:
Meine Mutter hat diese Behinderung:

Meine Mutter ist seit ihrer Geburt behindert:	ja	nein

Meine Mutter hat ihre Behinderung seit diesem Jahr:

Meine Mutter ist infolge eines Unfalls behindert:	ja	nein

Meine Mutter ist infolge einer Krankheit behindert:	ja	nein

Sonstige Gründe für die Behinderung der Mutter:

Die Behinderung meiner Mutter ist fortschreitend:	ja	nein

Falls ja:
In diesen Jahren kam es zu diesen Veränderungen der Behinderung meiner Mutter:

4.2 Mögliche Behinderungen des eigenen Vaters

Hat Ihr Vater eine Behinderung?　　　　　　　　ja　　　nein

Falls ja:
Mein Vater hat diese Behinderung:

Mein Vater ist seit seiner Geburt behindert:　　　ja　　　nein

Mein Vater hat seine Behinderung seit diesem Jahr:

Mein Vater ist infolge eines Unfalls behindert:　　ja　　　nein

Mein Vater ist infolge einer Krankheit behindert:　ja　　　nein

Sonstige Gründe für die Behinderung des Vaters:

Die Behinderung meines Vaters ist fortschreitend:　ja　　　nein

Falls ja:
In diesen Jahren kam es zu diesen Veränderungen der Behinderung meines Vaters:

4.3 Mögliche eigene Behinderung

Haben Sie selbst eine Behinderung?　　　　　　　ja　　　nein

Falls ja:
Ich habe diese Behinderung:

Ich bin seit meiner Geburt behindert:　　　　　　ja　　　nein

Ich habe meine Behinderung seit diesem Jahr:

Ich bin infolge eines Unfalls behindert:　　　　　ja　　　nein

Ich bin infolge einer Krankheit behindert:　　　　ja　　　nein

Sonstige Gründe für meine Behinderung:

Meine eigene Behinderung ist fortschreitend: ja   nein

Falls ja:
In diesen Jahren kam es zu diesen Veränderungen meiner Behinderung:

4.4 Behinderungen von Geschwisterkindern

Haben Ihre Geschwister Behinderungen?   ja   nein

Ich habe   Brüder und   Schwestern.

Meine Geschwister wurden in diesen Jahren geboren:

5. Arbeitssuche/Berufe

5.1 Mutter

Meine Mutter hat diese Ausbildung/dieses Studium absolviert:

Meine Mutter hat in dieser Zeit in diesen Berufen gearbeitet:

Meine Mutter war/ist in dieser Zeit arbeitssuchend:

Meine Mutter hat/hatte diese Hobbys:

5.2 Vater

Mein Vater hat diese Ausbildung/dieses Studium absolviert:

Mein Vater hat in dieser Zeit in diesen Berufen gearbeitet:

Mein Vater war/ist in dieser Zeit arbeitssuchend:

Mein Vater hat/hatte diese Hobbys:

5.3 Meine Person

Ich bin Schüler: ja   nein

Diese Schularten habe ich besucht:

Mein Berufswunsch:

Ich habe diese Ausbildung/dieses Studium absolviert:

Ich habe in dieser Zeit in diesen Berufen gearbeitet:

Ich war/bin in dieser Zeit arbeitssuchend:

Ich habe/hatte diese Hobbys: